TwitterからXへ
世界から青い鳥が消えた日

ジャック・ドーシーからイーロン・マスクへ、
炎上投稿、黒字化、買収をめぐる
成功と失敗のすべて

カート・ワグナー
鈴木ファストアーベント理恵 訳

SE
SHOEISHA

ジェス、ジャック、ペイトン
私の大事な人たちへ

目次

第Ⅲ部　ツイッターを巡る攻防　211

覚え書き

本書は、ツイッターで働いたり、同社に助言を与えたりする立場にあった115人以上を含む150人を超える人々との対話やインタビューに基づいている。話を聞いたほぼ全員が、当時のことを自由に、そして率直に話せるようにと匿名を希望した。そのため、ほとんどの情報源は個人名を記載することが叶わないが、上級幹部から中間管理職、取締役を含む、同社の歴史のほぼすべてのフェーズでそれぞれに重要な役割を担った人々と話をした。

2023年12月の時点では、まだ多くの元従業員がツイッターあるいはイーロン・マスクを相手に係争中であり、そのことがおおやけの場で発言することに対する彼らの意欲に影響を与えたことを注記しておきたい。

インタビューに加えて、本書の執筆を決意する以前から取り組んできた、数年にわたるツイッターへの取材とこれまで書いてきた記事も大いに活用している。さらに、本書に登場する人物の公開インタビューを何十時間分も視聴し、数百ページに上る裁判資料、財務報告書、数々の社内メールやプレゼンテーションも精読した。

数回にわたり接触を試みたものの、ジャック・ドーシーとイーロン・マスクの両氏に話を聞く機会を得ることはできなかった。

この物語を記すにあたって、私を信頼してくれたすべての人々に感謝をささげる。

はじめに

2022年4月25日。世界一の富豪へのツイッター売却がついに決まった日、ジャック・ドーシーは、ラッパーのジェイ・Zから約3億ドルで買収した音楽ストリーミングサービス、タイダル（TIDAL）のアプリを開いた。[1]選んだ曲は、英ロックバンド、レディオヘッドの「すべてがあるべき場所に（Everything in Its Right Place）」だ。

ドーシーは、この日のことを何年も前から思い描いていた。ツイッターから手を引きたかったからではない。むしろその逆だ。ドーシーはいつだってツイッターを愛し、創業時からずっと、途中で会社を追い出されそうになったときでさえ、石にかじりつくようにしてツイッターに関わり続けた。戦ってきた。だがツイッターは今では、彼を悲しませるものになってしまった。

ツイッターというプロダクトは2006年、140字以内で近況を簡単にシェアできるツールとして誕生した。しかし、その後まもなくして罠にはまっていくことになる。そのような状況をつくり上げた責任の全部ではないにしろ一端は、共同創業者であり初代CEOを務めたドーシーにある。プロダクトの機能が充実していき、ユーザー数が増加するにつれて、ツイッターは次から次へと従業員を採用し、オフィスの数を増やし、成長し続けるためにベンチャーキャピタルから何億ドルもの資金を調達した。2013年、同社はニューヨーク証券取引所に上場を果たし、さらに多くの投資家たちのために、さらに多くの利益を追求するという終わりのない競争の世界へと足を踏み入れた。そのようなストーリーは、珍しくもなんともない。ベンチャーキャピタルから出資を受け、その後、株式を公開する企業はごまんとある。ビジネスはそうやってつくられていくのだ。競争は激しいが、勝ち残れば桁外れの儲けを得られるシリコンバレーの世界では、特にそれが当てはまる。ドーシーを含め、皆がそうやって金持ちになっていったのだ。

　ドーシーが悲嘆に暮れたのは、ツイッターがウォール街のハムスターの回し車とは相容れないという彼の確固たる信念故だった。ツイッターは、単なる収益マシンにとどまらない大きな可能性を秘めていた。人々が考え、コミュニケーションを取り、問題を解決する方法を見出す空間として、世界中の人々を巻きこんだ「グローバル意識」になるはずだったのだ。短く気軽にやり取りできる情報の断片に個性を映し出し、オンライン上で人々にニュースを最速で届ける、唯一無二のプロダクトだった。時の経過とともに、ウォール街はそれをむしばんでいった。少なくとも、ドーシーの目にはそう映っていた。営利事業であることは、広告主を満足させるために、投稿のファクトチェック（事実確認）を行い、人々を不快にさせる攻撃的なツイートをフィルタリングすることを意味した。会社に圧力をかけ、ツイッターに許されること、あるいは許されないことの線引きをし、その線を書き換えようとする連邦議会議員たちに対峙することを意味した。

　もしタイムマシンを発明できたなら、ドーシーは２００６年に戻ってツイッターをインターネット・プロトコル――ワールド・ワイド・ウェブ上で誰もがサービスやプロダクトを構築できるのと同じような世界を実現する技術レイヤー――として設計できたかもしれない。ドーシーが思い描くもう一つの世界では、投資家がプレッシャーをかける「会社」もなければ、どのような投稿が世の中に存在すべき、あるいは存在すべきでないかといった、絶対的な正解のない決断の責任を負う「オーナー」もいない。ツイッターのアイデアを「会社」という形に変えてしまったことこそが「原罪」だったと考え、ドーシーは後悔の念にさいなまれていた。[2]
2022年4月25日の月曜日を、ドーシーがとても幸せな気分で迎えた理由もここにある。敬愛して止まない起業家イーロン・マスクが、ウォール街の手から奪い取るように、440億ドルでツイッターを買収し、非公開化するというのだ。マスクは、電気自動車会社のテスラ（Tesla）やロケット会社スペースX（SpaceX）など、いずれも世界を変えるようなビジネスを展開する事業コレクションの一角にツイッターを組みこもうとしていた。世界一の富豪であるマスクは、ツイッターの財政状況など気にしていないと明言した。目指すゴールは、ツイッターを「最大限信用され、広く包摂的」なものにすることであり、テスラが化石燃料の必要性を排除し、スペースXが人類を「多惑星種」に変えようとしているのと同じように、文明の未来を守るためにツイッターを「言論の自由の砦」にすることだった。「公共プラットフォームとしてのツイッターに対する信頼が高まるほど、文明に対するリスクは減少する」とマスクは述べている。[3]
ドーシーが求める条件をマスクはすべて満たしていた。人類の未来におけるツイッターの役割に関心を持つだけでなく、自身も熱心なユーザーだった。このサービスを素晴らしいものたらしめる、独自性やニュアンスをよく理解していた。マスクの買収提案を受け入れると発表した日、ドーシーは次のようにツイートしている。「私は誰もツイッターを所有するべきではなく、運営するべきでもないと思っています。ツイッターが企業であるが故に生じる問題を解消する上で、イーロンは私が信頼する唯一の解決策です。意識の光を広げるという彼の使命を信頼します」[4]
実は、マスクがツイッターの買収を決めたのは偶然の巡り合わせではない。ドーシーが数週間前から彼にツイッターへの関与を強めるよう内々に働きかけたのだ。暗に陽に、ツイッターの取締役会を批判し、目標を適切に達成するためには非公開化が不可欠という自身の信念を喧伝した。マスクはこれに賛意を示し、「売り手に有利」な提案をして、ツイッターが自分のものになるまで手を替え品を替えせっついたのである。買収が正式に発表された4分後、ドーシーは盟友に「ありがとう♥」とプライベートメッセージを送った。「基本的に君のアドバイスに従ったまでだ！」とマスクが返す。ドーシーの返事はこうであった。「わかってる、感謝しているよ。これが唯一の正しい道だ。成功させるために必要なことがあれば、これからも何でもするよ」[5]

ツイッターは、グーグル、アマゾン、アップル、メタといった大手テック企業と一括りに語られることが多い。ある意味、それは適切なことだ。ツイッターの社会的、そして文化的影響力は、他のテックジャイアントと同列に語ってもまったく違和感がないほど、何年にもわたり突出していた。イーロン・マスクが同社を買収した年である2022年の半ばまでに、ツイッターのデイリーアクティブユーザー数［訳注：特定の1日にサービスを利用したユーザーの数］は2億4000万人近くに達していた。世界人口に比べれば小さな数字でしかないが、ツイートは事実上至るところに存在した。テレビ局はニュース番組の放送中にツイートを表示し、新聞や雑誌はツイートを印刷し、ラジオ放送局はツイートを読み上げた。ツイッター上で起こる出来事はたいていの場合、一般大衆へと拡散されていった。

ツイッターは何年にもわたり、文化と政治に重大な変化を促しながら、自らの能力を超える相手と戦ってきた。「アラブの春」として知られる中東での動乱の最中には強力な情報源となり、ブラック・ライブズ・マター（#BlackLivesMatter）やミートゥー（#MeToo）のような文化的ムーブメントに拍車をかけた。ツイッターは富裕層や権力者のための拡声器であり、世界的なリーダーと有権者とをつなぐ「結合組織」であった。2017年から2021年にかけては、米国の現職大統領が日々の意識の流れを世界中の人々に向けて毎日ライブ配信するデジタルジャーナルになった。ツイッター上でニュースが拡散されていく速度はあまりにも速く、メディア業界のあり方を不可逆的に変えた。ツイッター誕生以来、そのことが議論の対象になることはめったになかったが、「今まさに世界で何が起きているのか」を知る上で比類ない最速の手段だった。

それはつまり、ツイッターの運営主体が世界中の言論に対して計り知れない規模の影響力と支配力を持つことを意味していた。ドーシーがひどくうんざりしたのも、マスクが大金を注ぎこむことになったのも、まさにそれが理由であった。そして両者は、世界中の会話を取り締まるとは、けっして報われることのない、限りなく不可能に近い仕事であることを、身を持って学ぶ羽目になったのである。その影響力の大きさとは裏腹に、ビジネスとしてのツイッターは成功とは程遠い。何年もの間、ツイッターは世界中から関心を集めていたが、それをどう活用すればいいのかよくわかっていなかった。他の巨大テック企業と比べたとき、ツイッターがいかにちっぽけな存在であるかを大半の人は認識していない。マスクが440億ドルを投じてツイッターを買収すると発表した2022年4月時点で比較すれば、フェイスブックの価値は5400億ドルだった。ちなみに、フェイスブックの価値はこのとき、たったの7カ月間で半分にまで落ちこんでいた。グーグルの親会社であるアルファベットの価値は約1兆5000億ドル近くに達しようとしていた。企業の価値と影響力は、必ずしも一致しないのである。

ある意味で、ドーシーは正しかった。ツイッターは始終、ウォール街からの期待に応えるのに苦戦していた。自分たちよりも10倍規模の大きな企業と同じ高みを目指すことにより、彼らが抱えるのと同じ問題への対処を求められたが、そのためのリソースがまったく足りていなかった。その責任の多くは、創業後の非常に早い時期から取締役のポジションに就き、この時期8年にわたりCEOとして同社の経営にあたってきたドーシーにあった。彼がCEOに復帰した2015

年、ツイッターは瀕死の状態にあった。だがドーシーはうまく舵を取り会社を生き返らせた。その功績は称賛に値する。その一方で、ウォール街やツイッターのビジネスの構築に対して彼が抱いていた不満は、自らがそのような関係の種を蒔いてきたようなものだ。従業員や経営幹部の目には、ツイッターを率いるドーシーが利益を生み出すことにまったく関心を持っていないように映り、それが失望につながっていた面もある。ウォール街のゲームは難しいかもしれない。だがゲームに参加することにさえ興味を持てないようであれば、その難易度はさらに高まる。

このような状況から判断すれば、ツイッターの非公開化は必ずしも悪いアイデアではなかった。ドーシーは単に間違った億万長者に賭けてしまっただけなのかもしれない。ドーシーがマスクを「信頼する唯一の解決策」と呼んで以来、ほとんどすべてのことが綻び始めた。マスクは数カ月にわたり、ツイッターとその経営幹部をおおやけの場で中傷し、挙句の果てには買収が正式に完了する前に、取引を白紙に戻そうとした。ドーシーが大切にしてきたツイッターの温かく、従業員に優しい組織文化は、数週間も経たないうちにマスクによって徹底的に破壊されたのである。ツイッターの小規模ながら安定していた広告事業は、あわや崩壊寸前まで追いこまれた。「最大限信用され、広く包摂的」なサービスを提供するというマスクの約束は、今なお果たされていない。ツイッターの初期の経営幹部であり取締役も務めたジェイソン・ゴールドマンは後に、ドーシーの「意識の光」ツイートを「史上最悪の老害ツイートの一つ」と酷評した。[6] ドーシー自身も、買収契約が交わされてから1年後の2023年4月、物事が想定していた通りに運ばなかったことを認め、「何もかもが間違った方向に進んでしまった」と感想を述べている。[7]

マスクはなぜツイッターを買収したのだろうか？　その理由を一つに絞ることはできない。実際、複数の要因があった。ツイッターは2021年にドナルド・トランプ大統領のアカウントを永久追放したが、この決定はドーシーと彼の会社に永遠に消えない傷を残し、ツイッターの批判者たちに、ツイッターが世界でもっとも大切な自由の一つ、言論の自由を破壊しようとしているという確信を与えた。マスクが登場するまでの2年間、ドーシーは暗号資産ビットコインなどをはじめとする他の関心事に気を取られており、ツイッターから卒業する準備が整いつつあった。ドアが半開きで、いつでも他の誰かが入ってきて主導権を握れるような状態だったのだ。加えて、何年も失望させられる結果しか出せなかったツイッターのビジネス。マスクがドアの前に姿を現したとき、ある意味、抜本的な変革の機が熟していたと言える。

ドーシーの後任としてツイッターCEOに就任したパラグ・アグラワルは、マスクによる買収が発表された直後、従業員から「買収は避けられたのではないか」と問われ、ツイッターがあまりにも多くのチャンスを逃してきた現実をつくづく思い知らされた。全社会議の場で次のように答えている。「そう思います、そうですよね。この5年を振り返れば、私たちはツイッターをもっと良いものにできたのではないでしょうか？　技術的にもっと優位に立てたのではないでしょうか？　プロダクトに関してもっと良い選択ができたのではないでしょうか？　もっとうまく収益化を図れたのではないでしょうか？　ポリシーに対する信頼を得るもっと別のやり方があったのではないでしょうか？　その通りです。もっと違う、より良いやり方があったはずなのです[8]」

このような結果に終わる必然性はなかった。ツイッターは欺瞞と数々の判断ミス、誤った信頼が生んだ物語であり、思い上がり、恨みと憎しみ、無邪気な楽観が生んだ物語でもある。だが何より、ツイッターは今日に至るまで期待に応えることのなかったビジネスとプロダクトの物語であり、米経済界がいまだかつて目にしたこともないような狂気のビジネスディールへと引きずりこんだ2人の男の物語だったのである。

第 I 部

ツイッター1.0

第1章　ジャック・ドーシーの復活

ディック・コストロは、涙を抑えるのに必死だった。2015年6月のことだ。その日の朝に急遽開催が決まった全社会議のため、サンフランシスコ本社9階のカフェテリアは数百人のツイッター従業員で溢れかえっていた。淡いグレーのズボンに紺色のカジュアルなジャケットを合わせたコストロは、急ごしらえのステージに立ち、何百もの見慣れた顔を見渡した。それから後方に座っている、まるで関心のなさそうな顔つきの数名のインフラエンジニアと目を合わせて気持ちを落ち着かせた。そして彼は降って湧いたようなニュースを伝えたのである。

テック業界でもっとも影響力のある企業の一つに数えられるツイッターを、約5年にわたり率いてきたコストロが、6月末をもって退任するということ。そして正式なCEOが見つかるまで、ツイッターの共同創業者であり、このとき会長のポジションに就いていた38歳のジャック・ドーシーが暫定CEOを務めるということを。

従業員たちは、コストロの退任を悲しんだ。禿頭に四角い黒縁メガネがトレードマークのコストロは、当時51歳。頭の回転が速く、びっくりするほどのユーモアの持ち主で、親しみやすい人柄もあり、米ビジネス界でも彼を嫌う人を見つける方が難しかった。20代の頃は、コメディアンとしてのキャリアを夢見て、シカゴのセカンド・シティ〔訳注：歴史あるコメディ劇団、同名の劇場を持つ〕でスティーブ・カレルなどと即興劇を演じていた。NBCのコメディ・バラエティ番組「サタデー・ナイト・ライブ」のオーディションに呼ばれたことも2度ほどあったが、夢破れ、テック業界に飛びこんだ変わり種である。[1]

コストロは複数の会社を立ち上げ、2007年、そのうちの1社をグーグルに1億ドルで売却している。それから数年が経った2009年に最高執行責任者（COO）としてツイッターに参画し、たった1年後、CEOに昇格した。[2] 彼の在職期間に従業員数が数百人から数千人に増加したが、人との接し方や態度が変わることもなく、オフィス内で定期的に開催されるクロスフィット・トレーニングのクラスにも若手従業員と一緒に参加した。[3]（少なくとも、2000人を超え始めるまでは）ほぼすべての従業員の名前を覚えており、社内の信望も厚かった。

だが、この5年間は試練の時でもあった。コストロがCEOに就任した2010年後半、ツイッターの存在はすでに広く知られていたが、メディアや政界におけるプレイヤーとしての真価はまだ正しく理解されていなかった。

ツイッターのサービスを利用すると、自分をフォローしている他のユーザーに向けて、短い情報のかけらを投稿することができた。ツイッターは、政治家やジャーナリスト、セレブなど、「ファン」と直接コミュニケーションを取りたいと望む人々の間で瞬く間に人気となった。バラク・オバマもアカウントを持った。テイラー・スウィフト、アシュトン・カッチャー、オプラ・ウィンフリーも利用し、2009年には、NASAの宇宙飛行士が国際宇宙ステーションからツイートを送信した。そのわずか数年後、ツイッターは「アラブの春」での反政府デモの組織化に重要な役割を果たすことになる。[4]

ところが、このように世界的な影響力を持つにもかかわらず、ツイッターのサービスはほとんど利益を出せていなかった。コストロがCEOに就任した年の売上高はたったの2800万ドルであり、この数字を大幅に伸ばすことが彼に課された仕事だった。コストロはその期待におおむね応え、2013年後半にはツイッターを上場へと導き、多くの経営幹部、投資家、創業初期からの社員の懐を潤した。退任を発表する頃には、ツイッターは単四半期で5億ドルを超える売上を達成し、その大半を広告収入が占めるようになっていた。曲がりなりにもコストロはツイッターをニューヨーク証券取引所で取引され、きちんと利益が出せる会社に変えたのだ。

だが、精神の消耗を避けられない。楽しいことが大好きなCEOは疲弊していた。ウォール街の投資家たちは事あるごとに、圧倒的に規模の大きいソーシャルメディア企業であるフェイスブックと比較しては、ツイッターへの不満を募らせていった。マーク・ザッカーバーグ率いるフェイスブックの規模はツイッターのほぼ5倍であったが、伸び悩むこともなく、同社のサービスは世界中のほとんどすべての国でまるで雑草のように広がり、成長を続けていた。

2014年の第4四半期に、フェイスブックが新規ユーザーを4300万人獲得したのに対し、ツイッターはわずか400万人にとどまっている。[5,6] その差は歴然としており、ツイッターにとって無視できない問題であった。なんと言っても、広告主はできるだけ多くの人にリーチできるところに資金と広告を出したがり、投資家は成長している企業の株を買いたがる。当時、ツイッターは一般のユーザーに使いにくいサービスだと考えられていた。皆一体何をつぶやけばいいのか戸惑っていたのだ。人々を魅了し、ユーザー数を増やし続けるために、ツイッターはプロダクトを刷新する必要に迫られていた。だがコストロはビジネス・オペレーションの人間であり、プロダクトは専門外だった。

ツイッターCEOの仕事は、別の意味でも過酷だった。有名人の拡声器としての役割上、ツイッターはしょっちゅうニュースになった。それはつまり、コストロ自身が頻繁にニュースに取り上げられることを意味した。だがコストロは、それを柳に風と受け流し、気にしないようにした。２０１４年末に娘から電話を受けたときもそうだ。「パパ、元気？　悪いニュースといいニュースがあるの」と彼女は言った。[7]「悪いニュースは、Yahoo! ファイナンスの記事によると、なんとパパは今年最悪のＣＥＯ５人の１人に選ばれたそうです」。「いいニュースは何だ？」とコストロは先を促した。「えーっと、Yahoo! ファイナンスの記事を読む人なんてめったにいないこともいいニュースの一つだけど、もう一つは、パパが5位だってこと。つまり、パパの前には４人のワーストＣＥＯがいるってことね」

この仕事は時に、危険でもあった。２０１４年後半、ツイッターは、テロ組織、イスラム国（ＩＳＩＳ）を支持するアカウントの凍結に踏み切った。その後、ツイッターは警備員を雇ってコストロの自宅を24時間見張らせることになる。コストロのもとに、あまりに多くの殺害予告が届いたからだ。数年後、コストロは次のように述べている。

「ツイッターの経営は、他の会社をドッグイヤーで経営するようなものです。ツイッターでの１年は、他の会社のＣＥＯの7年分に相当します……。まともに経営できる会社ではないのです[8]」

２０１４年末、ＩＳＩＳとメディアの両方に追い回されることにほとほと疲れていたコストロは、ツイッターの取締役会に、「もうこれ以上は無理だ、後任探しを始めてほしい」と伝えた。ところが、２０１５年の夏になっても、取締役会は適任者を見つけられずにいた。そこで、取締役の面々はジャック・ドーシーに、本格的な後任探しが完了するまで、暫定的にＣＥＯのポジションに就くよう求めたのである。中には、ドーシーの正式なＣＥＯ就任を望む取締役もいた。なんと言ってもツイッターの共同創業者であり、ツイッターがまさに必要としているプロダクトに精通した人物であると目されていたからだ。

その一方、ドーシーの過去の実績はと言えば、ムラがある。創業初期の初代CEO時代は、惨憺たるものだった。社内の混乱と権力争い、そして人間関係のもつれが複雑に交錯する中、取締役会から解任を言い渡され、別の共同創業者と交代させられている。だが、それ以来ドーシーも、経営者として成長を遂げてきた。そのことに疑いの余地はない。

しかし、その証左こそが正式CEO就任の障壁だったのだ。ドーシーはツイッターの後に共同創業したもう一つのスタートアップ、決済会社スクエア（現ブロック〔Block〕）の経営にあたっており、ツイッターでの仕事にフルタイムで専念することはおそらく不可能であった。コストロが辞任を申し出たとき、ツイッターの通期売上は20億ドルを超えようとしており、パートタイムのCEOに任せるには会社の規模、影響力ともにあまりにも大きくなりすぎていた。

とはいえ、スクエアのオフィスは文字通りツイッター社屋の向かいに位置していたし、それまでツイッターの会長を務めていたドーシーは、ツイッターが置かれた状況を余すところなく把握していた。ドーシーとコストロは毎週決まって、マーケット・ストリートの本社から3ブロックほど先のズーニー・カフェで夕食をともにしていた。火曜日の夜に、2階ダイニングルームの決まったテーブルで落ち合い、会社のことから、その時々の思いつきまで、さまざまなことを話し合っていたのだ。取締役会が後任問題の解決策を見つけ出すまでの数カ月、ツイッターのビジネスを回し続けることができるとしたら、それはやはりドーシーだった。

本社カフェテリアのステージから辞任の報告をしたコストロに、従業員たちは立ち上がり、万雷の拍手を送った。ステージ上では、カジュアルなシングルジャケットとジーンズ、そしてブーツという出で立ちで、頭のてっぺんからつま先まで黒で統一したドーシーも、すぐそばに立つ前任者を従業員たちと一緒に拍手で称えた。拍手が止んだところで1人の従業員が、正式に辞任した後は何をする予定なのかとコストロにたずねた。その答えは「眠りたい」だった。夜はさっさとベッドに入り、朝10時半まで眠り続けられる日を夢見ていた。「人生で最高の睡眠になりそうだ」。コストロは軽口で返した。

コストロは自由になった。ツイッターは今、コストロの手を離れ、ジャック・ドーシーの問題になったのだ。

若き日のジャック・ドーシー

子どもの頃のジャック・ドーシーは、CEOになるなんて想像もしていなかったし、ましてや同時に2つの会社のCEOになるなんて夢にも思っていなかった。むしろ、若い頃から芸術家肌で、少年時代を過ごしたミズーリ州セントルイスでも、スケッチをしたり、絵を描いたり、猫を飼ってヨットで世界中を航海することを夢想して日々を過ごしていた。[9]

幼少期に言語障害——一時期は話すのを拒否するほどだった——があったことの影響か、極度に内向的だった。[10]その一方で、無限の好奇心の持ち主で、新しいものを創造するのが大好きだった。成長するにつれ、都市とそれを機能させるインフラに魅了されるようになり、車両基地で電車の写真を撮ったり、市バスに乗って街の見知らぬ場所を探索したりした。

1980年代半ば、父親が初めてコンピュータ「IBM PC Junior」を家に持ち帰ると、ドーシーはソフトウェアのコードを書き始めた。[11]家族が所有していた無線スキャナで警察無線を傍受しては、地元の消防車やパトカーの位置座標をコンピュータのモニターに表示させ、最終的には自作の地図上で、緊急現場から次の現場へとデジタルドットが移動していく様子を見られるようにまでプログラムしたのである。コーディングのスキルと関心の高まりに任せて、ドーシーはインターネットの世界をより広く探求し始め、オンラインのチャットルームや掲示板に出入りしては、「オープン・インターネット」の理想について読んだり、暗号化技術のような新しいトピックを学んだりもした。

ドーシーはその先何年も、このインターネットとの出会いについて回想しては、現代のインターネット時代の基盤づくりに寄与した「ハッカー」文化にどっぷり浸かって育った過去を誇らしげに語っている。

そのハッカー精神が実を結んだのは、ミズーリ大学ローラ校の大学生となったドーシーが、「ディスパッチ・マネジメント・サービス（DMS）」という名のニューヨークを拠点とする自転車便メッセンジャー会社のウェブサイトにセキュリティホールを発見した時だった。相変わらず地図と都市に熱中していたドーシーは、街中を走り回るメッセンジャーのアイデアが気に入り、DMSを率いるグレッグ・キッド会長にメールを書き、同社のウェブサイトの脆弱性を警告するとともに、おそらくそれとなくハッキングのスキルを匂わせたのであった。

これがきっかけとなり、ドーシーは初めてフルタイムでテック関連の仕事に就くことになる。ミズーリ大学を中退してニューヨークへ移り、キッドの会社でコーディングを担当した。都市に夢中の20歳の若者にとって、ニューヨークは夢のような場所だった。当初ドーシーは、キッドが社宅として提供していたロングアイランドの古いスコットランド風の邸宅に住んだ。さまざまなデザインがあしらわれたベッドルームがいくつもあり、毛足の長い絨毯がバスルームに敷かれ、従業員たちが「スワンプ・ハウス（水浸しの家）」と呼ぶその建物の、最年少の住人になった。

だがドーシーは街の中心部での暮らしを望み、まもなくしてキッドが賃貸に出していたジョン・ストリートのロフトに引っ越した。マンハッタンのダウンタウン、世界貿易センターからわずか1ブロック先である。ロフトには、ときに「クラッシュ・パッド〔訳注：ボルダリングでの落下時や、ジムでバーベルをドロップする際に衝撃を吸収するマット〕」と呼ばれるベッドルームと共有バスルームの他、「朝8時以降ウォール街で目にすることのないようなはみ出し者たち」と後にドーシーが描写する、種々雑多なルームメイトがついてきた。時間があれば、大型書店ボーダーズの音楽コーナーへ通ったり、いろいろなことに思いを巡らせながら、ただ街を散歩したりして過ごした。

失敗に終わる先駆けすぎたアイデア

ディスパッチ・マネジメント・サービスは、1998年に上場を果たした。だが、キッドはその直後に同社を離れることを決意する。彼は、ニューヨークの屋台のホットドッグを好んで食べるようなタイプだった。それなのに、上場するやいなや、スーツを着た人間が社内をウロウロするようになり、会社があまりに「会社っぽく」なってしまったのだ。

キッドはドーシーを誘ってサンフランシスコに移り、そこで別の会社を立ち上げる計画だった。「DNet」と名づけたキッドのアイデアは、人々が地元の商品を購入し、その日のうちに自宅に直接配達してもらえるという、オンライン注文・即時配達サービスの先駆けだった。素晴らしいアイデアだったが、20年ばかり時代を先取りしすぎていた。ドットコムバブルの崩壊とともに、キッドは創業から数年も経たずして会社をたたむことを余儀なくされ、ドーシーは職を失った。

しかし、カリフォルニアへの転居は無駄ではなかった。カリフォルニアに移ってから数年後の

2000年夏、オークランドの古いビスケット工場跡地のコミュニティに暮らしていたドーシーは、ノートパソコンを取り出し、「ステータス（STAT.US）」と名づけたサービスのアイデアをスケッチした。サービスの核心は、人々が携帯電話から自分が今何をしているか、友人に近況をアップデートできるようにすることだった。「外出先から、最新の情報をリアルタイムで」[12]。AOLのインスタント・メッセンジャーで人気が出たステータス機能に似たサービスだった。

その夏の間、ドーシーはサンフランシスコのゴールデンゲート・パークを散歩しながら新しく購入した携帯端末「ブラックベリー」を取り出すと、ステータスを送信してアイデアを実際にテストしてみた。「僕は今、バイソン・パドックにいる」と入力する。[13] ドーシーの友人でブラックベリーを所有している者はほとんどいなかった。ドーシーの近況に関心を持つ友人にいたってはさらに少なかった。DNetと同じく、STAT.USも生まれるのが早すぎたのである。

それでも、このアイデアはドーシーの心を捉え、ずっと頭の片隅にあった。彼はその後数年の間、あちらこちらに情熱を傾け、将来の道を模索しながら、国内を転々とした。まだカリフォルニアにいる時期にオンライン・チャットルームで知り合ったガールフレンドを追って、マサチューセッツ州のケンブリッジへとやってきたドーシーは、マサチューセッツ工科大学キャンパス近くのケンダル広場で毎日ノートパソコンを開いて過ごした。まるで、浸透作用によってアイデアやひらめきを吸収しているかのようだった。

この頃になってもドーシーの本質が変わることはなく、内向的で単独行動を好み、何時間も本を読んだり、散歩をしたり、ノートパソコン上でさまざまなアイデアを試したりして過ごすのが好きだった。アートへの情熱も持ち続けており、一時期は折り鶴をつくっては街のあちこちに隠し、他の人に見つけてもらうといった活動をしていたこともある。あるとき、ドーシーは左前腕に「0Daemon！？」とタトゥーを入れた。いくつかの意味があるが、もっともわかりやすいのが、バックグラウンドで静かに動作するコンピュータ・プログラム「デーモン」へのオマージュだ。自身の存在をデーモンと重ねあわせていたのである。

ケンブリッジで1年を過ごした後、25歳になったドーシーはセントルイスに戻り、父親が経営する質量分析計の会社で働き始めた。そして植物画のイラストなど、新しい趣味に没頭した。この頃、手根管症候群を患ったドーシーは、マッサージセラピーにはまり、セントルイスのヒーリング・アーツ・センターに入学し、マッサージセラピストのライセンスを取得するために100時間のトレーニングを受けている。[15] そのうち、「コンピュータ・プログラマーが仕事をしている間にマッサージをして、ついでにコーディングのアドバイスやサポートを提供するビジネスを立ち上げるのはどうだろう」などと考えるようになる。マッサージセラピーとコードセラピーを組み合わせたサービスだ。しかし、誰に説明しても返ってくるのは冷ややかな反応だけだった。

ビスケット工場で書いた1枚のアイデア

放浪の末、ドーシーは結局カリフォルニアに戻った。2004年後半は、バークレーにあるキッドの家の裏の小さなコテージに移り住み、キッドの幼い娘のベビーシッターを始めた。そして鼻にピアスを開け、アルカトラズ島［訳注：連邦刑務所として使用され脱獄不可能な「監獄島」と呼ばれた。現在は観光名所となっている］への観光ツアーを提供する会社の発券システムのソフトウェアのコーディングなど、どこで見つけてくるのか一風変わった仕事を請け負っていた。[16]

ある日の午後、ドーシーはサンフランシスコの成長著しいテック企業が集積する人気エリア、サウスパークのカフェで仕事をしていた。見覚えのある顔が窓のそばを通ったかと思うと、そのカフェに入ってきて、飲み物を注文する場面に遭遇した。エブ・ウィリアムズだった。直接の知り合いではない。ニュースで読んで知っていたのだ。ウィリアムズは数年前に、誰でも簡単にブログを作成できるプラットフォームを提供するブロガー（Blogger）を数百万ドルでグーグルに売却し、当時はオデオ（Odeo）という名のポッドキャスト会社を運営していた。

ドーシーはその場でウィリアムズに話しかける代わりに、ノートパソコンに向かったまま、インターネット上で彼のEメールアドレスを探し出し、ファーストネームだけを記した履歴書を送った。[17]結果、数週間のうちにドーシーはウィリアムズのポッドキャスト会社でコーディングの仕事を得た。ついに本物のスタートアップで働くことになったのだ。

ドーシーは、すぐオデオに馴染んだ。コーディングのスキルが際立っていたし、社内の大半のエンジニアと違って文句を言わずに黙々と仕事をやり遂げるので、周囲の目には一緒に仕事をしやすいタイプだと映ったようである。彼はチームの何人かと親しくなり、街で開催されるコンサートに行ったり、飲みに出かけたりもした。幼少期のヨットへの興味を再燃させ、ある週末にはボートを手に入れた同僚の手伝いを買って出て、ボートをピックアップしベイエリアで水面に降ろしたりもしている。失敗して座礁させることになるのだが。相変わらず物静かだったが、ウィットに富み興味をそそる変人だった。あるとき彼は、自分の電話番号をTシャツに縫いつけてサンフランシスコ中を歩き回った。電話をかけてくる人がいるか、試してみたのだという。実際にかかってきたが、会話はまったく弾まなかった。彼は、冗談を笑って受け流す術も心得ていた。

オデオに入社してまもなく、地元のデパート、ジェレミースのためにモデル役を務めることになった。ドーシーは昔からハンサムだった。身長は178センチメートル。特別背が高いわけではなかったが細身で、青い目にくっきりとした眉。ロックバンドZZトップ並みの髭をたくわえ始めるまでは、割れあごのくぼみがうっすらと見えていた。写真撮影の話が伝わると、待っていましたとばかりに冷やかしメールが社内を駆けめぐった。同僚の1人が「ジャックったら、すぅっっっっごくかっこいい！」とコメントをつけて、チーム全体にドーシーの写真を転送すると、別の同僚が「ニャーオ」と甘い声を返した。

ドーシーは職場に溶けこんでいったが、オデオのビジネスは絶好調とは言い難かった。ドーシーがオデオで働き始めた直後、スティーブ・ジョブズ率いるアップルがポッドキャスティング分野への参入を決めたのだ。2005年半ばのアップデート以降、iTunesから直接ポッドキャスト番組を探したり、聴いたりできるようになった[18]。ずっと規模の小さいオデオは、風前の灯火だった。会社にはまだウィリアムズがブロガー売却で得た金や、他の投資家から調達した資金が残っていたが、オデオのビジネスが頓挫したことは火を見るよりも明らかで、従業員の士気は低下していく。オデオは、新しいアイデアを必要としていた。

2006年2月、遅くまで酒を飲んだ晩、「外出先でのステータス共有」というドーシーの未完の構想が再び姿を現した。ドーシーは新しい友人の1人であるオデオの共同設立者ノア・グラスと、サンフランシスコ市内に停めた車の中で崩壊しつつあるオデオのビジネスについて話し合い、窮地を脱するためのブレインストーミングにいそしんでいた。お互いのアイデアの「壁打ち」をしているうちに、ドーシーは5年前にビスケット工場で紙きれに走り書きしたステータスのコンセプトを思い出したのである[19]。アルコールのせいか、疲労のせいか、それとも何かひらめきがあったのか、ステータスのアイデアは以前よりも理にかなっているように思えた。特に、グラスの心をわしづかみにした。2人は翌朝、ウィリアムズともう1人の従業員、ビズ・ストーンにこのアイデアを説明した。さらに数週間のブレインストーミングと、できるだけ多くの新しいアイデアを集めるために開催された従業員によるハッカソンイベントを経て、ウィリアムズはすべての提案の中で、グラスが「ツイッター」と名づけたこのステータス共有のアイデアが有望だと判断した。ドーシーとストーンが、プロトタイプの構築担当に任命された。

「ツイッター」の誕生

ツイッターが正式に誕生したのは2006年3月のことだ。その年、ドーシーはツイッターのことばかり考えていた。このプロダクトにより、人々は短いテキストメッセージで近況を送信できるようになり、その近況がアカウントをフォローしている人たちのスマートフォンにテキストメッセージとして配信される。140文字に制限することで、メッセージが分割されることなく確実に届けられるようにした。140文字ならば、メッセージにユーザー名を含めるためのスペースも確保できる。チームメンバーの初のツイートは、どれもまるで1行日記のようだった。

「コーヒーを飲んでいるところ」[20]
「家に帰る途中」
「今から寝る」

しかし、多くのスタートアップの例に違わず、プロダクトの成長は緩慢で、社内の権力争いもひどいものだった。従業員たちはつぶやきに夢中になっていたが、ツイッターのユーザー数はローンチから約6カ月の時点で5000人にも達していなかった。[21]

グラスは、何人かの同僚の神経を逆なでるような態度を取ったことを理由に、危険人物扱いされるようになり、ツイッターの最初のプロトタイプができ上がった数カ月後に会社から追い出されてしまった。その決定を下したのはウィリアムズだが、ドーシーもその決断を後押しした（グラスは後々マスコミに「ツイッターの忘れられた共同創業者」と紹介されることになる）。

正式にツイッターを中心とした事業へとピボットを図るにともない、他にも何人かの従業員が、彼らが持つオデオ株をウィリアムズが買い取る形で会社を離れた。一方、ドーシーは新プロダクト、ツイッターの技術リーダーのポジションにとどまり、ツイッターの運営に欠かせないソフトウェアのコードの大半を書き、管理を任されるようになっていた。

ツイッターが実際に注目を浴びるようになったのは、1年が経った後のことだ。2007年3月にテキサス州オースティンで開催されたテック・カンファレンス「サウス・バイ・サウスウエスト（SXSW）」は、ツイッターの話題でもちきりだった。チーム・ツイッターは、ツイートのフィードがカンファレンスのビデオスクリーンに表示されるように手配した。オースティンのあちこちでパーティやどんちゃん騒ぎが繰り広げられる中、参加者たちは他の人たちが今どこで何をしているのかをキャッチするために、この新しいサービスを利用したのだ。ツイッターはブログ関連スタートアップ部門で最優秀賞を受賞した。このとき、ドーシーが受賞スピーチをしている。そのスピーチは、驚くほどツイッターというブランドを体現したものだった。なにしろ、140文字以下に抑えられたスピーチだったのである。[22] それから3カ月のうちに、新規の登録ユーザー数は10万人を超え、テック系メディアでも頻繁に取り上げられるようになっていった。[23]

その夏、ウィリアムズは30歳のドーシーをツイッターの初代ＣＥＯに任命した。ドーシーはアイデア出しに貢献しただけでなく、プロダクトをゼロからつくり上げた人物であり、何よりツイッターにすっかり夢中になっていた。問題は、ドーシーにＣＥＯとしての経験が一切ないことだった。かろうじて、マネージャー職で他のエンジニアたちをまとめたことがある程度である。アイデアを生み出すクリエイター、そしてそれを形にするインベンター（発明家）としては秀でていたドーシーだが、ＣＥＯとしては苦闘を強いられることになる。

ドーシーの穏やかな語り口、物静かな態度は、概して自信に満ちた振る舞いや、揺るぎない意思決定が求められるスタートアップでは武器にならなかった。おまけに急成長を遂げたことで、ツイッターのサイトは何かにつけてダウンするようになっていた。そのうえ、ドーシーは服飾デザインのクラスに通うなど、ＣＥＯになってからも本業以外の活動や趣味に情熱を注いでいた。いつか自分のジーンズブランドを立ち上げたいと思っていたのだ。彼は、ツイッターは必ずしも「会社」になるべきだとは思っていなかった[24]。むしろ、大きな利益を追求する必要のない、ある種の公共サービスを提供するプロダクトにしたいと考えていた。ハッカーの矜持を持つ彼はツイッターをインターネット・プロトコルのような、つまり、誰でも自由にその上にサービスやプロダクトを構築できる技術レイヤーにした方がいいと考えた。Ｅメールのようなイメージである。

しかし、ツイッターが構築したのはドーシーの考えるそれではなかった。リターンを期待する本物の投資家つきの、本物の会社をつくろうとしていたのだ。会長のポジションに就いたウィリアムズは、ドーシーが仕事を離れてヨガをしたり、裁縫教室に通ったりすることに不満を漏らした。「君は服飾職人にも、ツイッターのＣＥＯにもなれる」。そして、ウィリアムズはこう続けた。「でも両方は無理だ[25]」。この最後通告が功を奏することはなく、ツイッターが成長するにつれ、経営者としてのドーシーの経験不足が露呈していく。人材の管理に苦労し、ツイッターの小規模な取締役会に根回しすることなく重大な決定を独断で下し、会社の経費支出を自身のノートパソコンで管理した上、後にそれが不正確であったことが判明した。

２００８年秋、ドーシーをＣＥＯに就かせてから1年あまりで、ウィリアムズは早くも我慢の限界だった。取締役会も同意見だった。取締役会のうち2つの席は、ツイッターに出資したベンチャーキャピタリスト、スパーク・キャピタル（Spark Capital）のビジャン・サベットと、ユニオン・スクエア・ベンチャーズ（Union Square Ventures）のフレッド・ウィルソンが占めていた。少人数からなる取締役会はドーシーの解任を決定し、後任にウィリアムズを選出した。本人がこのことを知ったのは、２００８年10月15日、サンフランシスコのクリフト・ホテルで朝食を取っている最中だった。彼らはドーシーに実質的な仕事は何もない、純粋に肩書だけのポジションである会長として会社にとどまるよう求めた。短いＣＥＯ在任期間はこうして幕を閉じた。

落胆は大きかった。ドーシーにとってツイッターは手塩にかけて育てた子どものような存在だったし、ツイッターで働くことは、それまで求めながらも手に入れることのできなかった安定と目的意識を与えてくれていた。同時に、怒りを覚え、裏切られたと感じた。[26]

ＣＥＯの座から引きずり下ろされたことに対し、抗いたくとも、ドーシーにできることは何もなかった。共同創業者であっても、会社に対する決定的な支配権は持っていなかった。もし支配権を行使できるとすれば、それはツイッターに出資している投資家たちと、ブロガーの売却で得た資金を創業時からツイッターに投じていたウィリアムズだった。発言権と影響力を持つのは投資家たちなのだという厳しい現実を、初めて突きつけられた。札束を持つ者が、力を有するのだ。

ドーシーは、怒りをうまく隠した。少なくともおおやけの場では。経営者ではなくなってもなお、インタビューに応じ、注目度の高いイベントに顔を出しては、ツイッターの共同創業者としての役割を演じていた。テック企業幹部から構成される代表団の一員として、米国務省とともにハイテク技術の活用方法を探ることを目的とした3日間のイラク訪問にも参加した。[27]その夜、ワシントンで開催された国務省主催の晩餐会では、ヒラリー・クリントン国務長官の隣の席に座っている。[28]

また、中国の著名アーティストで活動家として知られるアイ・ウェイウェイとともに、パネリストとしてディスカッションに臨み、地元セントルイス・カージナルスの試合では始球式の投手役を務めた。[29]ほとんどの人が気づいていなかったのは、ツイッター社内にドーシーの役割は基本的に存在しないということだった。会社はドーシー抜きで回っており、まだツイッターに残っていた共同創業者、エブ・ウィリアムズとビズ・ストーンはむしろ、自分たちのあずかり知らぬところでドーシーがプレスの前に姿を見せては、あれこれ語ることに苛立っていた。

社内では何の影響力も持たなかったドーシーだが、その状況が2010年の夏に一変する。ニック・ビルトンがその著作『ツイッター創業物語　金と権力、友情、そして裏切り』（日本経済新聞出版）で詳しく描写しているが、全容は次のようなものだった。

このとき会長職に就いていたドーシーは、ツイッターの上級幹部と接触しては、アドバイスを提供するようになった。そしてさらに重要なことは、ウィリアムズに不満を持つ彼らの声に耳を傾けたのである。多くの幹部が、ウィリアムズは優柔不断で動きが遅すぎると考えていた。ドーシーは幹部たちに、その懸念を取締役会に直接上申するように促した。ウィリアムズのボスに、これらの不満が少しずつ漏れ伝わるようにしたのだ。

夏が過ぎ、彼らの不平不満が山のように積もると、ドーシーはサンフランシスコの自身のアパートメントに数名の上級幹部や取締役を集め、秘密の会合を開き、ウィリアムズの仕事ぶりについて話し合った。もちろん本人は招待されておらず、水面下で何が起こっているのかなど知る由もなかった。ニューヨーク・タイムズ紙の元記者であるビルトンは、「ジャックはこの夏、都合のいい情報がしかるべき人物の耳に確実に届くように、周囲の人々を動かしていった。まるで宿敵とのチェスの対戦で、ポーン（歩兵）を動かすかのように。問題は、いつの間にか対戦相手にされているのに、エブがまったく気づいていないことだった」と書いている[30]。

ドーシーが戦いに勝利したのは驚きに値しないだろう。ドーシーのＣＥＯ解任から２年が経った２０１０年10月、今度はウィリアムズがクビになり、ディック・コストロが後任に就いた[31]。かつて己を排除したウィリアムズを引きずり下ろすことに、ドーシーは成功したのだ。

ツイッターか、スクエアか

２０１５年6月、コストロのＣＥＯ退任を悲しんだ人々にとって、ドーシーの返り咲きは同じぐらいショックだったのではないだろうか。なにしろドーシーは、ＣＥＯ失格の烙印、感情的なしこりなど、あまりにたくさんの禍根を引きずっていた。ここへきて突然、ドーシー、ウィリアムズ、コストロと、３人の元ＣＥＯがツイッターの取締役会に名を連ねることになった。それぞれが、それぞれにＣＥＯのポジションを交代させられた経験を持つ。

そのようなパワーダイナミクスは気まずいかもしれないが、それ自体は、ツイッターのフルタイムのＣＥＯを見つける上で最大の障壁ではなかった。皮肉なことに、ツイッターの取締役会が暫定ＣＥＯならばドーシーにも務まるだろうと考えた理由は、ドーシーがフルタイムのＣＥＯの仕事に就けると考える者が1人もいなかったその理由と同じだった。ドーシーは、すでに別の会社、具体的にはスクエアのＣＥＯだったのだ。

ツイッターを解雇された直後、ドーシーは、ジム・マッケルビーというセントルイス時代の古くからの知り合いと再会した。ティーンエイジャーの頃、マッケルビーが立ち上げたスタートアップで仕事を手伝っていた時期があったのだ。同社は当時、顧客がカンファレンスなどで配布するツヤツヤとしたパンフレットをＣＤ－ＲＯＭ化する仕事を請け負っていた。[32]

それから15年を経た２００８年、ホリデーシーズン中にセントルイスに帰郷した際、再会を果たした。ドーシーはマッケルビーにツイッターでの解雇劇の一部始終を話した。マッケルビーは後にこのときのことを「自分の弟が誰かに殴られたような気分で、怒りを覚えた」と書いている。[33] 2人は一緒に新しいビジネスアイデアのブレインストーミングに取り組み、一時期は電気自動車やジャーナリング・アプリの開発などを構想していた。

そんなある日、当時ガラス工芸アーティストとして活動していたマッケルビーが制作したガラス製の飾り蛇口を、２０００ドルで購入したいという買い手が現れた。ところが、アメリカン・エキスプレスのクレジットカードが利用できないと知った買い手が購入をキャンセルしたため、取引は成立しなかった。[34] マッケルビーはドーシーに電話し、このことを愚痴り、嘆いた。

そして2人は、スモールビジネスでも決済の手段としてクレジットカードを簡単に受けつけられる方法が必要だという結論に至った。ちょうど数年前にアップルのiPhoneが発売されたところだった。マッケルビーとドーシーは巧妙なアイデアを思いついた。iPhoneのイヤホンのためのジャックに差しこむことのできる小型のクレジットカードリーダーを開発し、クレジットカードの情報を読み取って、その情報をiPhoneに転送できるようにしたのだ。カードリーダーは、

iPhoneをモバイル・レジスターに変えた。彼らは会社を立ち上げ、「まっとうにする」という意味の「square up」を短くして、「スクエア（Square）」と命名した[35]。

２０１５年までに、スクエアは堂々たるビジネスへと変貌を遂げていた。従業員数は１２００人近くに上り[36]、複数の投資家から累計1億５０００万ドルの資金を調達し、会社の評価額は60億ドルに達していた[37]。スクエアの元祖クレジットカードリーダーは、全米のコーヒーショップ、そして農産物や食品などの屋台が並ぶファーマーズ・マーケットの必需品となった。同社はその後、iPadを実店舗のレジ代わりに利用できるようにするプロダクトも世に送り出している。それにとどまらず、スモールビジネス向けの融資まで提供するようになっていた。

２０１５年にスクエアの経営の舵取りをしていたドーシーは、２００８年にずさんな資金管理や、裁縫にうつつを抜かしたことでツイッターを解雇されたときよりも、ずっと成熟し、責任感ある経験豊かなＣＥＯに成長していた。彼はまた、ツイッターでの失敗から、いくつかの貴重な教訓を学んでいた。ドーシーは単なるＣＥＯではなく、スクエアの筆頭株主でもあった[38]。いつかスクエアのＣＥＯを退く日が来るとしたら、それは自発的な意志によることを意味する。

暫定とはいえ、ＣＥＯの兼任が果たしてうまく機能するのかは未知数だった。それでも取締役会は、少なくとも当初はドーシーがスクエアのＣＥＯ職よりも、ツイッターを選ぶのではないかと読んでいた。世間からの注目度の面では比べるまでもなく、会社の市場価値もスクエアのほぼ4倍。さらに、彼にとっては「初恋」を取り戻す、汚名返上のチャンスでもあった。

ツイッターの面々が気づいていなかったのは、スクエアでのドーシーの役割がかつてないほど重要になっていたことだ。決済会社スクエアは、その秋に予定されていた新規株式公開（ＩＰＯ）に向けて、内々に上場申請書類の準備を進めていた。公開まであと数カ月というタイミングで、共同創業者兼CEOのドーシーが会社を離れるなど論外だったのである。そのようなことが起これば、ドーシー自身を含むスクエアの出資者にとって大惨事だ。

スクエア社内でも心配する声が聞かれた。ドーシーは従業員たちに対して、スクエアにとどまるという意向を伝えていたものの、ほとんどの従業員は、彼がどれほどツイッターを愛しているかを知っていた。その1人が、スクエアの広報部門の責任者を務めていたアーロン・ザモストだ。彼はこの頃、報道関係者からドーシーの進退にまつわる問い合わせを1日に何十件も受けていた。IPOが間近に迫る中、本来の仕事の妨げとなっている、このドーシーの去就を巡る連日の騒ぎを鎮静化させたかった。

ドーシーのツイッター暫定CEO就任が発表された数日後、ザモストはスクエアからドーシーの名前入りの声明を出した。それには次のように書かれていた。「先週も申し上げたように、私はスクエアそして会社のさらなる成功に、これまでと同様、責任を持って積極的に関わっていきます。私はスクエアのCEOであり、そのことに変更はありません[39]」。この種の声明を発表する場合、通常ザモストはツイッターにあらかじめ知らせるようにしていたが、このときはあえてしなかった。公表される前に、ツイッターの取締役会が握りつぶしにくることを恐れたのだ。

ツイッターの取締役会議長を務めていたピーター・カリーは、ドーシーが自分の主張を頑として譲らない以上、圧力をかけざるを得ないと感じていた。彼はドーシーが最終的に折れて、スクエアでの仕事を諦め、ツイッターにフルタイムのCEOとして復帰することを望む取締役メンバーの1人だった。数日後、カリーは自身の声明を発表した。曖昧さのない、明快な内容だ。「CEO選出委員会は、ツイッターにフルタイムで専念できる立場にある者のみを、取締役会への推薦候補者として検討する」。我慢比べゲームが始まった。ドーシーはスクエアを去ろうとしないし、ツイッターの取締役会はパートタイムのＣＥＯを受け入れようとしない。もしドーシーがフルタイムでツイッターに戻ることになれば、他の誰かが妥協を強いられることになる。

難航する正ＣＥＯ探し

候補者争いからドーシーが脱落したと思ったツイッターの取締役会は、有名エグゼクティブ・サーチ会社スペンサー・スチュアートにフルタイムの後継者探しを依頼した。だがサーチ会社経由の候補者探しは本来プランＢ、すなわち次善の策に過ぎなかった。取締役会は春の間、実は社内の人材に白羽の矢を立て、自前のリクルーティング活動に着手していたのだ。名前はアダム・ベイン。セールス＆パートナーシップ部門の責任者であり、社内でも皆から好かれる人物だった。ドーシーとウィリアムズを含むツイッターの取締役会は、数カ月前からベインにアプローチし、ＣＥＯの仕事を引き受けるよう説得にあたっていた。２０１５年のツイッターのユーザー数の伸びが10％に満たなかったのに対し、売上高は58％増加しており、ベイン率いる営業部門は、社内でももっともうまく機能していると見られていた[40]。

問題は、ベインがＣＥＯのポジションを望んでいなかったことだ。ツイッターのビジネスを回すことに長けている自覚はあったが、他の人々と同様、ツイッターの問題は主にプロダクトに関連しており、そこに自分の強みはないと認識していた。そこで彼はビジネス側の責任者として、ドーシーやウィリアムズのようなプロダクト志向のＣＥＯの傍らで副司令官のようなポジションに就くというアイデアを提案した。皆がうらやむフェイスブックのマーク・ザッカーバーグとシェリル・サンドバーグの関係のようなものを想定していたのだ。いずれにしても、ドーシーのもう一つの仕事が障壁として立ちはだかることに変わりはない。

スペンサー・スチュアートのチームは、シリコンバレーのテック業界やメディア業界で主要ポジションに就いている人物を幅広くリストアップした。取締役会に提出された最初の候補者リストには200人近い名前が並んでいたが、その大半はすでに重職に就いており、関心を示す可能性は極めて低かった。同リストには例えば、ユーチューブ（YouTube）を率いるスーザン・ウォジスキ、AOLのティム・アームストロングCEO、直前まで動画配信サービス、フールー（Hulu）のトップを務めていたジェイソン・カイラー、アップルのリテール部門責任者を務めるアンジェラ・アーレンツなどが含まれていた。

数週間が経ち、エグゼクティブ・サーチ会社と電話でのやり取りを繰り返すうちに、候補者の数がだいぶ絞られていった。人望の厚いグーグル古参幹部で、同社の巨大な検索広告事業を築き上げたことで知られるオミッド・コーデスタニは有力候補の1人だったが、ドーシーとの面談後に辞退を申し出た。取締役会はパートタイムのCEOは受け入れないと主張していたが、彼との話し合いを通して、このツイッター共同創業者がCEOのポジションに関心を持ち、積極的に関わろうとしていることを確信したという。取締役会はまた、マイクロソフトやシスコを経て、当時アクションカメラを開発するゴープロ（GoPro）の社長を務めていたトニー・ベイツにも声をかけた。

夏から秋へ季節が移ろう頃、1人の候補者が集団から頭一つ抜け出した。小売業界の巨人アマゾン傘下で、驚くほどの成功を収めながら過小評価されていたクラウド・コンピューティング部門、アマゾン・ウェブ・サービス（AWS）の責任者を務めるアンディ・ジャシーだ。1997年からアマゾンに勤め、ジェフ・ベゾスCEOの信頼を勝ち取った彼は、自らにもチームにも長時間労働を課す、アマゾンのハードコア文化を体現する人物として評判を築いていた。[41]

ツイッターのＣＥＯ候補として名前が挙がっていた２０１５年、ＡＷＳ部門の売上高はほぼ80億ドルに達し、アマゾンのコマース事業の成長速度を凌ぐペースで、１００億ドルへと近づきつつあった。[42] ビジネスの観点からは、ジャシーはツイッターが必要とするすべての条件を満たしており、それ以上でもあった。選考プロセスを通して、ツイッターの複数の役員と個別に面会し、少なくとも一度はアマゾンの本社があるシアトルからサンフランシスコにも出向いている。

だが、ジャシーにアマゾンを去る用意があるのかは判然としなかった。加えて取締役会は、ツイッターの必要とするプロダクトの専門家ではない点に引っかかりも感じていた。ジャシーは、早くも２００９年にツイッターのアカウントを作成していたが、実際にツイートし始めたのは選考対象となったその秋になってからだった。ＡＷＳの事業構築はめざましい功績であったが、３億人を相手にするコンシューマー向けプロダクトの構築の厄介さと同列に語ることはできない。

９月下旬、先に白旗を上げたのは取締役会だった。取締役グループは、ドーシーの時間の半分を確保する方が、ジャシーを含む他の誰かの時間を１００％振り向けてもらうよりもいいと判断したのだ。それはまた、フルタイムの候補者のみを検討対象にすると宣言した、過去の声明を撤回しなければならないという屈辱を意味した。

10月１日木曜日、電話会議を開催した取締役会はドーシーに彼の肩書から「暫定」を外すと伝えた。[43] 暫定ＣＥＯとなってちょうど３カ月が経っていたが、今後はより長い視野に立ち、ツイッターの経営を担うことになる。このニュースは前日すでにマスコミに漏れていたが、ツイッターの取締役会は公式発表をさらに数日待った。カリーは、取締役会がフルタイムで従事できるＣＥＯを採用するという約束を撤回せざるを得なくなった事実を認めた。ドーシーの正式ＣＥＯ就任の発表にあたり、次のように述べている。「私たちはＣＥＯの選出にあたり、ツイッターの経営に専念できる候補者のみを検討することを想定していました。しかし時間の経過とともに、スクエアのＣＥＯを兼任しながらも、ジャックは暫定ＣＥＯに対する私たちの期待を満たすだけでなく、それを上回っていることが明らかになりました[44]」

　その上で取締役会は、この異例の経営体制に対応するための人事配置に着手した。ベインを最高執行責任者（ＣＯＯ）に任命し、数カ月前に彼が提案した構想通り、ビジネス部門の最高責任者としてドーシーの右腕、ナンバーツーに据えた。その数週間後には、グーグルのベテラン幹部、オミッド・コーデスタニを新たな経営執行会長として迎え入れることを明らかにした。

　コーデスタニは、ドーシーの事業運営のサポートにあたることになっていたが、非公式なエグゼクティブ・コーチとしての役割が期待されていた。ドーシーは2社のＣＥＯ職を兼務するのだ。ときにレールから外れたり、何かがこぼれ落ちたりすることがあるかもしれない。経験豊富な数人のベテラン経営幹部で両脇を固める必要があった。

　正式発表が行われた日、ドーシーは、俳優のブラッドリー・クーパー、ヘビメタバンド、メタリカのドラマー、ラーズ・ウルリッヒ、親しい友人で音楽プロデューサーのリック・ルービン、ハリウッドの投資家ヴィヴィ・ネヴォなどとともに、サンフランシスコのバー・タルティンで開かれたＶＩＰディナーに参加し、新しい門出を祝った[45]。ツイッターの取締役会を向こうに回して粘り抜き、自身が共同創業した会社のトップに返り咲いたのだ。世界でもっとも注目される企業の一つのＣＥＯとして、自らの経営手腕を証明する2度目のチャンスを手にしたのである。祝うべきことはたくさんあった。

　だが、喜びも束の間、ツイッターには修繕の必要な穴があちこちに空いていた。

第2章　カモられるのがオチだ！（#itsjustfuckingus）

ジャック・ドーシーの1日はいつも、午前5時頃に始まる。まずは30分の瞑想だ。続いて、7分間の高強度ワークアウトを複数回繰り返す。トレーニングに必要なのは、椅子と部屋の壁だけ。その後、コーヒーを淹れる。コーヒーカップを手に、ゴールデンゲートブリッジを見渡せる断崖に位置する裏庭のテラスから日の出を眺めることもある。仕事場へ向かうのはそれからだ。

ランニングサンダルを履いてスマートフォンを手に、サンフランシスコのダウンタウンにあるツイッター本社まで5マイル〔約8キロメートル〕の道のりを歩いていく。雨の日も晴れの日も。道中、ポッドキャスト番組を聴くこともあれば、オーディオブックに耳を傾けることもある。ドーシーにとって、これは1日のスタートに欠かせない、重要な朝のルーティンになった。内向的なドーシーは、この自分だけの静かな時間を通してエネルギーを蓄えるのだ。それは、2つの上場企業のCEOを兼務する彼が、正気を保ち続けるための方法でもあった。

正気を保つためのツールが必要だったのも、ツイッターのCEOに就任して以来、日々の生活のストレスが信じ難いほど増大していたからだ。起きている間ほぼすべての時間を仕事に充てていた。結婚もしていないし、子どももいないのでなんとかなっていたが、持続「不」可能に限りなく近い生活だった。ストレス管理を目的に新たなルーティンを始め、特に瞑想に傾倒するようになった。何年もかじってきたものの、これほど真剣に取り組んだのは、このときが初めてだった。

ドーシーの典型的な1日は、午前中はツイッターで仕事をし、午後と夕方はスクエアのオフィスで過ごすというものだ。とはいえ、出張が入ることもあれば、まったく異なるビジネスモデルを持つ2つの会社を経営することで、予想以上に時間や労力を取られることもあり、「典型的な1日」など訪れないことが常態化していた。

ツイッターへの復帰は心躍るものだったが、容易ならざるタイミングでもあった。ツイッターの取締役会からCEO正式就任の承認を得たとき、スクエアは予定されていたIPOへ向けて準備の最終段階にあり、それは金融関係者やウォール街の投資家たちを対象としたロードショー［訳注：株式の購入を促す目的で開催される投資家向けの説明会］でドーシーが前面に立ち、会社のピッチを行う時期が近づいていることを意味した。感謝祭直前の週に同社は上場を果たし、取引初日の株価は45%も跳ね上がった。

ただし、この急上昇は誤解を招きかねない。同社は、そのわずか1年前の投資ラウンドでつけられた評価額に基づき算出された株価を大きく下回る公募価格を設定していたからだ。見通しがあまりにも悪いとして、上場直前になって主幹事証券会社が株式公開の完全延期を提案するほどであった[1]。

それでも、その日ちょうど39歳の誕生日を迎えたドーシーは、上場初日をスクエアの宣伝のために最大限に活用した。ニューヨーク証券取引所の周囲でストリートマーケットを開き、通りを行き交う人々が、スクエアのモバイル・レジスターを使って出店者から商品を購入できるようにしたのだ。ドーシーは、バルコニーに上がってトレーディングフロアを見下ろしながら取引開始のベルを鳴らすという伝統も拒否した。その代わりに、証券所前のストリートマーケットで、母マーシャがスクエアの初期ユーザーの店でアップルウォッチを使って花束を購入し、決済が完了したところでベルが鳴るように手配した。[2] この日また一つ齢を重ねたドーシーだが、型にはまらない自由な発想はなお健在だった。

　ツイッターの再生は、それよりもずっと困難であることが次第にわかってきた。CEOに就任してわずか1週間後、ドーシーは全従業員の8％にあたる300人を超える従業員の解雇に踏み切った。創業から10年となる同社の歴史を通して、初めてのレイオフであった。ドーシーはこの人員削減を「辛いが、必要なこと」なのだと説明した。[3] ツイッターの機動力の向上と迅速な意思決定につながると考えての決断だったが、それは同時に、彼のCEO復帰に暗い影を落とすことになった。残った従業員たちのモチベーションを高めようと、ドーシーは自身が保有する2億ドル分のツイッター株を従業員に付与されるストックオプションのプールに拠出することにした。[4]

しかし、いい雰囲気も長くは続かなかった。ドーシーの正式就任にマスコミは湧きたったが、その興奮がツイッターの新規ユーザー数の拡大に結びつくことはなかった。2015年の最後の3カ月、ドーシーにとっては「暫定」でなくなってから迎える最初の四半期、ツイッターのユーザー数は一向に伸びなかった。[5]

　1月初旬には、フェイスブックと比較したツイッターの劣勢がますます顕著となり、投資家たちは苛立ちをあらわにした。ツイッターの株価は上場以来、最安値に近い水準で取引されていた。[6] 人員削減がツイッターの機動力に果たしてプラスに働いたのか、判然としなかった。ツイッターはその頃、一度に140文字以上投稿できるロング・ツイートや、フィード内のツイートの表示を並べ替えるための新しいアルゴリズムなど、いくつかの新機能の開発に秘密裏に取り組んでいたものの、どれも数カ月単位の時間を要するプロジェクトだった。[7]

　1月の最終週は、ツイッターにとって極めて重要な転機となった。ドーシーは、上級リーダーを対象にした、複数日にわたる「リトリート」を計画していた。同社のトップ100人のリーダーたちがサンフランシスコに集結し、戦略について議論し、取り組むべきプロダクトの課題について話し合い、来る1年の準備の仕上げに「クンバヤ〔訳注：ゴスペル（黒人霊歌）に起源を持ち、フォークソングのように歌われることが多い〕」を歌った。

ドーシーは、「未来を信じる『脳の力』」と題するTEDトークでも知られる、キャロル・ドゥエックの著書『マインドセット：「やればできる！」の研究』（草思社）を購入して、参加者全員に配ってもいる。[8] そのような努力にもかかわらず、イベント直前の週末に、ツイッターの上級幹部数名の辞任がマスコミに漏れ、ニュースとなった。

思いがけずツイッター従業員を鼓舞したノトの暴言

その中には、プロダクト部門の責任者のケビン・ウェイル、エンジニアリング部門の責任者アレックス・ロエッター、メディア部門の責任者のケイティ・スタントン、ツイッターのショート動画アプリ「ヴァイン（Vine）」の責任者ジェイソン・トフの名前もあった。これだけの数の上級幹部を一度に失うことは、どのような企業にとっても手痛い打撃であろう。プロダクトの改善に必死に取り組んでいるドーシーにとっては、みぞおちを殴られたようなショックだった。すでに承知していた上級幹部の辞任とはいえ、リーダーシップ・ミーティングの数日前のメディアへのリークは、とても理想的なタイミングとは言えなかった。ドーシーの返り咲きによって巻き起こった興奮と期待は、急速に薄れていった。上級幹部を含む多くの従業員は、あまりの変化の遅さに失望を覚えるようになっていた。

退職者の1人であるウェイルは、ツイッターで7年をかけてキャリアの階段を上り、ドーシーが復帰する1年前にプロダクト担当の経営幹部に昇進したところだった。ウェイルは、ハーバードとスタンフォードの２大学で物理学の学位を取得した驚くほど頭の切れる人物だ。何よりも重要なことに、ドーシーと最適な組み合わせだと見られていた。ドーシーのように、プロダクトの「発明者」タイプではなかったが、ドーシーが思いつくビジョンを具体的な形に落としこむことのできる「実行者」タイプだった。ウェイルを失うこと自体が大きな痛手だったが、その行き先がさらに悪かった。

彼はツイッターを離れて、フェイスブック傘下のインスタグラムに移ろうとしていたのだ。ツイッターにとって最大のライバルだ。インスタグラムの共同創業者であるケビン・シストロムが、ホリデーシーズン中にウェイルに猛烈なアプローチをかけ、ついに引き抜きに成功したのだった。シストロムが接触してくる前から退社の意向はドーシーに伝えてあったのだが、1月上旬、状況に変化があったことをボスに報告しなければならなくなった。ただツイッターを離れるのではなく、インスタグラムに移るためにツイッターを去るのだと。

ドーシーは経営幹部ミーティングへのウェイルの招待は見送ったが、スムーズな引き継ぎのために、ウェイルがもう数週間ツイッターにとどまることに同意していた。リーダーシップ・リトリートの初日までに、ツイッターの幹部チームにはウェイルがインスタグラムに移籍することが伝わっていたが、それ以外で知っている者はほとんどいなかった。

ツイッターの「トップ１００」がリトリートの特別ディナーに集まったその夜、ウェイルのインスタグラム転職のニュースがマスコミにリークされた。リトリートには出席していなかったが、ディナーに招かれていたウェイルは、会場内で誰かに脇へと引っ張られたかと思うと、スマートフォンの画面上でリーク記事を見せられた。ウェイルが申し訳なさそうにそのことを伝えると、ドーシーは彼に「今日は帰った方が良さそうだ」と告げた。出席者の間をニュースが駆けめぐる頃、ウェイルはすでに会場を離れ、その晩1人サンフランシスコの街中を目的もなくさまよった。

その直後、珍しく苛立った様子で、ドーシーは全社宛にメールを送っている。

件名：KW

皆、元同僚の弁解の余地のない移籍に関する、がっかりさせられるとともに、理解し難いニュースを目にしたと思う。この件に関する私の気持ちについては、木曜日のティータイムで率直に話したい。できれば直接話をしたいので今はこれだけ伝えておこう。この件についてはいろいろと考えているし、皆のことも考えている。前へ進もう！

ジャック

数週間前からわかっていたこととはいえ、そして引き継ぎのためにウェイルを会社にとどまらせたにもかかわらず、ドーシーはこのニュースに裏切られたと感じ、傷ついていた。後に彼は先のメールについて謝罪したが、ツイッターが苦境に立たされているだけでなく、新CEOが焦燥を募らせつつあることも明らかだった。

ツイッターの上級幹部はその後2日間を費やして、まずは「トップ100」のリーダーたちとともに、そして週の後半には「ティータイム」と呼ばれる定例の全社会議で、同社が抱える喫緊の課題について話し合った。議論の中である従業員が、最高財務責任者（CFO）のアンソニー・ノトに、売却先を探せばいいのではないか、なぜそうしないのかとたずねている。「ツイッターを立て直すのがそれほど難しいのならば、身売りを模索すべきではないのか？」

ノトは、ツイッターの幹部たちの間では異色の存在で、ドーシーとも多くの点で正反対のタイプだった。米陸軍士官学校（通称ウェストポイント）を卒業、在学中はアメリカンフットボールに打ちこみ、文武両道が求められる「アカデミック・オールアメリカン・フットボール選手」に選ばれた。髭をきれいに剃り、肩幅は広く、角ばったあごの持ち主だ。戯れ言を好まず、言い訳も嫌ったが、悪態をつくのは大好きで、従業員の前でも「Ｆ」ワード（罵り言葉）を多用する傾向があった。

物静かな性格で、争いを避けようとするのがドーシーならば、攻撃的で自説を曲げずに戦うのがノトだった。ウォール街でも一目置かれるゴールドマン・サックスのアナリスト、その後はナショナル・フットボール・リーグ（ＮＦＬ）のＣＦＯと、華々しいキャリアを経し、ツイッターに移った。ＮＦＬでは、いずれ名コミッショナーになる器だとささやかれていた[9]。リーダーシップ・ウィークの終わりになって、しかも株価が低迷し、幹部たちがこぞって退社を急ぐような状況下で発せられた従業員からの質問に、ノトの我慢は限界に達した。もう諦めて身売りしてはどうかという一意見にさえ、腹立ちを押さえられなかった。

ノトは声を荒げた。「誰も助けてくれやしない。カモられるのがオチだ！（It's just fucking us!）」ティータイムでのノトの暴言は、瞬く間にツイッター従業員の合言葉になった。彼らは負け犬魂（アンダードッグ・メンタリティ）を採用するという新しいアイデアに飛びついた［訳注：アンダードッグは、スポーツの試合などで勝つ見込みがほとんどないと思われる挑戦者のこと。アンダードッグ・メンタリティは、アンダードッグながら、最後には状況をひっくり返してやろうと決意し、逆境にめげず、挫折や不遇を乗り越えていくマインドセット］。

「#itsjustfuckingus」のハッシュタグを使ってツイートを投稿し、このフレーズをプリントアウトしては、オフィスのあちこちに、ついにはエレベーター内にまで貼りつけた。[10] 従業員に配布しようと、人事部門の困惑をよそに「#itsjustfuckingus」のステッカーを注文する輩まで現れた。数名の主要幹部の退社というお先真っ暗な展開から始まった1週間だったが、週末を迎える頃には、より前向きで、むしろ闘争心に満ちた雰囲気に転じていた。[11]

その2カ月後、ツイッター誕生10周年を祝うためにドーシーはニューヨークを訪れ、NBCのニュース番組「トゥデイ（Today）」に特別出演している。こざっぱりとした黒のセーターとブラックジーンズに鮮やかなオレンジ色のレザースニーカーを合わせたドーシーは、番組の「オレンジルーム」で、セーターの袖をたくし上げ、コーヒーカップを手に、キャスターのマット・ラウアーとカーソン・ダリーと向き合うように立った。ラウアーは、予定されているいくつかの主要機能の変更について聞きたいと切り出し、ツイッターの140文字の制限に焦点を絞ってたずねた。「140文字、この制限についてですが、これは残るのですか？　もし撤廃されるとしたら、いつになりますか？」

背景には、「ツイッターがこの制限を廃止して、人々が自分の考えを共有するためのスペースを広げる予定だ」というニュースが数カ月前にリークされた経緯があった。これはかなり思いきった行動だと考えられていた。140文字はツイッターが誕生したときからの制限であり、短く簡潔な投稿は、ツイッターのアイデンティティを構成する特徴の一つになっていたからだ。社内ではすでに、コードネーム「ビヨンド140（Beyond140）」を持つチームが、ツイートの文字数の上限を引き上げる機能変更プロジェクトを進めており、1万字の投稿を可能とするバージョンを含め、さまざまなパターンのテストを繰り返していた。この機能変更は、最優先ではないものの、それに近い位置づけの優先課題とされており、プロジェクトのメンバーは、ローンチは時間の問題だと認識していた。その上での、先のラウアーの質問である。「制限は残しますよ」。ドーシーは含み笑いをするように答えた。「私たちにとっては好ましい制約です。この制約のおかげで、その時々の瞬間を簡潔明瞭に表現することができるのですから」

「ビヨンド１４０」の面々は、ドーシーが生放送のニュース番組内で自分たちが取り組んできたプロジェクトの打ち切りを宣告したことにショックを受けた。この段になってドーシーが及び腰になったのは、文字数制限の撤廃に関する情報がリークされた際、多くのユーザーから猛烈な批判を浴びたからだと、後になって聞かされた[12]。いつかは文字数の制限を撤廃する機能変更をローンチすることになるかもしれないが、少なくとも20カ月の間はないとの説明だった。

この出来事は、ドーシー復帰直後のツイッターが、社内に抱えていたジレンマを浮き彫りにするものだった。つまり、伸び悩むユーザー数をはじめ、膠着状態の打開には抜本的な改革が必要であることは誰もが認めるところだったが、同時に、ツイッターのサービスを人気たらしめているものから大きく逸脱してしまうことへの恐れがあったのだ。そのような絶え間ない綱引き状態は、ツイッターのあらゆる動きを鈍らせた。そして、「決断を下すのが苦手」というマネージャーとしてのドーシー最大の欠点を露呈させた。ツイッター創業初期のＣＥＯ時代に比べれば、リーダーとして著しい成長を遂げたドーシーだったが、現場に干渉しない経営スタイルは健在であり、それが人々の神経を逆なでした。会議中のドーシーは、ほとんど発言せず、ただ座って話を聞いていることが多かった。たまに議論に加わったかと思うと、「なぜ？」といった、高次元の抽象的な発言を投げるのである。幹部たちが、次に何をすべきなのかよくわからないまま、あるいは自分たちが取り組んでいることについてドーシーが実際のところ、どう考えているのか確信を持てないまま会議室を後にするのも珍しいことではなかった。

ツイッターがついに何らかの機能をローンチすれば、おおやけの場でユーザーがたちまち声高に不満を訴える。これが従業員たちを委縮させる。その1カ月前からツイッターは、ユーザーのフィードに表示されるツイートの並び順を決める新しいアルゴリズムを使い始めていた。フェイスブックで大成功を収めた戦略だったが、常に最新のツイートを上位に表示してきたツイッターの逆時系列のフィードとの決別を意味した。これがユーザーたちの不興を買った。ハッシュタグ「#ツイッターよ安らかに眠れ（#RIPTwitter）〔訳注：ＲＩＰは「Rest In Peace（安らかに眠れ）」の略〕」がトレンド入りしたほどである。[13] ラウアーは「トゥデイ」の放送中、このツイッターに対する逆風に暗に言及し、ドーシーにツイッターは15周年を迎えるまで生き残ると思うかたずねた。「20周年もここで迎えますよ」。それがドーシーの答えだった。

ツイッターの新たな機能「ライブ」

プロダクトをどのように改善していけばいいのか、ツイッターはなかなか答えを出せずにいたが、少なくともツイッターが何のために存在するのかについては、ドーシーは明確な考えを導き出していた。ＣＥＯに正式に就任してから半年、ドーシーとツイッター幹部たちは、一つの言葉を何度も繰り返し用いるようになった。「ライブ（Live）」である。その時期に開催された投資家向けの業績発表会の場でもドーシーは、「ライブの解説、ライブでのつながり、ライブの会話」について言い及んでいる。「とにかくライブに焦点を当てていくつもりです。ツイッターの力を理解し、熱中してもらうためには、ライブがもっとも手っ取り早い方法だと考えています」

朝食で何を食べたかを投稿したり、聴いている音楽を皆と共有したりするためのサービスとして生まれたツイッターの役割は、進化を遂げて久しかった。今では、スポーツの試合中にリアルタイムのスコアを確認し、アカデミー賞のオンエア中に選考の状況を語る場となっていた。ツイッターはその新しい現実に対応すべく、軸足を大きく移そうとしていたのだ。

２０１６年２月の業績発表会で、幹部たちはわずか54分の間に36回も「ライブ」という言葉を使った[14]。同年４月には、アップルのApp Storeでもイメージの刷新を行っている。それまでは、フェイスブックやインスタグラムのような競合と並んで「ソーシャル・ネットワーキング」のカテゴリーに表示されていたのだが、「ニュース」のカテゴリーに分類されるようになった。ここからも、ツイッターが目指そうとした方向性を読み取れる。

２０１６年春、この新たな方向性への取り組みに追い風が吹いた。なんと、ツイッターがＮＦＬの木曜日のナイトゲーム10試合分のストリーミング配信権を獲得したのだ。ＮＦＬのストリーミング放映権は、とてつもなく高額で、やすやすと手に入れられるものではない。例えば、放送ネットワークＣＢＳとＮＢＣは、２０１６年と２０１７年、木曜日の夜に開催される試合の放映権のためにそれぞれ４億５０００万ドルを支払っていた[15]。ツイッターの年間売上高のほぼ20％に相当する額である。だがＮＦＬは、デジタルパートナーとのストリーミング契約の権利をテレビ放映権から切り離す方針を固めた。加えて、ツイッターには、他のテック企業にはない強みがあった。ノトである。ツイッターのＣＦＯは、数年前までＮＦＬのＣＦＯを務めていたのだ。ノトは、ニューヨークの「イェール・クラブ」〔訳注：イェール大学の卒業生や関係者のための会員制ビジネスラウンジ〕で昼食を取りながらＮＦＬのコミッショナー、ロジャー・グッデルを前にピッチを行い、提携のアイデアを持ちかけた。

その後、NFLの要望に沿ってツイッターがストリーミング・プロダクトを構築するという提案を含む入札書を提出。正式な競争入札を経て、ツイッターはフェイスブックとアマゾンを向こうに回しながら、たった1000万ドルでストリーミング権を勝ち取った[16]。この契約は、新たな方向への歩みを加速させ、ツイッターは伝統的なメディア企業を彷彿とさせるものに姿を変えていった。夏が終わる頃までには、ツイッターのアプリ内でライブ視聴できるスポーツやショーのラインナップが揃った。プロアイスホッケー（NHL）やメジャーリーグ（MLB）の試合に加え、CBSやブルームバーグ、NBAなどのパートナーとのプログラムも含まれていた[17]。とはいえ、木曜日夜のフットボールを除いては、ツイッターがストリーミング配信する動画の中に、人々がそのためにわざわざ夜のスケジュールを調整するような必見の番組はほとんどなかった。

それでもツイッターは、NFLのライブ配信が巻き起こした力強い波に乗り、同社のセールスチームは木曜夜の試合をエサに広告主に営業攻勢をかけ始めた。NFLの試合中の広告枠を、他のあまり人気のない広告枠とパッケージ化して販売したことで、NFLとの1000万ドルの契約は、ツイッターに5000万ドルを上回る収益をもたらしたのである[18]。

同社はまた、刷新された戦略をフルに活かそうと、新たなマーケティングキャンペーンを打ち出した。ツイッターが何のために存在するのか、そしてフェイスブックなどの他のソーシャルネットワークとどう違うのかを説明する動画広告を流した。ドナルド・トランプとヒラリー・クリントンの選挙演説、NBAのプレーオフでシュートをブロックするレブロン・ジェームズ、ブラック・ライブズ・マターの抗議者たちのビデオクリップなどが次から次へと流れる間、ナレーターが問いかける。「皆、何について話しているんだろう？」「トレンドは何だろう？　どうやって始まったんだろう？　そしていつ終わるのだろう？[19]」。背景にある考えは、「ツイッターは、自分の周囲で、そして世界で何が起こっているのかを知るために訪れる場所だ」というものだ。ツイッターは自らを、無料かつポケットサイズのグローバルなニュースソースとして位置づけたのである。キャンペーンは好意的に受け止められた。ツイッターは同社の歴史を通して初めて、サービスをローンチしてから10年の歳月を経てついに、「ツイッターとは一体何のためのサービスか」を、言い換えれば、その存在意義を明確にしたのである。

しかし社内に目を向ければ、ストリーミングへの移行は多くの人が認識している以上に紆余曲折の連続であった。ツイッターのデジタルテレビ化を力強く推進するノトとは対照的に、他の幹部はＮＦＬとの契約に当初から反対の姿勢を示していた。その代表格がプロダクトとエンジニアリング部門を統括するアダム・メッシンガー最高技術責任者（ＣＴＯ）と、ツイッターのライブストリーミング動画アプリ「ペリスコープ（Periscope）」の責任者であるケイボン・ベイクプールだった。

ベイクプールがライブ動画そのものを嫌っていたわけではない。なにしろ、誰でもスマートフォンから動画を直接ストリーミングできるペリスコープは、彼が数年前に立ち上げ、その後ツイッターに１億２０００万ドルで売却したサービスなのだ。むしろ彼は、ライブ動画はツイッターに欠くべからざるものだと固く信じていた。だが、ツイッター（とペリスコープ）が唯一無二だったのは、それが未加工で人々の偽らざる声だと感じられたからだ。それに対し、パッケージ化されたＮＦＬの試合をストリーム配信する空間になることは、退屈で、ツイッターのブランドイメージからも外れているように思えた。それにも増して大きな問題は、このＮＦＬとの新しい取り組みに必要となるプロダクトの詳細について、ベイクプールとノトの意見がまったくかみ合わないことだった。ベイクプールは、試合の配信にペリスコープのストリーミング技術を使い、ツイッターのすべてのライブストリーミング機能に一貫性を持たせたいと考えた。一方ノトは、ペリスコープでNFLの試合のストリーミングに対応しきれるか疑念を抱いていた。

ドーシーはこの論争においても、ほとんど介入することなく、ノトに自由裁量権を与えることで解決を図った。ノトは、ストリーミング機能を構築するために、ツイッター社内に自らプロダクトチームまで立ち上げてしまった。ベイクプールとメッシンガーがこれを喜ぶはずがない。

こうしてツイッターは、ストリーミング機能を開発するチームを社内に2つ抱えることになっただけでなく、プロダクト経験ゼロの財務畑の人間が突如、同社史上最大のプロダクト開発プロジェクトを率いることになったのである。

株主たちも、ストリーミング戦略に大した魅力を覚えなかったようだ。アメフトのシーズンが始まっても、ツイッターの株価は、ドーシーのCEO復帰以来、30％以上落ちこんだままだった。ツイッターはサービスの意義とプロダクトの再定義に注力していたが、取り組みのスピードに対する圧力が高まっていった。経営幹部チームと取締役会は、さらなるレイオフや独立型のショート動画アプリ「ヴァイン（Vine）」のような収益性の低い事業の部分売却など、厳しい現実について議論し始めた。NFLをはじめとする多くのパートナーとの協業が進んでもなお、社外でツイッターの可能性に確信を持つ者は誰もいないようだった。

正確には、ほとんど誰も。ゼロではなかった。ツイッターにはまだ大物サポーターがいたのだ。しかもツイッターとのディールを望んでいた。

セールスフォースとディズニーに翻弄されるツイッター

多くの億万長者がそうであるように、マーク・ベニオフも負け知らずだった。1999年に設立され、世界でもっとも成功したテック企業の一つに数えられるセールスフォースのCEOであり、同社を創業以来500億ドル規模の巨大企業にまで成長させてきた人物だ。

セールスフォースの成功で大金を手にしたベニオフは、40億ドルに上る資産がもたらす特権の楽しみ方を心得ていた。ハワイのビッグ・アイランドに5エーカーの不動産を所有し、サンフランシスコの高級住宅街シークリフに複数の家を持ち、その住宅街の向こう側には、1億ドルの寄付によって彼の名前が冠された小児病院が建っている。[20] 2014年には、フォーチュン誌の読者が選ぶ「今年の最優秀ビジネスパーソン」に選出されている。[21] 文句なしの人生を送っていた。

だが、2016年の夏、ベニオフは激高していた。[22] セールスフォースは、ビジネス特化型のソーシャルネットワーク「リンクトイン（LinkedIn）」の買収提案をしていたのだが、その数週間前に提案を蹴られたところだった。ところが、ライバルであるマイクロソフトが260億ドルという目を疑うような金額で、ただし全額キャッシュでリンクトインを買収することが決まったのだ。ベニオフは、マイクロソフトより1株あたり数ドル高い買取価格を提示したにもかかわらず、最後、競り負けたのである。[23] 少なくとも、買収提案額を数回にわたり吊り上げ、マイクロソフトに難しい決断を迫ることには成功したが。提案を拒否されたベニオフは、買い物熱に火がついたのか、次のディールを物色し始めた。ベニオフのシークリフの自宅の窓からは、ジャック・ドーシーの邸宅を望むことができる。その夏、ベニオフはドーシーにメッセージを送った。リンクトインの代わりにツイッター買収の可能性を探ることにしたのだ。

だが、ツイッターとセールスフォースの組み合わせに、ベニオフの側近を含む多くの人は首をひねった。セールスフォースは法人向けソフトウェアの会社である。ツイッターやフェイスブックのようなインターネットユーザーが日常的に利用するプロダクトではなく、顧客企業の営業支援や顧客管理（CRM）のためのソフトウェアの販売で大きな利益を生み出していた。収益性の高いビジネスではあったが、人々が政治的見解を投稿したり、セレブのアカウントを荒らしたりするソーシャルネットワークと相性がいいとは思えなかった。

しかし、ベニオフにとっては、ツイッターとセールスフォースの連携は理にかなっていた。彼はツイッターを「ダイヤの原石」と呼ぶようになり、ツイッターは、セールスフォースの顧客企業がエンドユーザーからのフィードバックを得るのにもってこいのツールだと考えた。ツイッターは「データの宝の山」の上に腰かけている、このデータをマーケティング戦略から製品開発まで、ビジネス上のありとあらゆるものの改善に活用できると認識していたのだ。「おまけに、ツイッターは苦境に立たされていた」と、ベニオフは後に著書へ綴っている。[24]「両社の融合は、双方にとってメリットがあると私は考えた」

先にアプローチしたのはベニオフだったが、意外にも、ツイッターに言い寄ってきたのは彼だけではなかった。ベニオフがドーシーにテキストメッセージを送ってほどなく、ディズニーがツイッターにディールを持ちかけてきたのだ。

ディズニーの経営陣は、ツイッターがライブ動画サービスへと方向転換を図ろうとする様子を夏の間、関心を持って観察していた。ツイッターのこの動きが、自分たちが直面している問題の解決策になるのではないかと考えていたのだ。ネットフリックス（Netflix）とフールー（Hulu）の登場により、映像コンテンツを視聴者に直接届けるのがこの業界の未来であることが明らかになりつつあった。ディズニーは、世界でもっとも価値ある映像コンテンツを相当数抱えているものの、配信に関しては主にパートナー企業に依存していた。

ツイッターを買収することで、ディズニーは映画、テレビ番組、ライブスポーツなど充実した動画ラインナップを、中間業者を省いて視聴者に直接ストリーミングする技術が手に入る。ディズニーのボブ・アイガーCEOは、独自のストリーミング・プラットフォーム構築も検討してみたが、それには5年かかるというのが最高戦略責任者（CSO）を務めるケビン・メイヤーの見立てだった。[25] ツイッターのような企業を買収すれば、コストは嵩むかもしれないが、タイムスケジュールを大幅に短縮することができる。おまけに、ディズニーの幹部にはコネがあった。なにしろ、ドーシーはディズニーの取締役の１人であり、アイガーをメンターと仰いでいたのだ。

　セールスフォースとディズニーが最初に接触してきたタイミングでは、ドーシーもツイッターの取締役会のメンバーも、会社の買い手を探していたわけではなかった。しかし、それまでの状況をかんがみれば、会社を売却するというアイデアは悪いものでもなかった。売却によって、株価低迷による株主からの絶え間ないプレッシャーから解放され、誰もができれば避けたいと思っている2度目の人員削減を回避できるかもしれない。

　両社は、非公式の買収提案を行った。セールスフォースは１株あたり29ドル前後を検討しており、それに基づくツイッターの評価額は２００億ドルを超える。ディズニーの１株あたりの買収案はセールスフォースのそれよりも数ドル低く、20ドル台の半ばから後半、評価額は１７０億から１８０億ドルといったところだ。夏に入る頃のツイッターの時価総額は１２０億から１４０億ドルの間を行ったり来たりしていたので、どちらの選択肢も魅力的であった。ツイッターとその取締役会は、ゴールドマン・サックスとアレン・アンド・カンパニー（Allen & Company）のバンカーたちに、どのように対応すべきか助言を求めた。ツイッターの株主に対して受託責任を持つ取締役会は、可能な限り最良の取引を模索する責任が課されており、正式な「プロセス」を始動させ、ツイッター買収に関心を持つ買い手候補が他にいないかを確認することとなった。

多くの企業が、一時的に興味を示した。ドーシー、ノト、COOのアダム・ベイン、法務顧問のビジャヤ・ガッデを含むツイッターの幹部チームは、数週間にわたり著名テック企業の経営幹部と話し合いの機会を持った。例えば、アマゾンのジェフ・ブラックバーン。ただし、それほど興味を持っているようには見えなかった。アップルのエディ・キューとエイドリアン・ペリカは強い関心を示したが、アップルの広範な事業戦略にツイッターをどのように適合させることができるか考えあぐねていた。

ツイッターのオミッド・コーデスタニ会長は、ユーチューブのトップを務めるスーザン・ウォジスキや、グーグル幹部――古くからの友人や同僚――に声をかけた。触手を伸ばしてきはしたが、独占禁止法の問題の懸念を理由に話が先に進むことはなかった。コムキャストのブライアン・ロバーツ、NBCユニバーサルのスティーブ・バーク両CEOもミーティングに臨んだが、真剣に買収を検討するまでには至らなかった。マイクロソフトのサティア・ナデラCEOと彼のトップ「ディール・メーカー」として知られるペギー・ジョンソンもツイッターと会合を持ったが、リンクトインを260億ドルで買収したばかりだった。数カ月前ならば状況は違ったかもしれない。ツイッターは一足遅かった。数週間にわたりミーティングを重ねた結果、検討に値する売却先候補は、セールスフォースとディズニーのみであることがはっきりした。この期に及んではっきりしていなかったのは、ドーシーが本当に会社の売却を望んでいるかどうかだった。

ツイッターCEOの持ち株比率は比較的小さかった。ドーシーはツイッターの議決権の3%強を握るにすぎず、望んだとしても独断で決定を下すことはできない[26]。そうは言っても、共同創業者であり、CEOに就任したばかりのドーシーの発言には他の誰よりも重みがあった。その彼が、セールスフォースへの売却にあまり乗り気でないことがはた目にも明らかだったのである。

より良いカスタマーサービスを実現するためのデータの金鉱としてツイッターを利用するというベニオフが描くビジョンは、かつて中東の民主化運動の組織化を支え、世界のメディア業界のあり方を変えたプロダクトの前途としては、悲しい現実を突きつけられる思いであった。ドーシーはこの構想に納得しておらず、ツイッターの幹部や取締役会の古株メンバーもその思いは同じだった。それとは対照的に、ツイッターとディズニーの連携構想については、ドーシーを含むほぼ全員が前のめりだった。ドーシー自身、２０１３年からディズニーの取締役を務めており、アイガーの大ファンだったのだ。もしディズニーの傘下に入ることができれば、上場企業の経営にともなう余分な重圧を免れながら、ドーシーは引き続きツイッターの舵取りに専念することができるだろう。ピクサー、スポーツ専門チャンネルＥＳＰＮ、ルーカスフィルムなどと並んでディズニーの大きな傘の下に入るというアイデアは、実に魅力的に響いた。

それなのに、数カ月におよぶ非公開のミーティング、夕食会、ブレインストーミングの末、突然すべてが綻び始めた。アドバイザリー業務を担うツイッター側のバンカーたちがディズニーとセールスフォースからの正式入札を予定していた週に、両社とも二の足を踏んだのである。

ベニオフは数週間にわたり、セールスフォースの投資家や自社の経営陣から集中砲火を浴びていた。誰もがツイッターの買収は取り返しのつかない失敗になると考えていた。買収を検討中であることがリークされ、報道されて以来、同社の株価は２週間のうちに８％下落した。ベニオフは、幹部を説得することも株主を納得させることもできなかったのである。もともと自分からアプローチしたというのに、財布の紐を締め、立ち去ることにした。

アイガーはもう少し距離を縮め、ディズニーの取締役会からツイッター買収の取引をまとめるために必要な承認まで得ていた。ところが、最後の週末を使って熟慮した結果、心変わりしたのである。「問題は、私が引き受けようと思っていた範囲を超えて大きく、私たちが引き受けるべき責任だと考えていた範囲を超えて大きかった」と、後日このときのことを語っている。

より具体的に言えば、アイガーはツイッターに蔓延するヘイトスピーチを懸念し始めていたのだ。人種差別的発言、荒らしと誹謗中傷、スパム行為など、ツイッターはインターネットでもっとも広く利用されている「悪の掃きだめの一つ」という悪評を得ていた。ディズニーは何十年もかけてファミリー向けのブランドを育んできた。ミッキーとミニー、そしてプルートのホームなのだ。ツイッターの買収は、そのすべてを危険にさらすことになりかねない。

「その醜悪さは想像を絶する」。アイガーは認めざるを得なかった。[27] 彼は受話器を取り、ドーシーに電話をかけた。ツイッターのCEOは言葉を失った。数カ月にわたる会議と交渉のマラソンを経て、ディズニーとセールスフォースの両方がレースを棄権したのである。

その数週間後、ディズニーを交渉のテーブルに呼び戻す最後の努力を試みようと、ノトがロサンゼルスに飛んだ。うまくいくかに見えた。両社は改めて、1株あたり21ドル、総額約150億ドルという当初の想定を大幅に下回る価格での取引を協議した。

ディズニーは、ツイッターの捨て身の交渉を楽しんでいるようにも見えた。あまりに低い評価額に、ツイッターの取締役の一部は議論を真剣に受け止めようともしなかった。この件を議題とする取締役会で、コーデスタニは出席者にそれぞれの意見を求めた。ノトもその場にいて、本心をぶちまけた。ディズニーとの話し合いのプロセスにあれほど深く関わっていたにもかかわらず、彼の口から発せられたのは「失せろ、と伝えてくれ」だった。買収取引の交渉は正式に決裂した。ツイッターに残された選択肢は、自分の足で立ち上がり歩き出すことだけだった。

ツイッター、残された道と嵐の気配

数カ月におよぶ寄り道をした挙句、買い手が皆無になった今、ツイッターの経営陣は作戦を変更することにした。支出を削減すべきときが来たのだ。ツイッターは創業からこの方、利益を出せていなかったが、投資家からの信頼を取り戻し、ひいては株価を上昇させるためにも、黒字転換が最優先課題になった。10月27日、ツイッターは2年連続となる人員削減に踏み切った。今回は全従業員の９％にあたる約３５０人が解雇の対象となり、海外オフィスもいくつか閉鎖することになった。[28]合理化の一環としてツイッターは、「一口サイズ」のショート動画というコンセプトを広めた動画アプリ、ヴァインの提供も終了した。ただし同社は、別の選択肢があったのではないかと、数年にわたりこのときの決断を悔やむことになる。ドーシーがヴァインに出合ったのは、その数年前、彼がツイッターの会長職に就いていたときのことで、彼自身、買収を強く働きかけた経緯があった。ヴァインは文化現象を起こした。何百人もの無名のインターネットクリエイターに、多数のフォロワーと、ブランドとの契約をもたらしたのだ。

しかし、ツイッターがヴァインの事業を優先しようとしたことは一度もなかった。ツイッターに直接大きな儲けをもたらすことはなかったし、ヴァインの担当チームが、人気ユーザーが動画で収益化を図れるような仕組みを構築することもなかった。ヴァインの人気動画クリエイターたちは、そのうちに、ずっと簡単に稼げるユーチューブやインスタグラムへと活動の拠点を移していった。ヴァインで生まれたクリエイターのほとんどは、ヴァインのサービスがクローズされる頃までにはすでに姿を消していた。

そしてツイッターは後々、「あのときもしも……」と過去を振り返り続けることになる。ティックトック（TikTok）と呼ばれるアプリが、ヴァインと同様のショート動画に特化することで、世界でもっとも人気あるソーシャルメディア・アプリの一つになったのは、その数年後のことだ。

ツイッター社内には、かつてないほど暗く陰鬱な雰囲気が漂っていた。ＣＯＯを務めるベインは、それまでの３カ月間ずっと、ツイッターが大企業の一部となってウォール街の圧力から守られた世界を想像してきた。取引が決裂し、ツイッターがさらなる人員削減を余儀なくされたことで、張り詰めていた糸が切れてしまった。６年を数えるツイッターでの日々に終止符を打ち、レイオフからわずか数週間後、ベインはツイッターを去っていった。

ノトがティータイムで従業員たちを前に、「誰も助けてなどくれない」とＦワードを発したときから、ほぼ1年が経とうとしていた。１年前、従業員たちを発奮させたこの発言は、同時に予言的でもあった。ツイッターはまさに孤立無援だった。唯一残された選択肢は、ジャック・ドーシーＣＥＯ率いる独立企業として、逆境から這い上がることだ。

２０１６年も終わる頃、ドーシーは激動の1年を振り返っていた。悪いことばかりだったわけではない。ＮＦＬとの契約はツイッターの認知度向上につながった。ＣＥＯとして取り組んでいるプロジェクトも完成間近だった。取締役会の改造である。彼がＣＥＯに正式に就任して以来、取締役会の顔ぶれは大きく変化した。彼が信頼を置き、一緒に働きたいと思えるメンバーを取りこんだからである。たった18カ月の間にツイッターの取締役会は5人の新メンバーを迎えた。いずれもＣＥＯが自ら人選し、承認した人々だった。とはいえ、これらのポジティブな成果も会社売却の失敗、追加的な人員削減、ヴァインのサービス中止の決定後では手放しに喜べなかった。

大晦日の夜、ドーシーは全従業員宛にメールを送り、1年を振り返って思うところを共有した。件名には、「信頼」とだけ書かれている。本文ではまず、従業員全員の懸命な努力と献身に対して感謝を述べ、そもそもなぜツイッターを使うべきなのかを人々に説いてきた、1年におよぶ各部門の取り組みを評価した。このことへの集中と、「ライブ」への専念は実を結びつつあると断言した。その後に続くのは批判だ。「私たちは、機敏さに欠けるし、自分たちを信じきれておらず、本当の勇気を示せていない」と述べた。そして、自分自身にも同じ欠点があると認めた上で、ツイッターは思いきった行動を取らなければならない、と付け加えた。たとえそれが失敗の可能性を意味するとしても。

「ツイッターをこれまでにないほど絶対不可欠な、ニュースと会話のためのネットワークにしたい」と続けた。「そして今に勝る好機はない。何が起こっているのか見てみよう。トレンドに注意を払おう。信頼が失われている。メディアに対する信頼。ニュースに対する信頼。政府に対する信頼。お互いに対する信頼。信頼の構築に必要な唯一のもの、それはオープンであることだ」

何が起こっているのか見てみよう。

ドーシーが、ドナルド・トランプの名前に言及することはなかったが、その必要はなかった。CEOが何を言わんとしているのかは、明らかだった。遡ること数カ月。大統領選でトランプがヒラリー・クリントンに衝撃的な勝利を収め、米国は大混乱に陥っていた。トランプはそれ以前から、もっとも声が大きく、もっとも物議を醸すツイッターユーザーの1人であったが、今や米国大統領となっていた。国際舞台でのツイッターの役割が永遠に変わろうとしていた。そして今、ドーシーの仕事もいっそう困難なものになろうとしていたのである。

第3章　ドナルド・トランプのアカウント（@realDonaldTrump）

濃紺のスーツに淡い水色のネクタイを締めたドナルド・トランプが、ツイッターのニューヨーク・オフィスを闊歩したとき、確かに彼は、いかにも大統領候補らしい風貌に見えた。大統領候補らしくないのは、その振る舞いである。

２０１５年9月21日、大統領選への出馬表明からわずか数カ月後のことだった。トランプはこの日、自身の４２０万人のフォロワーとツイッターを活用したライブＱ＆Ａを行うため、マンハッタンのチェルシー地区を訪れていた。トランプのお気に入りのソーシャルネットワークを通じて有権者と接点を持つという、広範な選挙戦略の一環としてのオフィス訪問だった。

数名の従業員が社内を案内し、Ｑ＆Ａセッションのサポートにあたった。従業員たちはおおむね、トランプの来訪を喜んでいた。同社には、政治部門に特化して活動を展開する営業およびパートナーシップチームが存在する。政治家にツイッターのアカウントをつくって、ツイートしてもらい、願わくは選挙キャンペーン用の広告予算を落としてもらうのが仕事だ。トランプの大統領選出馬をどう捉えればいいのか誰もよくわかっておらず、選挙広告費が最終的にツイッターへ投下されるかも予測できなかった。

世論調査では健闘していたが、トランプはあくまでもアウトサイダー的な扱いだった。[1] リアリティ番組の有名スターであり、伝統的なワシントンのエスタブリッシュメント出身でもなければば、政治家らしい話し方とも無縁だった。選挙戦が進むうちに、トランプの勢いは失速するだろうと見られていたが、そうなったところでツイッターには何の問題もなかった。トランプは変わらずツイートを多用し、他のどの候補者よりも、ツイッターのサービスを理解していた。だからこそ、ツイッター従業員にとっても、愉快なゲストだったのだ。

ヒラリー・クリントン国務長官やジョン・マケイン上院議員など、過去数年の間にツイッターのオフィスを訪問した政治家たちとは異なり、トランプは大勢の側近を引き連れることもなく、ツイッターの運営や企業文化、H－1Bビザ〔訳注：高度な専門知識や技能を持つ外国人を対象とする就労ビザ。テック業界ではH－1Bビザを取得した技術者が多く働いている〕を取得している従業員の数などについて「無駄話」をすることもなかった。[2]

その代わりに、ガラス張りの会議室や無料の軽食が用意されたカフェテリアを見学しながら、ニューヨークの不動産開発業者よろしく建物について根掘り葉掘りたずねるのだった。「コンクリートの供給業者はどこだ？」「建物の面積は？」と質問を連発したかと思えば、今度は防火扉を凝視する。ニューヨークに所有するビルに使ったことのある防火扉と同じタイプのものだが、後に性能が不十分であることが発覚したという。ツイッターの従業員に、追って自社の防火扉担当者の電話番号を教えると約束した。

一行が建物の見学を終えて、Q＆Aセッションが行われる会議室に移動すると、ツイッターの渉外チームの一員として政治ロビー活動を担当するマルヤム・ムヒカがトランプの対応を引き継ぎ、幼少の頃、父親がトランプ・タワーに住んでいたことがあり、同ビルをたびたび訪れていたことに触れた。すると、「素晴らしいタワーだろう？　あの建物は最高なんだ、実に素晴らしい」と言った後で、他の従業員たちに向かって「彼女は間違いなく大金持ちだな」などとコメントし、知ってか知らずか、ムヒカに恥ずかしい思いをさせるのであった。

Q&Aセッションでは、ツイッター上で寄せられた質問を従業員が代わって読み上げ、それに対するトランプの回答を録画することになっていた。もし回答が気に入らなければ撮り直せるよう、また最終的にトランプが自分のアカウントに動画を投稿できるように、という配慮である。トランプが選んだ質問は、政治地図のあらゆる方向におよんだ。

「私はイスラエルを完全に守る。彼らはオバマ政権にひどく失望させられてきた」

「大統領就任初日に最初に着手することは、不法移民の入国を阻止するための国境閉鎖だ。我々は途方もない問題を抱えている」

「憲法修正第2条〔訳注：武器を保有し携行する権利が規定されている〕を強く支持する」[3]

オフィス訪問の最後には、ツイッター従業員とトランプの記念撮影も行った。一部の従業員は、トランプのシンボルとなっていた親指を立てるポーズで、別の従業員は「アメリカを再び偉大に（Make America Great Again）」のスローガンが入った赤、あるいは黒のキャップをかぶって写真に収まった。従業員たちはその晩、トランプと仕事をするのはこれが最後だろうと思いながら帰途に就いた。人気は確かに高かったが、まさか最後の最後まで勝ち残るなど想像もしていなかったのだ。

世界が注視する「@realDonaldTrump」

２０１６年の大統領選挙の選挙キャンペーン期間中、ツイッターの政府・選挙対策チームは、デジタルマニュアルを作成して、各候補者の陣営に配布した。この「政府・選挙用ハンドブック」は１３３ページにもおよび、討論会前後のツイートに関する助言から、アカウントを守るハッキング対策まで、ありとあらゆる項目がカバーされていた。

もっとも基本的なレベルでは、ツイッターがどのように機能し、何のために存在するのかを説明するページもあった。また、「自分らしさを出したツイートをする」「ツイッターのQ&A機能を活用して、フォロワーと交流する」「大胆かつ人々の関心をそそるツイートをする」などのアドバイスも記載されていた。

ドナルド・トランプは、ツイッター史上、どの政治家あるいは候補者よりも、ツイッターが準備したハンドブックの内容を理解し、実践していた。ツイッターのアカウントを作成したのは２００９年、自身のリアリティ番組「アプレンティス」の宣伝が目的だった。そして時間をかけて、何百万人もの人々に声を届けることのできる無料の「拡声器」を持つことの価値を学んできたのだ。

トランプは、頻繁にツイートした。側近のスタッフに口述で投稿させることもあれば、自宅や所有するゴルフコースから自ら投稿することもあった。[4]テレビのインタビューや選挙イベントの告知と宣伝にもツイッターのアカウントを使った。また、折あるごとに、フォロワーやファンの投稿をリツイートした。数百万人のトランプのフォロワーに自分の投稿が注目されるという小さな可能性をちらつかせることで、より多くの人々の返信を促す、賢いやり方である。そして、何より重要なのは、彼のツイートが本物だと感じられたことだった。トランプは、大文字や感嘆符を多用し、独自のハッシュタグまでつくった。そのツイートを読むと、まるでトランプの思考に直接触れているような、脳内に入りこんだような気分になる。

大半の政治家や候補者が投稿する、広報担当者のチェックと承認を経て、水で薄められたような、当たり障りのない内容のツイートは、トランプのアカウント「@realDonaldTrump」のどこを探しても見つからない。

知名度の高い大統領選候補者がツイッターの利用方法をこれほど忠実に実践しているという現実は、当初、ドーシーとツイッターにとって大きな勝利のように思えた。トランプの自由奔放なスタイルは、ツイッターの短文フォーマットと相性が良く、彼のアカウントは、情報が氾濫しているソーシャルメディアの世界でなんとか目立ちたいと願う他の政治家たちにとって、お手本のような役割を果たした。トランプのアカウントのフォロワー数は、2015年6月に立候補を表明したときの300万人から、たった半年のうちに570万人へとほぼ倍増していた。

もう一つ見逃せないのは、アカウントのエンゲージメント率の高さ、言い換えれば、ツイートへの「いいね」の数やリツイートの数が、指数関数的に増えていたことだ。ツイッター上で、前例のない勢いで注目を集め、ツイートが伝播されていったのである。2016年1月になると、トランプの投稿は1年前と比較して、28倍の頻度でリツイートされていた。[5] 注目を浴びるのが大好きなトランプは、「いいね」やリツイートの通知がひっきりなしに届くのを喜び、自分の人気の高まりをリアルタイムで測定できる、ツイッターというツールのとりこになっていた。[6]

問題は、人気を博していたトランプのツイートが、ときにかなりたちの悪いものであったことだ。対抗候補を猛烈な勢いで攻撃し、自分を批判する者を情け容赦なく嘲笑しては、人間関係において一般的に許容される基本的マナーの範囲を毎日のように押し広げていた。

トランプに言わせれば、ジェブ・ブッシュ元フロリダ州知事は、「神経衰弱で無力」「意気地なし」「本当に哀れ」となる。テキサス州選出のテッド・クルーズ上院議員は、「詐欺師」で「嘘つき」、おまけに「実にいかがわしい政治家！」である。共和党候補のビジネスウーマン、カーリー・フィオリーナにいたっては、彼女の話を「10分以上聞き続けると、ひどい頭痛に見舞われる」とこき下ろした。[7]

トランプは対立候補に嬉々として新しいニックネームをつけては、それを増加の一途をたどるフォロワーに向けてまめにツイートした。テッド・クルーズは「嘘つきテッド」、フロリダのマルコ・ルビオ上院議員は「ちっちゃなマルコ」といった具合である。トランプにかかったら、タブーなどなきに等しかった。それには、立候補以前から常習的に行っていた、自分の好みから外れる女性に対する侮蔑的なツイートも含まれる。

オンラインメディア「ハフポスト」の創業者アリアナ・ハフィントンについて、「内面も外見も魅力に欠ける」「元夫が彼女を捨てて男に走ったのも理解できる」とツイートしたこともある。[8] 2014年には、81歳を迎えた女優キム・ノヴァクをテレビで目にするや、「担当の美容外科医を訴えた方がいいな！」とつぶやいた。[9] トランプの辛辣な言葉にノヴァクは深く傷つき、数日間家から出られなかったという。[10]

ツイッター内部では、トランプの選挙キャンペーンが勢いを増す様子を従業員たちが不安気に見守っていた。ツイッター従業員はリベラル派が大勢を占めており、2016年のツイッター従業員による政治献金の約93％は民主党候補に向けられている。[11] 従業員の大多数は、いずれにしてもトランプを支持することはなかっただろう。だが、多様性や社会的課題への取り組みを標榜している会社で働くことを誇りに思っている多くのツイッター従業員にとって、トランプのツイートは道徳的に不快で嫌悪感を引き起こすものだった。

社内には、黒人、ラテン系、LGBTQの従業員のためのリソース・グループ［訳注：共通の特性を持つ従業員から構成されるグループで、相互に助け合い、職場環境の改善などをテーマに活動を展開する］があり、従業員の多様性を実現するための雇用目標を定めて、それを公表していた。[12] CEOであるドーシーも、その数年前にミズーリ州ファーガソンで18歳の黒人青年マイケル・ブラウンが警官により射殺された事件の後、「ウォークでいよう（#StayWoke）［訳注：人種差別をはじめとする社会的不公正や環境問題などに対して高い意識や配慮を持とうという呼びかけ］」のハッシュタグがプリントされたTシャツを着て、デモ行進に参加している。

ドーシーの友人の1人であるディレイ・マッケソンは、「ブラック・ライブズ・マター（Black Lives Matter）」運動の陰のリーダーだ。2016年の夏、マッケソンが抗議活動中に逮捕されると、ドーシーは「#StayWoke」のハッシュタグTシャツを着て手錠をかけられているマッケソンの写真を全社宛に送信し、「ツイッターの従業員全員が安全である、十分なサポートを受けていると感じられることが重要だ」とのメッセージを添えて、必要なときには人事部に連絡するよう奨励している。

そうこうしているうちに、トランプの主張は、社会正義や人種差別などに敏感なツイッターの「ウォーク」組織文化に真っ向から対立するアンチテーゼのようになっていた。トランプは女性をあからさまに「モノ」扱いし、遠回しながら移民やその他のマイノリティに対する人種差別的な発言を繰り広げた。2015年に同性婚に対する見解を問われた際には、「私は伝統的な結婚［に賛成］だ」と答えている。[13]

9月にツイッターのオフィスを訪れるずっと前から、トランプは下劣なツイートを投稿していたが、訪問のタイミングではあくまでも泡沫候補と見られていた。話題性のために悪評を求める、いかにもテレビのリアリティ番組のビジネスマンの風だった。だが２０１６年の夏には、状況がまるで違っていた。トランプは、党の予備選挙を勝ち抜き、共和党の党候補に指名された。注目は高まる一方だった。その一部は、ツイッター従業員が構築し、来る日も来る日も支えてきたサービスのおかげであった。従業員の多くにとって、それはなんとも気まずい現実だった。

ツイッターは、アカウントをアクティブに保つためにユーザーが守らなければならないルールを定めている。その中には、「特定の人物を標的とした攻撃的な中傷や嫌がらせ」に相当する投稿を禁止するポリシーも含まれた。ツイッターはそれまでもう何年も、人々が言いたいことを何でも発言できる表現の自由の擁護と、他者を追いつめるような暴言やヘイト表現の制限の間に引かれた際どい境界線をまるで綱渡りをするかのように歩んできた。２０１５年には、ツイッターの法務顧問を務めるビジャヤ・ガッデがワシントン・ポスト紙への寄稿で次のように述べている。「人々が声を上げることを恐れて沈黙させられてしまう状況を、私たちがこのまま放置するのであれば、ツイッターの根底を成す理念である表現の自由もほとんど意味を持ちません」[14]

トランプが他のツイッターユーザーに嫌がらせ行為や侮辱的な発言をしていることに疑いの余地はなかった。とはいえ、同社のルールは曖昧で、どちらかというと一般ユーザー同士の、人種や民族差別的な中傷といった甚だしく悪意に満ちた攻撃を想定しているように読めた。有名政治家による、小学生レベルの悪口雑言や嫌がらせを取り締まるために書かれたものでないことだけは確かだった。トランプ大統領の暴言を配信するツイッターの役割について、ドーシーが苦悩している様子はなかった。むしろ、トランプの発言を人々が直接見聞きできるのは重要なことだと考えていた。それどころか、たとえその行動が許容範囲を超えていたとしても、トランプが積極的に活用したことで、ツイッターというプロダクトの世界政治における重要性が浮き彫りになったと感じていた。ツイッターの核心は人々に発言の機会を与えることであり、どのメッセージを増幅させるかは社会に委ねるべきだとドーシーは主張した。

２０１６年6月、世界有数の技術カンファレンスとして知られる「コード・カンファレンス（Code Conference）」に「#StayWoke」のTシャツを着て登壇したドーシーは、「プラットフォームである以上、あらゆる意見、あらゆる声に対して開かれていなければなりません。そして私たちは、そのすべてに耳を傾ける必要があると思うのです。均衡点を見出すためには、極端な意見にも耳を澄ます必要があると考えています」とステージ上から語った。ツイッターCEOとしての自分の立場を利用して、トランプの口を封じる発想には、強い違和感を覚えていた。

こうした表面上の自信は、ツイッターが未知の領域での舵取りに大わらわになっている現実を覆い隠すものだった。トランプのようなユーザーは、これまで存在しなかった。ツイッター上で嫌がらせや荒らし行為をするユーザーの大半は、何百万人ものフォロワーを擁していなかったし、間違いなく米大統領選挙には出馬していなかった。大部分において、ツイッターはトランプのアカウントをどう扱えばいいのか、彼の投稿を既存のルールブックの範囲内でどのように裁定すればいいのか判断できずにいた。その結果、ほとんどの場合そのまま放っておかれたのである。

しかし、11月の大統領選が近づき、選挙キャンペーンも山場を迎える中、ツイッターはつまずいた。２０１６年8月、トランプ陣営はツイッターに大規模な広告費の支出を約束した。ツイッターの営業チームが企画提案した、総額５００万ドルの広告契約を結んだのだ。特別な広告ユニットや割引が受けられる内容となっていた（ちなみに、ヒラリー・クリントン陣営もツイッターから同様の提案を受けたが、辞退している）。

「嘘つきヒラリー」の絵文字

この広告パッケージには「カスタムハッシュタグ絵文字」が含まれていた。ツイッターの設定により、誰かが特定のハッシュタグをツイートすると、その末尾に絵文字が自動的に追加されるようになる。この機能自体は数年前から存在しており、ツイッターは大規模なスポーツイベントなどの機会にハッシュタグ絵文字を提供していた。例えば、２０１４年のワールドカップ期間中に、誰かがハッシュタグ「#USA」をつけてツイートすると、自動的にアメリカ合衆国の国旗の絵文字が追加された。カスタムハッシュタグは非常に人気があり、ツイッターはこの機能を、コカ・コーラやスターバックスといった大手広告主に対して１００万ドル以上で販売していた。[15]

このようなキャンペーンに投資するブランドのほとんどは、例えば企業ロゴといった、無害な絵文字を選ぶ。トランプはもちろん既成概念の枠を軽々と飛び越えていく。９月に予定されていたヒラリー・クリントンとの最初の大統領選テレビ討論会へ向けて、トランプ陣営はハッシュタグ「嘘つきヒラリー（#CrookedHillary）」に合うカスタム絵文字を注文した。

広告パッケージの一環として、ツイッターの担当者は、ドルマークの入った緑色の袋をしっかりと握る手の絵柄など、カスタム絵文字を複数案作成してトランプ陣営に送った。トランプの選挙対策チームは、最初の提案は面白みに欠けるとして、やり直しを依頼した。担当者は、棒人間のイラストがドルの詰まった大きな袋を持ち逃げする絵文字を考え出した。トランプ陣営でデジタル戦略を統括するゲイリー・コービーが次のように回想している。「確かに攻撃的で、目を引く絵文字でした。しかし、それこそが狙いだったのです」。準備はすべて整ったように見えた。

討論会まであと数日となったタイミングで、ツイッターの担当者がトランプ陣営に電話をかけ、予定していた絵文字の使用に上層部からストップがかかったと伝えた。コービーによると、ツイッター側は「罪を犯していない、あるいはそのための捜査も受けていない人物を犯罪者扱いして非難」することは避けたいと説明し、クリントン陣営からの法的措置を通した報復を恐れていたという。コービーは絶句し不信感を募らせながらも、討論会での絵文字の利用を諦めた。

数週間後コービーは、10月初旬に予定されている2回目の大統領選討論会へ向けて、もう一度挑戦してみることにした。ツイッターの担当チームは、「#CrookedHillary」のハッシュタグに合わせたカスタム絵文字を新たにいくつか用意した。選ばれたのは、羽の生えたドルマーク入りの袋の絵文字だ。コービーはこれを、「納税者のもとから飛び去っていく税金、そして政府による浪費」を表現したものと描写した。今回は、ハッシュタグと絵文字とも、ツイッターのポリシーおよび法務チームによる承認プロセスを通過した。ツイッターは広報チームにこの絵文字にまつわるメディア対応の準備までさせている。ツイッターが提供する広告プロダクトの幅の広さを、マーケティング担当者たちがアピールする機会にしようと考えたのだ。

第2回討論会まで数日となったある日の夜、またもやコービーの電話が鳴った。ツイッターの上層部が再び、だが前回とは異なる根拠を持ち出して、絵文字キャンペーンに横やりを入れてきたのだ。経営幹部たちは、広告主の依頼に沿って制作されるハッシュタグ絵文字と、ワールドカップのときの国旗の絵文字のようにツイッターが作成し、無料で提供するハッシュタグ絵文字とを区別する手段がないことを心配していた。「#CrookedHillary」の絵文字を目にしたユーザーが、ツイッターがトランプ陣営の側についていると勘違いする事態を恐れたのだ。

ドーシーとアダム・ベインCOOが、コービーと激怒する共和党全国委員会の広報責任者ショーン・スパイサーへの弁明にあたった。会社としての考えを説明し、今後、政治家向けのハッシュタグ絵文字広告は一切提供しないと言明した。このときのことをコービーは次のように書いている。「たわ言です。彼らが公共のプラットフォームでやっていることは、信じられないほど無謀で危険なことであると伝えました。明らかに政治的な動きであり、そうでないと主張するのは私たちを愚弄しているようなものだと、はっきり言いました」。トランプ陣営は大統領選直前の数週間に予定していた広告のいくつかを取りやめた。最終的にツイッターに支払われた金額は、当初の約束された500万ドルよりも数百万ドル少なかったという。

ドーシーとツイッターにとって、きまりの悪い思いをさせられた上、大きな代償をともなう初の「トランプ対応」体験であった。それは同時に、世界政治の舞台において、突如ツイッターが権力を持つようになったことを再確認する機会にもなった。宣伝用のハッシュタグが、会社として一方の陣営を支持しているように映りかねないという危惧はもっともなことだったが、ツイッターの認識が甘かったとも言える。少なくともトランプが現れるまで、広告主が有料絵文字を使って政敵を標的にして攻撃するなど、これっぽっちも想定していなかった。選挙キャンペーンや政治活動でのトランプの攻撃的なアプローチにより、ツイッターは初めてポリシーの変更を強いられることになった。だが、これで終わりではなかった。

2016年11月8日、トランプは米国大統領に選ばれ、世界中に衝撃を与え、多くのツイッター従業員を絶望的な気持ちにさせた。トランプは、ホワイトハウスに到達するまでの道のりを、対立候補をいびり、攻撃し、侮辱しながら歩んできたが、その大部分はツイッターとフェイスブックを使って行われた。選挙日の夜までに、トランプのツイッターアカウントのフォロワーの数は、1300万人にまで膨らんでいた。選挙キャンペーンを開始した時点のフォロワー数の

4倍を超えている。トランプは、論争と対立を引き起こすことがツイッターで成功するための優れた手段であるという醜い現実を証明したのだ。

翌朝、ドーシーは全従業員に宛ててメールを送った。

件名：昨日

米大統領選挙が終わり、さまざまな感情が交錯している。お互いに、共感と思いやりの気持ちを示そう。感情を処理するために時間が必要なら、そのための時間を取ってほしい。

多くの人が、「誰が勝ったか」に注目しているが、それは終わったことだ。私は、なぜそのような結果になったのかに焦点を当てるべきだと考えている。投票とは声であり、その声を聞いてもらいたいという願望だ。人々が直面する問題の根底にある原因は何だろうか？ 私たちが解決しなければならないこの国の問題は何だろうか？ それに対して私たちは、個人として、そして個人の集合体である組織として、どのように支援できるだろうか？　耳を傾け、学び、団結しよう。

今日のツイッターは、これまでになく重要性を増している。私たちには、人々の声を増幅し続ける役割がある。私たちには、人々が真実を知り、権力に対して真実を語れるよう力になる役割がある。そして私たちには、人々に力を与える対話の場を提供する役割がある。

ここで、私自身のスタンスと私が大切にしていることを明確にしたい。すべての人は平等だ。私は、私たちが共有する人間性のために日々闘い、ここ米国で、そしてすべての人のために、公共の利益を提供することを絶えず追求していきたい。そして、自分の立場と自分自身を使って、権力に対して真実を語り、どこであれ不正義を目にしたら声を上げ、闘うことを約束したい。今後は、これまで以上に積極的に発言していきたいと考えている。
私たちは皆、同じ方向を向いている。何か伝えたいことがあれば、いつでも話を聞くので（そして学ぶ用意があるので）声をかけてほしい。

皆への感謝の気持ちを込めて
ジャック

翌月、次期大統領トランプはニューヨークのトランプ・タワーにテック業界幹部や経営者を招き、大統領就任後の協力関係について話し合った。参加者には、世界でとりわけ大きな影響力を持つ人々が含まれていた。アマゾンのジェフ・ベゾスCEOの横にはグーグルの共同創業者ラリー・ペイジが座り、その隣の席はフェイスブックのシェリル・サンドバーグCOOだ。トランプの左手の席にはアップルのティム・クックCEOやテスラのイーロン・マスクCEOが並んだ。ドーシーのもとへ招待状は届かなかった。居並ぶ企業の顔ぶれを見れば、ツイッターが企業規模の面でまったく敵わないことは否定しようのない事実であるが、影響力の面ではけっして遜色ない。むしろ上回っている。特にトランプにとってはそうであるはずだった。ツイッター経営陣の一部は、ドーシーが「嘘つきヒラリー（#CrookedHillary）」の広告にまつわるいざこざを理由に冷遇されたのだろうと見ていた。トランプとその側近たちが、ツイッターは反トランプ寄りだと認識しているのは明らかだった。それが真実であろうと憶測であろうと、ツイッターが報復を受けたように見えたことも確かだ。懇談会の調整を担当したスパイサーは、「会議室のテーブルの大きさには限りがある」と述べ、ドーシーをあえて退けたのではという疑念を否定した。[16]

絶対不可侵なトランプのアカウント

ドーシーはよく、ツイッターは世界を反映するものだと表現した。結局のところ、「今、何が起きているか」を映すものに過ぎないのだ。そして2017年の世界は、ここ数年に比べて、ますます複雑になり、分断の度合いを増していた。トランプは過去数十年でもっとも政治的な分極化を引き起こした大統領として、ホワイトハウスの大統領執務室に足を踏み入れた。[17]就任後数日も経たずして、イスラム教徒が大多数を占める数カ国に対し国境を閉鎖するという決定を下し、以前からくすぶっていた文化戦争の緊張が一段と高まった。

大統領に就任した暁にはツイートもトーンダウンするに違いないという淡い期待は、すぐに打ち砕かれた。誰彼構わず自分を批判する者に対して、ツイッターのサービスを使って暴言を吐き続けたのである。ニューヨーク・タイムズ紙やCNNのような主流メディアは、「米国民の敵だ！」とツイートした。[18]さらに、トランスジェンダーの人々の米軍への入隊を「負担」であるという理由で、禁止する考えをツイッター上で発表した。[19]8月、バージニア州のシャーロッツビルで白人至上主義者の集団がデモ行進し、そのうちの1人が、これに抗議する人々のグループへ車で突入して女性1人を死亡させた事件では、「どちらの側にも立派な人たちがいた」とコメントした。[20]クー・クラックス・クラン（KKK）の元最高幹部デイビッド・デュークは、トランプのこの発言に対して称賛のツイートを投稿した。[21]

これらのツイートは、ツイッター本社に渦巻く不安の元凶となっていたが、同社が抱える問題はトランプだけではなかった。同社の経営幹部たちは、ロシア政府とつながりのあるプロパガンダ会社が、ツイッターのサービスを利用して2016年の米大統領選挙でトランプ陣営に有利になるよう工作していた事実を受け入れようとしているところだった。[22]

ロシアのインターネット・リサーチ・エージェンシー（Internet Research Agency）が選挙前、4000近くのツイッターアカウントを作成して、主にトランプを支持するメッセージを配信し、米国の有権者の間に対立の種を蒔いていたのである。同社はフェイスブックでも同様の作戦を展開していた。これらのアカウントと何らかのやり取りをしたツイッターユーザーの数は約140万人に上り、トランプの息子や選挙スタッフによってリツイートされたものまであった。ツイッターは、選挙が終わるまでそのようなアカウントの存在にさえ気づいていなかった。この時点でできることと言えば、死体解剖、すなわち、済んでしまったことの事後検証だけであった。

ツイッターの顧問弁護士とポリシー担当者による検証チームが結成された。コーディネーター役を務める、公共政策担当バイスプレジデント（VP）コリン・クロウェルの下で、2017年の大半を費やしてロシアによる選挙キャンペーン介入の影響の精査に取り組んだ。サンフランシスコのツイッター本社では、5階の空き会議室に即席の「作戦司令室」が設置され、ロシアのボットアカウントを徹底的に調べ、何が起きたのか事実の解明にあたった。ツイッターはまた、苛立ちを隠そうともしない議会からの追及という、介入事件の余波にも対応する必要があった。

9月に入り、ツイッターはロシアによる選挙キャンペーン介入に関する最初の調査結果を米議会の上院情報特別委員会の委員長を務める民主党のマーク・ワーナー議員に提出したが、報告書に対する同議員の評価は「深く失望した」であった。ツイッターが調査結果のほんの一部しか開示しなかったため、またフェイスブックが同議員のオフィスに提出した報告書に比べて情報がはるかに少なかったためだ。ワーナーは、調査の進展を少しも喜ぶことなく、「問題の深刻さに対するツイッターチームの看過できない理解不足」と一刀両断に切り捨てた。[23]

トランプの絶え間ないツイートと、ロシアによる選挙スキャンダルでツイッターが果たしていた思いも寄らぬ役割に、従業員たちも動揺した。国中がその話題でもちきりだったが、ツイッターの従業員たちも大統領就任から9カ月間、トランプのツイートを漏らすことなくチェックし、しばしば社内のメッセージスレッドでトランプの最新の投稿を話題にし、トランプのお気に入りの情報発信チャネルとなった自分たちの会社の役割について議論した。当時、ツイッターの投稿ルールをすべて完全に理解している人はほとんどいなかった。ケースバイケースで判断する自由裁量の余地を残すために意図的に曖昧にされていた面もある。しかし、トランプの大統領就任後の数カ月で、ツイッターのルールブックは重箱の隅を突くような検証を受けることとなった。反トランプ派が、トランプのしばしば野卑で物議を醸すツイートは、ペナルティやアカウント停止措置の対象になるはずだと考え、その根拠をツイッターのポリシーに求めたのだ。

ユーザー向けにルールを策定し、そのルールを実行に移すのは総じて苦労の多い、報われない仕事だった。社内でその作業を任されていたのは、信頼と安全グループを率いるデル・ハーヴェイである。彼女自身の言葉を借りれば、同チームは「破滅的な状況を予測し、それに備えて設計する」ことを生業としていた。[24]具体的には児童ポルノ、テロ行為を扇動するプロパガンダ、その他あらゆる虐待や嫌がらせを広める投稿を削除するためのルール策定を意味する。電子メールさえあれば、誰でも匿名のツイッターアカウントをつくることができる。その匿名性が一部の人間の悪質な投稿や発言を助長していた。ツイッターに入社する以前、ハーヴェイは何年もの間、児童の性的搾取の問題と犯罪者の摘発に取り組んでいた。20代の頃には、オンライン上で子どもを装って小児性愛者を罠に誘うボランティア団体「倒錯した正義（Perverted Justice）」の活動にも加わっていた。その数年後、小柄で華奢な体つきのハーヴェイは、NBCの番組『性犯罪者を捕まえろ（To Catch a Predator）』で、接触してきた小児性愛者を捕まえるためのおとり役を務めた経験も持つ。ハーヴェイという名は、本名ではない。報復を恐れて、仮名を使っていたのだ。

2008年にハーヴェイがツイッターに入社したとき、ユーザーの投稿に対して同社は「何でもあり」のスタンスを取っていた。元CEOのディック・コストロがツイッターを「言論の自由擁護党の言論の自由擁護派閥」と呼んだのは有名な話だ[25]。政府に対しても、身元などの情報開示請求からユーザーを守るためにたびたび訴えを起こしていた。2017年の段階では、ハーヴェイも、上司にあたる法律顧問のビジャヤ・ガッデと同様、ツイッターのこのマインドセットにおおむね従っていた。

ツイッターが言論の自由を重視しているという評判は、ガッデが2011年に同社への参画を決意した理由の一つだった。生まれはインドだが、子ども時代のほとんどをテキサス州東部とニュージャージー州で過ごした。学校ではいつも、ほぼ唯一のインド人だった。「自分の声など誰にも届かないように感じました」と数年後、自身の子ども時代について語っている。「それとは対照的に、ツイッターは私たちに声を与え、コミュニティを与え、力を与えてくれます[26]」。ガッデはコーネル大学で学士号を取得した後、ニューヨーク大学のロースクールに進学。卒業後は、シリコンバレー有数の法律事務所、ウィルソン・ソンシーニ・グッドリッチ&ロサーティ（Wilson Sonsini Goodrich & Rosati）に入所した。専門は企業法務だ。同事務所で10年ほど実績を積んだ後、ツイッターに加わった。トランプが大統領に選出される頃には、ガッデはドーシー直属の法務顧問となっていた。同社の言論の自由に関するポリシーの策定と執行において、社内でもっとも強い影響力を持つ人物であったと言ってほぼ間違いない。彼女はまた、トランプのツイートに関してもほとんどの場合において、介入せず放っておくべきだという考えの持ち主だった。

しかしながら、ツイッターは2017年、ユーザーの投稿の監視に本格的に取り組み始める。それにはいくつかの要因があった。ハーヴェイやガッデがツイッターに入社した当時とは状況が大きく異なっていたのだ。ツイッターは今や上場企業であり、ユーザー数を増やして、広告主を呼びこまなければならないというプレッシャーにさらされていた。そのためには、サービスから悪質な要素を絶えず除去する必要があった。数年の間に、ツイッターのルールブックはすっかり厚みを増し、並行してツイッターが抱える問題も増加していた。サービスが人種差別やハラスメントの吹きだめのようなサイトへと退化していかないように防御線を張れば張るほど、本来ツイッターが大事にしてきた言論の自由の理想から遠く離れていくのであった。

トランプがすべてを複雑かつ面倒にしていた。まっとうな世界のリーダーがこれほどまで大っぴらに悪意あるコメントや挑発的な投稿をしたことはかつてなかった。おまけに、ファンや支持者がトランプを手本にするのである。だがトランプは、少なくともツイッターのルールブックに関する限り、許容される範囲を大きく踏み外すことなく、際どいラインを歩むことを心得ていた。ツイッターはトランプの投稿を放置し、大統領たるものもう少し礼節をわきまえるべきだと考えるツイッターユーザーや批評家たちを幻滅させた。ドーシーは、ユーザーがルールに違反したか否かの判断にはほとんど関与しなかった。そもそも決断を下すのが好きではないCEOは、大部分において、そうした判断をハーヴェイとガッデに任せていた。ドーシーは責任を転嫁していると見る向きもあったが、ドーシー自身は専門家の判断に任せているのだと考えていた。

だがここへきて、CEOであるドーシー、そしてツイッターのポリシー担当チームの責任者たちに、トランプのツイッター上の行動について何らかの対策を取るよう求める圧力が日常的に重くのしかかるようになっていた。社外では批評家たちがツイッターの対応を公然と非難するようになり、社内でも、全社会議の場で、あるいはメールを通して従業員から批判が飛び出すようになった。ドーシーはおおやけの場に出るたびに、トランプについての見解を求められた。ウォーク文化を信奉するリベラル派のテックＣＥＯという評判にもかかわらず、ドーシーはトランプのツイートを削除することに強い違和感を覚えていた。言論の自由の観点からの懸念が一つ。もう一つの理由は、ツイッターＣＥＯが透明性を重視していたことだ（彼は毎週の経営幹部ミーティングのメモを全社に公開し、自身の業績評価を従業員と共有していたほどである）。

たとえそれが不適切であったり、分断を引き起こしかねないようなものであったりしても、トランプの発言に耳を傾けることは、大統領の考えをまったく理解できない状況よりはましだとドーシーは主張した。「このような会話を、密室ではなく、おおやけの場で行うことが本当に重要だと思います」と、２０１７年の夏に述べている。「もし突然このようなプラットフォームを奪い去られてしまったら、これらの声はどこへ行ってしまうのでしょうか？　何が起こるでしょうか？　闇の中に姿を消してしまいます。それは誰にとっても好ましいことではありません」[27]

9月に入りツイッターは最初の大きな試練に直面した。トランプが北朝鮮の独裁者、金正恩に関するツイートを投稿したのだ。「北朝鮮の外相が国連で演説するのを聞いたところだ。もし彼が、リトル・ロケットマンの考えをそのまま伝えるなら、彼らの先はもう長くないだろう！」[28]そのわずか1カ月前、トランプは、金正恩が米国を脅すようならば、「世界が見たこともない炎と怒りに見舞われるだろう」とツイートして北朝鮮を牽制したばかりだった。[29]そして今度は、数百万人に配信されるツイートで北朝鮮の独裁者を「リトル（小さな、取るに足らない）ロケットマン」と呼んだのである。これに対して北朝鮮の外相は、「明らかな宣戦布告だ」と応酬した。[30]

トランプのツイートがルール違反であることは、疑いの余地がないように思われた。ツイッターのルールブックは、「暴力による脅し、あるいは暴力を助長」するようなツイートを禁止しており、トランプのツイートがこれに該当しないと強弁するのは難しかった。ところがツイッターは動かなかった。トランプのツイートを削除せよ、アカウントを凍結せよという声が高まる中、同社はトランプのツイートをそのままにしておく論拠を説明するスレッドを投稿したほどだ。「私たちはすべてのアカウントに同じルールを適用しており、ツイートが私たちのルールに違反しているかどうかを評価する際には、多くの要素を考慮しています」と、公式アカウント「@GlobalAffairs」からツイートしている。「検討事項には、そのツイッターが『ニュース性』を持つか、『一般の人々の関心事』であるか、などが含まれます」。ツイッターはユーザーがルール違反を犯したかを判断する際、過去も「ニュース性」の側面が社内で考慮されてきたと言い足したが、その要素がそれまで一般に共有されたことはなかった。ツイッターの社外では、「ニュース性」に関連するポリシーが存在することさえ知らされていなかった。「この点については、改善の必要があります」と同社は認めている。

反トランプ勢力は怒りをあらわにした。ニュース性がある限りルール違反にあたらないのであれば、どんなツイートをしようともトランプがとがめられることはない。大統領という立場をかんがみれば、その投稿はすべてニュースに値するものだからだ。ツイッターを使い、核戦争の可能性をちらつかせて他国を脅しても、ツイッターのルール違反にはならなかった。トランプは神聖不可侵な存在であるかのようだった。

第４章　悪夢のローズ・マッゴーワン事件

ジャック・ドーシーのオフィスはすし詰め状態だった。10月13日の金曜日。プロダクトとポリシー部門の上級幹部のほとんどが、「カワセミ（Kingfisher）」と呼ばれるドーシーのオフィスの会議用テーブルを囲んで立っていた。ドーシーCEOは窓辺に寄りかかり、会議中にいつもすること、つまり、議論を静観していた。夏の大半をかけて、そして秋口に入ってなお、このグループは定期的に会議を開き、サービスに対する安心感を高めるための方法を模索していた。

会議のたびに、ツイッター上に流れる人種差別的または反ユダヤ主義的なものから、セクハラの明白な事例までありとあらゆる、もっとも低俗あるいは侮蔑的なツイートを、ドーシーのオフィスのプロジェクタースクリーンに映し、交代で読み上げた。

これらはいずれも、その場に出席する誰もがツイッターの投稿としてふさわしくないと知っていながら、今なお定義があやふやなツイッターのルールに、何らかの理由で違反しないと判断される類のツイートだった。感情が高ぶり、ときに涙を流す者もいた。

この13日の金曜日、ドーシーの会議室に集まった面々は焦燥に駆られていた。女優のローズ・マッゴーワンがその週、ツイッターを使ってハリウッドの大物プロデューサー、ハーヴェイ・ワインスタインの非難を繰り広げていた。その月の初めに、ニューヨーク・タイムズ紙とニューヨーカー誌が、ワインスタインの忌まわしい性的虐待行為に関する、気分が悪くなるほど詳細な記事を掲載した。マッゴーワンは、ワインスタインから「ホテルの一室でのエピソード」に対する示談金として何年も前に10万ドルを受け取ったとされている。そしてここへきて、自身のツイッターで、彼にレイプされたと明かした。[1] マッゴーワンが狙いを定めたのはワインスタインだけではなかった。ワインスタインのセクハラ行為や性行為の強要を見て見ぬふりをしたとして、ベン・アフレックなどの俳優仲間のことも名指しで批判したのである。

ところがその後、マッゴーワンのツイートが突然止まった。彼女の投稿の一つに、誰かの電話番号が映ったスクリーンショットが含まれていたせいだ。他人のプライベートな連絡先情報を本人の同意なしに共有する「ドキシング」行為を禁止するツイッターのポリシー違反にあたるとして、このツイートが削除されるまで、彼女のアカウントは凍結の対象となったのだ。

マッゴーワンは憤った。自身のインスタグラムのアカウントにツイッターから受け取ったアカウントの一時停止を知らせるメールを投稿し、次のように書いている。「ツイッターにアカウントを凍結された。強い力が働いている。私の声になってください[2]」。腹を立てたのは、マッゴーワンだけではなかった。

女優のジェシカ・チャステインが投稿した。「ねえ、ツイッターさん（@Twitter）、ローズ・マッゴーワン（@rosemcgowan）が何のルールを破ったのか説明してよ。性暴力の被害者たちに立ち上がるように求めたせい?[3]」

「どういうこと?」苛立ちをあらわに、ジェイミー・リー・カーティスが書く。「大統領にはツイッターでの自由を認めて、セクハラについて声を上げる女性には沈黙を強いるわけ?[4]」

ツイッター従業員たちも、このような展開に納得できずにいた。ツイッターが単に、取るに足らないルールを言い訳に、性的暴行のサバイバーを黙らせているようにしか見えなかった。一夜にして、モデルのクリッシー・テイゲン、俳優のマーク・ラファロ、女優のアリッサ・ミラノをはじめとする大物セレブたちの支持を得て、ツイッターのボイコット運動が盛り上がり始めた。[5]

ツイッターは、セレブユーザーとの関係を非常に重視していた。社内には、トランプのような選挙候補者に対応するチームと同様、有名セレブとの連携に特化したチームも存在した。セレブたちにツイートの基本操作を教えることはもちろん、アカウントからロックアウトされた、迷惑行為に遭っている、といった場合に、より手厚いカスタマーサポートを提供した。ツイッターにとっては、頭を悩ます必要のない先行投資だった。

社内で「ＶＩＴ（Very Important Tweeters／とても重要なツイーター）」と呼ばれるセレブたちが、お金をかけることなく、ただつぶやき、ファンと関わるだけで、ツイッターに大きな価値がもたらされるのだ。フェイスブックとインスタグラムに並び、ツイッターは一般の人々が有名人とつながることのできる世界でも稀な数少ない空間の一つだった。たいていの場合、ウィンウィンの関係にあった。だからこそ、マッゴーワンやテイゲン、チャステインによるツイッターのボイコット表明は、同社のマーケティングとＰＲにとって悪夢でしかなかった。

マッゴーワン事件から数カ月後、もう一つの悪夢が何百万人もの目の前で繰り広げられた。有名俳優でハリウッドの脚本家でもあるセス・ローゲンが、ある火曜日の朝、ドーシーをメンションしながらこうツイートしたのだ。「ここ８カ月ほどジャック・ドーシー（@jack）と、プラットフォーム上で白人至上主義者を検証するという突飛だが重要な責務について、ダイレクトメッセージを通してやり取りしてきた」と書いている。[6]「すべてのやり取りの結果、私は一つの結論に達した。ヤツにとっては、どうやら大した問題ではないらしい」

ローゲンは、ツイッター用語でＤＭと呼ばれるダイレクトメッセージ機能を使ってドーシーと連絡を取り、彼がユダヤ人であることを理由にツイッター上で繰り返し浴びせられる悪意ある発言について不満を訴え、改善を求めていた。ローゲンを中傷した人々の中には、ツイッターの青色の認証済みバッジを持つ者もいた。認証済みバッジとは、なりすまし対策としてツイッターが著名なユーザーに付与するものである。青いバッジは当初の意図から離れ、次第にそのユーザーが注目すべき重要な人物であることを示す、ツイッターからの「お墨つき」のような印象を与えるようになっていた。

ドーシーは、ローゲンが自分をおおやけの場に引っ張り出したことを喜ばず、この問題について直接話し合うために電話会議を設定した。ローゲンによると、次のような会話が交わされたという。

ローゲン：もし大統領が自分のフォロワーに、特定のアメリカ市民を殺せと言ったらどうしますか?

ドーシー：何らかの行動が必要になると考えるのではないかと思います。

ローゲン：考えるのではないかと思う?　これまで話し合ったことはないのですか?

ドーシー：そこまで具体的には。

ローゲン：何らかの行動が必要になると考えるのではないかと思うけれど、確信はないということですか?　大統領がフォロワーに誰かを殺すように言っても、ただ放っておくことになるかもしれないということですか?

ドーシー：それは……

電話会議も終わりに近づく頃、ドーシーはローゲンにツイッターは「社会の鏡に過ぎない」のだと伝えた。ローゲンはこれが気に入らず、「ツイッターはあなたの考えを映すものです」と返した。「人々がツイッターは掃きだめだと言うとき、それはあなたを指しているのです」[7]

言うまでもなく、公然と同社を批判するセレブユーザーは、ツイッターにとってありがたくない存在であった。マッゴーワンのアカウントが凍結された時点で、ツイッター社内も熱風吹き荒れる長い夏に突入していた。トランプの絶え間ないツイートに加え、シャーロッツビルでの白人至上主義者を中心とした右派の団結を呼びかける「ユナイト・ザ・ライト（Unite the Right）」のデモ行進でもツイッターが重要な役割を果たしており、ツイッター上での問題行為の解消へ向けて本格的な対策を取るよう求める圧力がかつてないほど高まっていた。

ツイッターのルールが不十分であることは火を見るよりも明らかだったし、女性や非白人の保護については、特に顕著だった。人権団体アムネスティ・インターナショナルがその年に実施した調査によると、女性ジャーナリストや女性政治家に対するツイートの7％超が『問題がある、あるいは侮辱的』であることが判明した。[8] 非白人女性の場合はさらにひどく、白人女性よりも嫌がらせの標的になる可能性が34％高かった。トランプ自身もこの問題に加担している。2018年8月、ホワイトハウスの元補佐官で黒人女性のオマロサ・マニゴールト・ニューマンをツイートで「いかれた、泣き虫のクズ」「あの犬」と呼び放った。[9] これに対してもツイッターは何の行動も起こさず、多くの従業員の間に不満と失望が広がっていった。

これらすべての転換点となったのが、ローズ・マッゴーワンの問題だったのだ。ドーシーは、たとえ不快な内容であったとしても、できるだけ多くのツイートを残すという確固たる信念の持ち主だったが、その信念は、営利目的の広告ビジネス運営という現実とは必ずしも親和性が高いとは言えなかった。一部のユーザーや広告主を追い出すことを意味するのであれば、絶対的な言論の自由は賢い戦略とは言えない。

10月13日金曜日、ドーシーの会議室に集まったグループは、どうすればツイッターに対する安心感を高められるのか、もう何カ月も議論を重ねていた。ドーシーはその日のうちに、社内で何らかの成果を発表しようと決意しており、プロセスの透明性を確保しようと、ツイッターのライブ動画配信アプリ、ペリスコープを使って会議全体をストリーミングすることさえ検討していた。ドーシーが最終的に、このアイデアを断念したとき、会議出席者は胸をなでおろした。

1日の大半を議論に費やした幹部グループは、その日の午後遅くに全社会議を開催し、従業員に今後予想される変更について説明した。ツイッターは、ヘイトシンボルを含んだツイートを厳しく取り締まり、暴力的な組織に属するユーザーには、たとえその組織との関係がツイッター外でのものであっても、ペナルティを科すことを計画すると述べた。「暴力を賛美すること」は当時すでにルール違反とされていたが、処罰の対象とみなされる投稿の範囲が拡大されることになった。一般に「リベンジポルノ」と呼ばれる、本人の同意を得ることなくヌード画像や動画を故意に投稿する行為は、一時的なアカウントの凍結ではなく即時停止にする[10]。アイデアのほとんどは生煮え状態だったが、メッセージは明らかだった。ツイッターはこれ以降、さらに多くのツイートを削除していくことになる。

従業員へのプレゼンテーションを終えた幹部グループは、ドーシーのオフィスの会議室へ戻り、計画の詳細について議論を続けた。すでに日は沈んでいたが、1日がかりの会議が終わる見込みはなく、その日のうちにニューヨークやロサンゼルスへ戻る予定だった幹部たちはフライトをキャンセルした。午後7時35分、ドーシーは自身のiPhoneから一連のツイートを送信している。「ツイッター上で連日のように、人々が沈黙させられる様子を目撃してきました」と書き出し、[11]「今日、私たちの対応が『まだ』十分でないとして、自ら沈黙することを選択する人々と、声を上げる人々がいます」と続けた。[12]

「ルールとその執行方法について、より積極的なスタンスを取ることを決定しました」と付け加え、詳細は近日中に知らせると約束した。[13]なぜ金曜日の夜遅くにこのような重大な発表をしたのかと問うツイートに対してドーシーは、同社が「丸1日かけて議論をしてきたため」であり、「準備ができ次第、速やかに発表したいと考えた」のだと返信した。[14]何年もの間、できる限り多くのツイートを削除せずに残すことに力点を置いてきたツイッターの決意表明であった。これからはもう、投稿の削除をためらわない。

11分間黙る、トランプのアカウント

その日の午後遅く、契約社員として信頼と安全チームに勤務していたバハティャー・デュイサックはツイッターでの勤務最終日、コンピュータの画面を開くと、世界でもっとも注視されているツイッターアカウントを停止させた。そして立ち上がると、ノートパソコンとIDカードを返却し、ツイッターのサンフランシスコ本社を後にした。外はもう夜だった。ドナルド・トランプ大統領のアカウントが無効化されていることにツイッターの幹部が気づき、問題の解決に要した時間はほんの11分であった。アカウント復旧のための物理的な作業は、マウスを数回クリックするだけだった。だが、この11分間にトランプのアカウントにアクセスしたユーザーのスクリーンには、不吉なメッセージが表示された。「@realDonaldTrumpは存在しません」。ツイッター

は数時間後、公式アカウントからのツイートを通して、本件は「弊社のカスタマーサポート部門の従業員が最終出勤日に行ったこと」が原因で発生したと報告した[15]。同社によるこの説明は、インターネット上に狂乱を生み出した。

「一言言いたい。トランプのアカウントを11分間停止させたツイッターの従業員は、ノーベル平和賞の候補者になれるのではないか[16]」。これは、デイビッド・ジョリー元下院議員のツイートだ。「このツイッター従業員と結婚したいって、両親にどう説明したらいいかしら」と冗談交じりのツイートを投稿するユーザーもいた。トランプの大統領選での勝利以来、他のツイッター従業員もまったく同じことをしたいと切望していたに違いない。デュイサックが一体何者なのか誰も知らなかったが、反トランプ派の急先鋒にとって、この「ならず者」の従業員はすでに国民的英雄になっていた。

一方、この状況を心から喜ぶことができなかったのはツイッターの上級リーダーたちである。あってはならない出来事であり、同社は慌てて「徹底的な内部調査」を行うと表明した。ツイッター従業員は反トランプに偏っているという印象をさらに強めただけではない。重要アカウントに関して、ツイッターのセキュリティ体制がいかにずさんであるかを白日の下にさらしてしまったのだ。一般従業員による、トランプのような著名人のアカウントの凍結や削除については、いくつかの予防策が取られていたが、アカウントの無効化については明白な抜け穴があった。データや投稿を削除することなく、実質的にアカウントをオフにすればいいだけだったのだ。

デュイサックはこの抜け穴の存在を、世界相手に暴露してしまったのである（ドイツで生まれ育ったデュイサックは、後にインタビューで、すべては意図せぬミスだったと説明し、インタビュー中に「私はアメリカが大好きだ」とも述べている[17]）。

ツイッターは速やかにトランプのアカウントを厳重な管理体制下に置き、その直後に、アカウントを保護する新しい仕組みも導入した。同社は3名の著名ユーザーのアカウントのみからなる「トップ3」リストを作成した。トランプのアカウント「@realDonaldTrump」に加え、米国大統領（President of the United States：POTUS）の「@POTUS」、そしてツイッターCEO、ジャック・ドーシーの「@jack」である。

この3アカウントは、デジタルロックとキーで保護され、ごく一握りの上級スタッフしかアクセスできないようになった。それ以外の従業員は誰ひとり、これらのアカウントに触ることはできず、アクセス権限を持つ少数の上級スタッフでさえ、承認なしに想定外の変更などを加えようとすれば、複数のアラームが作動するようになった。トランプがアカウントの停止に腹を立てていたとしても、感情をむき出しにすることはなかった。翌日になって、「ならず者の従業員のおかげで私のアカウントは11分間使えなくなった。ようやく私のツイートが人々に届くようになり、インパクトを与え始めているようだ」と投稿している。[18] 大統領就任から1年、トランプがツイッターを揺さぶり続けているのは事実だった。トランプのおかげで、投稿に関する規則の隅々にわたる検証と、いくつかの新たなポリシーの導入を迫られた。それだけではない。トランプの登場は、ツイッターのビジネス再生の時期とも一致したのである。

2017年においても、ライブ動画ビジネスへの進出はツイッターにとって重要度の高い取り組みであったのだが、NFLがたった1シーズン後に新しい配信パートナーを見つけたことで、同社の努力は大打撃を受けていた。2017年のシーズンの契約に、アマゾンが5000万ドルを払ったのだ。[19] ツイッターが前年、同じ試合枠の購入に支払った額は1000万ドルだった。同社は、トランプの大統領就任式、グラミー賞やアメリカン・ミュージック・アワードのレッドカーペットなど、数百のライブイベントをストリーミング配信していたが、NFLなしのラインナップでは魅力も半減である。

　とはいえ、「今、世界で起きていること」というスローガンを打ち出し、この方向へ舵を切っていくツイッターの決断には先見の明があった。トランプが大統領となって以来、ニュース速報マシンとしてのツイッターの役割は確固たるものになった。なにしろ、現職の米国大統領が自身のツイッターアカウントを使って、敵対的な国を核戦争で脅すさまを目撃することを上回る「ハプニング」など、そうそうあったものではない。

　ツイッターの成長に貢献したのはトランプだけではないが、トランプが、ツイッターをこれまでになく重要かつ目の離せない存在にしたと言える。トランプがツイッターのサービスを通してニュースのネタを提供した頻度を考えれば、ツイッターにアカウントを持たない人々でさえも、テレビやラジオで毎週のようにツイッターの名前を耳にしていたはずだ。

　この「世界で起きていること」との関連性は、ツイッターに果実をもたらした。2015年にドーシーが復帰した当初、デイリーアクティブユーザー数は、ほとんど動かなかった。タイムラインの表示アルゴリズムの変更、NFLとの契約、そして大統領選挙が本格化した2016年、ツイッターのデイリーアクティブユーザー数は11％増え、トランプが大統領に就任した2017年にはさらに12％増加した。ツイッターとドーシーは、トランプの「アシスト」のおかげで、ビジネスの世界では不可能に近いと思われていたことをやってのけた。人気が頭打ちになった主要コンシューマープロダクトを再び蘇らせたのだ。前年の人員削減やその他の合理化の成果もあり、2017年の最後の3カ月、ツイッターは創業以来初の黒字化を果たした。

　2018年1月2日、フロリダ州パームビーチのマール・ア・ラーゴ・リゾートで新年を迎えたトランプは、仕事始め初日からツイッターに頭痛の種を蒔き始めた。「北朝鮮の指導者、金正恩がたった今、『自分の机の上には常に核ミサイルの発射ボタンがある』と発言した」とつぶやいたかと思うと、「疲弊して食料に飢えた政権の誰かが金正恩に伝えてくれないだろうか。私も核のボタンを持っているが、彼のものよりもはるかに大きくて強力であること、そして私のボタンは実際に機能することを！」とツイートしたのだ。[20]またもやトランプが、核戦争をほのめかして北朝鮮を愚弄したのである。

その数日後、ツイッターは「ツイッター上の世界的リーダー」と題するブログ記事を発表した。そのブログには、ポリシーの変更や製品のアップデートなどは含まれておらず、執筆者の名前も記載されていなかったが、珍しくドーシーが編集に深く関与していた。ツイッターにこの頃ほぼ毎日のように寄せられていた質問の鎮静化を意図していた。

「政治家や世界的リーダーのツイッター投稿については多くの議論がありますが、ここで私たちのスタンスを共有したいと思います」と書かれている。「世界的リーダーをツイッターからブロックしたり、物議を醸すツイートを削除したりすることは、人々が読み、議論できるはずの重要な情報を隠すことになりかねません。そのようなリーダーを黙らせることにもつながりません。しかし、彼らの言動を巡る、欠いてはならない議論を確実に妨げることになるでしょう」[21]

このブログ投稿を超訳したら、次のようなものになるだろうか。「私たちは、トランプのツイートを削除するつもりはありません。そのような問い合わせは止めてください」

第5章　リトリートプログラム「#OneTeam」

吸って、吐いて。吸って、吐いて。吸って、吐いて。

ジャック・ドーシーは、サンフランシスコでも最大規模のコンベンションホール、モスコーニ・センターのステージの床に蓮華座になり、背筋を伸ばして静かに瞑想していた。[1] 頭上の青色の照明は少し落とされ、背後の巨大な薄紫色のビデオスクリーンの真ん中には、ツイッターの白い鳥が微動だにせず浮かんでいた。もしドーシーが目を開けていたら、3500人に上るツイッターの全従業員のほとんどが、物音一つさせず呆然自失の体で、ステージ上の自分と向き合っているのが目に入ったことだろう。従業員たちが座るコンベンションセンターのフロアからは、ドーシーの細身の仏像のようなシルエットしか見えなかったが。

2018年7月31日、ツイッターの全従業員を対象とした初めてのリトリートプログラム「ワンチーム（#OneTeam）」の初日であった。リーダーシップ・チームによる終日のプレゼンテーションに先立ち、ドーシーの呼びかけで10分間、揃って瞑想をすることになったのだ。グローバルオフィスの従業員を含むほぼ全員が、この3日間のイベントのためにサンフランシスコへ集結した。初日の午前中は、ドーシーの独特な生活スタイルへのオマージュのような様相を呈していた。

最初にステージに上り、参加者に向かって歓迎の挨拶をしたのはドーシーの母マーシャだ。セントルイスの自宅から、毎朝決まって「グッド・モーニング」とツイートする習慣にちなんだものだ。瞑想に加えて、ドーシーは1日を次の3つでスタートするのだと話した。「塩ジュース」「日光浴」「運動」である。[2]この日の朝、ツイッターの従業員もドーシーにならって1日をスタートすることになった。めいめいの椅子の下には茶色の紙袋が置かれ、ウォーターボトル、ヒマラヤ産のピンク色の岩塩、レモンジュースが入っていた。材料をすべてミックスすると、ドーシーの「目覚めのカクテル」が完成する。

　ドーシーが足元のボタンを踏むと、ステージから太陽の光を再現した炎が上がった。ツイッターの上級幹部数名がステージに上がり、フラッシュモブ風のダンスを披露した。午前中のプログラムには、ドーシーのお気に入りのラッパー、ジェイ・ロックの短いコンサートも盛りこまれていたが、午前10時までにはパフォーマンスを終えている。[3]

　ツイッターでは、セールス部門がもう何年も前から毎年社外でリトリートイベントを催していたのだが、これが参加者から好評で、他のチームからも同様のイベントを開催したいという要望が上がっていた。幹部たちは、あちこちのチームから寄せられる提案を一つの大規模なイベントにまとめる方が、内容、コストの両面でメリットがあると判断した。こうして、会社にふさわしい将来ビジョンを定め、従業員たちの士気を高めるための本格的な全社リトリートが実施されることになったのだ。ドーシーのＣＥＯ復帰以来、2度の人員整理、広告販売プロセスの失敗、そしてトランプ大統領就任から続く激動の18カ月と、ここまで多事多難の日々だった。誰もが、エネルギーの注入を必要としているように見えた。

　リトリートのメインプログラムは、ドーシーの90分の基調講演から始まった。主なテーマはビジョンの設定である。ツイッターのミッションは「公共の場での会話に貢献すること」、つまり人々が周囲で起こっていることについて、コミュニケーションできるよう支援することだと語った。その意味するところは、ツイッターを「健全」に保ち、人々の信頼を得ること、それと同時に「利益と目的（#purpose）を融合し」「迅速（#fast）、自由（#free）、楽しく（#fun）！　あること」だと語った。

プレゼンテーションの構成こそ大げさだったが、アイデアはシンプルだ。ツイッターは、世界で起きていることについて人々が語り合うために訪れる場なのである。ドーシーが示したスライドの一つには、ツイッターはいずれ、1日に10億人以上に「サービスを提供」するようになるという彼の確信が含まれていた（ちなみに、この時期のツイッターのデイリーアクティブユーザー数は1億2200万人だった）。続く数日は、グループに分かれ、各部門のリーダーたちが最新情報を共有したり、それぞれのチームの戦略を説明したりした。

リトリートイベントのコーディネートとアジェンダの作成を率いたのは、レスリー・バーランドだ。人事統括責任者兼最高マーケティング責任者（CMO）として、彼女は、組織カルチャーの醸成と社外からの評判を意味するレピュテーション・マネジメントも担当していた。

その数年前にアメリカン・エキスプレスからツイッターへ移ってきた人物で、ツイッターでの仕事をどれほど愛しているか、公言してはばからなかった。バーランドはツイッターの上層部の誰よりも、ドーシーをその殻から引き出すコツを心得ていた。そして、それこそが「#OneTeam」プログラムの主旨となった。バーランドは、会社が成長する中、ドーシーが親しみやすく、話しかけやすい存在であるほど、従業員がツイッターでの仕事に喜びを見出す可能性が高まると考えたのだ。

ドーシーが人を寄せつけないタイプだったわけではない。実際はその逆だった。管理職以外の従業員から随時送られてくるメールにも定期的に返信していたし、本社のカフェテリアや9階のテラスで仕事をすることも多く、従業員がドーシーに話しかけたり、質問をしたりする場面も多々あった。そうは言っても、いまだに内向的だし、億万長者でセレブCEOであり、脚光を浴びるのを好むタイプでもなかった。ドーシーが出席するミーティングに参加した従業員たちは、彼の発言の少なさに驚いた。発言したらしたで、その深く抑揚のない声のせいで、無気力あるいは無関心な印象を与えてしまうのである。総じてドーシーは、直接会って話すよりも、文章でのコミュニケーションを得意としたが、「#One Team」のステージ上では驚くほど自信に満ち、くつろいだ様子だった。このイベントは、従業員たちにとってドーシーの新しい一面を知る機会であり、ドーシーにとっては従業員の心をつかむチャンスだったのだ。

ドーシーの「人間らしい」側面を見せる計画は、おおむね成功した。ドーシーとその直属の部下たち（スタッフと呼ばれた）はたちまち、3日間のショーの主役となった。朝の日課はどう考えても奇妙だが、ドーシーの人となりを知った従業員たちは、彼に親しみを覚えた。ドーシーの両親、マーシャとティムも、物静かで芸術家肌の息子の幼少時代のストーリーを語り、カンファレンスが終わった後もツイッター従業員の求めに応じてセルフィー写真に収まったり、ツイートを交換したりと、一躍人気者になった。

瞑想セッションでは、10分もの静寂の時間を与えられ、一体何をどうすればいいのかわからず居心地の悪い思いをした従業員も少なくなかった。塩ジュースにいたっては、ほとんどの従業員にとって一生無縁のカルトを思い起こさせるものだった。それでも、この3日間でツイッターに在籍している間に目にしたよりも長い時間ドーシーを間近に見ることができた。ドーシーもまた、ホールで人々と談笑したり、写真撮影に応じたりして3日間を過ごした。ちなみに、ブログラムの終盤、ケータリングスタッフがトレイに載せて会場内の従業員に配って回ったのも、グラスに注がれた塩ジュースであった。

最終日の夜には、イベントを締めくくる大規模なパーティが開催された。広告プロダクトの責任者を務めるブルース・ファルクが壇上に上がり、全従業員の前でブレイクダンスを披露した。ドーシーの直属の部下である幹部数名は揃いの衣装に身をくるみ、練習を積んできたダンスでリップ・シンク・バトル［訳注：口パクでの歌とダンスのパフォーマンスを競い合う音楽番組から］を繰り広げた。ネッド・シーガルCFOはネオンカラーに輝くグロースティックを首に巻きつけ、鮮やかなオレンジ色のサスペンダーを着用していた。米国内の広告営業の責任者であるジャン＝フィリップ・マヒューは巨大な金色のチェーンを身につけ、帽子を後ろかぶりにしていた。バーランドは、一段高いところに設置されたＤＪブースから、踊る従業員たちの姿を眺めた。

それぞれが家路につき、空港へ向かう翌朝の様子は、まるでサマーキャンプの終わりのようだった。従業員たちはツイッター上で内輪向けのジョークを交わし、いかに自分の仕事を愛しているかをツイートした。そのツイートの多くには、ハッシュタグ「職場が大好き（#lovewhereyouwork）」がつけられていた。ツイッターの従業員離職率は業界平均より高いのが常態化していたが、イベントから数カ月、人事部は退職者がほとんど出ていないことに気づいた。

２００８年にツイッターに入社し、信頼と安全チームの責任者を務めていたデル・ハーヴェイが、大げさなほどの称賛の言葉をツイートしている。「私のツイッター（@Twitter）在籍期間を通して、#OneTeamの後ほどエネルギッシュかつ情熱的に仕事に取り組み、協力的で前向きな従業員の姿を見たことがないように思う」[4]。週明けの月曜日、皆が出勤するまでに、世界中のツイッターオフィスのキッチンやカフェテリアのドリンクバーでは塩ジュースが提供されるようになっていた。

ツイッターの親愛なる特別ゲスト

だが、この週には大きな落胆もあった。従業員たちの間に、ドーシーがイベントのために特別なゲストスピーカーの出演を依頼したという噂が出回っていた。トランプと並ぶ超有名人で、熱心なツイッターユーザーでもあるという話だった。イベントの最終日、ダンスパーティとリップ・シンク・バトルが始まる前、ドーシーは皆にバッドニュースを伝えることになった。スケジュール調整がうまくいかなかったのだ。

「私たちのサービス、現在取り組んでいること、そして改善できる点について話してもらうために外部のスピーカーをここに招くはずだったという噂を、皆さんも耳にしていると思います。残念ながら、彼は極めて、極めて多忙のため、来られなくなりました」[5]。ドーシーはステージ上を行ったり来たりしながら言った。

イーロン・マスクが忙しいのは事実だった。その年の初め、テスラのCEOは最新の電気自動車、モデル3の増産のために、工場の床上で睡眠を取っていたぐらいだ。シャワーを浴びたり、服を着替えたりする時間さえ惜しいほどの激務が続いた。7月上旬までに事態は好転を見せていたが、今なお「地獄に片足を突っこんでいる」ような状況であり、ストレスで精神的にも参っていた。「超ハードだった。永久に治らない精神的な瘢痕《はんこん》組織が残ったような気がする」と当時のマスクが話している。

従業員たちの落胆を和らげようと、ドーシーは、マスクにイベントへの出席とスピーチを依頼した際にやり取りしたダイレクトメッセージを読み上げた。マスクは、講演イベントは好まないが、ツイッターからの依頼ならば例外だと返答している。「ツイッターが大好きだし、ツイッターは社会をより良い方向へ導く力だと考えている」。ドーシーがこの受け答えを声に出して読むと、聴衆は歓声を上げた。ドーシー自身も嬉しく思っている様子がありありとうかがえた。「とても素晴らしいことだ」とコメントし、ドーシーは、マスクがまた別の機会にツイッターへやってくることを約束した。[6] ツイッターの従業員たちが、マスクからの激励メッセージを聞けるのはもう少し先のことになる。

第Ⅱ部

羽ばたけ

第6章　軽はずみなアフリカ移住計画

２０１８年6月、爽やかな初夏の晩、ドーシーはジョージタウンにあるカフェ・ミラノの個室パーティルームにさっと入った。ホワイトハウスからそう遠くない距離にある、この街の有力者たちが集まることで知られたイタリアンレストランで、この日も非公開の夕食会が開催されていた。

ツイッター主催のイベントにしては珍しい顔ぶれのゲストばかりだったが、それこそが狙いである。パーティルームは、共和党内でも特に右派に属する政治家や関係者でいっぱいだった。出席者の中には、ドナルド・トランプ大統領のコミュニケーション・アドバイザーを務めるメルセデス・シュラップがいた。ＦＯＸニュースの政治コメンテーターで、ラジオ番組の司会者でもあるガイ・ベンソンもいた。増税反対運動でキャリアを築いてきた保守派の政治活動家、グローバー・ノーキストも招待されており、長年ＦＯＸニュースの司会者を務めてきたグレタ・ヴァン・サステレンもその場にいた[1]。

親密な雰囲気の中でドーシーの考えを説明する機会をつくろうと、ツイッターが企画した夕食会であった。それまで数カ月にわたり、ドーシーはツイッターの「健全性」を高める必要性について率直に語ってきた。「健全性」。ツイッターはこの言葉を、ヘイトスピーチから人種差別、スパムまで、コンテンツのありとあらゆる問題を覆い隠す、便利な総称のように使っていた。昨秋のローズ・マッゴーワンの問題をきっかけとした社内ミーティング以来、「健全性」は同社の最優先事項となり、数年前の「ライブ」と同じように四半期ごとの業績説明の場でも言及されることが増えていた。

遡ること3月、ドーシーはツイッターで交わされる会話の健全性の測定を開始する計画について発表した。果たしてドーシーのアイデアが実行可能であるかどうか、それを見極めるためにツイッターはこの頃ちょうど、研究提案の精査を行っているところだった。[2] 何かを改善するためには、まず測定しなければならない、とドーシーは考えていた。その考えに基づいて、ツイッター上のユーザー間のやり取りが有益なものなのか、それとも悪質なものかを判断するための指標を新たに開発しようとしていたのだ。

同社はまた、アルゴリズムを使って「おおやけの場での人々の対話をゆがめたり損なったりする、荒らしと思われる行為」が含まれていると判断された場合、該当するツイートを「続きを読む」のラベルの裏に隠す計画についても発表していた。[3] ツイッターは、醜悪あるいは分断を生じさせると思われるツイートを取り締まるつもりであることを、ぼやかしながらもはっきりと宣言していたのだ。

ツイッターが取り組みの焦点を動かしたことで、政治的保守が脅威を感じているのではないかとドーシーは危惧していた。CEOの仕事ではあるが、なんとも厄介な立場に追いこまれていた。悪質なツイートを除去することはすなわち、言論の自由が犠牲になることを意味する。保守派がそのようなトレードオフを喜ぶはずがなかった。共和党の政治家や保守系メディアの間では、ソーシャルメディア企業というのは、その中でも特にツイッターは、リベラルに偏っているとの確信が急速に広まりつつあった。その攻撃の先頭に立っていたのが、トランプ大統領である。トランプの周辺では、ほとんどの人がまだ「嘘つきヒラリー（#CrookedHillary）」広告キャンペーンのすったもんだを根に持っていた。

その翌年にツイッターは、マーシャ・ブラックバーン共和党上院議員候補が投稿した中絶反対の動画広告を「中絶胎児の臓器の売買」への言及を理由にブロックした。[4]２０１７年末には、ＣＮＮの複数のキャスターに対する一連の暴言ツイートの投稿を根拠に、トランプの盟友の１人であるロジャー・ストーンのアカウントを凍結した。これに対してストーンは、提訴も辞さない構えであった。[5]

ツイッター社内にリベラルで左寄りの従業員が多いことは、もはや議論の対象にもならなかった。実際そうであり、周知の事実だったからこそ、一部の保守政治家にペナルティを科す同社の決定が、ことさら論争になったのである。

カフェ・ミラノでのドーシーのメッセージはシンプルなものだった。「健全性に焦点を当てるツイッターの取り組みは、ユーザーに安心感を与えるためであり、右翼の政治イデオロギーを沈黙させることが目的ではありません」。ツイッターのポリシー変更は、保守層ユーザーを標的にするものではないことを重ねて約束し、ツイッターの運営のあり方にそれぞれ一家言あるゲストからの不満やフィードバックに、夕食会が終わるまで耳を傾けた。例えばベンソンは、この日の取り組みを高く評価し、その晩のうちにドーシーに宛てて次のようにツイートしている。「ジャック（@jack）、今晩のワシントンでの保守派グループとの会合にお礼を言いたい。今日じっくり話したように、信頼関係の構築、そして再構築には多くの努力が求められる。だがそれは実際、対話から始まるんだ[6]」

会合の途中、シュラップが電話のために席を外した場面があった。スマートフォンを手に戻ると、同席していたツイッターのコンサルタントの１人に、大統領が電話の向こうで待っていると耳打ちした。トランプがドーシーと話したがっているという。ツイッターＣＥＯはその電話を受け取り、部屋の外へ出た。そして挨拶を述べ、長話をすることなく数分後には戻ってきた。そのことに気づいたゲストは、１人もいなかったようである。

　ドーシーはその夏、普段の彼からは考えられないほど積極的に発言する機会を持った。カフェ・ミラノでの夕食会は、ツイッターＣＥＯによる政治家への働きかけの一部に過ぎなかった。例えば同社は、保守系の政治戦略コンサルタント、ロン・クリスティを起用して、キーパーソンの紹介や仲介を依頼している。ドーシーはその前の月にも、ニューヨークで保守派の政治関係者を招いて、同様の夕食会を開催していた。さらに、マンハッタンのミッドタウンにあるニューズコーポレーション本社ビルでＦＯＸニュースの有名司会者であり、ラジオパーソナリティも務めるショーン・ハニティとも内々に面会した。極右の活動家アリ・アレクサンダーともダイレクトメッセージを交わしている（アレクサンダーは数年後、２０２０年の大統領選挙でのトランプ敗北を認めず、２０２１年１月６日に議会襲撃事件を起こした「選挙を盗むのを止めろ（Stop the Steal）」運動を組織することになる）[7]。

　一部のケースでは、ツイッター批判者の説得にも成功している。６月、高校生や大学生を相手に保守思想の普及活動を行っている団体「ターニングポイントＵＳＡ（Turning Point USA）」のチャーリー・カークとキャンディス・オーウェンズが、ツイッター本社を訪れた。対応したのは、ドーシーと最高マーケティング責任者のレスリー・バーランドだ。

　オーウェンズは、家族計画連盟（Planned Parenthood）や米国の福祉制度に対する批判活動で名前を知られており、カニエ・ウェストがウェブメディア「ＴＭＺ」の番組で、米国の奴隷制度について「選択」だったとコメントした際にも同席していた。[8] オーウェンズとカークはともに熱心なトランプ支持者であり、その数週間前には大統領執務室でトランプとも面会していた。[9] ツイッターでのミーティングは、メインロビーのすぐ脇、エレベーター近くの会議室で行われた。オフィス内を歩き回る姿を目撃されたくないゲストを迎えるときに使われる部屋である。

　このときの対話は、ドーシーにとって、ツイッターを擁護し、ツイッターの考えを主張するだけのものではなかった。過去の発言から、どちらかというとリベラルで進歩的な考えの持ち主であると捉えられているドーシーだが、個人的に右翼政治にも強く引きつけられていた。異なる政治的見解が併存する家庭で育ったためだろうか。父親は共和党を、母親は民主党を支持していた。自身の位置づけについてドーシーは、「その中間のどこか」だと言っている。[10] 後年ドーシーは、お互いに必ずしも意見が一致しない両親と囲む食卓での会話には価値があった、と述べている。

　別の力が作用しているに違いないと疑う向きもあった。ドーシーはセレブ、特にミュージシャンに夢中になることがあり、プライベートの影響が仕事に波及することがよくあったのだ。一度などは、ラッパーのジェイ・Zをツイッターの取締役に就けようとしている。ツイッターの会長、オミッド・コーデスタニをロサンゼルスへ送りこみ、ウェストハリウッドの会員制クラブ「サン・ヴィセンテ・バンガローズ」でジェイ・Zとの会食をセットした。ゲストはすべからくスマートフォンのカメラをステッカーで覆うよう求められると聞けば、クラブの利用顧客層が想像できるだろうか。[11]

　コーデスタニは、ジェイ・Zがツイッターの取締役に適任であるとは思えず、提案は見送りとなったが、ドーシーは簡単に諦めず、次善の策を見つけ出した。その数年後、決済会社スクエアを通して、経営難に陥っていたジェイ・Zの音楽ストリーミングサービス、タイダル（TIDAL）を2億9700万ドルで買収した。[12] 多くの人が、この取引の意味が理解できず首をひねる中、ドーシーはジェイ・Zに、スクエアの取締役のポジションを贈ったのである。

時間を巻き戻そう。2018年の時点で、ドーシーに大きな影響を与えた人物のひとりがカニエ・ウェストだった。ツイッターCEOは、カニエ・ウェストをアーティストとして称賛するとともに、個人的にもつながりを持っていた。4月にウェストが1年間の中断を経てツイッターに復帰したとき、ドーシーは「おかえり」とツイートし、その直後にロサンゼルスで開かれたウェストの誕生日パーティにも出席した。[13] ドーシーが保守派関係者への働きかけを強化していた時期、ウェストはオーウェンズとトランプ大統領、両方の忠実な支持者であり、大統領の「アメリカを再び偉大に」のスローガンが入った赤いキャップをかぶって写真を撮っている。

ツイッター社内では、ウェストに対する憧憬が、少なくとも部分的にはドーシーの保守政治への関心を後押ししているのではないかと憶測する声も聞かれた。ドーシーは同年夏に開催された全従業員を対象としたリトリートイベント「#OneTeam」にウェストをスピーカーとして招こうと水面下で奔走していた。そしてウェストのニューアルバム『Ye』が発表されると、リンクをツイートし、「ワオ」とたった一言感嘆の声を添えている。[14]

保守層への働きかけについて、ドーシーはおおやけに簡潔な説明をしている。「私はこれまで個人的に、政治的により保守あるいは極右に位置する人々と対話をすることがあまりありませんでした。ですから、第1の目標は、私たちはここにいると伝え、存在感を示し、私が個人的に話をしてこなかった人々、組織全体としても自然には傾きにくい側の人々に会うことでした」[15]

ドーシーの努力は、確かに絶妙なタイミングだった。ジョージタウンでの夕食会から数週間が経った頃、前年秋のシャーロッツビルでの極右集会「ユナイト・ザ・ライト（Unite the Right）」の主催者の1人であるジェイソン・ケスラーを含む一部の白人ナショナリストのアカウントが、ツイッターの検索結果に表示されなくなったと報じられた[16]。そのこと自体は、さしたる問題には思えなかった。表示されなくなった人々の多くがトランプ支持者であったという事実を除けば。政治的な動きに見えた。

その数日後、今度はウェブメディア、ヴァイス・ニュース（Vice News）が、ツイッターが共和党の政治家のシャドウバン〔訳注：望ましくないユーザーのアカウントや投稿を検索結果に表示されにくくする措置〕を行っているとの記事を掲載し、共和党の政治家の名前を検索しても、推奨結果にアカウントが表示されなくなっていると指摘した[17]。ツイッターはこれについてバグが原因だと説明し、すでに修正済みであると速やかに発表したが、トランプの方が一足早かった。記事を目にしたトランプは、このとき5300万人にまで膨れていたフォロワーにツイートを送った。「ツイッターが名だたる共和党議員を『シャドウバンニング』している。よくない。今すぐ、この差別的な違法行為の調査を開始する！　不満が続出だ[18]」

「シャドウバン」という用語は、当時まだあまり普及しておらず、理解もされていなかったが、瞬く間に、保守層のスローガンのようになっていった。特定のユーザーの投稿を、そのサービスを利用する他のユーザーのタイムライン上に表示されないようこっそり隠すというもので、おおやけには認めていないが、ソーシャルネットワークが密かに行っている戦略だと説明されている。ユーザーは投稿を続けることができるが、他のユーザーがそれを目にすることはない、ということになる。トランプのツイートのおかげで、この用語は見る見るうちにソーシャルネットワークを巡る主要論点へと昇格していった。ニューヨーク・タイムズの紙面にも、「シャドウバンとは何か？　ツイッターは共和党議員のアカウントにシャドウバンを行っているのか？」という見出しが躍った[19]。ツイッターは、トランプのツイートと同じ日にブログ記事を公開し、うねりを増す苦情の津波に真っ向から立ち向かおうとした。記事のタイトルは、「シャドウバンに関する事実の究明」である。

「我々は、シャドウバンを行っていませんし、政治的見解やイデオロギーに基づいてシャドウバンを行うことも絶対にありません」と同社は明言した[20]。

共和党議員たちはツイッターの否定を受け入れなかった。トランプが自ら指揮棒を振り、非難の大合唱をリードした。ツイッターは数週間後、極右ポッドキャスターでラジオパーソナリティのアレックス・ジョーンズのアカウントを凍結した。ジョーンズは、20人の児童が死亡した2012年のサンディフック小学校銃乱射事件を「でっち上げ」だとする陰謀論を繰り返し主張する人物として知られている。彼は動画を通してリスナーに、メディアと戦うための「戦闘ライフル」を用意するよう促し、これがツイッターの暴力扇動に関するポリシーに抵触したのである[21]。

ジョーンズはフェイスブックとユーチューブからもアカウントの凍結処分を受けた。トランプはこの決定に異論があったようで、数日後に次のようにツイートしている。「ソーシャルメディアは、共和党／保守派の意見を完全に差別している。トランプ政権を代表して、声を大にして、はっきりと言わせてもらう。そのようなことは許さない。彼らは、右派の多くの人々の意見に蓋をしようとしている[22]」。ツイッターの動きが妥当であるかどうかは議論にならなかった。保守派は、自分たちがツイッターから攻撃を仕掛けられていると感じていた。彼らはそれに対する答えを、ドーシー本人の口から聞きたがった。

ドーシー、連邦議会で証言する

２０１８年９月５日、ジャック・ドーシーが議会証言に立ったとき、ジョー・バートン下院議員はこの経営者をどのように評価すればいいか判断に迷った。バートンの肩を持つわけではないが、上場企業２社のＣＥＯと聞いて人々が抱くイメージから、ドーシーはかけ離れていた。襟の高いシャツにノーネクタイで、鼻ピアス、白髪が少し交じった長いもじゃもじゃのあご髭という恰好で、連邦議会に姿を現したのだ。遊び心に欠けたワシントンＤＣの基準に照らせば、法律上許される範囲で最大限に大胆かつ不遜な装いであった。

それのみならずドーシーは、下院エネルギー・商業委員会での冒頭の証言をiPhoneの画面に表示させて、それを読み上げ、あまつさえ証言の文章をその場でツイートしたのである。[23]ツイッターがドーシーの公聴会出席の準備のために大枚を叩いて雇ったコンサルタントは、卒倒直前であった。スマートフォンは携帯せず、鼻ピアスは外し、ネクタイを着用するように助言していたのに、ドーシーはそれをすべて無視したのだ。

「ツイッターのＣＥＯがどんな風であるべきかは知らないが、その髭ではツイッターのＣＥＯとしてあるべき姿にはとても見えませんな」と、バートンはテキサスなまりのゆっくりした口調で言った。「私の母も、その意見に賛成すると思います」。ドーシーが笑顔で答えると、バートン他、数名の議員から笑いが起こった。

残りの質疑で笑いが起こる場面はほとんどなかった。共和党のバートンは数分かけてツイッターはなぜ、そしてどのような方法で保守派ユーザーの投稿を検閲しているのか質問を重ねた。

ドーシーは冒頭の陳述ですでに、ツイッターの社内データに基づけば、民主党議員によるツイートと、共和党議員によるツイートの閲覧数に「統計的に有意な差は存在しない」と主張していた。ユーザーのタイムラインを決定するのに使用しているツイッターのランキング・アルゴリズムには、政治的見解や思想に関する要素は含まれていないと説明しても、バートンはそれを信じようとしなかった。「おいそれとは納得し難いですね。ツイッターが共和党を中心とした保守派を差別しているという共通認識がなければ、そもそもこのような議論は必要ないでしょう」と返した。

ドーシーにとって、長く過酷な時間だった。なにしろ、午前中に米上院情報委員会で2016年の大統領選挙におけるツイッターの役割と投稿監視の慣行について証言した後、午後から下院エネルギーおよび商業対策委員会の公聴会に臨んだのだ。「シャドウバン」問題が、ついに共和党を動かしたのである。その日の午後の大半を費やして、連邦議会議員たちの前でツイッターのポリシーとアルゴリズムの正当性を説いた。サウスカロライナ州選出のジェフ・ダンカン下院議員は、スタッフのひとりがツイッターアカウントの登録を試みた際に、フォローするユーザーを推奨する画面にリベラル派の政治家しか表示されなかったと不満を述べ、次のように言い足した。「ドナルド・トランプは、サービス開始以来、まさにもっとも成功したツイッターユーザーです。伝統的なニュースメディアを出し抜くために前例のない方法でツイッターを活用しています。あなたのような立場の人間ならば、彼の影響力を削ぐのではなく、むしろ、そのことを喜び、彼を称えてしかるべきではないかと思うのですが」

途中、傍聴席に座っていた陰謀論者で極右活動家のローラ・ルーマーが立ち上がったかと思うと、ドーシーを嘘つき呼ばわりし、公聴会が中断される事態となった。「大統領、手遅れになる前に私たちを助けてください！」と叫んだ後、警備員に付き添われ退場させられている。その日の早い時間帯に、アレックス・ジョーンズも姿を見せ、「自分を追放しようとするヤツら」に立ち向かうために、公聴会が開催される議場前のホールを歩いたとレポーターたちに語った。

長い1日であった。午前中は上院での公聴会、午後は下院での公聴会と、2つの異なる議会公聴会のためにサンフランシスコからワシントンDCへ飛んだのである。午前中のセッションでは、フェイスブックのシェリル・サンドバーグも召喚されており、ドーシーの隣の席で、選挙でのフェイスブックの役割に関する質問に答えている。多くの質問の矢がサンドバーグの方へ飛んだため、ドーシーにとっては好都合だった。

しかし、4時間近くにおよんだ午後の公聴会では1人で証言に立たねばならず、自分の回答が何らかのインパクトを与えることができたかどうかを判断するのは難しかった。ツイッターがユーザーのフィードに表示される内容を決定するために使用しているソフトウェアのアルゴリズムは公開されておらず、仮に公開されていたとしても、議会にそれを理解できる者はいなかっただろう。ドーシーの証言と説明だけが頼りだったが、それが十分ではないことが、公聴会が終わる頃までに明らかになっていた。ツイッターの運営は、輪をかけて複雑に、ますます骨の折れる仕事となりつつあった。

それでも、すべてが終わったとき、ツイッターの関係者たちは、厳しい試練ではあったが、うまくいったと手応えを感じていた。ドーシーは終始、冷静かつ礼儀正しく対応したし、それと同じぐらい重要なことに、きまりの悪い思いをさせられることもなければ、ネット上で簡単に拡散されてしまうような無様なやり取りに巻きこまれることもなかった。

ワシントンDCのツイッターオフィスでは、このマラソンのような1日に向けてドーシーとともに準備を重ねてきた十数人の従業員とアドバイザーが集まり、ドリンクを片手に、公聴会の内容についてあれこれ議論していた。ドーシーが姿を見せると、初の議会公聴会を乗り切ったことを皆で喜び、祝杯を上げた。ドーシーは、この日のための準備に力を尽くしてくれたチームに感謝の言葉を伝え、会議室を回って、一人ひとりとハグを交わし、サンフランシスコへ戻るために空港へ向かった。

プロダクト部門の若きリーダー

２０１８年の大半を費やして、いつもよりも多く言葉を発してきたドーシーだが、消耗したエネルギーを取り戻す必要があったのか、11月は静かな日々を過ごしている。ツイッターのＣＥＯは、東南アジアのミャンマーへ旅し、マンダレーの東に位置する丘の上の小さな町、ピン・ウー・ルウィンに滞在した。最寄りの国際空港から2時間あまり、ツイッター本社から見て地球のちょうど裏側の町だ。

ドーシーがミャンマーに到着したとき、同国はまだ、後に国際的にジェノサイド（民族大量虐殺）と認定されることになる少数民族迫害のショックの余波の中にあった。主にイスラム教徒からなる少数民族ロヒンギャは、ミャンマー軍を含む同国で大多数を占める仏教徒との長年にわたる対立を通して、多数が殺害され、生き残った人々も避難民となっていた[24]。軍による数々のプロパガンダがフェイスブック上で共有され、拡散されており、ここでもまた、政治そして文化におけるソーシャルネットワークの役割を疑問視する声が上がっていた。

しかし、ドーシーがミャンマーを訪れたのは別の理由からだった。42歳の誕生日を想像し得る限り「快適」からもっとも遠い方法で祝おうと、遠路はるばるミャンマーまで飛んだのだ。10日間の瞑想リトリートに参加するためだった。ヴィパッサナーと呼ばれる古代からの瞑想法を教える、郊外の道場に到着した。その目的は、ドーシーの言葉を借りれば「心のもっとも深い層をハックし、それをプログラムし直す」ことで、自分自身の痛みや喜びの感情をより意識的に認識できるようになることだった。「瞑想は通常、心を落ち着かせ、リラックスさせ、世の中のあらゆるノイズをデトックスするものだと考えられています。ヴィパッサナーは違います。肉体的にも精神的にも、非常に苦しく厳しい瞑想法なのです」と後にツイートしている。[25]

質素なベッドの上で眠り、1日に10時間瞑想する日々が1週間以上続いた。読書はおろか、文章を書いたり、音楽を聴いたりすることも禁止されており、もちろんツイッターへのアクセスなど論外である。参加者たちが互いに目を合わせることさえ控えるように言われていた。[26]ある夜、一行は洞窟で瞑想を行った。黒いニット帽に、黒いスウェットシャツ、黒いショートパンツ、あご髭をたくわえ、まるで人質のような出で立ちのドーシーは、ありがたいことに照明のヒューズが切れて暗闇に包まれるまでに、117カ所も蚊に刺されたという。[27]

ドーシーがツイッターの正式なCEOとして復帰を果たしてから3年以上が経過していた。2つの会社の経営にともなうストレスに対処するために、ライフスタイルも著しく変化させた。毎朝の瞑想セッションの時間を長くするだけでなく、夜の瞑想も始め、何もなければ1日合計2時間を瞑想に充てるようになった。食習慣の改善にも着手し、ファスティングを試し、ときには週末の間、一切食事を取らないこともあった。体温を急激に変化させるために、冷水シャワーを浴び、氷風呂に浸かり、樽型サウナに入った。意図的に「不快さ」を追求するドーシーのストイックなライフスタイルは、他のテックマニアからフォローされるようにさえなっていた。ニューヨーク・タイムズ紙はドーシーを、「シリコンバレーのグウィネス・パルトロウ」と呼んだ。[28]

しかし、パルトロウと違って、ドーシーは何かを売ろうとしたわけではない。彼は単に自分をモルモットにして、不快な状況に自らを追いやるという精神的な挑戦を楽しんでいたのだ。フィットネス業界の教祖のような存在で、『無限（Boundless）』や『フィット・ソウル（Fit Soul）』（いずれも未邦訳）などの著作を持つベン・グリーンフィールドとポッドキャストに出演した際、ドーシーは肉体的な苦しみが人生全般の自信につながったと話している。「そうですね、快適な室温の部屋から冷水へ飛びこめるようになることほど、精神的な自信を与えてくれたものはありません[29]」

ドーシーが自らの体でさまざまな実験を試している間、皆がツイートを投稿するために使っていたツイッターのサービスは停滞状態に陥っていた。ツイッターは2019年の春も順調に成長していた。しかし、トランプ大統領が定期的に繰り出す衝撃的なツイートのおかげで、同社がほとんど新機能を出せていないという事実がおしなべて覆い隠されていたのだ。ドーシーがCEOに復帰したばかりの頃のツイッターは、ツイートのランク付けのためのアルゴリズムの導入やNFLのためのライブ動画機能の構築など、いくつかの大きな変更を打ち出していた。

それ以来、ツイッターは主に新しいコンテンツ・ポリシーの策定と、ツイッターアプリの漸進的な改善に注力していた。ライブ配信ビジネスの実現へとツイッターを駆り立てたアンソニー・ノトCFOは、金融サービスを提供するフィンテック企業ソーファイ（SoFi）の最高経営責任者（CEO）就任が決まり、2018年の初めにツイッターを退社した。「人間ブルドーザー」のノトが不在となってからというもの、ツイッターのライブ配信事業の勢いはあれよあれよという間に失われていった。より関連性の高いツイートを表示するようにアルゴリズムを変更し、人種差別に関する報告をしやすくするなど、ツイッターのサービスは継続的に改善されていたが、どの変更もプロダクト開発の世界では些末と言っていいものだった。そのため、ツイッターは新しいものをつくり出すのでも、新規ユーザーを獲得しにいくのでもなく、既存ユーザーのつなぎ止めに躍起になっているように感じられることもあった。

ソーシャルメディア業界全体に目を向けると、ツイッターの動きの鈍さがとりわけ目立った。サンフランシスコから南へ向かったロサンゼルスでは、エヴァン・シュピーゲルがスナップチャット（Snapchapt）で、自分の顔が犬のように見える写真のフィルタリングや、「ストーリーズ（Stories）」と呼ばれる24時間後に消える投稿機能など、ティーンエイジャーが投稿をシェアしたくなるような斬新な方法を考え出しては頻繁にリリースしていた。フェイスブックは、インスタグラム、ワッツアップ（WhatsApp）、VRヘッドセットなど、幅広い製品ラインナップを揃え、マーク・ザッカーバーグCEOが数カ月おきに新しいスタンドアロン型のアプリを発表していた。これらのアプリのほとんどが失敗に終わったことは確かだが、重要なのはフェイスブックが絶えず新しい——たとえそれがスナップチャットのアイデアの後追いであっても——挑戦を試みていたことである。中国の巨大テック企業バイトダンス（ByteDance）傘下の動画共有アプリ、ティックトックも短編ループ動画への集中が奏功し、米国で爆発的な人気を集めていた。翻ってツイッター版のティックトック、ヴァインは、その数年前にサービス提供を終了していた。

プロダクト開発の天才と呼ばれたドーシーの評判を考えると、ツイッターのプロダクトの不振は落胆せずにはいられない現実だった。問題の一つは毎年のようにプロダクト責任者が交代し、プロダクト部門のリーダーシップに一貫性がなかったことだ。ひっきりなしに責任者が入れ替わることで優先順位が頻繁に変更され、そのたびに進行中のプロジェクトが棚ざらしになった。

２０１８年の夏、ドーシーがついに腹心の部下のケイボン・ベイクプールをプロダクト部門のトップに任命した。２０１４年以降、６人目のプロダクト・リーダーだ。ツイッターを追っていたテック・ジャーナリストのケイシー・ニュートンは、ツイッターのプロダクト・リーダーの仕事を、ハリー・ポッターシリーズのホグワーツ魔法魔術学校で「闇の魔術に対する防衛術」の科目を教える教授のポジション――その職に就くとなぜか不運な事故やスキャンダルに遭遇し、長く在職できないジンクスがある――になぞらえた。ヴァニティ・フェア（Vanity Fair）誌も、ツイッターのプロダクト部門の運営を「呪われている」と揶揄している。[30]

だがそれ以上に大きな問題は、ドーシーの決断嫌いであった。ツイッターのプロダクト開発のペースを加速するよう指示したり、要求したりすることはほとんどなかった。他の有名テック企業のＣＥＯたちは、より積極的に現場に出て、細かく口を出す。例えばフェイスブックでは、ザッカーバーグが特定の製品に異常なまでにこだわり、当該製品が完成するまで会社を「ロックダウン」させてしまうこともあった。疑似非常事態宣言だ。従業員はオフィスから出られなくなる。アマゾンでは、ジェフ・ベゾスが同社の音声アシスタント、アレクサ（Alexa）のアイデアを思いついただけにとどまらず、何年もかけてプロジェクトを細部にいたるまで管理し、競合の追随を許さないタイムスケジュールで製品を市場に出すよう幹部たちをせっついた。[31]

それに対してドーシーは、意思決定とその遂行のほとんどを直属の部下に任せ、その間、自身は相談役に徹した。自分の主な仕事は問いを立てることだと信じていたのだ。「もし私が決断を下さなければならないとしたら、会社に何か問題がある証拠だと思います。もし私が決断を下さなければならないとしたら、それは従業員やチームに決断を下す権限が十分に与えられていないことを意味します」と２０１９年に話している。[32]

ドーシーは合意形成を重視しており、月曜午前中の直属の部下との定例会議の場で、重要な決定や戦略についてメンバー全員での議論を求めることがたびたびあった。そのおかげで、月曜日の会議は4時間におよぶことが通例となっていた。多くの視点から物事を考えることのできる包括的かつ、対立を回避できる管理手法である半面、プロセスがとにかく長引いた。後になって別の選択をすべきだったのではないかと疑念が生じることも多々あった。

不断の変革と新機能の開発を要求し続ける、強圧的なＣＥＯを持たないツイッターは、大胆さと決断力に欠けていた。社内には、新機能を発表することで、ただでさえ微妙なユーザー数の伸びを阻害してしまうのではないか、ツイッターが何か新しいことをしようとするたびに、冷酷無比な批判を繰り広げるユーザーたちに蜂起のきっかけを与えてしまうのではないかという恐怖心がはびこっていた。

その点、ベイクプールはずっと積極的だった。まだ29歳、若く意欲的で、自説を曲げることなく、ボスよりもはっきりと自分の意見を主張した。２０１８年にドーシーが彼をプロダクト責任者に据えたとき、ベイクプールはすでに数年間ＣＥＯの直属の部下として働いていたが、なお起業家精神に満ち溢れていた。ベイエリアで育ち、スタンフォード大学で学んだ彼は、常に新しい、より大きなアイデアを探していた。ツイッターに、変更や再考が許されない「聖域」など存在しないと、部下たちに説いた。

ベイクプールの下で、ツイッターはより多くの変更をより迅速に試すようになっていく。２０１９年の初めには、ユーザーがもっと写真や動画をツイートするようになるだろうことを期待して、新しいカメラ機能をローンチした。[33]また、プロダクトの発表前にテストとして一部のユーザーに新機能を試してもらうことができるプロトタイプアプリ「twttr」の提供も開始した。[34]

もう一つの大きなアイデアは、動画チームでプロダクト・マネージャーを務めるモー・アル・

アダムが、ツイッターのユーザー数に関する懸念をベイクプールに伝えたことから生まれた。アル・アダムは、ツイッターに毎日ログインするアカウントの数は増えているのに、「オリジナル」のツイートを投稿するユーザーの割合が減っていることに気づいた。さまざまな理由で、ユーザーがツイートすることに臆病になっていたのである。投稿内容に対して誹謗中傷を受ける、過去の投稿を数年後に後悔する、投稿しても誰にも注目されないなど、投稿をためらう理由はいくらでもある。その結果、多くのユーザーがツイートを「下書き」に保存したままにしていた。ツイートを書いてみたものの、「ツイートする」のボタンを押すことなく、後で投稿しようと下書きに置いたまま、その「後で」が訪れることはなかった、というパターンだ。

この問題の解決策の一つが、エフェメラル投稿であった。エフェメラルとは、短命とか、はかなさを意味する。つまり、投稿が永遠に残らないようにするのだ。スナップチャットやインスタグラムのような他のSNSでも、投稿の自動削除機能はすでに人気が高く、どちらも「ストーリーズ機能」により24時間の期限つきで画像や動画を投稿することができた。アル・アダムは、ツイートの「永続性」を弱めたいと考えたのである。

彼のアイデアは、いたずら書きや走り書きを意味する「スクリブル（Scribbles）」と呼ばれることになった。投稿が24時間後に消えるという点ではストーリーズ機能に似ているが、画像や動画を中心としたストーリーズとは異なり、スクリブルは主にテキストの投稿を想定していた。さまざまなフォントや色を利用でき、よりインタラクティブで、他のユーザーと「共同投稿」することもできる。ドーシーとベイクプールもこのアイデアが気に入り、２０１９年の頭までには、アル・アダムに開発に着手するようゴーサインを出し、実際にネットワーク上でテストできるところまでもっていくよう指示した。

その年の後半、ベイクプールはもう一つの大きなプロダクト変更プロジェクトを走らせた。ツイッターが使いにくかった理由の一つは、フォロワーリストの作成に時間と手間がかかることだった。応援しているスポーツチームのニュースを入手するためにツイッターのアカウントを作成したとしよう。チームに関するあらゆるニュースを手に入れるためには、そのチームに所属する選手、コーチ、担当スポーツ記者のアカウントをまめに探し出し、1人ずつフォローしていかなければならなかった。

2019年後半、ツイッターはこのプロセスを簡略化するため、スポーツチームや音楽バンド、セレブなどに関する話題をまとめてフォローすることのできる「トピック」機能を発表した。例えば、NFLチーム、シアトル・シーホークスのトピックをフォローすると、ツイッターのソフトウェア・アルゴリズムがチームに関連するツイートを見つけ出し、ユーザーのフィードに自動的に表示するのだ。同機能を紹介するツイッターのブログ記事には、「あなたのもとへ会話が届きます」とある[35]。

少なくとも、ベイクプールはそれまでとは違うことに挑戦していた。つまり、実際に新しいプロダクトをつくっていたのだ。

トランプとの会談、束の間の平和が訪れる

2019年4月23日火曜日の朝、ドナルド・トランプ大統領は目覚めると、起床後によくやることをこの日もやった。ツイッター上での口撃である。まず、ニューヨーク・タイムズ紙を「国民の敵」と糾弾し、「民主党の急進左派は……まったく頭がどうかしている！」とやり玉に挙げ、

ニュース専門放送局MSNBCの司会者ジョー・スカボローのことを「怒れる間抜け、病人だ」と罵った。そしてトランプはツイッターそのものに攻撃の矛先を向け、このサービスは「非常に差別的だ」とクレームをつけ、同社が自身のフォロワーの一部を削除したと非難した。この時点で約6000万人を数えていた彼のフォロワー数は、「ツイッターが政治ゲームに興じなければ、もっと多かったはずだ」と書きこんでいる。「議会が関与したがるのも不思議なことではないし、そうするべきだ。もっと多くの、そしてより公平な企業が情報を発信しなければならない！」

　トランプ大統領のツイッター批判はもはやルーティンのようになっていたが、この日の一連のツイートはあまりに絶妙なタイミングで発せられた。トランプがこのツイートを投稿した数時間後、ジャック・ドーシーは大統領執務室に立っていた。首席補佐官代理であり、ソーシャルメディアを担当するダン・スカヴィーノを通して、トランプがドーシーをホワイトハウスへ招いたのだ。ツイッターCEOは、同社の法律顧問ビジャヤ・ガッデやグローバル公共政策担当バイスプレジデントのコリン・クロウェルなど、少数の側近を引き連れて到着したところだった。

　ツイッター上で連日のように見られた敵対的な姿勢からは考えられないほど、会談は友好的だった。過去数年にわたり、ドーシーは何人かの世界の指導者たちに会ってきたが、彼らはたいてい、ドーシーに同行するスタッフを無視した。だがトランプは違った。全員に握手を求め、大統領の執務机「レゾリュートデスク」の周りにスタッフが全員着席できるよう、自ら椅子を配置したのである。その上で、トランプは本題に入った。怒りの原因は、フォロワー数の問題である。ツイッターがフォロワーを制限したり、意図的に削除したりして、フォロワーの数を故意に操作しているのではないかと疑っていた。[36] 話を聞いた数人の共和党政治家も、同様の懸念を持っているという。

ドーシーは、それは事実無根であると断言し、ツイッターはしばしばスパムアカウントを大量にバッチ処理することがあり、数百万人のフォロワーを持つユーザーのアカウントに影響を与える可能性があると説明した。ツイッター上で、社会的に求められる礼節にのっとり、健全な対話を行うことの重要性についても伝えた。トランプのような知名度の高い人物のアカウントは他の人々のツイート行動に影響を与える、とも言い足した。

会談の終盤にはマイク・ペンス副大統領が挨拶に訪れ、トランプは副大統領をドーシーに紹介した。大統領は、ドーシーが2つの異なる会社を立ち上げた起業家であることに感銘を受けた様子だった。会談終了後、トランプは自身のツイッターアカウントに会談の写真とともに次のようなツイートを投稿している。「今日の午後のミーティングは、素晴らしいものだった。彼らのプラットフォーム、そしてソーシャルメディアの世界全般など、たくさんのテーマについて話し合った。オープンな対話を継続していこう！[37]」

ツイッターとの休戦は11日間続いた。トランプは5月4日、「ソーシャルメディアとフェイクニュース・メディアは、そのパートナーである民主党とともに、自分たちが引き起こしている問題をまったく理解していない」と投稿、攻撃の火ぶたが再び切られた。ツイッターが、暴力的なハッシュタグ投稿を理由に、トランプ支持者として知られる俳優のジェームズ・ウッズのアカウントを凍結したことが引き金だった。「とても不公平だ！[38]」

ドーシー、アフリカへ行く

2019年の夏から秋にかけて、ジャック・ドーシーは国内外を飛び回っていた。6月にはフランスのエマニュエル・マクロン大統領とパリで会談し、その後、パリ・ファッションウィークに出席、お気に入りのデザイナーの１人、リック・オウエンスのショーで最前列に座った。[39]ドーシーは、オウエンスの熱烈なファンで、彼がデザインした服を着ることも多い。国内では故郷でもあるミズーリ州に建てられた、マイケル・ブラウン慰霊碑を訪れ、数年前のファーガソンでの抗議デモ行進につながったブラウンの死を悼んだ。そして、ジャシンダ・アーダーン首相に会うためにニュージーランドに飛んだ。その年の初め、クライストチャーチの２カ所のモスクで起きた銃乱射事件が、フェイスブックを通してライブ中継され、その動画が後にツイッターにアップロードされたことを受けての協議である。両者はソーシャルメディアからのテロ関連コンテンツの削除について話し合った。[40]

９月中旬には、カリフォルニアのビッグサーに直属の上級スタッフを連れていき、太平洋を一望できる自身の別荘で幹部向けのリトリートを開催した。同じくカリフォルニア州のジョシュア・ツリーなど、ここ数年、ドーシーは毎年このような直属の部下を対象としたリトリートの時間を確保していた。２０１８年の初めに実施したリトリートでは、レイ・ダリオを招き、幹部たちとの対話の機会を設けた。ダリオは、世界最大級のヘッジファンド、ブリッジウォーター・アソシエイツの創設者であり、億万長者であり、ニューヨーク・タイムズ紙のベストセラー『PRINCIPLES（プリンシプル）人生と仕事の原則』（日経ＢＰ）の著者でもある。企業経営をテーマとした同書では、「急進的な透明性」といったコンセプトを始め、ドーシーの考え方にも合致する、指針となるような哲学が含まれていた。ダリオはツイッターの幹部たちに、会議中にリアルタイムで同僚をランク付けする、ブリッジウォーターのソフトウェア「ドット・コレクター」の売りこみを試みた。馬鹿げているし、百害あって一利なしだと感じた幹部たちは、その提案を聞き流すことにした。

２０１９年９月、ビッグサーに集まっていたチームには、他にも話し合うべきことがあったのだ。ドーシーの直属の部下を指す「スタッフ」メンバーの関係は、ここ数年でいっそう強固なものになっていた。一部は、今回のようなイベントの成果でもあるし、ドーシーの経営スタイルが、グループの結束につながった面もある。ドーシーが、グループ内での合意形成に注力し、経営上の重要な意思決定にグループ全員の参加を促してきたことで、ツイッターにまつわる、あらゆる種類の問題に緊密に連携して対応することが習慣となっていた。現場に口を出さないドーシーの経営スタイルに加え、スクエアの経営に時間を割かねばならなかったこともあり、この戦略はさらに顕著となった。ぶつかることもあれば、意見の相違もあったが、修羅場――ひっきりなしに訪れた――に突入したときには、一致団結して危機を乗り越えた。

従業員によっては、幹部たちがときに経営陣というよりも、まるで家族のように会社を運営していると感じていたぐらいだ。それは、士気の向上や企業文化にはプラスに働くとしても、大きな目標を成し遂げたり、説明責任を課したりという面ではベストの方法ではなかった。

このような問題点が、ビッグサーでの議論の焦点の一つだった。幹部スタッフたちは時間をかけて、どの幹部が社内のどの意思決定に責任を持つのかを特定していった。ツイッターほどの規模の会社になって、それまで明確になっていなかったことの方が不思議に思えるが、完全に整理されていないことで、日常的に意思決定や行動の遅延を引き起こしていたのだ。

その他のリトリートの時間は、ずっと楽しい内容のプログラムだった。皆で瞑想をし、ビッグサー・ベーカリーで夕食をともにした。ドーシーの家で車座になって、床の上で夕食を取った日もある。この日はドーシーが数人のミュージシャンを招いており、彼らが中庭で演奏するアフリカンドラムを楽しみながら、太陽がゆっくりと水平線へと沈んでいく中、大いに飲んで、踊り続けた。これまであやふやだったことに明瞭な線が引かれたことで、帰路に就く頃には、ツイッターの動きは加速するに違いないという楽観的な思いが皆の胸に生まれていた。

11月、43歳の誕生日をはさんで、ドーシーは10日間の瞑想リトリートへと出かけた。今度の行き先は、南アフリカである。ただし、どの角度から見ても、理想的なタイミングではなかった。ツイッターは期待外れの四半期決算を発表したばかりであり、発表後、株価はたった1日で20％も急落した。広告技術の不具合が原因で、売上が大幅に悪化したのである。さらに悪いことに、同社はこの広告技術のバグの問題について、ツイッターにとって書き入れ時であるホリデーシーズンをはさむ第4四半期の収益に引き続き悪影響を与えるだろうとコメントしていた[41]。

加えてドーシーは、リトリートに出発する直前、ツイッターは今後すべての政治広告の販売を中止するという電撃的な発表をした。もちろん相応の理由があってのことだ。「嘘つきヒラリー（#CrookedHillary）」キャンペーンでの失態をはじめ、2016年の米大統領選挙の大惨事が、ツイッターを筆頭にソーシャルメディア企業に亡霊のように付きまとっていたのだ。トランプ大統領が日常的にフェイクニュースを投稿したことで、ツイッターに大統領の投稿のファクトチェックを求める圧力が高まっていた。トランプの政治広告の事実確認に手をつけたが最後、その先に待つのが悪夢のシナリオであることに疑いの余地はない。

ドーシーは、2020年の大統領選挙へ向けた選挙キャンペーンが始まる前に、政治広告から完全に手を引く方が安全だと判断したのだ。ツイッターにとっての悪いニュースは、この決断が、数百万ドルの収入源との離別を意味することだった。このニュースを受けて、ツイッターの株価は4％下落した[42]。

ドーシーは、周囲に渦巻く否定的な意見に思い悩む様子も見せず、予想を下回る決算を発表した数週間後には、アフリカ行きの飛行機に乗っていた。11月をほぼ丸々使って、アフリカ大陸を視察する予定だった。そのほとんどは、話を聞くためである。サハラ砂漠以南のアフリカの人口は10億人を超え、米国と欧州の人口の合計に匹敵する。[43] そして、アフリカ大陸の多くの場所で、人々がこの時期インターネットを初めて利用しようとしていた。ドーシーはアフリカ大陸の潜在性を理解していたのだ。ツイッターとスクエアの未来の顧客からフィードバックを得るとともに、アフリカのテック業界の状況をよりよく理解するために、彼の地の起業家たちとの交流を図ることが重要だと考えていた。

ドーシーの旅はナイジェリアからスタートした。数名のツイッター幹部も合流して、1週間視察に同行している。プロダクトの責任者ベイクプール、エンジニアリング率いるマイク・モンターノ、最高技術責任者（CTO）のパラグ・アグラワル、スポーツチームとのパートナーシップを統括するTJ・アデショラなどだ。ドーシーの補佐役を務めるシエラ・ロードも随行し、スケジュール調整などにあたった。

ナイジェリア訪問の目的は、現地の起業家たちと会うことが一つ、もう一つは、アフリカ大陸に新たにオフィスを設置するにあたり、ナイジェリアの可能性を見極めるためだった。同国の元財務大臣でツイッターの取締役も務めるンゴジ・オコンジョ＝イウェアラとも落ち合い、首都アブジャにあるアフリカ科学技術大学の学生たちと話をした。[44] あるイベントでは、会場にいた1人の起業家に惚れこんだベイクプールが、その場でツイッターでの仕事をオファーし、最終的に契約社員として働いてもらうことになった。

数日後、一行はガーナに移動し、ケープ・コースト城をたずねた。200年ほど前、捕虜となったアフリカ人を奴隷として送り出す前に収監していた英国植民地時代の古い要塞である。この後、ドーシーはツイッターの同僚たちと別れて南アフリカに飛び、10日間の瞑想リトリートに参加、その後エチオピアを1人で視察している。

このアフリカ大陸への旅は、いくつかの理由により意義深いものとなった。ツイッターの経営幹部チームが同行したツアーの前半、一行はドーシーが構想を温めていたビジョンについて頻繁に話し合った。ブルースカイ（Bluesky）と呼ばれる、一つの企業に所有されることも、管理されることもない分散型のソーシャル・ネットワーキング・プロトコルである。ドーシーがアフリカから帰国して数週間後には、ツイッターが小規模な独立グループに資金を提供してブルースカイの構築を開始する計画を発表、社内では最終的に、視察旅行にも参加したアグラワルCTOがこの取り組みの陣頭指揮を執ることになった。[45]

その一方でドーシーは、ビットコインへの理解を深めてアフリカ大陸を後にした。暗号通貨の誕生はその10年ほど前に遡るが、購入や利用はなお主にテックマニアや投機家に限られていた。ドーシー自身、アフリカ旅行のずっと前からビットコインのファンで、スクエアのプロダクトでも数年前から暗号通貨を扱えるようにしていた。

しかし、アフリカで出会った何人かの起業家たちは、ビットコインこそがアフリカの人々が直面する金融にまつわる、さまざまな課題を解決するソリューションだと確信していた。最大の魅力は、デジタル通貨が特定の銀行や国によって鋳造されることも、管理されることもない点だった。数カ月後、ドーシーはビットコインについて次のように語っている。「暗号通貨がなぜ実用的なのか、なぜ必要なのか、それを実感したいならば、アフリカでしばらく過ごしてみることを勧めます」。さらに「政府が自分たちに何をしようとしているのか、政府が自分たちをどのように裏切ろうとしているのか、政府が通貨という手段を通じて自分たちをどの程度支配しているのか、こういったことを常に意識せずにはいられない国に滞在してみてください」と言い及んでいる。[46]アフリカへの旅はドーシーの心に火をつけ、米国ではほとんど理解も評価もされていない暗号通貨とブロックチェーン技術について、かつてないほどの興奮を覚えながら帰国の途に就いたのである。

11月末、エチオピアのアディスアベバ・ボレ国際空港で飛行機の出発を待つ間、ドーシーはスマートフォンを取り出し、1カ月の冒険旅行の感想をツイートした。「アフリカ大陸を離れるのは寂しい……しばしの別れだ」。そして続けた。「アフリカは未来を定義していくだろう（特にビットコインの未来を！）。場所はまだ決めていないが、2020年の半ばに3～6カ月ここで暮らすつもりだ。短期間とはいえ、今回、アフリカを体験できて本当に良かった」[47]

この軽はずみなツイートのおかげで、サンフランシスコでは蜂の巣を突いたような騒ぎになった。ボスはすでに2つの会社を同時経営している。それに加えて、1年の半分を8000マイル〔約1万3000キロメートル〕離れた地で過ごす計画だと知ったツイッターの従業員たちは仰天した。不意を突かれたのは、従業員だけではなかった。ツイッターの取締役会も、CEOのアフリカ移住計画など寝耳に水だった。そのような重要な話をツイート経由で知らされたことに、眉をひそめた取締役も多かった。ツイッターの株主も同様に驚き、不快感を表明した。

ドーシーは、それまでの人生でもっとも深刻な影響をもたらすことになる自爆ツイートの一つを投稿したことに気づかないまま、機上の人となった。

第7章　再びのリトリートプログラム「#OneTeam」

2020年1月、ヒューストンのダウンタウンにあるジョージ・R・ブラウン・コンベンションセンター内のステージを歩くジャック・ドーシーはまるで、タイムズスクエアのストリートパフォーマーのようだった。宇宙飛行士用の白いヘルメットにつやのある銀色のズボン、白の厚底ブーツを履いていたが、どれも膝まであるモコモコの白いスノーコートのおかげでかすんでしまう。NASAのお膝元ヒューストンを意識したコスチュームで、ドーシーが後ろを向くと、白いコートの背中には、黒い文字で大きく「#OneTeam」のメッセージが書かれていた。

サンフランシスコで初めて全社的なリトリートイベントを開催してから18カ月しか経っていなかったが、初回のイベントが採用と人材のつなぎ止めに大きな効果をもたらしたことから、ツイッターの幹部たちはすぐに次のリトリート計画に着手したのだ。

前回同様、3日間のイベントのために全従業員がヒューストンに集まった。この頃までに、従業員の数は4800人にまで増加していた。従業員たちは会社の優先事項や目標の概要を説明するセッションに参加し、午前中の数時間を使ってヒューストン近郊で従業員総出のボランティア活動も行った。歌と踊りに紙吹雪が舞うプログラムも用意され、今回もブルース・ファルクがブレイクダンスを披露した。ドーシーの両親も参加している。多くの従業員の落胆をよそに、瞑想の時間もしっかり組みこまれていた。

「テキサスではすべてがビッグサイズ」とよく言われるが、サンフランシスコでの「#OneTeam」がちょっとしたサマーキャンプならば、ヒューストンでの「#OneTeam」は本格的な春休みのようなものだったと言えるかもしれない。毎晩のようにパーティが開かれ、無料の食べ物と飲み物が提供され、エンターテインメントプログラムも盛りだくさんであった。

初日の夜は、NASAのスペースセンターを借り、国際宇宙ステーション内に浮かぶ3人の宇宙飛行士が事前に録画したビデオでパーティの開始を宣言した。[1] 2日目の夜は、街の区画（ブロック）を丸ごと使った大規模なブロックパーティが催され、従業員たちはレストランをはしごしたり、ライブ演奏を聴いたり、観覧車に乗ったりして楽しんだ。最終日となる3日目の夜は、メジャーリーグ・ベースボールのヒューストン・アストロズの本拠地ミニッツメイド・パークを貸し切りにした。第1回の「#OneTeam」と同様、リップ・シンク・バトルが催され、今回新たに花火のショーが追加された。出発の日の朝、ある従業員グループがロックバンド、トト（TOTO）の「アフリカ」を歌ったが、数カ月前に物議を醸したドーシーのツイートを皮肉ったパフォーマンスだったようだ。

シリコンバレーのテック企業の間では、このような贅沢なパーティに巨額を投じることが珍しくなかった。ツイッターのイベントの数カ月前にはアップルがレディー・ガガを招いて、カリフォルニア州クパチーノにあるオフィスで従業員のためにプライベート・コンサートを開いている。[2] フェイスブックも長年、クリスマス前に豪華なホリデーパーティを催してきた。サンフランシスコ・ジャイアンツのスタジアムを貸し切って開催したパーティや、同じくサンフランシスコのパレス・オブ・ファイン・アーツで、「ウィンター・ワンダーランド」をテーマに氷の彫刻家がチェーンソーを巧みに操るパフォーマンスを披露したパーティなどが語り草となっている。[3]

ツイッターはある意味、隣人と張り合っていただけとも言える。テック業界では、採用に際して、求職者がこういった特典を期待することが当然のようになっていたからだ。だが、アップルやフェイスブックとは違い、ツイッターは利益を上げていなかった。それにもかかわらず「#OneTeam Houston」の開催に３０００万ドルを超える予算を投じたのである。従業員の中には、前回の社外イベントからわずか1年半後に高額なイベントを再び開催することの意義を問う者もいた。まあ、現地に到着するまでは、であったが。

幹部たちはイベント期間中、ツイッターに関するドーシーのビジョンや、サービスが世界に与えるインパクトについて語り続けた。これぞドーシーの真骨頂と思わせる瞬間もあった。ステージ上で、背もたれの高い白い椅子に座り、ステージを見守る従業員たちに背中を向けるようにくるりと回ったかと思うと、巨大スクリーンに大きな虹色の輪が投影される中、世界におけるツイッターの役割について語り出した場面である。まるで神と対話しているかのようであった（ちなみに、ある従業員がこの時のことを「塩ジュースの副作用で、皆に幻覚効果が遅れて現れたのかも？」と冗談交じりにツイートしている[4]）。

リトリートイベントでは、ツイッターで働くことがなぜそれほど重要なのかを従業員たちに思い出してもらおうと、複数のスピーカーを招いてツイッターのサービスが彼らの人生に与えた大きなインパクトについて話してもらっている。ヒューストンのシルベスター・ターナー市長は大型ハリケーン「ハービー」襲来直後、捜索救助組織の活動を支援したツイッターの役割について語った。「オビィ」の愛称で知られ、その数年前にノーベル平和賞にノミネートされたこともあるナイジェリアの元教育大臣、オビアゲリ・エゼクウェシリは、２０１４年にイスラム過激派組織「ボコ・ハラム」により拉致された数百人に上る女子生徒たちのことを世界中に周知し支援を求める目的で、ツイッターを活用して展開された「私たちの少女を取り戻せ（#BringBackOurGirls）」キャンペーンを説明した。[5]初回の「#OneTeam」では、ツイッターの経営陣が檀上に上がることが多かったが、2020年は幹部社員に代わって、英国出身の女優ジャミーラ・ジャミル、体操選手でオリンピック金メダリストのシモーネ・バイルズなど、本物のセレブが登壇した。

最終日の夜、イベントのトリを飾ったのは2人の大物だ。熱心なツイッターユーザーで、スーパーモデルであり、料理レシピ本も手がけるクリッシー・テイゲンは、スタンディングオベーションで迎えられ、「大統領万歳（Hail to the Chief）」の曲が流れる中、ステージに上がった。大きなスクリーンに表示された彼女の肩書は、「ツイッター市長（Mayor of Twitter）」というシンプルなものだった。自由奔放、歯に衣着せぬ物言いで有名なテイゲンは期待を裏切らず、ドーシーに自分の尿を飲んでいるのかとたずねたり〔訳注：飲尿療法と呼ばれる長い歴史を持つ民間療法で、健康増進に寄与するとして健康・美容マニアの間で実践されているという〕、これほどリッチになるとわかっていたら、もっと早くデートに誘ったのに、などと発言したりしては人々の笑いを誘った。テイゲンの登壇中、スクリーンに彼女のツイートの一つが映し出された。テイゲンは民主党支持者であることを明言しており、それよりも声高に反トランプ発言を繰り返していた。その数カ月前、トランプがテイゲンの名前こそ出さなかったが、ジョン・レジェンドの「口汚い妻」と悪しざまにツイートしたことがあった。[6]これに対してテイゲンは、「あ〜おかしい。なんて女々しい、意気地のない男。全員にタグ付けして、私だけ外すなんて。光栄です、大統領閣下」と反撃した。[7]ホワイトハウスは水面下でツイッターにこのツイートを削除するよう要請してきたが、同社は応じなかった。[8]このときのツイートが、スクリーンに投影されたのだ。ツイッター従業員たちはやんやの喝采を送った。

リトリートイベントの対談相手としてテイゲンに並び立つライバルはただ1人、イーロン・マスクだ。約束通り、ドーシーはツイッター従業員との対話にマスクを再度招待したのである。ツイッター従業員が見守る中、檀上のCEOが自身のiPadからFaceTimeでマスクに電話をかけた。「火星を占拠せよ（Occupy Mars）」と書かれたTシャツを着たマスクがオフィスから応答し、彼の顔がスクリーンに映し出されると、ツイッター従業員たちは大歓声を上げた。

マスクはこのときすでに、ツイッターでもっとも人気がある、同時に物議を醸すユーザーの1人だった。2020年1月の段階で、フォロワー数は3000万人を超え、自身のツイートでたびたび自分の首を絞めていた。2018年には、洞窟に閉じこめられたタイのサッカー少年たちの救出にミニ潜水艦を使うという、マスクが提案した計画を批判した英国人の洞窟ダイバーをツイッター上で「ペド（小児性愛者）野郎」と呼び、訴訟を起こされている[9]。同じ年、米証券取引委員会（SEC）との和解の一環として、テスラの会長職から退くことを強いられたのもツイートのせいだ。テスラを非公開化するための資金を確保したと投稿したが、資金は確保できておらず、SECはマスクが故意に「虚偽および誤解を招く発言」をし、最終的にテスラの株価に影響を与えたとして彼を訴えたのである[10]。

これらのトラブルも、ドーシーはまったく意に介さない様子で、折あるごとにお気に入りのツイッターユーザーとしてマスクの名前を挙げていた。「#OneTeam」イベントにマスクが登場したところで、ドーシーが話し始めた。「イーロン・マスクには驚かされるばかりです。私たちのサービス上で、数々の限界を打ち破ってきました。私たちは、彼のやり方に目を向け、それを理解し、そこから学ぶことができるのではないかと思っています[11]」

従業員全員が見守る中、ドーシーは壇上からFaceTimeを介してマスクに、ツイッターの改善のための助言を求めた。「率直なフィードバック、批判をお願いします。何が足りないのか？ もっとうまくやれることは何か？ そして、サービスとしての可能性、期待していることを教えてください」。マスクが口を開く前に、ドーシーは質問を単純化した。「もしあなたがツイッターの経営者だったら、何をしますか？ ちなみに、ツイッターを経営したいですか？」

マスクの辞書に遠慮の2文字はない。「実際のユーザー［とボットアカウント］を区別することが有益だと思う」と述べ、ツイッター上で一体誰と会話しているのかわからないことがあるのだと説明を加えた。「これは実在の人物なのだろうか？ それともボット？ あるいは荒らし屋のようなものだろうか？ 時々、何が本当の世論で、何がそうでないのか、判断が難しいことがある」。大半のツイッターユーザーは、ボットや匿名の荒らし軍団と対峙した経験など持たないだろうが、数千万人のフォロワーを持つマスクにとっては切実な問題であった。マスクのツイート自体は不定期だったが、テスラ株の空売りを狙う人々から頻繁に荒らしを受け、腹立たしい思いをしていた[12]。彼はツイッターの従業員たちに対して、ボット問題を解決することが会社全体のいっそうの成長につながるだろうと述べた。「実在の人間がツイートしているのだと人々が信じるようになるほど、アプリを開く人も増えるはずだ。さまざまなグループが心理戦を仕掛けているだけの空間だと考える人が増えるほど、ユーザーは離脱していくだろう」と提起した。

対話は短いものだったが、その後何年も、ツイッター従業員たちはこのときのことをたびたび思い出すことになる。終わりの時間が来ると、聴衆は拍手を送り、ドーシーはマスクに過剰なほどの礼を述べた。「イーロン、気候変動に関するあらゆる取り組みに対して、そして宇宙探査と人間の可能性の限界を絶えず押し広げてくれていることに、とても感謝しています。今日はありがとう、そしてツイッターを利用してくれてありがとう。私たちは、君が大好きだ[13]」

第8章　エリオット・マネジメントからの恐怖の電話

最初の電話が鳴ったとき、オミッド・コーデスタニはモンタナ州で子どもたちとスキーを楽しんでいた。ディスプレイにはニューヨークの市外局番が表示されている。知らない番号だった。2000年2月末、ツイッターの経営執行会長であるコーデスタニはちょうど超高級プライベート・スキーリゾートとして知られるイエローストーン・クラブで1週間の休暇を過ごしており、最後の数日を存分に楽しもうとしているところだった。

同クラブの顧客名簿には、ビル・ゲイツ、人気シンガーソングライターのジャスティン・ティンバーレイク、「史上最高のクォーターバック」と呼ばれる元プロアメリカンフットボール選手トム・ブレイディなどが名を連ねると言われる。[1] 正体不明の発信者からの電話など、すぐに出なくてもいいだろう。だが、電話はまた鳴った。そしてもう一度。

観念して通話ボタンを押すと、電話の向こうで挨拶をしたのは、エリオット・マネジメントのマネージング・ディレクター、ジェシー・コーンだった。コーンの名前を聞くのは初めてだったが、エリオットはもちろん知っている。世界でもっとも危険と言ってほぼ間違いないアクティビスト投資会社（物言う株主）だ。企業の株式を大量取得し、大株主としての立場を利用して急速な変革を迫ることで知られている。

電話口でコーンは、エリオット・マネジメントがツイッターの大株主の1社になったのだと、丁重に伝えた。コーンはまた、ツイッターの運営に関する問題点の概要を記した書簡をツイッターの会長宛に送付済みであると告げ、エリオットが望む変革について協議するためのミーティングの調整を求めた。書簡に目を通して、できるだけ早く返事をもらえないだろうか?

休暇は終わった。

懸念点と要求が列挙されたエリオットからの書簡は、形式上は取締役会宛だったが、同時にドーシー個人に向けられたものだったとも言える。ツイッターの株価が過小評価されていること、同社が何の手も打てていないことなど、いくつかの批判が並んでいた。また、ツイッターの次回の年次株主総会で新たに4名の取締役候補を提案する予定だとも書かれていた。もっとも重要な点は、ドーシーが2つの会社のCEO職を兼任していることに対する異議だった。エリオット・マネジメントは、ツイッターにはフルタイムの専任CEOが必要だと確信していた。

アクティビスト投資家にとって、この手の書簡の送付はお決まりの、攻撃開始を知らせる最初の号砲のようなものである。受け取ったツイッターでは、手榴弾が投げこまれたかのような騒ぎだった。専門家が言葉を選んで作成した、急所を突く手榴弾だ。エリオットが変革へ向けた交渉のための「連絡線」を開いた以上、ツイッター側はそれに応じるよりほかなかった。「最恐」の異名を持つアクティビストとしての評判、そしてツイッター株の保有割合を考えれば、エリオットがドーシーを解任に追いこむのに必要な取締役会の議席を獲得する、あるいはそのために他の投資家から十分な支持を取りこむ可能性を手にしていることを、ツイッターの取締役会と上級幹部は理解していた。エリオットを無視する、あるいは同社の気が変わることを祈るという選択肢は存在しなかった。

外から見る限り、エリオットが2020年2月のタイミングでツイッターの前に姿を現したことは、やや意外に感じられた。ツイッターのビジネスは確かに何年も安定せず、破滅と楽観の兆候の間を行ったり来たりしていた。だがこの時点では、楽観の側に振れていたのだ。ヒューストンで開催された「#OneTeam」の余韻も会社全体に残っており、従業員のリテンションやモチベーションの向上など、全従業員を対象としたリトリートイベントから生まれるプラスの効果を享受している最中だった。

　ツイッターの財務状況も悪くなかった。その数週間前にあたる2月初旬には予想を上回る好決算を発表し、株価も1日のうちに15%跳ね上がった。ドーシーとネッド・シーガルCFOは投資家に対して、ツイッターは２０２０年に投資額を20%増加させる計画であり、その大部分は新規採用に充てるつもりだと説明していた。加えて、ツイッターのユーザー数も増加していた。そして何より、ツイッターは利益を出していたのだ。ディズニーへの会社売却に失敗し、コスト削減と数百人に上る人員整理を断行せざるを得なかった3年前と比べれば、状況は好転しているように見えた。

　しかしながら社内では、数カ月前から一部の幹部が、エリオットのような物言う株主がいつ現れてもおかしくないと警戒していた。売上高上昇のおかげで目立たなかったが、懸念すべき現実があった。売上高よりもずっと速いペースで、コストが増加していたのだ。ツイッターは２０２０年に支出を20%増加させると公言したが、同社の２０１９年の売上高の伸びは前年比14%弱だった。黒字を維持できない可能性を示す危険信号が灯っていたのである。[2]

　6カ月間アフリカで暮らすというドーシーのツイートも、同社の経営陣と取締役会にとって大きな頭痛の種となっていた。ＣＥＯ職の兼任が続いているところへ、このツイートが飛び出したことで、ＣＥＯとしての義務や責任を果たせているのか、懐疑的な意見が噴出した。一部の投資家は前々から、ＣＥＯが「パートタイム」であることが、ツイッターの成長の足かせになっているのではないかと気をもんでいた。そこへきて、1年の半分を地球の反対側で過ごそうと言うのである。サンフランシスコのツイッター本社から飛行機で20時間、時差が11時間あるアフリカで。

ドーシーのアフリカ移住ツイートの後、ドーシー、シーガル、コーデスタニは数週間をかけて複数の主要投資家と面会し、彼らの懸念の声に耳を傾け、被害を最小限にとどめるためのダメージコントロールに努めた。一部の投資家は、ドーシーが地球を半周する移住計画を思いつきのように立てたことに怒りを隠さなかった。ドーシーの軽はずみなツイートが、エリオットによるツイッター株式取得の直接的な動機になったわけではないが、ＣＥＯ職の掛け持ちというドーシーの決断を疑問視する声が広く聞かれるようになったことで、エリオットの提案に有利に作用したのは間違いなかった。

アクティビストの戦略はシンプルである。その大半は大手ヘッジファンドやプライベートエクイティ・ファンドだが、アクティビストはまず割安な企業を探し出す。それから、議決権を獲得するために当該企業に多額の投資を行う。そして、議決権を行使して、企業に変革を迫るのである。そのような変革には、ＣＥＯの追放や、取締役の交代が含まれることもある。通常は短期間で決着がつき、長くかかっても数年だ。うまく運べば、変革を通して当該企業の株価の急上昇が見込め、そうなればエリオットに大金が転がりこむことになる。

アクティビスト投資家がいずれツイッターを標的にするだろうことは、何年も前から、つまりドーシーのアフリカ視察よりもずっと前から予見されていた。むしろ当然の結末だったのだ。上場以来ほとんどの期間、ツイッターの株式は本来の価値よりも低い価格で取引されていると考えられていた。ツイッターより2年早く設立されたフェイスブックは、ツイッターと同様、広告をベースとしたビジネスモデルを展開していたが、２０１９年の売上高はツイッターの20倍を優に超えていた。ユーザー数の比較でも、ツイッターの11倍に上った。この数字には、インスタグラムとワッツアップの分は含まれていない。多くの投資家が両社の違いを指摘し、その理由はツイッターのお粗末な経営管理にあると結論づけていた。

　さらに、企業統治構造の面でも、ツイッターは他の企業よりも標的になりやすかった。ツイッターは、証券会社の口座から誰でも購入することのできる一般的な株式である「普通株式」しか発行していなかった。フェイスブックやスナップのような競合企業では、普通株式の他に、創業者や初期投資家だけに割り当てられる「多議決権株式」と呼ばれる特別な種類株式を発行していた。

　フェイスブックの例を挙げれば、わずか数人だけが保有する多議決権株式は、普通株式のように1株につき1票の標準的な議決権ではなく、1株につき10票の議決権が付与されており、その結果、フェイスブックの総発行株式数の13％のみを所有するマーク・ザッカーバーグCEOが、58％の議決権を支配できるようになっていた。[3] これによりザッカーバーグは、外部投資家がやってきて解任要求の圧力をかけてくる可能性を恐れることなく、大部分、自分の望むように事業運営にあたることができたのである。

　ツイッターは、そうではなかった。誰が保有しようと付与される議決権は、1株につき1票である。その意味するところは、十分な資金さえあれば相当量の株式、つまり議決権を「購入」できること、そしてそれに対してツイッターの経営陣、創業者、取締役会が無力であるということだった。

再び危ういドーシー、ツイッターCEOの座

エリオットからの書簡が届いてから数日のうちに、ツイッターの取締役会はサンフランシスコ本社内の会議室で夕食をともにした。コーデスタニの他、セールスフォースの経営幹部ブレット・テイラー、英国の旅行予約サイト「ラストミニット・ドット・コム（lastminute.com）」の共同創業者で慈善事業家としても知られるマーサ・レーン・フォックスなどが出席した。

前々から予定されていた四半期ごとの定例会議のために集まったのだが、その晩、テイクアウトの夕食を取りながら交わされた議論はすべて、エリオット・マネジメント関連であった。ツイッターにはどのような選択肢があるだろうか？　エリオットの提案をはねつける道は残されているか？　エリオット・マネジメントとその創業者ポール・シンガーは、非情かつ徹底したアプローチで有名だ。

シンガーは、投資取引を巡るアルゼンチン政府との15年におよぶ法廷闘争に勝利し、その名を轟かせた。ガーナに寄港中の全長338フィート［約100メートル］のアルゼンチン海軍の船を担保として差し押さえようとしたことさえあった。[4]　2017年5月には、医療テクノロジー会社アテナヘルスの株式を大量に購入した。当時同社のCEOを務めていた、ジョージ・W・ブッシュ大統領のいとこにあたるジョナサン・ブッシュは、対峙する相手をよく理解しようと、エリオット・マネジメントのことを調べてみたという。そのときの経験について、「ちょっとグーグルで検索してみたら、『あなたは死にます』と宣告された」ような気分だったと、ニューヨーカー誌のインタビューで述べている。[5]

ツイッターとドーシーは窮地に陥った。会議が終了する頃までに得られた取締役会の総意は、主導権を握っているのはエリオット・マネジメントであること、そして他の株主からも強い支持を得る可能性が高いこと、の2点だった。情報が足りなかった。より具体的には、エリオットが、どのぐらい本気でドーシーの退任を求めてくるかを把握する必要があった。

書簡の到着から1週間後、ツイッターとエリオット・マネジメント、両社の代表が初めて顔を合わせた。場所は、サンフランシスコ空港近くのプライベートジェット・ターミナルの会議室である。ツイッター側の出席者はコーデスタニの他、ツイッターの財務アドバイザーを務めるゴールドマン・サックスのグレッグ・レムカウ、2017年にツイッターの取締役に就任するまでグーグルで7年間、CFOを務めたカナダ出身の経験豊富なベンチャーキャピタリスト、パトリック・ピシェットだ。

エリオット・マネジメントからは、2015年に同社に参画した、ハーバード大学卒の投資銀行家マーク・スタインバーグと、マネージング・パートナーとしてエリオットの米国内のアクティビスト投資事業を率いる39歳のコーンが出席した。この頃までに、コーンの名はシリコンバレーでもすっかり有名になっていた。アクティビストとして単に15年近く投資事業に従事してきただけではない——26歳で最初のディールを成功に導いている——コーンは極めて優秀なアクティビストだった。[6]

コーンは直近で、イーベイ（eBay）、SAP、AT&Tへの投資を終えたところだった。ツイッターの取締役会がコーンの力を改めて知る必要があるならば、イーベイで起こったことが参考になっただろう。同社への投資を通して、コーンは取締役会の議席を確保した。イーベイのCEOが辞任したのは、その6カ月後のことである。[7]

初めての会合は友好的な雰囲気で終了した。エリオット側はもっぱらコーンが発言したが、すでに書簡に書かれていた主な懸念点の確認に終始した。ツイッターの運営はうまくいっているとは言えず、企業統治にいくらかの変更を加える必要があると説いた。

だが、コーンの最大の懸案は、ツイッターにはフルタイムのCEOが必要だという点だった。90分の話し合いが終わる頃までに、ドーシーのポジションが容易ならざる危機にさらされていることを、ツイッター側の出席者も認識していた。CEO職の掛け持ちは、ジャック・ドーシーにとっては素晴らしいことだが、ツイッターにとってはその限りではないとコーンは主張した。5歳の子どもに1日中キャンディーを与えるようなものだ、と続ける。子どもはもちろん喜ぶだろう、しかしそれは良い子育てとは言えない。コーンは、CEOの兼任が問題なのだという単純な事実への賛同を得ようとした。そして、ツイッター側の出席者に求めた。週明けの月曜日にも、ドーシーの後任となる正式なCEOの候補者探しを開始することを発表しろ、と。

会合が終わって30分も経たないうちに、そしてエリオットのプライベートジェットがニューヨークへ向けて飛び立つ中、話し合いの内容がブルームバーグの記者にリークされた。[8] 話し合いのプロセスは秘密裏に、人目を避けて行われていたはずだった。エリオット・マネジメントによるツイッター株取得の事実が明るみに出るやいなや、ドーシーの進退を巡る憶測が、エンタメニュースサイトのデッドライン・ドット・コムからニューヨーク・タイムズ紙まで、あらゆるメディアで大きく報道された。

NPRには「アクティビスト投資家の株式取得により、ツイッターのジャック・ドーシーCEOが危機に」の見出しが躍り、投資情報を専門とするCNBCの人気番組「マッド・マネー」の司会者ジム・クレイマーは、「［ドーシーが］株主のためにできる最善の選択は、ツイッターのC

EOを辞任してスクエアの経営に専念すること、あるいはその逆だ」と発言している。[9]

金曜日の会合を経て、ツイッターの経営幹部と取締役会メンバーは、週末のほとんどの時間を電話口で過ごし、どのように対応すべきか話し合った。ドーシーにとっては、どの選択肢も不愉快極まりなかった。スクエアの経営から手を引くなど、問題外だ。もしツイッターがエリオット・マネジメントと戦う道を選択したならば、委任状争奪戦に発展し、ドーシーのCEOとしての役割は、株主の投票に委ねられることになるだろう。そのような状況は、ありとあらゆる混乱そして動揺を引き起こす可能性がある。なんとかドーシーの留任が認められるとしても、それはツイッターが彼のために何カ月もの時間と資金と人的資源を注ぎこんで戦い、初めて可能となる。もしも委任状争奪戦で敗れれば、ドーシーは愛する仕事を失うことになる。

ツイッターとエリオット・マネジメントが和解に達したとしても、おそらくエリオットに取締役会の議席をいくつか与え、その他の改革提案の実現を約束しなければならなくなるだろう。ドーシーのCEO続投は可能になるかもしれないが、彼の解任を望む面々が取締役会に名を連ねることになる。

悪い。悪い。悪すぎる。電話やビデオ通話の数ばかりが積み上がり、週末も終わろうとしていた。ドーシーの心は折れかけていた。議論の焦点は、ほとんどがドーシー個人の問題に当てられた。ドーシーは兼任を諦めるべきか？　ツイッターの経営がうまくいっていない理由はどこにあるのか？　なぜドーシーはあのようなツイートをしたのか？　エリオットとの和解の道を探るというアイデアでさえ、失敗を認めることと同義のように感じられた。苛立ったドーシーが、それが会社にとってベストの選択であるならば辞任しようと言い出す場面もあった。

ドーシーのあまりの意気阻喪ぶりに、彼を助けるための方策を模索していた取締役会のメンバーや上級幹部の一部は憤りを覚えるようになっていた。ドーシーの穏やかな話し方や内向的な性格は今に始まったことではなく、机を蹴ったり、拳で叩いたりするような反応を期待していたわけではなかったが、自分のポジションを守るために戦おうという強い意志が感じられないことが気がかりだった。週末のある時点で、ピシェットはドーシーに次のようなメッセージを伝えた。「あなたがこの戦いに完全にコミットしていないのなら、取締役会もあなたのために戦うつもりはありません」

冷淡とまではいかなくても、合理的な態度だ。だが、ドーシーが欲していたような、彼の言い分を声高に代弁する全面的な支援の言葉でなかったことは確かだろう。彼らは数年後、ドーシーと取締役会の間に表面化した多くの亀裂の一つとして、このときのやり取りを思い出すことになる。ピシェットの愛のむちの効果か、それともツイッターを離れたくないという自分の気持ちにやっと気づいたのか、週末も終わり頃になると、ドーシーの態度に変化が見られるようになっていた。取締役会も、一か八かの一発逆転、起死回生のアイデアを絞り出した。エリオット・マネジメントと合意し、コーンに取締役の議席を与えることになるのであれば、他からも投資家を招き入れ、勢力の均衡を図ろうと考えたのだ。

空港での会合の翌日にあたる土曜日の午後、レムカウがシルバーレイクのマネージング・パートナー兼共同CEOを務めるエゴン・ダーバンにコンタクトを取っていた。シルバーレイクは、テック企業デル、民泊仲介サービスのエアビーアンドビー（Airbnb）、中国のテック大手アリババ（Alibaba）など、そうそうたる企業に投資を行ってきた有力プライベートエクイティ・ファームである。

ダーバンは、1999年の創業以来シルバーレイクで投資活動に従事しており、長年ウォール街での取引に携わってきたレムカウとも親交があった。シーガルとも１９９０年代初め、ジョージタウン大学の学生時代からの知り合いだった。テック業界関係者からの信望も厚く、創業者の意思を大切にする投資家としての評判を築いていた。[10]ダーバンは、可能な限りスタートアップ創業者の支配権を尊重する、あるいはそうしようと努めているように見えた。そして何にも増して、ダーバンはドーシーのことを知っており、ドーシーを気に入っていた。２人はその数年前、ダーバンがツイッターへの投資の可能性を検討していた際に、夕食をともにしたことがあったのだ。

ツイッターの経営陣は、シルバーレイクからの出資とダーバンの取締役就任を打診した。取引の一環で、ダーバンは２０２５年まで償還期限を迎えないシニア債（優先債）として、ツイッターの社債を大量に購入することになる。その狙いは、一定期間、株式を売却しないことを約束するロックアップ契約を通して、シルバーレイクを長期投資家として取りこむことで、エリオットの短期投資戦略からツイッターの防衛に力を貸してもらうことにあった。さらにダーバンを取締役に迎えられれば、解任要求からドーシーを守ることもできると考えたのだ。

日曜日の夕方、ドーシーとの電話会議でダーバンは、ツイッターに10億ドルの出資を行う用意があると伝えた。

ドーシーとコーンの直接対決

エリオットの提案が投資家からの幅広い支持を得るだろうという、ツイッターの経営陣や取締役が抱いた直感は的中し、同社の株価は月曜日に８％上昇した。それは、世界でもっとも成功しているアクティビスト投資会社の1社がにわかにツイッターに注目した事実を投資家たちが好感したことを示す、わかりやすいシグナルだった。株主たちはどうやら、ジャック・ドーシーの追放をいいアイデアだと思ったようだ。

ツイッターを含む多くのテック企業では、多数の従業員が年俸のかなりの割合を株式報酬として受け取っている。一般論では、会社の株価が8％も上昇すれば、従業員たちはほくほく顔である。が、ツイッター社内では違った。従業員たちは週末のニュースで、彼らの大半が初めて名前を聞くような、どこぞやのアクティビスト投資家が突然現れたかと思えば、CEOの交代を目論んでいることを知った。

そして、月曜日の朝、目を覚ますとツイッターのアプリを開き、自分たちがいかにドーシーを慕っているかツイートし始めたのだ。それらは普通ならば、結婚式や誕生日といった特別な場面で耳にするような、さもなければ弔辞で読まれる類の惜しみない称賛に満ちた感動を誘うものだった。従業員たちの投稿にはどれも「私たちはジャックを支持します（#WeBackJack)」のハッシュタグがつけられていた。

「普段こういったことは言わないのだが……ジャック（@jack）は特別なリーダーだ。共感力が高く、裏表がなく、決断力があり、他者に対する思いやりの心がある……とにかく素晴らしい人物だ」[11]。これは、ドーシーのアフリカ視察にも同行した、スポーツチームとのパートナーシップ事業の責任者を務めるTJ・アデショラのつぶやきだ。

人事担当の経営幹部であり、ツイッターのダイバーシティ＆インクルージョン・チームを率いるダラナ・ブランドは、次のようにツイートした。「先頭に立ってパーパス経営に取り組み、実践し、ツイープ［訳注：ツイッター従業員のこと］を大事にする会社で働けることをとても誇りに思います。これは、私たち全員のロールモデルとなる素晴らしいリーダーであるジャック（@jack）が、その行動を通して示してきた価値観をそのまま反映したものです」[12]

ドーシーを支持する声は、ツイッター外からも届いた。盟友イーロン・マスクは、「一言だけ言いたい。ツイッターCEOとしてのジャック（@jack）を支持する。ドーシーは誠実な♥の持ち主だ」と投稿した（ただし、あるユーザーが上記のツイートに対して、ドーシーはツイッターが抱える問題の解決のために「身を粉にして働くべきだ」と返信すると、マスクは「それは極めて重要だ」と答えている[13]）。

マスクがドーシー支持を表明するツイートを投稿するのと時を同じくして、実はドーシーもマスクのことを考えていた。週末をかけてシルバーレイクからの出資とダーバンの取締役就任の約束を取りつけていたものの、ツイッターの取締役会はさらなる取引の可能性を視野に投資家候補の検討を継続していた。故スティーブ・ジョブズに数十年連れ添った妻で、億万長者の慈善家であり投資家としても活動しているローレン・パウエル・ジョブズもツイッターへの出資と取締役への就任を真剣に検討したが、取引は実現にいたらなかった。

その週は、ツイッターの経営陣と取締役会のメンバーが、サンフランシスコのドーシーの自宅に頻繁に出入りし、取締役候補についてアイデアを出し合っては、あちこちに電話をかけた。ドーシーの自宅の周辺は、ツイッターが雇っているセキュリティチームが常駐しており、オフィスよりもプライバシーが保たれた。一部のメンバーは、エリオット・マネジメントがドーシーや他の主要幹部を監視しているのではないかと危惧していたのだ。

ドーシーは、マスクを取締役会に迎えるというアイデアに心惹かれていた。ウォール街の連中に匹敵する資金を持っているが、利益を上げることだけに汲々とする投資家たちとは一線を画していた。それに加えて、マスクは実際にツイッターを利用しており、ドーシーが築こうとしているものを理解しているように思えた。しかしながら、ツイッターの取締役会が、マスクを候補対象者として議論の俎上に載せることはなかった。少なくともドーシーにとって、それは取締役会が波風を立てることを恐れ、過度に慎重になっていることの表れと見て取れた。投稿したツイートの内容を巡り、マスクが複数の訴訟を起こされていることなど、ドーシーはまるで気にしていない様子で、取締役会の態度に失望した。

ドーシーはその週、ダーバンをサンフランシスコの自宅での夕食に招いている。協力の展望やツイッターの今後の計画、そして目標について意見を交わし、お互いにディールの成功を確信して別れた。残るハードルはただ一つ。エリオットへの報告である。

ジャック・ドーシーはサンフランシスコから南へ35マイルほど離れたメンローパークにあるゴールドマン・サックスのオフィスの外に座り、午後の日差しを浴びていた。ほとんどの大手投資銀行やベンチャーキャピタル（VC）がそうしているように、ゴールドマン・サックスもサンドヒル・ロードにオフィスを構えている。スタンフォード大学のキャンパスにほど近い、シリコンバレーを象徴する大通りであり、テック業界に多額の資金を投じ、大きな影響力を持つ投資家たちが瀟洒なオフィスエリアに集積していた。

ドーシーのような有名人がいれば、街ゆく人たちの誰もが振り返るような場所だが、彼が周囲の目を気にする様子はなかった。新鮮な空気が必要だったのだ。その日の午後、ドーシーはサンフランシスコからウーバー（Uber）を利用し、途中サンフランシスコ空港近くのミニマートAMPMの前でレムカウを拾ってメンローパークに向かった。勝負の日である。なにしろ、ジェシー・コーンと初めて対面するのだ。

サンフランシスコ空港近くで、コーンが初めてツイッターの取締役たちと会ってから、ほぼ１週間が経過していた。この日までに、ニューヨークのウェスト・ストリート２００番地にあるゴールドマン・サックスのグローバル本社に同じ顔ぶれが集まり、２回目の会合も開かれていた。チーム・ツイッターはニューヨークへ飛び、コーンの前でピッチを行い、このタイミングでCEOを交代させては、ここ数年で高まってきた勢いが失速しかねないと主張して、ドーシー続投のアイデアを売りこんだ。コーデスタニ、レムカウ、ピシェットはコーンにカリフォルニアへ飛んで、ドーシーに会って直接話をするよう提案した。

コーンにとっては、実に期待外れのピッチであった。ツイッターの取締役会がCEOの候補者探しのための計画を説明しにきた、場合によっては、ドーシーの体面を保ちながら退場してもらうための戦略を携えてきたと想像していたのだ。ところが、彼らの戦略はスターCEOに直接会わせることでエリオット側を心腹させようというものに見えた。

それでもコーンは会談に同意した。コーンを含む一行は東海岸から国を横断して――もちろんそれぞれのジェット機でだが――西海岸へ戻り、今回はドーシー同席のもと、ゴールドマン・サックスの別のオフィスでミーティングを行うことになった。本人を前に、若干デリケートな議題ではあったが、このときも会話の大半はドーシーの役割に集中した。コーンはドーシーに、経営幹部の１人が他社で幹部職を兼任したいと言い出したらどうするのか？　と問い質した。これに対してドーシーは、自分がツイッターの創業者であるという事実を強調し、熟考を重ねた、明確なビジョンを示そうとした。コーンは、ツイッターのプロダクト開発の停滞についても指摘した。ドーシーは、２０１５年に復帰した際に前任者のディック・コストロから負の遺産として引き継いだ技術的な苦境から抜け出すために、ツイッターは多くの時間とリソースを費やしてきたという、これまで何年も使ってきた主張を繰り返した[14]。

こういった議論の内容にもかかわらず、ドーシーのいつもの穏やかな口調は変わらなかった。愛嬌のある態度で接し、ユーモアさえ見せた。「想像していたよりも、ずっと普通の人ですね」。話し合いも終盤にさしかかる頃、コーンがドーシーに言った。

「この1週間で耳にした、一番嬉しい言葉です」とドーシーは答えた。

ツイッター側の参加者は、会談の成功を信じて疑わなかった。話し合いが終わり、ドーシーが席を立った。レムカウはコーンにもう少し待つよう求めた。もう1人、コーンに会わせたい人物がいたのだ。ドーシーを解雇すべきでないと考えている投資家だ。モントレー近郊でゴルフのラウンドを終えたばかりのエゴン・ダーバンが、ちょうどいいタイミングで部屋に入ってきた。ツイッターの起死回生の一手、最後の切り札だった。

コーンは、ダーバンがツイッターのことを嗅ぎまわっているとは聞いていたが、ここで直接対面することになるとは予想もしていなかった。コーンが驚いたのは、ツイッターが土壇場になって投資家を引っ張り出してきたからだけではなかった。その投資家がテック業界でも指折りの投資家の1人だったからだ。ダーバンはドーシーCEOの支持を表明し、「象の足」の間で、つまりフェイスブックやグーグルといったツイッターよりもはるかに大きな競合がひしめく世界で、ドーシーはツイッターの舵取りをうまくやってきたと論じた。シルバーレイクがツイッターに出資を行い、ダーバンが取締役に就くことを説明した。残る議論は、エリオットの今後の役割だけだった。

ダーバンの関与によって、状況は一変した。コーンとエリオット・マネジメントは、必要とあらば委任状争奪戦でドーシーを追い出せると確信していたが、目の前にもう一つの選択肢が浮上したのだ。ツイッターはダーバンのことを「友好的」だと信じていたが、コーンもダーバンのことを長年聞き知っており、似たような印象を抱いていた。数々の成功を収めてきたファンドと一緒に出資をすることで、ドーシー相手に何カ月もかけて争うよりも、楽で実入りのいいビジネスになるかもしれない、と考えたのである。「和解」が突然、誰の目にも悪くない選択肢に見えてきた。

Covid-19、シルバーレイクとエリオット・マネジメント

ジャック・ドーシーがＣＥＯ職を賭けた戦いに忙殺されている間、世界は急速にシャットダウンへと向かい始めていた。中国中部で発生した新型コロナウイルスが、瞬く間に世界的な脅威となり、米国内でも急速に感染が拡大していた。シアトルのアマゾン従業員が感染、シアトル近郊のフェイスブックのオフィスで働く契約社員も感染が発覚し、同社はオフィスの一時閉鎖を決断した。[15]その時点では気づいていなかったが、多くのツイッター従業員が後に、「#OneTeam」の会場で新型コロナウイルスに感染したのではないかと考えるようになる。リトリートから数週の間に、数十人の従業員にインフルエンザのような症状が現れたのだ。彼らは、ハッシュタグ「#OneVirus」を使ってそのことを投稿し始めた。

従業員たちが「私たちはジャックを支持します（#WeBackJack）」のツイートをしたのと同じ月曜日の朝、ツイッターはグローバルで５０００人に上る全従業員を対象にリモートワークを奨励すると発表した。他に先駆けて在宅勤務を推進した、米国の主要企業の1社となった。香港、日本、韓国で働くツイッター従業員は、選択の余地なく、リモートワークが義務づけられた。「従

業員のために、そして私たちを取り巻く世界のためにCovid-19が蔓延する可能性を低減すること、これが私たちの目標です」と同社はブログ記事に書いている。「ツイープたちの健康を守るため、私たちは十分な注意と最大限の努力を払い事業を運営していきます[16]」

２０２０年３月上旬の「十分に注意を払った」事業運営は、ある意味、ツイッターに恵みの雨をもたらした。過去３カ月の間、何かにつけて頭痛の種となっていた、ドーシーのアフリカ移住計画を撤回する口実になったからだ。

３月５日木曜日、コーンとの最初の会談の翌日、ドーシーはサンフランシスコのパレスホテルで開催されるモルガン・スタンレー主催のテック・カンファレンスに出席した。午前中を丸々使って投資家の質問に答えるなど、御免被りたかったが、年に一度だけと決めてこうした銀行主催の投資家向けカンファレンスに毎年出席していたのだ。

今回の会議は、最高のタイミングであると同時に、最悪のタイミングでもあった。ドーシーの仕事はアクティビスト投資家からの非難の対象となっており、彼が果たして月末までツイッターにいられるかウォール街を中心に興味津々の体だった。その一方で、ドーシーは、質問内容がほぼわかっているインタビューを通して、十分に準備をした上で、自身の仕事について語る機会を得られるのだ。ＣＥＯがツイッターに投入できる時間的制約に関する質問が出ることはわかりきっていた。ドーシーとツイッターの担当チームは、会社として伝えるべきメッセージを用意し、リハーサルを重ねた。

セッションの最後の最後まで、その質問は出なかったが、ついに聴衆の１人が手を挙げた。「ドーシーＣＥＯが長めの旅に出ようとしているとの報道がありました」と前置きし、次のように続けた。「どのように時間を配分されているのか、興味深く思っています。優先順位を教えてください。そして、現在世界で起こっていることを理由に、今後数カ月の取り組みに何らかの変更が加えられることはありますか？」

文句なしの前振りだった。「そうですね、アフリカ視察の際の私のツイートに関連するご質問だと思います。率直に言って、あのツイートは失敗でした。なぜなら、ツイートの背後にある『理由』の説明が欠けていたからです」とドーシーは切り出した。

アフリカは若く人口も増加しており、ビジネスとテクノロジーの観点からアフリカを理解することは重要だと言い、リモートワークは可能なのだという自分の信念を、そして地球の裏側からでさえ可能であることを、実際に試してみたかったのだと述べた。「単に旅をして楽しむつもりでもなければ、サバティカル休暇を取るつもりでもありません。あのツイートの意図は、サンフランシスコでやっているすべてのことを、実際に別の大陸でやってみることにありました」

ドーシーは、ほとんどの投資家が、とりわけエリオット・マネジメントが聞きたがっていた論点に言及し、質問に対する回答を結んだ。「けれども、世界の現状、特にコロナウイルスについては、一体何が起こっているのか、それが私と私たちの会社にとって何を意味するのか、よくよく考えなければなりません[17]」。アフリカへの移住が選択肢から外れたとは明言していない。だが、その必要はなかった。言葉にするまでもなく、現実を直視すれば、ドーシーのアフリカ移住計画が立ち消えとなったことは明らかだった。

３月９日月曜日。株式市場が開く前、「ツイッター、シルバーレイクおよびエリオット・マネジメントとのパートナーシップを発表」と題するプレスリリースが配信された。シルバーレイクのエゴン・ダーバンが取締役に就任した。エリオットのジェシー・コーンも同様だ[18]。ドーシーの続投が決まった。少なくとも今のところは。

他にもいくつかの変更があわせて発表された。経営執行会長のコーデスタニは、取締役としては残留するが、会長職はエリオット・マネジメントとの話し合いを主導してきたピシェットが引き継ぐ。ツイッターは20億ドル規模の自社株買いを行い、さらに「経営体制委員会」を設置してCEO承継計画の見直しなどに取り掛かる。

プレスリリースをさらに読み進めると、数日前から熱い議論が繰り広げられていた重要な論点が含まれる段落があまり目立たないところに埋めこまれていた。ツイッターは、ビジネス上の鍵となる、2つの数字を改善する「野心」を明らかにしたのだ。

まず、2020年および「それ以降」も、ユーザー数を少なくとも20％増やすことを誓った。続いて、売上高成長率を高め、「デジタル広告市場でのシェアを拡大させること」を約束したのである。

「野心」という表現は、このリリースが発表される前、長い激論の末に決まったものだ。エリオット・マネジメントは、ツイッターがこれらの新しい目標を「ターゲット」と表現することを望んだが、ツイッターの経営陣、特にシーガルCFOが強硬に反対した。正式な「ターゲット」とするには数字が具体的すぎて、とりわけ世界が予測不可能なパンデミックに向かいつつある中、自分たちに過度のプレッシャーをかけることになりかねないと懸念したのだ。

それに対して「野心」にはもう少し柔軟な響きがある。もちろん、どう呼ぶかよりも重要なのは中身である。ドーシーは基本的に、業界で「業績改善計画（PIP）」と呼ばれるものに取り組んでいた。ツイッターはユーザー数を増加させ、売上を拡大させることに合意し、取締役会に席を確保したコーンが、その進捗状況をチェックすることになった。アクティビスト投資家がツイッターに関心を持つのではないかという憶測は何年も飛び交っていたが、エリオット・マネジメントは1カ月も経たないうちに、十分な資金さえあれば誰でもツイッターの前に姿を現し、もものの数週間で変化を強要できることを実証して見せたのである。

続投が決まったものの、ここまでのプロセスのおかげでドーシーは精神的にすっかり参っていた。ディール発表の前日、シルバーレイクとエリオットの双方と最終的な詳細を詰めていたとき、ドーシーは不意に合意内容に不安を覚えた。そして突然、和解ではなく、エリオットと戦いたいという衝動に駆られた。

ツイッターの取締役会にとって、この心境の変化はあまりに幼稚だったし、あまりに遅すぎた。一部の取締役は、態度を急変させたドーシーに、なぜ今更と怒りを覚えずにはいられなかった。ドーシーの地位を守るための解決策を交渉すべく、何週間もの時間を費やして戦ってきた後で。他方ドーシーは、取締役会が彼の解雇を望む会社と和解したことに腹を立てていた。エリオットとの波乱万丈劇からは難を逃れたが、自社の取締役会に対する不信感と失望が新たに芽生えていた。

イーロン・マスクを取締役会に迎えるというドーシーの希望に耳を貸す者はおらず、このひと月の間、彼の経営スタイルと能力は、あるときには密かに、あるときには公然と批判にさらされてきた。十分な資金さえあれば誰でも出資を通して力を行使することができる株式所有構造に起因する絶え間ない脅威など、ツイッターが公開企業であるが故に生まれるマイナスの面をまさに身をもって体験した。ツイッターが上場企業によって運営されているという現実を、これほど口惜しく思ったことはなかった。

さて、エリオットが入ってきた。ドーシーは思う。出口はどこだろう。

第9章　やるからには思いきりやろう

「今日という日、君は君なんだ。これは真実よりも確かなこと。君よりも君らしい人なんて、この世には存在しないんだから！」

ドクター・スースの絵本『お誕生日おめでとう！』をカメラの前に広げ、オンラインミーティングの参加者全員に絵本から飛び出すバースデーケーキが見えるようにページをめくる。「大きな声で叫ぼう、僕は僕で幸せ！　ただのハマグリとかハムじゃなくて良かった！」。ドーシーはページを読み上げた[1]。

　2020年4月には、それがたとえグーグルのハングアウト（Hangouts）やズーム（Zoom）を通してだとしても、どんな交流でさえ素晴らしいアイデアに思えた。従業員が在宅勤務で煮詰まることのないようにと、従業員とその子どもたちのために毎週何かできることはないかと考えたツイッターは、「お話の時間」をスタートした。パンデミックが拡大し、保育施設や学校が閉鎖される中、誰かが子どもたちを楽しませなければならない。

　この日の「誰か」がドーシーだったのだ。ドクター・スースの絵本から数分後、彼は2冊目の本を手に取った。タイトルは『僕の贈り物をわけてあげる』[2]。ドーシー自身が描いたカラフルなイラストがはさまれた、子ども時代の手づくりの宝物だった。

ドーシーがツイッター専属の図書司書として読み聞かせをする世界など、ほんの数週間前には想像もできなかった。ツイッターの取締役会がドーシーのＣＥＯの地位を守り抜いてから２日後には、あちこちでシャットダウンが始まった。

３月11日に世界保健機関（ＷＨＯ）が新型コロナウイルス感染症の「パンデミック」を宣言、[3]その２日後にはドナルド・トランプ大統領が国家非常事態宣言を発令した。[4]カリフォルニア州では３月19日、ギャビン・ニューサム知事が「重要インフラ部門」の従事者を除く州内のすべての住民に対して自宅待機命令を出した後、正式にロックダウンに入った。[5]これにともない、無料の食事やアーケードゲーム、ハッピーアワーにはロゼワインが提供されるツイッターのおしゃれなオフィスもほぼ空っぽになり、ドーシーがビデオミーティングでドクター・スースを読むに至ったのである。

本社の廊下や会議室は閑散としていて、社内に忍び寄る重圧など何ひとつないかのように感じられた。だがその実、ツイッターは創業以来、もっとも重要な局面を迎えようとしていた。

コロナウイルスは、第二次世界大戦以来、最大のグローバルニュースであった。世界中のすべての国が影響を受け、ニュース速報や最新情報の配信チャネルとしてのツイッターの役割が、これまでになく重要になっていた。Covid-19にまつわる制限や義務が州によって大きく異なる米国では、知事たちが連日のようにツイッターを利用して州の政策を更新していた。

ツイッターも、保健機関や公衆衛生当局などから発表される新型コロナウイルスに関するニュースや更新情報を集めたランディングページを作成した。再選へ向けた選挙キャンペーンに入っていたトランプも、１日に数十件に上るツイートを行っていた。その多くは、彼のお気に入りのトピックである「フェイクニュース」メディア関連だったが、次第に新型コロナウイルスと、ウイルスが経済全般に与える影響に関する投稿も増えてきていた。

人々の命に関わるパンデミック、過熱する大統領選挙、そして頭に思い浮かんだことを何でもかんでもツイートする現職大統領という要素が重なったことで、ツイッターの人気はかつてないほど高まった。２０２０年の第１四半期、ツイッターのユーザー数は前年同期比で24％増加した。第２四半期には同34％増を記録した。ツイッターのサーバーは、サイトを稼働させ続けるだけでも多大なストレスにさらされていたが、従業員のリモートワークにより作業がますます複雑化していた。「プラットフォームへの負荷が増大し、サービスの運営に固有のストレスを与えています」と、同社はブログに記し、「前例のないレベルのトラフィックが集中し、サービスに負荷がかかっていますが、従業員の安全と生産性の維持に努めてまいります」と付け加えた。[6]

パンデミックの初期に多くの広告主が広告支出を凍結したため、売上が大幅に減少したものの、それは短期的な問題のように感じられた。どこかのタイミングで広告主は戻ってくるだろうし、戻ってきた広告主は、ツイッター上でより多くのオーディエンスにリーチできるようになっているのだ。

Covid-19とツイッターのファクトチェック体制

感染の拡大と死者数の増加を背景に、ツイッターは人々の安全を守るため、そしてツイッター上の情報を読んだことが原因で感染してしまう可能性を最小限に抑えようと、ウイルスに関連する投稿のファクトチェックを開始した。ソーシャルネットワークの世界では誤情報は目新しい問題ではなかったものの、ほとんどの誤情報はツイッターの既存のルールに基づけば違反とみなされなかった。ツイッターは、提携する第三者機関に特定の投稿の取り締まりを任せていたフェイスブックのような大規模なファクトチェック体制を持たなかった。[7]

実際、ツイッターのファクトチェックは基本的に新しい取り組みだったのだ。2000年初頭、同社は人々を欺くことを目的に加工された動画や写真などの「合成メディア」を含む投稿にラベルをつけ始めた。大方の場合、それだけだった。Covid-19以前は、誤情報対応はツイッターの総合的な取り締まり活動の中ではそれほど大きな割合を占めていなかった。

それをパンデミックが変えたのである。デル・ハーヴェイ率いる信頼と安全チームは大急ぎでCovid-19の誤情報に関するポリシーを策定し、人々を危険にさらす可能性のある投稿をより幅広く削除できるよう「有害」の定義を拡大した。米疾病対策センター（CDC）といった公衆衛生当局からの情報をベースに、新型コロナウイルスに関する専門家のガイドラインに反するツイートを削除するようユーザーに求め始めた。

ツイッターユーザーは、世界的な保健当局の勧告を否定するような投稿（例：ソーシャルディスタンスの確保には何の効果もない）を行ったり、危険と判断される治療法（例：漂白剤やコロイダル・シルバーを飲めば治る）をシェアしたりすることはできなくなった。2020年3月に公開された同社のブログ記事には、ツイッターで以後ルール違反とみなされる10種類以上の投稿例が記載されていた。[8]

誰もがツイッターの新ポリシーを歓迎したわけではない。ドーシーもその1人だった。Covid-19に関するツイートにファクトチェックをかけるという会社の決断に、納得しきれずにいた。ドーシーは通常、ポリシーに関連して担当者たちの判断に口を出すこともなければ、対外的に不満を漏らすこともなかった。しかしこのときは、Covid-19にまつわるポリシーに他のルールやガイドラインとは比較にならないほどの関心を示し、著名人のアカウントに違反のフラグが立てられた場合にはメールで自分にも報告するよう担当者に命じた。とはいえ、ポリシーにいろいろと思うところがあったとしても、現場に介入して、さらなる変更を求めることはしなかった。

5月上旬、ウイルスについての理解が進んできたこともあり、ツイッターは関連ポリシーに微調整を加え、「議論のある、あるいは誤解を招く」情報を含むものの、「ツイートにともなう危害のリスクがそれほど深刻ではない」投稿に関してはラベル付けを行うことにした[9]。これにより、より多くのツイートの投稿が認められる一方で、米疾病対策センターのウェブサイトのような、より信頼性の高い情報源の参照を促す、ツイッターからの注意書きが付されることになる。このラベルはフラグ（旗）のような役割を果たし、そのアカウント所有者が疑わしい情報や誤解を招くような情報をシェアしていることを、目に見える形で誰にでもわかるよう警告するものだった。

新型コロナウイルスの蔓延により、ツイッターは新境地を切り開くことになったと言える。何年もの間、ツイッターは主に二元的なシステムで運営されてきた。すなわち、ルールに反するツイートは削除され、問題のないツイートは残される。だがこのときツイッターは、問題のあるツイートを削除するのではなくラベルを追加するという3つ目の道を確立しようとしていたのだ。ラベルの適用は、信頼と安全チームのマンパワーだけに依存するのではなく、ソフトウェアによる自動化を進めていった。同社は将来的にこの方針を拡大し、選挙や投票に関する誤情報にもラベル表示を行いたいと考えていたが、この時点ではCovid-19関連情報に多くのリソースを割く必要があった。

選挙は6カ月先のことであり、詳細を詰める時間は十分にあると判断したのだ。だが、またしても、トランプに振り回されることになる。

トランプ、再び激怒する

ヨエル・ロスは、サンフランシスコのミッション地区、15番通りとバレンシア通りの交差点近くにテスラ車を停め、すぐ脇を車が次々と通り過ぎていく中、ノートパソコンを開いた。火曜日の午前中だったが、この日は仕事をするはずではなかった。これまで住んでいたアパートメントを引き払い、ベイブリッジを渡った向こう岸、バークレーの北部にある新居へ引っ越すために1週間の休暇を取っていたのだ。だがその計画は、ドナルド・トランプの新たなツイートによって阻まれた。ロスは引っ越し作業を中断して、パソコンに向かい、ツイッター史上もっとも世間の耳目を集めることになる誤情報ラベルを追加する作業にあたった。

ロスは25歳のとき、博士論文の執筆中に気分転換が必要だと感じ、ツイッターでインターン生として働き、修了後そのまま入社、この頃までに5年近く同社に在籍していた。電気工学を教える大学教授の父とピアノ教師の母の間に生まれ、フロリダ州のボカラトンで育った。ペンシルベニア州のスワースモア・カレッジに進学。在学中は、近所のアップルストアのジーニアスバー（Genius Bar）でアップル製品の修理をして小遣いを稼いだ。その後、ペンシルベニア大学のコミュニケーション学の博士課程へ進み、コミュニケーションとメディアのクラスの指導も担当した。また、インターネットと社会に関する研究に注力する、ハーバード大学のバークマン・クライン・センター（Berkman Klein Center）でヘイトスピーチの研究にも従事した。論文執筆中に短い休暇を取りツイッターの信頼と安全チームでインターンを行い、２０１５年に博士課程を修了すると同社に戻り、以来、安全とプライバシー関連の問題を担当していた。

その数年後、２０１６年の大統領選での大混乱をはさんで、ロスはツイッターの「サイト・インテグリティ」統括責任者に就任した。仰々しい肩書だが、要はスパム、情報操作、選挙セキュリティ、そして誤情報まで、選挙関連のあらゆる問題からツイッターのサービスを守ることが任務である。それは彼が、トランプのツイッターアカウントについて思案することに社内の誰よりも多くの時間を費やさなければならないことを意味した。

２０２０年5月になると、ロスの仕事の忙しさは極限状態に達した。Covid-19の感染拡大予防措置の一環として、人々の接触を最小限に抑えながら、より多くの州民が郵便で投票できるよう、複数の州が投票ルールの拡大を図った。カリフォルニア州のギャビン・ニューサム知事は5月、11月の大統領選に先立ち、州内の登録有権者全員に投票用紙が自動的に届くことを保証する行政命令に署名した[10]。ネバダ州は6月の予備選挙に向けて、ラスベガス市を擁する州内最大の郡で同様の対応を取り[11]、ミシガン州でも郵便投票用紙の入手を容易にする措置が講じられた[12]。

ワシントンではトランプが、これらの政策に罵りの声を上げていた。数週間にわたり、郵便投票は「不正の温床」になる[13]、共和党よりも民主党に有利に働くだろうと示唆して、ツイッター上で激しい非難を繰り広げていたのである[14]。ネバダ州が予備選での郵送投票計画を発表すると、連邦政府から同州への補助金の差し止めをほのめかして脅しをかけた[15]。その4日後には、郵便投票への移行は、「郵便受けから投票用紙が盗み取られ、何千もの偽造投票用紙が印刷され、人々は署名を『強要』され、史上最悪の不正選挙」につながるだろう、とツイートした[16]。

ツイッターの経営幹部は、これらのツイートを注視していた。ツイッターの定めるルールでは、投票の実施方法について誤解を招くような情報の投稿は禁じられていた[17]。例えば、誤った選挙日を知らせたり、テキストメッセージでも投票が可能だなどとツイートしたりすることはできない。その点において、トランプのツイートは明白なルール違反ではなかった。同社の幹部たちは、トランプがツイートしたような内容も含めて、投票にまつわるツイートに適用されるポリシーの拡大を予定していたのだが、その計画はまだ発表されていなかった。Covic-19関連情報に用いていた誤情報ラベルも、投票関連のツイートには未対応だった。

だが、ここ数年の間に何度も繰り返されてきたように、このときもトランプのツイートが行動を起こすようツイッターの背中を押したのだった。5月26日、大統領は2件のツイートを投稿した。トランプにとっては、ほとんど日課のようなものである。「郵送投票が実質的に不正なものにならないわけがない（絶対に！）」と書き、カリフォルニア州は「それが誰であろうと、どうやって同州に移り住んできたかに関係なく、州内に暮らすすべての人に」投票用紙を送るだろう、と続け、「これは不正選挙だ。あり得ない！」と結んだ。[18]

急遽、トランプのツイートについて協議するため、ロスに加えてポリシーに関わる上級幹部、信頼と安全チームの幹部が集まった。ツイートの内容が不正確であるという点で全員の意見が一致するまでに多くの時間は必要なかった。カリフォルニア州が新たに定めた政策は、「州内に暮らすすべての人」ではなく、「登録された有権者全員」に投票用紙を送付するものである。[19] それまで選挙関連のツイートへのラベル付けは行っていなかったが、トランプのツイートには説明を加える必要があると判断した。このようにして同社は初めて、トランプの投稿に「誤情報」のラベルを表示する決意を固めたのである。

ラベル付けの実際の作業を任されたのがロスだった。ツイッターの「トップ3」リストに含まれるトランプのアカウントにラベルを追加する権限を与えられた、数少ない従業員の1人だったのだ。このような経緯で、サンフランシスコ市内に停めたテスラ車の中で、上記の2件のツイートの下に「郵便投票に関する事実を確認しよう」のラベルが追加された。ユーザーがラベルをクリックすると、簡明直截なメッセージが開かれる。そこには、『トランプは郵便投票が『不正選挙』につながると虚偽の主張をしました。しかしファクトチェッカーによれば、郵便投票と不正投票との関連を示す証拠は存在しません』と書かれていた。[20]

ツイッターは事実上、米国大統領を嘘つき呼ばわりしたのである。トランプは憤怒した。その晩、「ツイッター（@Twitter）が今まさに、2020年の大統領選に干渉しようとしている」と書き、[21]続けざまに「ツイッターは言論の自由を完全に抑圧している、そして私は大統領として、それを許しはしない！」とツイートした。[22]ソーシャルメディア企業は、米通信品位法230条として知られる一連の保護条項により、どの投稿を残し、削除するかを決定するにあたり法的な責任を免除されている。トランプは2日後、この法的保護の一部を縮小する大統領令を発令した。[23]

トランプの上級顧問の1人、ケリーアン・コンウェイは、FOXニュースの「フォックス・アンド・フレンズ（Fox & Friends）」に出演し、トランプのツイートにラベル付けをしたロスを名指しで非難した。彼女はホワイトハウスを背に立ち、放送中にロスのツイッターアカウント名のスペルを読み上げた。FOXニュースの視聴者がロスのアカウントを見つけ、嫌がらせをしやすいようにという「配慮」である。「サンフランシスコの皆さん、彼を起こして、フォロワーが増えているよと教えてあげてください」とまで言った。[24]FOXニュースのレポーターは、ロスの古いツイートを根こそぎ調べ上げ、トランプとそのチームを「本物のナチス」と呼んだ投稿や、トランプを「人種差別主義のミカン」呼ばわりした投稿など、数年にわたりロスがツイートしてきたトランプに関する、ありとあらゆる否定的な内容に焦点を当てた記事を掲載した[25]（ロスが、ケンタッキー州選出の共和党上院議員ミッチ・マコネルを「人格が空っぽのオナラの袋」と嘲笑したツイートも一緒くたに取り上げている)[26]。

ロスの過去のツイートは恥ずべきものだったし、ツイッターの客観性に影を落としたことも否定できない。だが、コンウェイの仕打ちは、その上をゆく悪質さであった。西海岸が朝を迎えるまでに、ロスのスマートフォンはすでに爆発寸前になっており、ツイッターアカウントはトランプ支持者による脅迫メッセージや中傷で溢れかえっていた。数えきれないほどの殺害予告を受けたため、ツイッターは彼の新居に警備員を派遣して家中をくまなくチェックさせ、監視カメラの設置などの安全対策を提案した。翌日のツイートで、トランプがロスのアカウントをメンションしたことで、攻撃はさらに勢いづいた。「郵便投票が不正にさらされることはないというツイッターの主張は、とても馬鹿げている。あまりに愚かだ。その実例、事例が、あちこちにある」と書いた。「私たちの選挙プロセスはひどく損なわれ、世界中の笑いものになるだろう。嫌われ者のヨエルくん(@yoyoel)にそう言ってやってくれ[27]」。ツイッターは結局、数カ月の間、ロスの自宅前に24時間体制で警備員を配置することになった。

この事実確認ラベルの問題は、その週に繰り広げられるツイッターとトランプの間の衝突の序章に過ぎなかった。黒人男性ジョージ・フロイドが拘束された状態で白人警官から膝で喉元を押さえつけられて死亡したミネアポリスでの事件を受けて、全米各地で抗議活動が広がった。そのときの様子を映した動画がソーシャルメディアで拡散され、国中にデモ行進や抗議行動が飛び火していった。多くの人々が、新型コロナウイルスの蔓延につながらないようマスクを着用しながら、警察による暴行に反対するデモ行進に加わった。ミネアポリスの抗議行動は瞬く間に過激化し、デモ参加者が警察車両に火を放ち、店舗を荒らし始め、警察が群衆に向けて催涙ガスやゴム弾を発射した。2日目、そして3日目になっても抗議活動が続き、ミネソタ州のティム・ウォルズ知事は州兵の出動を指示した。[28] フロイドの死から数日後の5月29日午前1時少し前、ついにトランプが2件のツイートを投稿し、ツイッター上で介入を試みた。
「この乱暴者たちは、ジョージ・フロイドの追悼に泥を塗ろうとしている。そうはさせない」と、過激化した抗議デモ参加者について書いている。「たった今、ティム・ウォルズ知事と話をし、軍は常に知事とともにあると伝えたところだ。どんな困難があろうとも、我々は事態を掌握するだろう、しかし、略奪の始まりは、発砲の始まりだ。そこのところよろしく！[29]」
このツイートが届いたとき、サンフランシスコの自宅にいたドーシーはまだ起きていた。ツイッターの幹部たちは慌ててPCを立ち上げ、対応を協議した。メンバーには、信頼と安全チームを束ねるハーヴェイ、ツイッターの法律顧問を務めるショーン・エジットも含まれていた。彼らの上司にあたるビジャヤ・ガッデは、産休中のため不在であった。一同は、先のトランプの投稿について、スラック（Slack）とグーグルドキュメント（Google Docs）の共有機能を使い、数時間をかけて議論した。複数人が一つのドキュメントをリアルタイムで編集したり、メモをシェアしたりできるため、ツイッターではチームによる共同作業の際にグーグルドキュメントを使うことが多かった。[30]
カリフォルニア州で真夜中を少し回った頃、決定が下された。トランプは、暴力の美化を禁じるツイッターのポリシーに抵触した。とはいえトランプは世界に影響を与えるリーダーである。ツイッターがトランプに、一般ユーザーの場合のように、ツイートの削除を求めることはなかった（ルール違反であるとしても、「ニュースとしての価値」があるためだ）。そうする代わりに、トランプのツイートを注意喚起メッセージの後ろに隠した。他のユーザーは、そのツイートに「いいね」を押したり、コメントしたりできなくなる。トランプのツイートの前に表示されるメッセージには、「このツイートは、暴力の美化に関連するツイッターのルールに違反しています。しかしながらツイッターは、この投稿をアクセス可能なままにすることが公共の利益に資すると判断しました」と書かれていた。[31] ツイッターはその週のうちに、誤情報とツイッターの定めるルールへの抵触を理由に、トランプの複数のツイートにラベルを追加した。大統領選挙本番までまだ6カ月近くあったが、ダムは決壊した。トランプ大統領のツイッターアカウントは、もはや神聖不可侵でも治外法権でもなくなったのだ。

プロダクト開発に熱を注ぐ

トランプ大統領との関係が急速に悪化していく間、ジャック・ドーシーはツイッターの長期的な未来について考えを巡らせていた。エリオット・マネジメントとの和解により、ツイッターのビジネスには大きなプレッシャーがかかるようになり、ドーシーは自分こそがCEOにふさわしいのだと、続投に値するのだと投資家を説得しなければならなくなった。ディールの一環として、ツイッターは投資家向けのイベント「アナリスト・デー」の開催に同意していた。投資家やアナリストの前で、ツイッターのビジョンを説明する機会を得ることになる。同時にエリオットとシルバーレイクからの出資により、どのようなポジティブな変化が期待できるのか、彼らを向こうにピッチを行うことになる。売上とユーザー数の増加という新たな「野心」を掲げて以来、財務目標をリセットするチャンスでもあった。上場企業によるアナリスト・デーの開催はいたって普通のことであるが、ツイッターでは2014年を最後に開催されていなかった。

当初の予定よりも計画をまとめるための時間的余裕が与えられたことは、ドーシーにとって朗報だった。もともとは2020年の秋にスケジュールされていたのだが、新型コロナウイルスの感染拡大を理由に2021年2月に延期されたのだ。パンデミックのおかげで、ドーシーの業績を判断するのも簡単ではなくなった。ツイッターのユーザー数は急速に伸びていたが、収益はがた落ちだった。多くの広告主が、パンデミックがどのように進展していくかを見極めるために広告支出を控えたため、2020年の第2四半期の売上は19％減少した。この責任をドーシーに帰するのがフェアでないことは確かだが、ユーザー数の増加をすべてドーシーの功績だと称えるのも何かおかしい。ドーシーにとっての真の試練は、新型コロナウイルス感染症が収束した後、少なくとも社会経済活動が正常化した後に訪れることになるだろうと思われた。

アナリスト・デーの準備に際し、ドーシーはトップクラスの補佐役たちに、取締役会や投資家と共有するための3カ年事業計画書を作成するよう指示した。担当グループはすでに数カ月前からツイッターの長期戦略について話し合っていたのだが、彼はこのときウォール街の投資家やアナリストたちに提示できる、収益とユーザー数の成長目標を含むより具体的な計画を求めたのだ。

消費者向けプロダクトの責任者を務めるケイボン・ベイクプールと、広告プロダクトの責任者を務めるブルース・ファルクが、2020年の春から初夏にかけて数字をまとめていった。CTOのパラグ・アグラワル、エンジニアリング部門を率いるマイケル・モンターノも関与しており、技術チームがツイッターの製品開発スピードを加速させるにはどうすればいいかブレインストーミングを行った。ツイッターの人気の高まりは、楽観的な見通しにつながった。なにしろ、ユーザー数の増加は通常、どこかの段階で収益増をもたらすからである。ドーシーは、フルスイングしようとしていた。そして、メンバーにこう明言した。「中途半端にやってもしょうがない、やるからには思いきりやろう」

ベイクプールの頭の中には、リソースを注ぎこみたいプロダクトのアイデアがたくさんあった。複数のアカウントをまとめたトピックのフォローを可能にするというツイッターの決断はうまく機能しているようで、エンゲージメント向上の原動力となっていた。そこで彼はこの機能を拡張し、ユーザーが何十万ものトピックから関心のあるものを選択できるようにしたいと考えていた。さらにツイッターはその夏、「スペース（Spaces）」と呼ばれるオーディオ機能の開発にも着手している。不特定の相手に会話をライブで配信できるというもので、いわばツイッターアプリ内に誰もが自分のラジオスタジオを持てるような感覚だ。パンデミックのため人々が自宅にこもらざるを得ない状況下で、オーディオ機能は優れたアイデアだと思われたし、類似のサービスを提供するスタートアップ、クラブハウス（Clubhouse）がテックコミュニティですでに大ブームを起こしていた。

そして忘れてはならないのがスクリブル（Scribbles）だ。いや、スクリブルとして始まったもの、と言った方が正確かもしれない。一定の時間が経過すると自動的に削除される投稿のアイデアは2019年から進化を遂げていた。初期段階でのテストは期待外れに終わったが、その後ツイッターはデザイン部門のトップに新たにダントリー・デイビスを起用した。フェイスブックで数年にわたりストーリーズ（Stories）の開発に携わっていた人物だ。デイビスは着任するやスクリブルの陣頭指揮を執った。そのようにして2020年初頭、名前こそ違えど24時間後に投稿した画像や動画が消えるストーリーズのクローン「フリート（Fleets）」が誕生した。ツイッターはテストを開始した。このフリートもベイクプールの長期的なプロダクト計画の一つであった。

もう1本の柱、広告事業にも目を向けよう。ファルクは、ダイレクトレスポンス広告と呼ばれる、よりターゲットを絞ったパーソナライズ広告を積極的に推し進めたいと考えていた。ツイッターはそれまでダイレクトレスポンス広告を得意としておらず、その代わり、ブランド広告に特化していた。テレビコマーシャルや広告看板への出稿のデジタル版と言える。ブランド広告では、より一般的なオーディエンスをターゲットにする。例えば「カリフォルニアに住む女性」といった具合だ。広告が効果的であれば、人々は広告主であるブランドに対してより好意的な感情を持つようになるかもしれないが、その場で商品の購入へ向かうかと問われれば、必ずしもそうではない。ツイッターの収益の大部分、およそ85％は、ブランド広告によるものだった。

これに対して、ダイレクトレスポンス広告はより価値が高い。ターゲットとなるユーザーをピンポイントで絞りこみ、広告主のウェブサイトの訪問やアプリダウンロードのためにアプリストアへの遷移を促すようにデザインされている。これを気味悪がるユーザーもいる。オンラインで検索したり閲覧したりした商品が、数日後や数週間後にソーシャルメディア上の広告に表示されて気づくことが多い。フェイスブックとグーグルでは、ダイレクトレスポンス広告が稼ぎ頭であるのに対して、ツイッターの対応は遅れていた。その主な理由は、オンライン上のユーザーの行動を追跡する技術を同社が構築していなかったからである。この技術がなければ、広告に具体的な効果があったかどうかを検証することができない。何年もかけて独自にこれらの技術を開発してきたフェイスブックとグーグルに、ツイッターは大きく水をあけられていた。３カ年計画のうち、ファルクが担当していたのが、この広告事業での遅れを取り戻すことだった。

ファルクとベイクプールは、ドーシーの「やるからには思いきりやろう」宣言を肝に銘じ、取締役会と共有するために、野心的な財務目標とユーザー数の成長目標をまとめ上げた。２０２０年のツイッターの売上高は37億ドル、デイリーアクティブユーザー数は１億９２００万人である。同社が新たに提示した３カ年計画では、年間売上高のターゲットを90億ドル以上に引き上げ、2023年末までにデイリーアクティブユーザー数を約3億6500万人まで増加させる目標が掲げられた。これは年間売上高を35%ずつ成長させ、さらに3年連続で毎年5800万人の新規ユーザーを獲得することを意味する。アグラワルと彼のインフラストラクチャー・チームの力も必要だ。こちらは新製品の開発スピードを倍増させる計画を立てた。その上で彼らは目標を達成するには数千人規模の従業員を新規採用して、新たなプロダクトと機能の開発を推進する必要があると見積もった。

　ドーシーは、補佐役たちが取りまとめた計画の概要を記した資料を作成し、取締役会に提出した。パンデミックが収束する頃、ツイッターは以前よりも強靭な姿を見せることになるだろう、と彼は語った。それはツイッターがニュース配信サービスとしての価値を立証しつつあるためだけではない。ドーシーが以前から、リモートワークを強く提唱していたからだ。ツイッターは、どこからでも仕事ができることを証明する「模範」企業になるだろう。計画に示された数字は野心的なものであり、目標の実現には積極果敢な人材採用が必要となる。だがドーシーは楽観視している様子だった。わずか数カ月前には、エリオット・マネジメントの登場によりすっかり動揺していたことを考えれば、なおさら印象的であった。取締役会は3カ年計画を承認した。

　ただし、一つ問題があった。ネッド・シーガルCFOがこの計画は容認しかねるとして、取締役会直前まで反対姿勢を崩さなかったのだ。彼だけではない。財務チームの数名は、これらの目標はどう転んでも到達不可能だと考えていた。ツイッターは2015年に上場して以来、年間売上高を25%以上伸ばせた試しがなかった。それなのに、新計画では3年連続で35%の成長を掲げるというのである。ユーザー数の目標もそれに劣らず大胆だった。ツイッターは2020年、ユーザー数を新たに4000万人増やすことになったが、これが過去最高記録であった。ところが、同社のプロダクトチームは3年連続で毎年5800万人の新規ユーザー獲得を狙うという。シーガルは、あまりに野心的な数字を投資家たちに示すことで、ツイッターが自分で自分の首を絞めることになるまいかと心配していた。加えて、計画に含まれる膨大な新規採用数を踏まえれば、途方もない額のコスト増を免れないと見ていた。彼のこの懸念は、社内に緊張を生み出した。一方には、ドーシーの意向を汲んでフルスイングの数字を導き出したベイクプールとファルク。もう一方には、地に足がついた現実的な計画を練るべきだと考えるシーガルと財務チームがにらみあう。取締役会で計画が了承された後でさえ、シーガルはアナリスト・デーでこの数字を公表することを避けようとした。

最終的に双方が歩み寄り、落としどころを見つけた。計画の野心的な部分は、社内で従業員たちと共有する。数カ月後についに開催されることになるアナリスト・デーでは、大きく丸めた数字を提示することにしたのだ。計画が外部に明らかにされたとき、ツイッターの売上目標は、社内目標の90億ドル超から75億ドルにまで引き下げられていた。ユーザー数のターゲットも、約3億6500万人から3億1500万人まで縮められた。[32]誰もがこの作戦を歓迎したわけではない。ドーシー直属の幹部の中には2つの異なる数値目標を掲げることで、社内目標がおざなりにされるのではないかと危ぶむ者もいた。経営幹部が自信を持って、声を大にして伝えることのできないような数字が、何を語るというのだろうか？

それでもウォール街は、ドーシーがようやくツイッターの事業成長に本腰を入れるに違いないと受け止め、この修正された数字を好意的に捉えた。アナリスト・デーでついに計画が発表されたとき、ツイッターの株価は12％の上昇を見せたのである。[33]

あとはドーシーが、ツイッター史上最高の通期業績を実現するだけだ。

第10章　トランプのアカウント凍結

大統領選まであと数週間となったこの日、ニューヨーク・ポスト紙の一面を飾ったのは、息子のハンターと並び立つ笑顔のジョー・バイデンだった。だがその見出しは、とても表情を緩められるようなものではない。「バイデンの極秘メール」。オンライン版の記事のヘッドラインは、さらに直球だった。「ハンター・バイデンがウクライナの実業家を副大統領の父にどのように紹介したか、決定的な証拠となるメールが明らかに[1]」

２０２０年10月14日に発表されたこの記事には、ハンターのものとされるノートパソコンから入手した情報が引用されていた。同記事によるとそのノートパソコンは修理に出されたまま引き取られることなく、修理店からドナルド・トランプの弁護士であるルディ・ジュリアーニの手に渡ったのだという。ノートパソコンには、ハンターの父である民主党大統領候補と、ハンターが役員を務めていたウクライナのエネルギー会社ブリズマの接触を示す、バイデンにとって不利に働きかねないメールが残されていた。父バイデンはかつて、ハンターの海外でのビジネス上の取引について、息子と「話したことはない」と主張していたが、同メールにはバイデンが息子の依頼で実際にブリズマの幹部と面会していたことが示唆されていた。メールがほのめかす「面会」から１年も経たないうち、つまり副大統領の任期中、バイデンがウクライナ政府に圧力をかけ、ブリズマの調査を予定していた検察官を解任させたという。

この記事は、選挙遊説中のトランプがまさに欲していたものだった。「おねむのジョー・バイデンと我が国を取り巻く巨大な腐敗を暴いたニューヨーク・ポスト紙（@nypost）に祝福を」とツイートした。「彼はずっと腐敗した政治家だった。恥さらしだ！」[2]

この記事が発表された後、ツイッター社内ではあちこちで注意警報が鳴り響いた。2016年の大統領選挙では、ロシア政府が大統領候補ヒラリー・クリントンに対するハッキングと情報漏洩活動を支援し、クリントン陣営の選挙対策委員長を務めたジョン・ポデスタから数千通のメールを流出させるのに成功していた。[3]これらのメールは後に内部告発サイト「ウィキリークス（WikiLeaks）」上で公開され、クリントン候補の選挙キャンペーンに甚大なダメージを与えた。期せずして大きな役割を果たしてしまった2016年の選挙のトラウマが癒えないツイッターは、2020年の選挙直前の最後の数日、組織的なハッキングと情報漏洩活動を警戒し、ハッキングにより入手された資料や文書をツイッター上で共有したり、リンクを貼ったりする行為を一切禁止する方針を打ち出した。ニューヨーク・ポスト紙の記事は、これにまさに該当するように思われた。どういうわけか、大統領候補に不利に働くメールが残されたノートパソコンが、偶然どこかの修理店に放置され、選挙の数週間前になってトランプ大統領の弁護士の手に渡ったというのだ。ツイッター上での選挙干渉防止の責任者を務めていたヨエル・ロスが数年後、このときのことを次のように説明している。「雲をつかむような話でした。すべてがハッキングと情報漏洩のように見えました。ハッキングと情報漏洩の匂いがプンプンしていたのです」[4]

問題は、それが果たしてハッキングや情報漏洩なのかどうか、実際には誰も答えられないことだった。投稿ポリシー、信頼と安全、広報部門の従業員たちが急遽集められ、対応の検討に入った。新型コロナウイルスのせいでまだ全従業員が在宅勤務をしていたため、スラックやメールでのやり取りである。話し合いは結局、ロス、ポリシーの最終責任者であるビジャヤ・ガッデ、上級法務顧問の1人ジム・ベイカーなど、ツイッター社内の最上級レベルの幹部の判断に委ねられることになった。彼らは最終的に当該記事のブロックを決定した。これにより、ユーザーは同記事のリンクのツイートも、プライベートメッセージでの共有もできなくなった。

「議論の通り、これは事実関係がまだはっきりしていない、新たに発生した事態です」と、記事が発表された日に同僚たちに宛てたメモでロスも認めている。[5]「深刻なリスクの可能性と2016年の教訓を考慮し、慎重の上に慎重を重ね、警告を追加するとともに、このコンテンツの拡散を防ぐという選択を取ります」

ツイッター社内の他メンバーは懐疑的だった。例えば、この決定をメディアに説明する役割を担うことになる広報部門の一部である。「この記事が安全でないと表示するための根拠を見出すのに苦心している」と、広報チームのメンバーの1人、トレントン・ケネディが書いている。[6]コミュニケーション担当バイスプレジデントのブランドン・ボアマンも、「これがポリシーの一部だと本当に主張できるのだろうか？」と質問を重ねている。[7]実際問題として記事がツイッターのルールに抵触しているのかどうか社内で誰も断言できないにもかかわらず、それでも同社は、記事をブロックする決定に関し強硬な姿勢を崩さなかった。

この決定は結果的に悪手だった。バイデンのメールがハッキングやリークによるものだと確認した者は誰ひとりおらず、数年後にはセキュリティの専門家によってメールが本物であることが立証されるに至っている。[8]激しい批判が巻き起こり、記事をブロックしてから2日後に決定を覆したが後の祭りであった。バイデン候補に不利に働く記事の威力を削ぐために、公共の会話に影響力を行使したと捉えられても仕方なかった。共和党の政治家やトランプの支持者たちは怒りを爆発させた。リンゼイ・グラムとテッド・クルーズ両上院議員は、ドーシーをワシントンに呼び戻し、議会でさらなる証言を求めるつもりだと発言した。[9] まるで4年前を再現するかのように、大統領選挙本番まで数週間という段になって、ツイッターが故意にトランプ陣営の邪魔立てを図っているかに見えた。選挙での不名誉な失敗の繰り返しを避けようとした結果、またもや選挙での不名誉な失敗を招いてしまったのだ。ツイッターは道を大きく踏み外した。図らずも、自分たちが公開情報の流布にどれほどの支配力を有しているかをさらけ出したのである。

記事をブロックする措置を取り消した後、ビジャヤ・ガッデは改訂されたポリシーをツイートし、理解を求めた。「コンテンツモデレーションは、特に選挙という重要局面においては極めて難しいものです。私たちは被害を未然に防ぐために責任ある、迅速な行動を心掛けていますが、そのプロセスを通して今なお学んでいる最中なのです」と書いている。[10]

現場のことは現場に任せることを好むドーシーであるから、この決定にも関与していなかったが、その後の対応もそっけなかった。「説明もなく、URLのブロックに突き進んだのは誤った対応でした。誤りを正すために、ポリシーと適用方法を更新しました」とツイートしている。[11]

それから数週間が経った。選挙前日、ペンシルベニアやフロリダといった重要な激戦州の有権者たちが投票に向かうのを世界中が見守る中、ツイッターの取締役会も投票の実施を提案した。ドーシーに対する信任投票である。エリオット・マネジメントとの和解を経て、ツイッターの企業構造の見直しとリーダーシップの評価を目的とした委員会が取締役会内に新設された。評価のプロセスは完了し、同プロセスに関与した全員がドーシーの続投を支持した。

「本委員会は、経営陣に対する信頼を表明するとともに、現体制の維持を推奨する」[12]。取締役会の委員会は、有価証券報告書にこのように記している。定型的な表現だが、委員会がドーシーの業績と彼が数カ月前に提示した3カ年計画を承認したことを示している。

報告書には、委員会がドーシーとともにツイッターのCEO承継計画を改訂したことも記載されている。公開会社はすべて、CEOがバスにはねられたり、その他の予期せぬ事故に見舞われたりするような、万が一の緊急事態に発動する、このような後継者計画を準備することになっている。

報告書に名前が明記されてはいなかったが、ドーシーの身に何か起こった際には、CTOのパラグ・アグラワルが後任となることが決まっていた。舞台裏でドーシーが推し、取締役会がこれに同意する形で、社内の数名の候補者グループの中からアグラワルが選出されていたのだ。もし誰かにツイッターを引き継ぐとするならば、それはアグラワルだとドーシーは考えていた。

トランプ支持者の暴動とツイッターに迫られた決断

ニューヨーク・ポスト紙の記事にもかかわらず、ドナルド・トランプの再選を賭けた戦いは、民主党のジョー・バイデンに阻まれることとなった。郵便投票が急増したこともあり、いくつかの州で票の集計に数日を要したため、最終結果の公式発表に遅れが生じた。とはいえ、最終的には言うほどの大接戦ではなかった。選挙人投票でバイデンが306票を獲得したのに対して、トランプは232票であり、一般投票でもバイデンが700万票以上の差をつけて勝利している。バイデンは、1月中旬に首都ワシントンの連邦議会議事堂で行われる就任式で宣誓し、第46代米国大統領に就任することになる。トランプがそれを阻止するために何かしでかさない限りは。

退陣予定のトランプは、選挙日の夜から2カ月間、聞く耳を持つ者ならば誰彼構わず、選挙結果に異議を唱えることに明け暮れていた。ツイッター上では、トランプのツイートにほぼ毎日のように誤情報のフラグが立てられ、選挙日夜の敗北以来、ツイッターは大統領が投稿したツイートのうち300件以上に注意喚起ラベルを追加していた。[13]その多くは選挙結果に異議を唱えたり、「不正選挙」を訴えたりするものだった。ツイッターのラベルはトランプのツイートに対して、より正確な情報を人々に示した。「この選挙について、複数の情報源が異なる見解を示しています」と表示されるラベルもあれば、「不正選挙に関するこの主張には議論の余地があります」と書かれているものもあった。[14]トランプが「一般」のユーザーであったならば、これだけの違反を繰り返したのだから、アカウントは永久に凍結されていたことだろう。米国大統領である彼のアカウントは、ツイッターの「世界的リーダー」ポリシーのおかげでそのまま残された。

選挙結果が連邦議会で正式に承認されようというその日、トランプはホワイトハウス前に広がる芝生のエリプス広場の演台の前に立ち、メディア、議会、そしてお気に入りのソーシャルネットワーキングサイトまで、あらゆるものに対する激しい怒りをぶちまけた。「私がツイートを発信するたびに、たとえそれが完全に正しくても、完全に正しいのに、フラグをつけられる」と述べ、「まるでそれが義務であるかのように、メッセージを発信させない」と付け加えた。「ツイッターなどどうでもいい。ツイッターは悪いニュースだ[15]」

トランプが演説を締めくくろうとする頃、バイデンの当選を認定する議会手続きのために上下両院合同会議が招集された。トランプは、支持者たちに連邦議会議事堂へ向かって行進し、その手続きを阻止するよう呼びかけた。「今日ここにいる私たち全員が、私たちの選挙の勝利が思い上がった民主党急進左派によって盗まれるのを見たくないと思っている。彼らは今まさに選挙を盗もうとしているのだ」と述べ、「私たちはけっして諦めない、敗北を認めたりなどしない。そんなことは起こらない。盗みが行われたのに、引き下がることなどできない」と宣言した。

演説終了から数時間、トランプ支持者の一部は、「USA、USA、USA！」とシュプレヒコールをあげながら、本当に連邦議会議事堂まで行進した。デモ参加者たちは警察のバリケードを破り、議会議事堂の壁をよじ登った。窓ガラスを割って議事堂内に入った抗議者たちが内側から扉の鍵を開けると、他のデモ参加者たちがなだれ込んだ。合同会議の議事進行役を務めていた、トランプ政権の副大統領であり上院議長でもあるマイク・ペンスを、シークレットサービスの護衛が安全な場所へと避難させた。他の議員たちも屋内退避を始め、合同会議は中断され、連邦議会議事堂は封鎖される事態となった。トランプは議会議事堂まで行進する代わりにホワイトハウスへ戻り、激しさを増していく暴動の様子をテレビで鑑賞した。トランプ支持者たちが窓ガラスを割り、連邦議会議事堂の中を我が物顔で歩き回る映像を、米国のあらゆる主要ニュースメディアがストリーミング配信していた。暴徒が議事堂内へ乱入し、副大統領が安全な場所に避難誘導されたとき、トランプがツイートした。

「マイク・ペンスは、私たちの国と憲法を守るためになすべきことをなす勇気を持たなかった。以前に要請されていた不正あるいは不正確な結果を証明するのではなく、修正された事実を認定する機会を合衆国に与えてしまった」と投稿したのだ〔訳注：上下両院合同会議で進行役を務めるペンス副大統領に、大統領選の最終結果の認定を阻止するようトランプ大統領が圧力をかけ、これに対してペンスが自分には結果を覆す権限などないと反論した経緯がある〕。「米国は真実を求めている！」

ツイッター従業員の多くは、それぞれの自宅のテレビの前で展開される一連の出来事を呆然と見つめていた。先のペンスに関するツイートに先立ち、トランプはその日すでに17回もツイートあるいはリツイートしていたが、議事堂内で暴動が起こっている事態を考慮して、ペンスを攻撃するトランプのツイートには間髪入れずフラグが立てられた。そして、要検証ツイートとして、信頼と安全チームのもとへ通知が発せられた。

この頃までにツイッターは、トランプを含む有名ユーザーによる物議を醸す投稿を分析するための信頼性の高い手順を構築していた。当該ツイートはグーグルドキュメントに追加され、オペレーションチームの誰かが、投稿が抵触している可能性のあるポリシーの該当部分をコピーしてドキュメントに貼りつける。信頼と安全チームの幹部が、ツイートの文面とポリシーを比較しながら検討し、ドキュメントに他の従業員が閲覧できるようコメントを記入する。全従業員がリモートで仕事をしている環境下で、関係者全員に電話やビデオミーティングを呼びかける必要がないため、ツイートの内容を分析する上で、比較的迅速かつ信頼性の高い方法であることが実証されていた。ラベルを追加する、場合によっては、ツイートの閲覧に注意喚起画面をはさむといった取るべきアクションが推奨され、その提案は通常、ツイッターの法務およびポリシー部門の責任者であるビジャヤ・ガッデのもとへ送られ最終判断が下される、というのが典型的な流れだった。決定が下された後、ガッデはドーシーに報告を行い、必要に応じて警戒を促す。通常ドーシーがこの手順に介入することはなく、面倒なプロセスは他の幹部やスタッフに一任していた。

デル・ハーヴェイとヨエル・ロスを含むツイッター幹部は、グーグルドキュメントに取りこまれたペンスに関するトランプの投稿を確認し、速やかに「選挙に対する国民の信頼を損ねかねない誤解を招くような情報」の共有を禁じた「シビック・インテグリティ」に関するポリシー違反と判断した。[16] 議事堂では政治家とそのスタッフたちが怒れる群衆の侵入を防ぐために、バリケードを張りオフィスや会議室のドアを塞いでいた。議会警察の警官がデモ参加者の1人を射殺した。[17]

トランプが再びツイートする。今度の投稿はビデオメッセージだった。「私はあなたたちの痛みを知っている。傷ついていることも知っている」とカメラに向かって話した。「私たちは選挙を盗まれたのだ」「だが、もう家に帰るべきだ」。トランプは暴徒たちに向けて語りかけた。「平和でなければならない。法と秩序が必要だ」。彼は選挙を「不正」と呼んで、それから暴徒たちへの愛情を示した。「家に帰ろう、私たちはあなたたちを愛している。あなたたちはとても特別だ」と。このビデオメッセージもツイッターの担当チームによって注意喚起フラグが立てられ、直ちに違反と判断された。

米国東部時間午後6時1分、暴動が始まってからおよそ5時間後、トランプは3度目のツイートを行った。「これらは、神聖かつ地滑り的な選挙の勝利が、長い間ひどく不当な扱いを受けてきた偉大な愛国者たちの手から、乱暴に、そして悪意をもって奪い取られたときに起こる出来事だ」と書いている。「愛をもって、平和のうちに家に帰ろう。この日を永遠に忘れずに！」

ハーヴェイとロスは、うんざりする思いで投稿を見ていた。トランプはもう何週間にもわたり米国の「不正」選挙について投稿し、何百万人もの人々に虚偽情報を広め、そうするためにツイッターのサービスを利用していた。これらの嘘が連邦議会議事堂での暴動につながり、複数の死者を出し、議会襲撃の間に150人を超える警察官が負傷した。[18] トランプの「拡声器」としてのツイッターの役割を考えると、自分が「血塗られた手の持ち主」のように思えてくるとロスは同僚に吐露している。担当者グループはガッデに取るべきアクションを推奨した。トランプのアカウントを永久に凍結するときだ、と。だがガッデは同意しなかった。ドーシーも反対した。

ただしこのとき、ツイッターCEOは米国内にいなかった。ドーシーはフランス領ポリネシアにある高級リゾート、ザ・ブランドに滞在中だった。同リゾート所有の専用機でしかアクセスできないプライベートアイランドだ。[19] 平時ならば、ツイッターのポリシーの執行に関する意思決定にドーシーが関与することはないが、ガッデはこの日、最新の情報を提供し続けた。ガッデもドーシーも、トランプの追放はやりすぎだと感じていた。ありとあらゆるルール違反にもかかわらず、ツイッターはそれまで、彼のアカウントを一時凍結したことさえなかった。ツイッターからの完全追放は、度を越していると思われた。代替案として、トランプのアカウントを一時的に凍結する措置に落ち着いた。ツイッターのポリシーに基づき、トランプは違反ツイートを3件削除する必要があった。該当するツイートを削除した時点で「タイムアウト（一時中止）」が始まり、12時間経過後に再びツイートできるようになる。タイムアウトは、当該ユーザーにひと息ついて、心を落ち着かせてほしいという思いのもとで設けられたものだ。

ガッデが、ドーシー直属の幹部グループである「スタッフ」たちに注意を促すよう連絡した後、トランプにアカウントの一時凍結を伝えるメールが送信された。ついに、何年にもわたりツイッターの許容範囲の境界線を押し広げ、何百件もの違反行為を繰り返してきた現職大統領の拡声器のスイッチを切ることにしたのである。

ツイッターは、同社の公式アカウントの一つ「@TwitterSafety」からの一連のツイートで、この決断を発表した。「ワシントンDCでの現在進行中の前例のない暴力的な状況の結果として、弊社のシビック・インテグリティ・ポリシーに対する度重なる重大な違反を理由に、本日現在時刻までに投稿された@realDonaldTrumpによる3件のツイートについて削除を求めました」と書いている。[20]「さらなるツイッタールールへの違反があった場合は、[21]@realDonaldTrumpアカウントの恒久的な凍結も辞しません」と同社は続けた。[22]

トランプとの関係に終止符を打つ

翌日の2021年1月7日、ツイッターの判断を糾弾する文書が従業員の間で回覧された。ただし彼らは、ツイッターが越えてはならない一線を越えてしまったことを案じたわけではなかった。対応が生ぬるいことを憂いたのだ。トランプとツイッター幹部の両方を非難する内容だった。「この4年間、@realDonaldTrumpに育まれるようにして、極右が私たちのプラットフォーム上で活動を活発化させていく過程を目にしてきました。@realDonaldTrumpによって共有された暴力的で憎悪に満ちた発言への対応に、ツイッターのリーダーチームが四苦八苦しているところを見てきました」と書かれている。トランプはもはや、「正当な民主的行為者ではありません」と続く。しからば、凍結は十分な対応とは言えない。

従業員たちは3つの要求を追加した。1点目が「1月6日の会社の意思決定プロセスの総括」、2点目が「この日の暴動におけるツイッターの役割へとつながった過去数年間の会社の行動に関する調査」、そして3点目がトランプのアカウントの永久追放である。要望書に署名した従業員の数はおよそ350人に上った。文書の最後は、「私たちは市民社会において過去に類を見ない役割を果たしており、世界中の目が私たちに注がれています。今週下す決断は好むと好まざるとに関わらず、歴史上の私たちの地位を決定づけることになるでしょう」と結ばれていた。

アカウントが凍結された後、トランプは24時間ツイートをしなかった。やっとツイートしたときは1月7日の夜になっていた。トランプは、公式のビデオ演説を通して議事堂襲撃を非難し、「円滑かつ秩序ある、途切れることのない政権移行を確実なものにすること」に尽力すると述べた。[23]これが、この日唯一のツイートだった。翌1月8日の朝、トランプは2度ツイートを行った。「私に、そしてアメリカ・ファースト（米国第一主義）とメイク・アメリカ・グレート・アゲイン（米国を再び偉大に）に投票した7500万人の偉大な愛国者たちは、将来にわたり長く、大きな声を持つことになるだろう」と書いた。[24]「けっして見下されたり、不当な扱いを受けたりすることはない。どのような方法でも、形でも!!!」そしてこうツイートした。「たずねてくれたすべての人へ。1月20日の就任式に出席するつもりはない」[25]

トランプによるこれらのツイートを検証したツイッターの信頼と安全チームは、当初は同社のルールに違反していないとの考えだった。「参考まで、安全チームは上記ツイートの評価を行い、現時点ではポリシー違反はないものと判断しました」と、彼の最初のツイートについて、同社の安全ポリシーチームに所属する従業員アニカ・ナバロリがスラックで同僚に書いている。[26]同チームは、就任式への不参加を表明した2件目のツイートについても同じ判断を下した。

しかしガッデは、この判断に確信を持てずにいた。メッセージの解釈次第で、トランプの言葉が「さらなる暴力行為の婉曲的な扇動」であると理解できるのではないかとの懸念を払拭できずにいたのだ。[27]特に、「アメリカの愛国者」という表現を用いたことが引っかかった。トランプに票を投じた一般市民全体を指しているのであれば、問題はないと思われる。そうではなく、議会議事堂を占拠した暴徒たちを意図しているのだとすれば、このツイートはまったく異なる意味合いを持つ可能性がある。ガッデはそのように提起した。

その日の午後、ツイッターは全社ミーティングを開催したが、多くの従業員がトランプのアカウントが今なお有効であることに憤りを感じていた。前日に従業員たちの間で回覧された要望書はマスコミにリークされ、ワシントン・ポスト紙の朝刊に記事が掲載されていた。ツイッター従業員の多くがトランプを快く思っていないことはミーティングからもひしひしと感じられたが、それだけでなく、選挙が無効であると主張するトランプに拡声器を提供し続けるツイッターの役割をも問題視していたのだ。

従業員たちが知らなかったのは、トランプをツイッターから永久追放する計画がこのとき水面下ですでに実行に移されつつあったことだ。判断の根拠は、「さらなる暴力を煽ったり、導いたりする可能性がある」方法で暴力行為を称賛することを禁じる同社の「暴力の賛美」ポリシーにトランプのツイートが抵触したことである。[28]就任式を欠席するというトランプの決断は、彼が今なお「選挙が盗まれた」と信じていることを示唆していた。「アメリカの愛国者」が暴徒たちを指していると解釈するならば、トランプのツイートは議会議事堂を襲撃した人々に対する支持表明であると読むことができる。信頼と安全チームの上級幹部数名が中心となり、同社がこの決定に至った根拠をまとめた文書を作成した。ドーシーが文書の表現を平易なものにするように求め、ハーヴェイが書き直しに着手したとき、ロスは次に何が起こるかを悟った。彼はスラックで同僚に書いている。「なんてことだ、文書を公表するつもりに違いない」[29]

1月8日、西海岸標準時午後3時21分、トランプのアカウントが正式に葬り去られた。ツイッターユーザーが、トランプのプロフィールへのアクセスを試みても、これまでの何万ものツイートを見ることはできなかった。代わりに表示されたのは、ツイッターからの新しいメッセージだった。「このアカウントは停止されました」。この決定を説明するためにツイッターが掲載したブログ記事は、ドーシーの要請を受けてハーヴェイが書き直した内部文書とほぼ同じだった。「上記の2件のツイートは、2021年1月6日に起こった暴力行為を再現するよう他者を鼓舞する可能性が高く、そしてこれらのツイートが鼓舞であると受け止められ、理解されていることを示す複数の指標があると判断しました」と書かれている。12年の間に発せられた5万6000件のツイートを経て、ツイッターはとうとう、トランプのメッセージは公共の安全を脅かすものであると判断した。@realDonaldTrumpのツイッター劇場は終幕を迎えた。

第11章　ビットコイン・マキシ

ソーシャルメディア企業の間に何年も漂っていた、ドナルド・トランプを罰することへの不安や恐れは、1月6日の議会議事堂での暴動の後にあっけなく消え去った。大統領任期も残すところ数日となり、フェイスブック、ユーチューブ、スナップチャットといったサービスは、トランプの拡声器のスイッチをそそくさと切断した。[1] 各社とも議会議事堂での暴力行為や、選挙が盗まれたという大統領の主張を容認していると見られるのを何としても避けたかったのだ。数日のうちに、トランプは世界中の数億人に上るフォロワーとの接点を失った。フェイスブックは、トランプのアカウントを2週間停止することにした。ユーチューブは1週間の配信停止を決定した。両社はその後、停止措置を延長し無期限とすることを明らかにしている。掲示板型のソーシャルサイトとして知られるレディット（Reddit）は、親トランプ派に人気のディスカッション・フォーラムの一つを、同フォーラムのユーザーたちが連邦議会議事堂の襲撃を「賛美および扇動」したことを理由に閉鎖した。[2] スナップチャットはトランプの永久追放を決めた。

トランプを支持する議員たちが、即座にこの決定を批判したのは想像に難くない。だがそれは、他の世界的リーダーも同じだった。サウスカロライナ州選出の上院議員リンゼイ・グラムは、この対応を「重大な過ち」と呼び、ツイッターに対する規制強化をちらつかせた。[3] メキシコのロペス・オブラドール大統領は、「世論を管理するための、聖なる異端審問所ないしは検閲裁判所が創設されたようなものだ」と述べた。[4] ドイツのアンゲラ・メルケル首相はこの決定について「問題がある」と発言し、フランスのエマニュエル・マクロン大統領は「重要な決定が……民間企業や民間のソーシャルネットワークによって決定されるような民主主義は望まない」として、ソーシャルネットワークが1月6日の暴動に薪をくべる役割を果たしてしまったことと、言論統制はSNSの役割を逸脱していることの両方について批判した。[5]

もっとも驚くべきはおそらく、ツイッターCEOのジャック・ドーシーも同じようにトランプのアカウント凍結を不本意に思っていたことだ。フェイスブックやユーチューブとは異なり、ツイッターはトランプのアカウントを「無期限」に停止したわけではない。そのさらに数歩先まで踏みこんで、「永久」追放に踏み切ったのだ。そして後戻りはもうできない。

ドーシーのもとに殺害予告が送られてくるようになった。ツイッターの弁護士であり、ポリシーの責任者としてこの意思決定を後押ししたビジャヤ・ガッデ宛にも届いた。ドーシーにとってさらに悩ましいことに、彼の両親までもが脅迫を受けるようになった。ツイッターはセントルイスのドーシーの実家の前にも警備員を配置しなければならなくなった。良くも悪くも、ドーシー自身は、批判や殺害予告を受けることに慣れていた。しかし、会社経営者としての彼の役割が家族の身の危険に直結することはこれまでなかった。ドーシーは、トランプのアカウントの永久追放後、最初の1週間を費やし、この決定について、そしてそれがツイッターにとって長期的に何を意味するのかを考え続けた。

熟慮の時間を経て、ドーシーが初めてツイートしたとき、その文面からは葛藤がにじみ出ていた。13件ものツイートからなる長いスレッドで、彼は次のように書いている。

@realDonaldTrumpアカウントをツイッターから追放せざるを得なかったことや、ここに至る経緯を喜ぶこともなければ、誇らしく思うこともありません。このような措置を講じることになると明確に警告を発した後、ツイッター上および実世界における物理的安全への脅威に関する入手可能な最良の情報に基づき決断を下しました。この決断は正しかったのでしょうか？[6]

私は、ツイッターにとっては正しい決断だったと思っています。私たちは擁護しようのない異常事態に直面し、すべての行動の焦点を公共の安全に向ける必要に迫られました。オンラインでの発言が、オフライン（実世界）での損害につながったことは歴然とした現実であり、弊社のポリシーとその執行を何よりも後押しするものです。[7]

そうは言っても、アカウントの永久追放は現実的かつ重大な影響をおよぼします。明確かつ明白な例外はあるとしても、永久追放という措置は、健全な会話を促進するという私たちの究極の使命における失敗だと感じています。同時に、事業運営やツイッターを取り巻く環境について熟考するときであるとも思います。[8]

このような措置を取ることは、おおやけの場での対話の寸断につながります。ひいては私たちを分断させることになります。考えを明確にする機会、失敗を取り戻す機会、学習する機会を制限することになります。そして、危険だと感じざるを得ない前例をつくってしまいました。それは、一個人や一企業が、世界中のおおやけの場での対話の一部を支配する力を持つということです。[9]

トランプのアカウント追放騒ぎをきっかけに、ドーシーは長年抱いてきた一つの確信をいっそう強めることになった。それは、ツイッターを含めインターネット企業があまりに巨大な力を持つようになったことである。サービスの黎明期に思いを馳せれば、この間の変化は信じられないほどであった。ツイッターは、短く無駄のないステータスアップデートサービスから世界政治の公開討論会の舞台へと進化した。それにともないドーシーはいつの間にか、世界が何を発言することが許され、許されないのかを決定する責任を負うようになっていた。

だがそれは、ドーシーが行使することを望まない権力であった。ツイッターを取り巻く新たな現実の中で、高まる自身の新たな役割を完全に受け入れられずにいた。ドーシーはトランプのアカウント凍結に関するスレッドを使って、これまで温めてきたソーシャルネットワーキングシステムのビジョン「ブルースカイ（Bluesky）」にも言い及んだ。言論を支配するような力を持つものが存在しないソーシャルネットワークである。

ブルースカイはまだごく初期の段階にあり、どのように機能するかはおろか、その名前さえ耳にしたことのない人がほとんどだった。ブルースカイがどのようなものかは、電子メールないしは電子メールの「約束事」から類推するのがもっとも簡単で想像しやすい。グーグル、ヤフー、マイクロソフト、その他多くの企業がそれぞれ独自の電子メールサービスを提供しているが、各社のサービスは相互運用ができる。言い換えれば、プロダクトが競合他社によって運営されているにもかかわらず、グーグルのユーザーはヤフーのユーザーにメールを送ることができる。それは電子メールが、各社が独自の機能やポリシーを追加してカスタマイズできるオープンな技術プロトコル上に構築されているからである。

ソーシャルネットワークのプロトコルも、理論的にはほぼ同じように機能する。ソフトウェア開発者は、基盤技術を使って、独自のデザイン、ポリシー、アルゴリズムを持つ固有のネットワークを構築することができる。あるソーシャルネットワークにいる人たちは、別のソーシャルネットワークにいる人たちと交流することができるが、各々の体験はどのソーシャルネットワークにサインアップするかによって異なる。

人種差別的あるいは性差別的な投稿であれ、誤情報であれ、制限されることなくあらゆる投稿を見たいと思うユーザーにはそのための、そうした投稿はできる限りブロックしたいと思うユーザーにもそのためのネットワークが存在する。無数のネットワークが存在し、それらはそれぞれのクリエイターの好みやニーズに基づいて構築される。ユーザーが望むなら、あるネットワークから別のネットワークに乗り換えることも可能だ。その場合、過去の投稿やデータも一緒に移すことができる。これは、例えばツイッターとフェイスブックの間ではできないことだ。

ドーシーが構想するもう一つの世界では、ブルースカイのおかげで、現職大統領のアカウント追放の深刻度も軽減される。トランプは、自分の投稿とフォロワーを引き連れて、ブルースカイ・プロトコル上に構築された別のネットワークに引っ越すだけでいいのだ。ツイッターのような企業は、人々の言論の自由の侵害をしているのではないかと苦悩することなく、ビジネスに必要だと思われる投稿監視を継続していけばいい。

残念ながら、ブルースカイはまだ構想の段階だった。現実世界では、ツイッターによるトランプのアカウント永久追放の余波が数カ月にわたりドーシーに大きな重圧となっていた。3月に入ると、再び議会に呼び出された。今回は、下院エネルギー・商業委員会での、誤情報とユーザーコンテンツの取り締まりにおけるツイッターの役割に関する公聴会である。3年も経っていないのに、すでに4回目の議会公聴会だった。

公聴会への召喚など、嬉しくもなんともない。決算説明会や投資家向けのアナリスト・デーを含め、ドーシーはもともと面倒なプロセスを要することが好きではない。議会公聴会などその最たるもので、証言のための準備、形式的な手続き、政治家との電話での事前のやり取りなど、何日分もの時間を奪われることになる。

フェイスブックのマーク・ザッカーバーグＣＥＯ、グーグルのスンダー・ピチャイＣＥＯとともに公聴会に出席したドーシーは、端から気乗りしない様子だった。ビデオ会議には自宅のキッチンから接続し、背後にはコップや皿、カトラリーが映っていた。右肩の後ろには、ビットコインの価格を表示できる卓上時計が見える。ジャケットこそ着用していたが、ノーネクタイで、鼻ピアスをはめ、白髪交じりの長いあご髭を伸ばしていた。

５時間にもおよんだ公聴会の大半の時間、ツイッターアプリを開きっぱなしにし、あるときは質問に立った同委員会所属議員からの質問にげんなりした表情を見せたり、まだ委員会は終了していないというのに、公聴会に批判的なユーザーのツイートに「いいね」を押したりした。ツイッターの元同僚のツイートに、「そうだ、彼は裸足だった」と追認の返信までする始末だった。

公聴会中のツイートが見逃されるわけはなく、ニューヨーク州選出のキャサリン・ライス民主党議員が、「あなたのマルチタスク・スキルには目を見張るものがあります」と、ドーシーの注意散漫を指摘している。[10] まったく感心していない口調で。

ドーシーは２０２１年に、実際、多くのマルチタスクをこなすことになる。夏が深まる頃、彼はツイッターとはまったく関係のない別のプロジェクトにすっかり心を奪われ、そちらに気を取られるようになっていた。そして、議会公聴会のときと同様、注意が散漫になっていることを隠すのがあまりうまくなかった。

ドーシーに見放されたツイッター

２０２１年6月のマイアミ旅行は、10日間の静かな瞑想リトリートとは正反対だった。自分の半分ほどの年齢の水着モデル、[11] フローラ・カーターとビーチを散歩したかと思えば、レストランとナイトクラブのオーナーで、南フロリダに足を踏み入れるあらゆるセレブと知り合いなのではないかと思われる、デイビッド・グルットマンと一緒に街を歩き回った。[12]

6月4日金曜日、ドーシーはグルットマンが経営するステーキレストラン、パピ・ステーキで夕食を取った後、同じくグルットマンが経営するナイトクラブの一つで、[13] テーブルチャージが10万ドルを超えることもあるＬＩＶで夜遅くまで過ごした。[14] 翌晩は、マイアミの別のクラブ、E11EVENへ繰り出し、ラッパーのジー・イージー（G-Eazy）、続いてＤＪのデッドマウス（Deadmau5）のパフォーマンスを楽しんだ。[15] 週末の締めくくりは、ＮＦＬチーム、マイアミ・ドルフィンズの本拠地であるハードロック・スタジアムで開催された、ボクサーのフロイド・メイウェザーと、人気ユーチューバー、ローガン・ポールのボクシングの試合観戦である。ドーシーとグルットマンは、試合前のロッカールームをたずね、メイウェザーと一緒にファイティングポーズで写真を撮った。[16] 楽しい時間を過ごしたことに違いはないが、正確を期すならば、ドーシーはパーティのためにマイアミにいたわけではない。すっかり夢中になり、多くの時間を費やすようになっていた暗号通貨に特化したカンファレンス「ビットコイン２０２１」に出席するためにマイアミの街を訪れていたのだ。週末の大半を、耳を貸してくれる人を手あたり次第つかまえて、ビットコインについて語り合うことに使った。

ずけずけとした物言いで知られ何かと物議を醸す、スポーツ賭博サイト、バースツール・スポーツ（Barstool Sports）の創設者デイヴ・ポートノイは、ドーシーのことを「あいつはビットコインの大物だ、ヤツはすごい」と言っている。ポートノイはある晩、マイアミの大御所が経営する別のレストラン、コモドでドーシーとグルットマンと夕食をしながら話をし、ドーシーのデジタル通貨への熱中ぶりに圧倒されたという。[17]

後にポートノイは、自身のポッドキャストでそのときのことを語っている。「彼は実際、もしビットコインだけにフルタイムで取り組むことのできる仕事に就くことが可能なら、他のすべてを投げ打ってビットコインだけに専念したい、というようなことを言っていた。確信を持っているようだった。ドーシーは、これまで話を聞いた誰よりもビットコインに対して強気な見方をしている……この男は、真の、真の親ビットコイン派だ」[18]

グルットマンもまた、ドーシーからビットコインの話をたっぷり聞かされていた。ビットコインが年末までに1コインあたり10万ドル、2024年には100万ドルになるだろうと教えられた。[19]この頃のビットコインの価値は、1コインあたり約3万5000ドルだった。「買った方がいい」というのがドーシーからの助言だった。

ドーシーがマイアミのサウスビーチで暗号通貨に対する熱狂ぶりを披露した頃、ビットコインはすでに10年以上の歴史があった。2008年に最初のビットコインのホワイトペーパーが発表されると、ドーシーもすぐにこれを入手して読んだ。「すべてがまるで詩のようでした」と数年後に述懐している。[20]スクエアの経営という役割のおかげで銀行規制の世界を最前列で観察してきたことも相まって、ドーシーはその後数年にわたり、銀行や政府によってコントロールされることのないグローバル通貨というアイデアに魅了されていった。

それはドーシーに、セントルイスでコーディングを学んでいた日々を思い起こさせた。営利目的でのインターネット利用が一気に進み、さまざまなビジネスによってサイロ化されていく前の話である。ビットコインはブロックチェーンと呼ばれるグローバル規模の公開台帳上で取引される。また、デジタルであるため世界中のどこへでもほぼ瞬時に送金でき、どこでも一瞬のうちに支払いが完了する。ビットコインがあれば人々は銀行さえ必要としなくなるだろう、と考えた。

数年前のアフリカ訪問で、ビットコインへの関心が再燃していた。それ以来スクエアは、すっかりCEOのビットコイン関連のアイデアを試す実験場と化した。マイアミ旅行の約8カ月前、スクエアは5000万ドルを投じてビットコインを購入し、これを「経済的エンパワーメントのための手段」と呼び、バランスシート上に計上している。[21]

スクエアのユーザーは、ビットコインを株式のように売買できるようになり、同社はさらに、まだ公開されてはいなかったものの、オフラインで通貨を保管するための独自のビットコイン・ウォレットを構築する準備を進めていた。[22]ドーシーはまた、スクエア社内にビットコインに特化した新規事業部門も立ち上げており、マイアミ旅行の1カ月後に始動させている。[23]

ビットコインに対する揺るぎないコミットメントを理由に、ドーシーは暗号通貨の業界用語で言うところの「ビットコイン・マキシ（Bitcoin maxi）」と認知されるようになった。「ビットコイン・マキシマリスト（過激主義者）」を短縮した言葉で、「ビットコインこそが唯一無二の真の暗号通貨だと考える人物」を指す。暗号通貨関係者を除く多くの人々の目には、彼はせいぜい熱狂的なビットコイン愛好家ぐらいにしか映っていなかった。なにしろ、このときもまだ2社のCEOを兼任していたのだ。しかし、マイアミの地で開催された公式カンファレンス「ビットコイン2021」で、ついに表舞台に立つことになった。

「銀行口座を持たない人たちに金融サービスを」と題する対談セッションに登壇したドーシーは、上場企業2社のCEOというよりも、むしろ地元のサーフショップのオーナーのような風貌だった。花火を思わせる鮮やかなタイダイ柄のオーバーサイズTシャツに、丸く刈った頭、長く伸びたあご髭である。約30分の時間をかけて、伝道者として聴衆という名の信者たちにビットコインの福音を説いた。ビットコインは銀行を代替するようになるだろうと述べ、再生可能エネルギー普及を後押しするインセンティブにもなり得ると語った。多くの起業家が決済に関連する社会課題の解決に取り組んでいるのをじかに見たアフリカ大陸を、ビットコインが変えていくだろう。ドーシーは次のように述べている。「自分の生涯をかけた取り組みとして、これほど重要なことはないと思いますし、世界中の人々にこれほど力を与えることもないと考えています」

セッションの半ば、対話が一時中断された。2018年の議会公聴会に姿を見せた、陰謀論者で極右活動家のローラ・ルーマーが、ドーシーの発言を妨害しに再び現れたのだ。ルーマーは長い間、ツイッターにとって「ワイルドカード（何をしでかすかわからない人）」だった。

数年前、ルーマーは自分の手首とツイッターのニューヨーク・オフィスのドアを手錠で結ぶ騒ぎを起こしていた。[24] CEOへの抗議として、サンフランシスコのドーシーの自宅前にテントを張ったこともあった。彼女がいずれドーシーと自分の手首に手錠をかける方法を見つけ出すのではないかと、ツイッターの幹部たちが心配していたぐらいである。それにもかかわらずドーシーは、会場から「検閲は人権侵害だ！」、ドーシーは「選挙に介入している」と叫ぶルーマーの訴えに真剣に耳を傾け、真摯に答えた。

「グローバルなコミュニケーションに必要だろうものとは異なるインセンティブ、企業インセンティブ、ビジネスインセンティブが存在するという事実は認識しています」。警備員に促されルーマーが退場する中、ドーシーは発言を続けた。ツイッターという名のサービスは、突き詰めていけばビジネスに他ならず、広告主を満足させて利益を生み出していかなければならないため、特定の種類の投稿を削除するなど、表現の自由やポリシー上の困難な決定を避けることはできない現実に言及した。そして、「私の人生の、今この瞬間の目標は、私が経営する会社から自分にでき得る限り『会社っぽさ』を取り除いていくことです」と続けた。スクエアでは、ビットコインから着想を得た商品を開発し、ツイッターでは「100%ビットコインからヒントを得た」ブルースカイに注力したいのだと述べている。

対談も終わりに近づく頃、ドーシーは「世界中の人が、［ビットコインを］活用することで恩恵を受け、価値を手にすることができます」と語った。「私はそのために、できる限りのことをすべてやるつもりです[25]」。ビットコイン信奉者たちから歓声が上がった。

ツイッターの従業員たちは、ボスのマイアミでの1週間を白けた目で見ていた。会社としてはパンデミック以来、従業員の出張自粛方針を継続しているというのに、CEOがその週ずっと、セレブやモデルと親しく付き合う様子に腑に落ちない思いを抱いていた。しかし、彼らが何よりも苛立ったのは、黙っておくべきことをドーシーが公言したことだった。

ツイッターはこれまでずっと、ドーシーの「お気に入りの子ども」だとみなされてきた。スクエアの従業員たちが、CEOの愛情はスクエアのプロダクトよりもツイッターに向けられていると冗談を言っていたぐらいだ。それなのに、ここへきて突然ビットコインが一番のお気に入りになってしまったように思われた。「自分の生涯をかけた取り組みとして、これほど重要なことはないと思う」と発言したのだ。見放された子どもたちの中には、どうやらツイッターも含まれていたようである。

夏が深まるにつれ、ドーシーとツイッターの間の距離は広がっていくばかりであった。直属の部下から報告を受けたり、進捗を確認したりする頻度が減っていき、ビデオミーティングではカメラをオフにしたまま参加するようになった。全従業員を対象とした毎月の定例会議では、心ここにあらずの様子で準備した原稿をただ読み上げるようになり、それまで従業員たちの前で見せていたようなエネルギーも熱意もすっかり失われてしまったようだった。

ドーシーの冷淡な態度に、従業員が苦々しい思いをするような場面もいくつか続いた。その年の7月、ツイッターは実際に利用している人がほとんどいないことが明らかになっていた「フリート（Fleets）」機能の提供を終了した。ドーシーがフリートを好意的に見ていないことは、社内では周知の事実だった。その2年以上前に、ベイクプールのチームにフリートの前身である「スクリブル（Scribbles）」を構築するよう後押ししたドーシーだが、フリートがインスタグラムとスナップチャットのストーリーズ機能の模倣へと変質していくにつれて、すげない態度を取るようになっていった。

フリートが一般に公開された直後の全社会議で、一度もこのプロダクトを使ったことのないドーシーに対して、ある従業員がその理由をたずねたことがあった。ドーシーはただ肩をすくめ、それは自分の好みではないのだと答え、担当者たちにフリートに関する報告を続けさせた[26]。ツイッターがフリートの提供を終了させたときのツイートは、「さよなら」と手を振る絵文字一つだった。ドーシーの現場任せの経営スタイルが裏目に出た典型例でもあった。フリートは判断ミスだったと考えていたにもかかわらず、途中で介入してチームに開発の中止や軌道修正を求めることは一切なかった。2年以上の歳月とリソースをフリートに費やした挙句、思うような結果が出なかったときも、歯牙にもかけない様子であった。

コロナ禍で生まれた物理的距離も一つの要因だったようである。ドーシーは、2020年と2021年の大半をハワイとコスタリカで過ごした。従業員たちは当初ビデオ会議の画面上に映る背景から、ドーシーがどこにいるのかを言い当てて楽しんでいたが、時が経つにつれて、ドーシーとの対面での接触機会の不足が会社にとってどれだけの損失につながっているかが、はっきりと感じられるようになっていった。オフィスの廊下での従業員たちとの雑談や、対面での会議への出席は、殻にこもりがちなドーシーを外へ引っ張り出すための健全な方法だったのだ。自宅あるいは熱帯の島でのリモートワークのおかげで、簡単に殻に閉じこもり、仕事に見切りをつけられるようになってしまった。従業員たちも、距離感の変化に気づいていた。

ドーシーがおおやけの場に姿を現したとしても、それがツイッターのためであることはほとんどなかった。7月、ドーシーはオンラインで開催された別のビットコイン関連のカンファレンスに、同心の友イーロン・マスクとともに登壇し、ディスカッションに臨んだ。マイアミでのカンファレンスのときと同じタイダイ柄のTシャツを着て、同じようにビットコインを礼賛した。「ビットコインによって世界平和をつくり出すこと、それが私の願いです」と熱弁している。[27] ツイッターに話がおよんだときには、もっとも注力しているのはブルースカイだと述べた。実際にはいまだプロダクトの体を成さない、ごく初期のプロジェクトに過ぎず、ツイッターの事業に組みこまれてもいなかったのだが。

8月、ドーシーはテキサス州のメキシコ湾沿いのボカチカにあるスペースXのロケット打ち上げ施設「スターベース」にマスクをたずねた。[28] 親しく付き合っている音楽プロデューサー、リック・ルービンも連れていった。スペースXはその日の朝早く国際宇宙ステーションへの補給物資運搬ミッションで、フロリダからロケットを打ち上げたところだった。[29]「イーロン・マスク（@

elonmusk）とスペースX（@SpaceX）に感謝🖤」とツイートしている。10月には、ファッション・ウィークのために再びパリへ渡り、ディプロ（Diplo）がDJを務めるクラブでのパーティを訪れた[30]。この晩、同クラブではテキーラが底をつき、クラブのスタッフたちは深夜に近隣のバーやレストランを回り、テキーラの在庫をかき集める羽目になったという。

社内では、ドーシーの直属の部下にあたる「スタッフ」のメンバーたちが、彼の不在に不満を募らせるようになっていった。リトリートプログラム「#OneTeam」やビッグサーでのオフサイトイベントで築かれたポジティブな雰囲気や仲間意識は、ドーシーのツイッターに割く時間や向けられる関心に比例するように薄れていった。直属スタッフの一部は、転職を視野に入れるようになっていた。

取締役会のメンバーも苛立ちを募らせていた。エリオット・マネジメントの登場後、取締役会が体を張って守り抜いたそのCEOは、会社への関心を失いつつある。2021年の春、エリオット・マネジメントのジェシー・コーンがツイッターの取締役会からの離脱を発表したときには、ドーシーの勝利の象徴とさえ思われた。厳密にはコーンが自ら辞任を申し出たのだが、ドーシーが密かに彼の解任を画策していたことは誰もが知るところだった。とはいえ、取締役会の一部はコーンの退任を残念に思っていた。喧嘩腰の態度で乗りこんできたとはいえ、1年にわたる取締役在籍期間を通して、コーンが会社にとって有益で高い専門性を持つ人物だと理解するようになったのだ。もう一つ付け加えると、エリオット・マネジメントからの出資が公表されて以来、ツイッターの株価は2倍近くまで上昇していた[31]。彼は当初の目的を果たしていったのだ。

さようならジャック・ドーシー

2021年10月初旬、ジャック・ドーシーはついにツイッターのCEOを退くことを決意した。ビットコインに対する関心の強さと、ツイッター経営に対する関心の低さをかんがみれば、その決断は、数カ月分遅きに失した感が否めなかった。取締役会に辞任の意向を伝えたとき、ドーシーは念頭に置いていた後継候補の名前も挙げている。ツイッターの最高技術責任者（CTO）を務めるパラグ・アグラワルである。ドーシーの考えでは、アグラワルが唯一の解決策であり、そこにプランB（代替案）はなかった。

アグラワルは、原子力研究所勤務の父、経済学教授の母のもとに生まれ、インドのムンバイで育った。高校時代は技術オタク、得意科目は化学と数学、中高生を対象とした国際物理オリンピックで金メダルを獲得したこともある。高校では天体観望に夢中になり、何億年も前に放たれたと考えられる光を目にできることに畏怖の念を覚えた。インド工科大学ボンベイ校を卒業後、スタンフォード大学でコンピュータ・サイエンスの博士号を取得するために渡米。全米そして世界トップクラスの頭脳が集まる大学でトップクラスの学生との評判を得て、優れた成績を収めた。

2011年秋、職務経験がほとんどないまま、27歳のソフトウェアエンジニアとしてツイッターに入社した。入社後は広告テクノロジーを構築するチームに加わり、後に機械学習アルゴリズムの専門家としてユーザーのフィードに表示されるツイートを決定するアルゴリズムの開発を担当するなど、社内でキャリアの階段を上っていった。[32] 2017年には、ドーシーの指名でCTOに昇格、ドーシー直属の幹部「スタッフ」の一員となり、思慮深く頼りになる部下として、瞬く間にボスの信頼と敬意を勝ち取った。

1年前に策定された承継計画ですでに「緊急時」の後任CEOとして、ドーシーがアグラワルを推していたことから、アグラワル起用へのドーシーのこだわりは、取締役会にとってそれほど驚くようなことではなかった。それでも、取締役会の何人かは難色を示した。アグラワルはまだ37歳であり、S&P500企業の間で最年少のCEOとなる。[33] 生え抜き社員であり、職務経験は1社だけだ。そして言うまでもなく、その1社とは事業が一向に安定せず、絶えず混乱の渦中にあったツイッターである。ドーシー直属の経営幹部グループの間では、おおむね高い評価を受け、一目置かれる存在だった。自説を曲げない面や理屈っぽいところもあったが、社内でも社外でも態度は控えめだった。間違いなく「#OneTeam」のステージでブレイクダンスをしたり、大統領と並んで写真に収まったりするようなタイプではない。大半の従業員は、アグラワルのことをほとんど何も知らなかった。

多くの点でアグラワルは、ドーシーと考えを一にしているように思われた。ボス同様、アグラワルも概して、ツイッター上でどのような発言が許され、どのような発言が許されないのか、がんじがらめにルールを設定することに違和感を覚えていた。もう少し正確に言えば、ツイッターの投稿内容にまつわる問題に対して、ポリシーを増やすよりも、例えばラベルの追加やアルゴリズムの変更といったプロダクトによる解決を模索するアプローチを好んだ。

アグラワルはまた、ブルースカイ・プロジェクトの陣頭指揮を執り、社内でも暗号通貨とブロックチェーンに関連するプロダクトを開発する小規模グループを率いていた。いずれも、ドーシーが驚くほどの情熱を注いでいた分野である。

ツイッターの取締役会は、ドーシーが復帰を果たした2015年のときのように、エグゼクティブ・サーチ会社に外部の候補者探しを依頼すべきかどうか議論を行った。

元世界銀行総裁のロバート・ゼーリックをはじめとする一部の取締役は、正式に人材探しを行うべきだと頑なに主張したが、これは少数派であった。会議中、取締役会のメンバーたちは、それぞれの専門分野やコネクションから候補になりそうな人物の名前を挙げてみたが、ツイッターの経営に求められる条件を満たした上で、ここが重要な点だが、ツイッターの経営にそもそも興味を持ちそうな人材は見当たらなかった。ゼーリックは、ツイッターの取締役の1人で、セールスフォースで最高製品責任者（CPO）を務めていたブレット・テイラーにツイッターの経営を任せるという提案を行ったが、このアイデアが支持されることはなかった。

専門のサーチ会社に依頼することで、承継プロセスが6年前にドーシーが復帰したときのような見世物になりかねないという心配もあった。2015年当時の取締役会メンバーはドーシーを含め2人しか残っていなかったが、どれだけの混乱をきたす結果となったか、全員の脳裏に刻まれていた。あのときの取締役会は、スクエアのCEO職を諦めるようドーシーに圧力をかけ、数カ月にわたりさまざまな憶測が飛び交い不信感を生み出すような状況をつくり上げた挙句、結局ドーシーが「副業」を続けながらCEOに就任することを容認したのである。

あのようなドタバタ劇の再現だけは避けなければならない。ドーシーの退任を知る者は、社内外ともほとんどいなかった。一部を除いて、直属の部下にもまだ秘密にされていた。取締役会は最終的に、プロセスを公明正大かつシンプルに進めることに決めた。CEO候補として、アグラワルを面接に招くことにしたのだ。

数週間をかけて、アグラワルは取締役会のメンバー全員と個別の面談を持った。会社のためのビジョンをまとめた長い文書を作成し、取締役会の前でそのビジョンを説明した。アグラワルは、優れた候補者であり、同時に都合のいい候補者でもあった。ドーシーの一押しであったことから、アグラワルをCEOの座に就けることで、ドーシーに引導を渡す好機となる。エリオット・マネジメントの一件以来、CEOと取締役会の関係にひびが入っていたことを考慮すると、円満退社は必ずしも約束されていなかったのだ。結局、取締役会が社内外の他の候補者を真剣に検討することはなかった。後任はアグラワルに決まった。

感謝祭明け月曜日の朝、ついにドーシー退任のニュースが流れた。ほとんどのツイッター従業員は休暇中であった。その日はツイッターの「心の安息の日」、新型コロナウイルスのパンデミック以来、従業員が健全な精神状態とモチベーションを維持できるようにと設けられた月1回のボーナス休暇の日だったのだ。ドーシーは全従業員宛に送ったメールを、数百万人のフォロワーにそのままツイートした。いかにもドーシーのやりそうなことである。件名は「羽ばたけ」だ。

ドーシーは従業員に対し、アグラワルがドーシーの後を継ぎ、テイラーがパトリック・ピシェットの後任として会長に就任すると伝えた。この人事交代は、ドーシーがツイッターをプロダクトおよびエンジニアリング担当の経営幹部に委ねることを意味した。特にアクティビストとの攻防以来、ドーシーがツイッターのウォール街との関係を嫌悪するようになっていたことを踏まえれば、これは重要な意味を持った。

「テイラーは起業家精神、リスクを取ることの重要性、大企業の経営、テクノロジー、プロダクトを理解しており、そして何より彼はエンジニアです」とドーシーは従業員に宛てたメールに書いている。「取締役会と会社が今まさに必要としているものすべてを持っています」

アグラワルに対する称賛は、さらに熱烈であった。「会社を好転させるのに寄与したあらゆる重要な決断の背後にはパラグがいました」と書いている。「彼は好奇心旺盛で、探求心が強く、合理的でありながら創造的、要求水準が高く、自分自身のことをよく理解し、それでいて謙虚な人物です。ひたむきな心で会社をリードしており、彼からは毎日のように何かしら学んでいます」

「ツイッターのCEOとして、彼を深く信頼しています」

自身のツイッターでの将来的な役割については、任期切れとなる5月の年次株主総会までは取締役会にとどまるが、任期満了後は取締役からも完全に退くと宣言した。「私は、パラグがリーダーシップを発揮するために必要な自由裁量を与えることが非常に重要だと考えています」とも述べている。ドーシーの近くで働いていた人々の目には、エリオット・マネジメントとの和解に際しての感情のもつれからか、ピシェットの会長退任をドーシーがことのほか喜んでいるように映った（注目すべきことに、全従業員に宛てたドーシーのお別れと感謝のメールにもピシェットの名前は登場しなかった）。

また、自身の退職について「解任」ではないことをわざわざ明記している。「これは私が自分の責任で下した決断であることを皆さんに知ってもらいたいのです。難しい、辛い決断だったことは言うまでもありません。私はツイッターというサービス、会社……そして皆さんをとても深く愛しています。本当に悲しい……それでも、本当に幸せに思っています。このレベルに達することのできる会社は、そう多くありません。自分のエゴよりも会社のことを優先できる創業者もそう多くありません。これが正しい行動であったことを証明できると固く信じています」[34]

メールに欠けていたのは、説得力ある退任理由の説明だった。ドーシーが辞任することは事実だ。退任までのスケジュールを示し、後継者の人選も行った。その一方で、ドーシーにとってツイッターの経営が面白いと感じられなくなってきていたのも事実だ。理由の一つは、長年期待されていなかった目に見える結果と説明責任を、取締役会がドーシーに求め始めたからである。

エリオットの登場により、ツイッターは収益化とユーザー数の増加を何よりも優先するよう強いられるようになった。ツイッターを金儲けの道具というよりも、公共サービスに近いと考えているドーシーにとっては、反吐が出るような将来展望であった。見上げると首が痛くなるような目標を掲げる3カ年計画を示したことで、ツイッターにはこれまでにない期待が寄せられるようになっていた。コーンが取締役会から去ったところで、ドーシーの仕事はけっして安泰ではなかった。業績が落ちこむ四半期が1期でもあれば、あるいは2期連続しようものなら、別のアクティビストがドーシーをCEOのポジションから蹴落としにやって来るだろう。

だが、エリオット・マネジメントは一つの要因に過ぎない。トランプ大統領のアカウント追放はドーシー自身の言葉を借りれば、彼が構築に力を注いできたシステムの「失敗」を意味しており、喜ばせなければならない広告主が目の前にいる限り、こうした類の決定から解放されることはないという警鐘であった。パンデミックは、ドーシーを直属の部下たちから最初は物理的に、後には気持ちの面でも遠ざけるきっかけとなり、両者の間の溝は修復不可能に思えた。そして、ドーシーの新たな情熱の源であるビットコイン。スクエアでは、彼は心ゆくまでビットコインに時間を投じることができた。ツイッターでは決まって「道楽」扱いだった。この最後の時期、彼をよく知る者の目に映るのは、かつて天職であった仕事を楽しめなくなった男の姿だった。

ドーシーの退任は、歴史的な転換点だった。創業以来約16年の間に、ツイッターの共同創業者からCEOへ、CEOから取締役会長へ、そして再びCEOになった。ツイッター史上、ツイッターというプロダクト、あるいは世界での位置づけを考えることに、これほど多くの時間を費やしてきた人物は、ドーシーをおいて他になかった。

2015年、ドーシーがCEOに返り咲いたとき、ツイッターのユーザー数は伸び悩み、会社は危機に瀕していた。彼は、ツイッターの再生に貢献し、世界におけるツイッターの存在意義を再定義し、その過程でニュースを発信したり、情報を手に入れたりする方法、そして人々のコミュニケーションのあり方を変えていった。ドーシーが退任を決意する頃までに、ツイッターは継続的に黒字を出せるようになり、成長し、文化的な重要性もそれまでになく高まっていた。

それでもどういうわけか、ドーシーの在任期間を通して、ツイッターはテック業界の競合たちの後塵を拝していた。CEOに復帰後、6年の間にツイッターの時価総額はおよそ90％増加した。だが、同じ期間にフェイスブックの価値は3倍以上になり、グーグルとユーチューブを傘下に持つアルファベットの価値にいたっては4倍以上に増加した。ドーシーはついぞ、ウォール街からのプレッシャーというツイッターの苦悩の種を解消することはできなかった。

CEO退任のニュースが伝わると、ドーシーに対する感謝や前途を祝福するメッセージが何百件も寄せられた。数日後、ドーシーの友人イーロン・マスクもツイートした。その投稿には、2枚の写真が並んでいた。1枚目は、ソ連の独裁者ヨシフ・スターリンと彼の側近で秘密警察の幹部、ニコライ・エジョフがボートの上に隣り合って立っている写真だ。マスクはフォトショップで、スターリンの顔をアグラワルの顔に、エジョフの顔をドーシーの顔に加工している。[35] 2枚目の写真ではエジョフ、つまりドーシーが消えている。アグラワルの顔を持つスターリンによってボートから突き落とされたのだ。写真を加工して政敵の姿をなかったものにするという、スターリンの有名なプロパガンダ戦略をもじったいたずらだった。[36] 新CEOに就任してまだ1週間も経っていないというのに、ツイッターのもっとも著名なユーザーであり、ドーシーのお気に入りのツイーターが、アグラワルをヨシフ・スターリンになぞらえたのだ。

ツイッターの経営へようこそ。

第Ⅲ部

ツイッターを巡る攻防

第12章　ツイッターは死にかけているのだろうか？

長年にわたり、イーロン・マスクは誰にも増して「多作」なツイッターユーザーの1人だった。だが、正式にツイッターの株主になったのは、2021年1月末日のことだ。その頃、マスクは不安でじっとしていられなかった。テスラとスペースXの事業は順調だった。それどころか、順調すぎた。テスラの株価は2020年だけで700％以上上昇し、マスクの純資産はパンデミックの間に3300億ドルを超えるまでに膨れ上がっていた。

人生がすべてとんとん拍子で進み始めると、新たな難題に挑んだり、なんなら自分で危機的状況をつくり出したりするのが、マスクという人物である。巨万の富の使い道に思いを巡らせるようになった。伝記作家ウォルター・アイザックソンにマスクは次のように語っている。「銀行に預けておきたいとは思わなくて。そこで、自分の好きなプロダクトは何だろうかと考えてみたんです。答えを見つけるのは簡単でした。ツイッターです」[1]

1月31日月曜日、マスクは2300万ドルを投じてツイッター株を買った。彼の口座残高のゼロの数を考えれば、比較的小さな買い物である。翌日にはさらに2000万ドル、翌々日には3100万ドル分の株式を追加購入している。木曜日にはツイッター株に1億2500万ドル以上を投資した。週末までにたった5日間で、ほぼ2億5000万ドルをかけて670万株以上を取得したことになる。それから2カ月間、彼は毎日のようにツイッター株を買い続けた。[2]

ツイッターの新ＣＥＯパラグ・アグラワル、そして「ドーシー後」の体制に適応しようと模索している他の従業員とも、マスクの動きなど、まったく視野に入っていなかった。会社に足跡を残そうと、アグラワルは就任直後から改革に着手した。まずは直属の部下の数を絞り、より少数の人員により大きな権限を与えることで、緩慢な意思決定プロセスからの脱却を図ろうとした。２月初旬、投資家たちに次のように語っている。「実行力を高めることに焦点を当ててきました。切迫感をもって臨んでいます」[3]。新体制下で特に引きたてられたのは、ケイボン・ベイクプールとブルース・ファルクである。ドーシーの下でプロダクトを担当していたベイクプールはゼネラル・マネージャーに昇格し、プロダクトのデザインと研究、そしてエンジニアリングも所管することになった。それまで収益化プロダクトの責任者を務めていたファルクも担当範囲が広がり、以後は広告、それから有料サブスクリプションサービスである「ツイッター・ブルー（Twitter Blue）」を含むビジネスサイドも担当することになった。アグラワルは実質的に、ツイッター３カ年事業計画を作成したグループへ結果を出すために必要な権限を与えたのである。

　ドーシー交代後も、ツイッターの財務目標は同社に大きな影を落としていた。この目標が、四半期ごとに決算報告書を発表する際のベンチマークになるのである。３カ年計画の１年目からして気をもむ状況だった。ユーザー数の伸びは、公開目標、つまり小さい方の目標と比べても、すでに低調だった。新型コロナウイルスの蔓延初期と、再選を賭けたトランプの選挙キャンペーン中に見られたツイッターの利用急増は、翌年には鈍化し、２０２１年の新規ユーザー数はわずか２５００万人にとどまった。13%の成長である[4]。アナリスト・デーで投資家と共有した目標を達成するには、２年連続で５０００万人近い新規ユーザーを獲得しなければならない計算だ。

　収益の方は健闘していたものの、ダイレクトレスポンス広告を中心に事業を再編するというファルクの計画は、ここへきてにわかに雲行きが怪しくなっていた。2021年夏、アップルがすべてのiPhoneユーザーを対象に、新しいプライバシーポリシーを適用した。これにともない、iPhoneユーザーが明示的に同意しない限り、ツイッターやフェイスブックといった企業は超パーソナライズ広告に不可欠なトラッキングを行うことができなくなったのである。

大半の人々が、トラッキング要求に対して「許可しない」を選択したのは想像に難くない[5]。その結果、フェイスブックを巨大企業へと成長させたハイパーターゲティング広告の効果は急速に薄れていくことになった。ファルクが計画に組みこんでいた成長予測の大部分も、このタイプの広告からもたらされる予定だった。2023年までに75億ドルの売上を達成する目標は、半年前に比べて、ハードルが一気に上がってしまったように思えた。

状況をさらに悪化させたのは、ドーシーCEOの最後の1年、この新目標を達成するために同社が狂ったように新規採用を行ってきたことだ。従業員数は1年のうちに約36%増加し、グローバルで一気に7500人を超える従業員を抱えることになった。それにともない、ドーシーの最後の1年の経費は51%上昇した。事業が堅実な成長を見せた年でさえ、ツイッターの収益は前年比で37%増が関の山だった[6]。売上の伸びを大幅に上回る勢いで、支出が増えていた。微妙な数字ではあったが、ツイッターは赤字に転落した。就任後まもなくアグラワルは、コロナ禍を背景に同社が拡大を急ぎすぎたと認め、軌道修正が必要だという結論を導き出した。そして、財務目標の見直しとともに、パフォーマンスの低い従業員のレイオフを望んだ。採用の減速と4月に予定された大規模な人員整理を含む、大幅なコスト削減計画が練られた。ツイッターは、1000人を超える従業員を解雇することになった。

ツイッターはオワコン？　見限り出したドーシーとマスク

USAトゥデイ紙が選ぶ「今年もっとも活躍した女性（Women of the Year）」の2022年のリストには、体操選手シモーネ・バイルズ、慈善活動家のメリンダ・ゲイツ、副大統領のカマラ・ハリスなど、よく知られた顔が並んでいる。[7] 同リストには、それほど知名度が高いとは言えない名前も含まれていた。保健福祉省の次官補、レイチェル・レヴィンだ。世界的なパンデミックに際して指導的役割を果たしたことが選出の理由だったが、彼女のリスト入りはもう一つ別の理由からも注目された。それは、レヴィンが「米国でトランスジェンダーであることを公表している最高位の高官」であるためだった。[8] 結婚し2人の子どもを持つレヴィンは、2011年頃に性転換し、名前をリチャードからレイチェルに変えた。「ある性別から別の性別に移行するのは、とりわけ50代では挑戦です。でも、大いに報われました」と、後にワシントン・ポスト紙に語っている。[9]

リストに載ったレヴィンの名前を見た「バビロン・ビー（Babylon Bee）」の編集者たちは、これほど滑稽なことはないと思った。「キリスト教系ニュース風刺サイト」を自称するバビロン・ビーは、何かにつけてトランスジェンダーの人々を嘲笑していた。例えば、2021年には「初歩のミス：妻のハンドバッグを10秒以上持った男がトランスジェンダーに」と題した記事が掲載された。[10] その翌年のヘッドラインにも「M&Mが、新たにスキットル（Skittle）という名のトランスジェンダー・キャラを発表［訳注：カラフルなチョコレートのキャラクターを多様性の象徴としたマーケティングを展開。これを保守系が批判あるいは揶揄している」］」の文字が躍る。[11]

バビロン・ビーは、待ってましたと言わんばかりにUSAトゥデイのリストに食いつき、数日のうちに、独自のアワードを発表した。「バビロン・ビーが選ぶ『今年もっとも活躍した男性』は、レイチェル・レヴィンに」と宣言し、続く本文でも男性名詞や男性形の人称代名詞を繰り返し用いて、レヴィンを男性として扱い続けた。「これほどの成功を収めた野郎が、『レイチェル』と名乗ってはいけないなどと誰が言おうか？　この男王は、他人にどう思われようとまったく気にしない！」[12]バビロン・ビーがこの記事をツイートすると、「暴言や脅迫、差別的言動」に関するポリシーに抵触するとして、ツイッターは同ニュースサイトのアカウントを凍結した。凍結を解除するには、当該ツイートを削除することが求められたが、サイトの編集者たちは一歩たりとも妥協しなかった。ＣＥＯのセス・ディロンは、自分たちのウェブサイトに次のように書いている。「悪意に満ちた言動であったと認めて屈従せよと言うのです。我々が膝を屈することなど誓ってありません」[13]

バビロン・ビーのアカウント凍結のニュースを耳にし、違和感を覚えた女優のタルラ・ライリーは、元夫にお願いのメールを送った。3月24日に、「ツイッターを買い取って、消し去ってくれない⁉」と書き送っている。彼女はその日、ツイッターのポリシーにムカムカして、友人でヨルダン王国のラーイヤ・ビント・アル・フセイン王女とやり取りし、一緒に文句をつけていたところだった[14]。「アメリカはおかしくなってるわ」。バビロン・ビーの記事について、「あんなのジョークに決まってるじゃない」とマスクに書いている。「みんな揃って禁欲主義者になってしまったみたい」[15]。ライリーとマスクは結婚と離婚を2度繰り返している。２０１６年に2度目の離婚をしたが、2人は離婚してもなお仲が良く、マスクもなおリッチだった[16]。ツイッターを買収して閉鎖するのに十分な財産を持っているというのは冗談だったとしても、おそらく可能であった。ライリーは数分後、さらにいいアイデアを書き送っている[17]。「それか、ツイッターを買収して、過激なぐらいに言論の自由が許される場にするのはどう？　ツイッターからくだらないことがどんどん生まれそう」。そのさらに数分後、マスクが返信する。「もしかしたら買うかもね。そうしたら言論の自由をきちんとサポートするように変えるよ」

深夜、ライリーとのやり取りからわずか14時間後、マスクは7900万人のフォロワーに向けてアンケートを投稿した。「民主主義が機能するためには、言論の自由が不可欠だ。ツイッターはこの原則を厳格に守っていると思うか？」と問いかけ、「イエス（守っている）」と「ノー（守っていない）」の2つの選択肢を用意した[18]。そして最後に、不気味な投稿をしている。「このアンケートの結果は重要だ。慎重に投票してほしい[19]」

この頃までに、マスクはツイッター株を2カ月近く密かに買い続けており、保有割合は今や5%を優に超えていた。米証券取引委員会（SEC）は投資家に、5%の基準を超えて株式を取得した場合、大量保有報告書を提出するよう義務づけているが、マスクはツイッターへの投資を開示していなかった[20]。ルールを無視して何食わぬ顔でツイッター株を買い続けたのだ。

ツイッター上でのアンケートに続々と票が投じられる中、マスクは同社の株を1億3300万ドル分買い増した。彼のツイッターへの1日の投資額としては、2番目に大きな額であった。投票が締め切られた。回答者の70%以上が「ノー」に投票した。70%以上が、ツイッターは言論の自由を守っていないと考えていることになる。結果を確認したマスクは、フォローアップのツイートをした。「ツイッターが事実上、公共の広場として機能していることを考えれば、言論の自由の原則を守れていないことは、民主主義を根本から揺るがすことになる。どうすべきだろうか？[21]　新しいプラットフォームが必要だろうか？」と、マスクは問いかけた[22]。

この後、マスクのスマートフォンの画面に表示されたメッセージは、元妻からではなく、ツイッターの元CEOからのものだった。マスクのツイートを読んだジャック・ドーシーが議論に加わろうと、個人的に連絡を取ったのだ。2人のやり取りは、その後3時間半におよんだ。

ドーシー：そうなんだ、新しいプラットフォームが必要だ。会社の形態では無理だ。それこそが、僕がツイッターを離れた理由なんだ。[23]
マスク　：OK
マスク　：どんなものを想定しているんだ?
ドーシー：オープンソース・プロトコルであるべきだと思う。ただ普及を後押しするだけの、財団のようなものが資金を提供する。プロトコルを所有することはない。シグナル（Signal）［訳注：シグナル財団（Signal Foundation）が開発するオープンソースのシグナル・プロトコルとメッセージングアプリ］のようなイメージだ。広告モデルを持つことはできない。そうでなければ、表面のコンテンツの部分で、政府や広告主が影響力を行使したり、管理したりしようとするのを避けられないからね。中央集権的な組織が運営したら、攻撃の対象にもなりかねない。複雑な話じゃない。うまくやる必要があるだけだ。そうすれば、ツイッターで起こったようなことに直面しても揺らぐことはない。
マスク　：最高に面白いアイデアだな。
ドーシー：僕は5月中旬にツイッターの取締役も辞任して、完全に会社から離れる。そうしたら、この問題に取り組んで、失敗を正すつもりだ。ツイッターはプロトコルとして始まった。会社であるべきではなかったんだ。それがそもそもの間違いだ。

マスク：できることがあれば協力したい。

ドーシー：すべてがクリアになったところで、君とこのことについて話したいと思っていたんだ。とても気にかけてくれて、重要性を理解してくれるし、間違いなく、予想もつかないような方法で支援の手を差し伸べてくれるだろうと思っていたからね。アクティビストが現れたとき、君を取締役として迎えようと手を尽くしたんだけど、取締役会の賛同を得ることができなかった。まさにあのとき、辞める準備を始める必要があると決心したんだ。難しい決断だったけど。

マスク：今話せるか？

ドーシー：夕飯を食べに行くところなんだけど、数分なら大丈夫。

約13分後、おそらく電話での短い会話をはさんで、テキストでのやり取りがまた始まった。

ドーシーは、ジェシー・コーンとエリオット・マネジメントが登場したとき、マスクを取締役に迎えるという彼のアイデアを拒否したツイッターの取締役会を非難した。

ドーシー：一番の理由は、取締役会がとにかくリスク回避ばかり考えているからだろう。君が加わることをリスクと判断したんだと思う。まったくもって馬鹿げているし、後ろ向きの考えだ。でも取締役会で僕に与えられた議決権は1票だけだったし、株式の保有比率は3％、多議決権株式も持っていなかった。難しい状況だった。意見交換を続けていこう。[24]

マスク：もちろんだ、議論を深めていこう。

マスク：ツイッターの方向転換と、分散型を実現する何らかの新しい取り組み、この両方に価値があるように思う。
ドーシー：それがベストの選択肢だと思う。ツイッターにそれができるかは疑問だけど。でもオープンに話し合おう。

元妻が、ツイッター買収というアイデアでマスクを焚きつけた面があったことは確かだ。だが今、ツイッターの共同創業者が自分の立ち上げた会社には大きな変化が必要だと認めたのだ。マスクはははっきりと、ツイッターは民主主義にとっての脅威であると感じていた。ドーシーも同意見であるようだった。企業構造、取締役会、広告ビジネスに対する批判さえ口にした。マスクはツイッターに相当額の投資をしており、その額は2年前にエリオット・マネジメントがドーシーを追い出そうとしたときに投じた額をはるかに上回っていた。エリオットの1件で、同社に大きな変革を迫るには、数十億ドルの資金と多少の攻撃性があれば十分であることが明らかになっていた。マスクにはどちらも備わっている。その夜、ドーシーとのメッセージのやり取りを終えてから1時間も経たないうちに、マスクはもう一度スマートフォンを取り出し、ツイッターの取締役会にとどまっていたシルバーレイクの投資家、エゴン・ダーバンにメッセージを送った。「何か大きなことをするための舞台は整った。「イーロンです。お時間のあるときにお電話ください」と書いた。「内容はツイッターの取締役会についてです」[25]

イーロン・マスク、ツイッターへようこそ

アシスタントから聞いていた住所に予定よりも早く到着したブレット・テイラーは、今まで見

たこともない奇妙なレンタルハウスの一画を歩き回った。まるで、現在の文明が滅んだ後の世界を描いた超大作映画のセットに出くわしたような印象だった。周囲には農機具が散乱し、トラックが何台も放置され、動物までいる。ツイッターの会長はスマートフォンの画面を開いた。「ここ最近の会議の中でも、群を抜いて風変わりな場所だ」と打ちこんだ。「空港付近のエアビーアンドビー物件を予約したと聞いていたが、トラクターとロバに遭遇したよ」[26]。文末に肩をすくめた人の絵文字をつけて、マスクとツイッターの新CEO、パラグ・アグラワルにメッセージを送信した。

マスクがエゴン・ダーバンに最初にメッセージを送ってからまだ数日しか経っていなかったが、ダーバンはすでにツイッターの取締役数名に話をつけていた。もちろん、投資と、経営への積極的な関与という、マスクのツイッターへの思いも寄らない関心についてである。テイラーは出張先のニューヨークから早めに戻り、マスクがテスラでの一連の会議のためにベイエリアに滞在している間に、夕食をともにしながら直接会う手はずになっていた。アグラワルも同席する予定だった。ツイッターチームは彼らのために、交通の便が良く、それでいて人目に付かない会場探しに奔走した。その結果が、このエアビーアンドビー物件だったというわけだ。

仕方なくというわけではなく、取締役会はマスクとの協力を歓迎した。典型的なアクティビスト投資家とは違う。ただし、2年前にエリオット・マネジメントがもたらしたのと同じリスクをマスクはすべて携えていた。マスクは、ツイッターの筆頭株主となっており、この出資の発表の仕方次第で、皆の人生を楽しいものにも、惨めなものにもしかねなかった。ターバンはマスクに連絡を取った後、彼をテイラー、アグラワル、そして取締役会で指名およびコーポレートガバナンス委員会の長を務めるマーサ・レーン・フォックスとつないだ。

5人のグループメールの冒頭に「イーロン——経営への関与の可能性、そして君を取締役として迎えられる可能性を、皆喜んでいる」とダーバンは書いている。「次のステップは、この3人と直接話をすることだ。そうすれば、この後のプロセスを迅速に進めていくことができる。たぶん、数日以内に話し合いの機会を調整できると思う」[27]

マスクがコンタクトを取ってきた頃、テイラーはツイッターの会長としては新人だったが、テック業界のエキセントリックな億万長者に対峙する役割では老練の巧者だった。テイラーはテック業界のトップに上り詰めるまで、絵に描いたようなキャリアの道を歩んできた。スタンフォード大学でコンピュータ・サイエンスを学び、学士号と修士号を取得。卒業後はグーグルに入社し、グーグルマップなどの製品開発に携わった。その後、新たな道へ足を踏み出しSNS関連スタートアップ、フレンドフィード（Friend Feed）を創業。フェイスブックによる同社の買収を経て、マーク・ザッカーバーグの下で3年間、最高技術責任者（CTO）として働いた。フェイスブックがまだ大学生向けのソーシャルネットワークとして知られた時代である。

続いて立ち上げたスタートアップ、ドキュメント共有サービスを提供するクイップ（Quip）が、マーク・ベニオフ率いるセールスフォースの目にとまり、これを7億5000万ドルで同社に売却した。[28] ツイッターの会長に就任するまで、彼はセールスフォースの共同CEOになっており、潤沢な資産を持ち、厳しい要求を突きつけるテック業界の「CEO対応スキル」に熟達していた。テイラーは、技術的なバックグラウンドを持ち、製品や事業の構築に長けており、世界のザッカーバーグに感銘を与えた。その一方で、控えめで、礼儀正しく、型通りに行動するタイプであったため、ベニオフのような騒がしく、威勢が良く、やりたい放題の人物とも、ちょうどいい補完関係を築くことができた。つまり、マスク対応にぴったりの人物だったのだ。空港近くでの会食は、マスクが何を望んでいるのかをより深く理解し、願わくは、マスクが性急に行動しないよう友好的な関係を築くための計画の一環だった。ツイッターチームは、マスクが3つの選択肢を考慮していると知っていた。競合サービスの立ち上げ、ツイッターの取締役会への参画、そしてツイッターの買収である。[29]

夕食の席では、取締役への就任が最善の（そしてもっとも簡単な）選択肢であるとの意見で一致した。取締役として求められる資質や能力をマスクが持つことに疑いの余地はなかった。想像を絶するほどの成功を収めた起業家であり、ツイッターを愛用しているだけでなく、ツイッターを改良していくためのアイデアをいくつも持っているようだった。加えて、ドーシーもマスクのことが大好きだったし、マスクは他の誰よりもツイッター株を保有している。これはツイッターの成功に賭けて、金銭的な投資をしたことを意味する。

3人は、マスクの取締役就任へ向けた大まかな概略を作成して、最初のミーティングを終えた。一緒に仕事をできることに、双方とも興奮している様子だった。「素晴らしいディナーでした(^^)」と、その日の夜、マスクがグループ宛に書いている。「本当に、同感です」とテイラーも返信している。「ロバと、ディストピアを思わせる監視ヘリコプターのおかげで雰囲気が盛り上がりましたね[30]」

そのような素振りは見せなかったものの、マスクは内心、そこまで乗り気になれずにいた。特に、アグラワルの存在が心配だった。いかにも「いい人そう」な人物だったが、マスクがツイッターの経営者はかくあるべきと考える、生き馬の目を抜く競争環境で勝ち抜けるような冷酷至極なリーダーからは遠い。「ツイッターに必要なのは火を噴くドラゴンだ」。マスクは会議後、伝記作家のアイザックソンに話している。「パラグはそういうタイプではない[31]」。それでもマスクは、彼のファミリーオフィスの代表として資産管理を任せているジャレッド・バーチャルに、ツイッターの取締役への正式就任に必要な書類の準備に取り掛からせた。その日遅く、マスクはドーシーからメッセージを受け取った。「いい動きがあると聞いたよ[32]」

4月4日、株式市場が開く前にオンライン上で公開された有価証券報告書で、マスクのツイッター株の保有割合が開示された。彼はツイッターの単なる株主ではなく、筆頭株主であることが明らかになった。保有株数は7300万株以上、全株式の9・2%に相当する。[33]提出した「13G」と呼ばれる書類様式も、人々の驚きを誘った。この様式は通常「受動的」な投資に用いられるもので、出資を武器にツイッターに何らかの変更を迫る意図がないことを示唆していた。

ツイッターの投資家たちは、世界でもっとも裕福な人物が突然ソーシャルネットワークに興味を持ったと聞いて大喜びした。ツイッターの株価は、1日で27%の急上昇を見せ、マスク自身を含む多くの人が資産を膨らませた。ただし、大量保有報告書の提出を遅らせるというマスクの判断は、たちまち証券取引委員会の調査の対象となった。期限内に書類を提出しなかったことで、大量保有の開示にともない株価が急騰する前に株式を追加購入することができた。これによりマスクは、1億5000万ドル以上を節約したと推定されている[34]。

この瞬間も、マスクはまるで他人事のような態度だった。世界中がこのニュースに沸き立つのをしり目に、「おっと、やあ、(笑)」と、なんとも不遜なツイートをしている。マスクのスマートフォンは投資の祝福に加えて、彼の最終目的を詮索しようとする友人や知人からの電話とメッセージでパンク寸前だった。ヘッジファンド、シタデル（Citadel）の創業者兼ヘッジファンド・マネージャーで億万長者のケン・グリフィンからもメッセージが届いた。ドイツのメディア企業アクセル・シュプリンガー（Axel Springer）のマティアス・デップナーCEOからは、何らかのパートナーシップを結べないだろうかという申し出があった。何人かの友人たちは、主要株主になったマスクがついにツイッターの「言論統制」を終わらせてくれるのではないかと期待を漏らした。

「ツイッターへの出資とは、ワクワクしたよ――最高だ。『裏口男』と呼ばれてるけどな、ハハハ」と書いたのは、ジョー・ロンズデールだ。ベンチャーキャピタリストであり、テロ対策分野での米国政府との協業で知られ、何かと議論の的になることも多いデータ企業パランティア（Palantir）の共同創業者だ。「影響力を行使できるように願っているよ。賭けてもいい。取締役会は、検閲の決定に関するレポートを読むこともなければ、完全な報告を受けることもないね。ちょっとした陰謀が起こっていることにも気づいてもいないんだろう。だが把握しなければならない――取締役会の左派陣営はきっと、もっともらしい反証をしたいのだろうがな！[35]」

ポッドキャストの人気司会者で、番組を通してマスクに何度かインタビューしたこともあるジョー・ローガンも、テキストメッセージでずばりと切りこんだ。「ツイッターを検閲の愉快な暴徒たちから解放しようとしているのかな？[36]」

株式の大量保有を通してマスクが何を企んでいるのか、さまざまな憶測が飛び交う中、ツイッターの取締役会は、マスクが正式に取締役に就任するために必要な手続きを終わらせようと急いだ。巨額の投資は平和裏に進められたもので、マスクがツイッターの存在を脅かすことはないと関係者全員に知らせ、安心させたかったのだ。フォックスとバーチャルの間では、まだ書類のやり取りが続いていた。それらの書類には、事態が鎮静化するまでマスクがこれ以上、ツイッター株を購入しないことを約束する据え置き契約も含まれていた。アグラワルはマスクに、投稿予定のツイートの文案を送り、表現に問題がないか確認している。

翌4月5日火曜日、ツイッターのＣＥＯは、マスクが取締役会に加わるという喜ばしいニュースをツイートした。「彼はツイッターの熱心な支持者であると同時に、辛辣な批判者でもあり、長期的に力強く成長していく上でツイッター（@Twitter）と取締役会がまさに必要としている人物です。ようこそ、イーロン！」とアグラワルは書いている。[37]

マスクが取締役会に加わることを知ったドーシーは、心が高鳴った。数カ月後にはツイッターから完全に去る予定だったが、今や、愛弟子アグラワルがＣＥＯの座に就き、敬愛の対象であるマスクが取締役メンバーとなったのだ。その興奮はツイートにも表れていた。マスクについて、「彼は、この世界を、それから世界の中でのツイッターの役割を深く気にかけている」と書いた。「パラグとイーロンは、全身全霊で経営に向き合うはずだ、素晴らしいチームになると思う」[38]

ドーシーのこのツイートの直後、すべてが思わぬ方向へ向かっていく。

ドーシーはマスクに個人的にメッセージを送り、ツイッターの取締役就任に対する感謝を伝えた。これにマスクは、「もちろんだ」と返信している。「役に立てるといいが！」

「計り知れないよ」とドーシーは請け合った。「パラグは素晴らしいエンジニアだ。取締役会はひどい。何かあったら、いつでもこうやって話し合おう」[39]

マスクは、今すぐ内々に２人だけで話がしたいと言い、数時間もしないうちに電話で話すことになった。ドーシーは、ためらうことなく自説を開陳した。「ツイッターは株式公開企業であるべきではない」と取締役就任へのプロセスにマスクが踏み出すきっかけの一つとなった、１週間前のメッセージの内容を繰り返した。ツイッターの非公開化は、ドーシーにとってけっして新しいアイデアではなかった。３カ月ごとの業績報告が求められる、ハムスターの回し車を思い起こさせる上場企業の経営のあり方を嫌悪していたのだ。このシステムこそが、ツイッターで大きな変化を起こすことを難しくしていると考えていた。大きな変化を起こそうものなら、ユーザー数や収益に影響をおよぼしかねず、株価の急降下を免れない。非公開企業であれば、ツイッターが抱える問題の修正はずっと簡単なはずだし、実行に集中できるはずだ、と付け加えた[40]。

取締役就任に対するマスクの態度は、ほぼ一瞬のうちに180度変わったように見えた。テスラの取締役を務めるアイラ・エーレンプライスがその夜、ツイッターの取締役会でマスクが何らかの委員会のメンバーになった場合のアドバイスをしようとメッセージを送ったところ、まるで気乗りしない様子だった。「ツイッターの取締役会なんか、参加したくもなかったんだよ！」と書いている。「強引に押し切られたんだ[41]」。CBSのモーニングショーの司会者を務めるガイル・キングは、マスクにインタビュー依頼のメッセージを送り、ついでにツイッターに「編集」ボタンを追加して、投稿後に修正できるようにしてはどうかと提案した。数分も経たないうちに、マスクが返信した。「ツイッターの件は何もかも、話が度を越して大げさになっている。9％程度の所有では、支配などとは言えない[42]」。その週、マスクはアグラワルと何度もメッセージをやり取りした[43]。アカウントの永久追放の措置を廃止することや、本人確認のための身分証明書提出で一般の人でもブルーのチェックマーク（認証済みバッジ）を取得しやすくするなど、マスクはツイッターの変革のためのアイデアを披露した。「アイデアは山ほどある。でも、もし押しつけがましいと感じるようだったら、そう言ってほしい」と、マスクはツイッターCEOに書いている。「ツイッターを最大限、素晴らしいものにしたいだけなんだ」

アグラワルはその頃、マスクの取締役就任のニュースで低下した従業員たちのモチベーションを高めようと奮闘していた。投資家はこの動きを歓迎していたが、従業員の一部はどちらかというと懐疑的な視線を送っていた。リトリートイベント「#OneTeam」にゲストスピーカーとして参加する分には何の問題もない。しかし、同社に浸透するリベラルで進歩的な組織文化を考えれば、ツイッターの取締役には合わないのではないかと心配する声が上がっていた。なにしろマスクは、ツイッター上で何の証拠もなしに誰かを「ペド」扱いしたり、普段からマリファナやセックスのジョークを飛ばしたりすることで有名だ。不適切なミーム［訳注：拡散を狙った画像や動画ネタ］をツイートすることもあれば、ツイッターでも多くの従業員が会議中や電子メールの署名に使っていた、性差をなくしたジェンダーニュートラルな代名詞を冷笑した過去もある。

「彼が労働者、トランス・コミュニティ、女性、社会的に弱い立場に置かれている人々を傷つけてきたことを知っています。この決定と私たちの価値観の間に横たわる溝は、どうすれば埋めることができるのでしょうか？　イノベーションは人間性よりも優先されるのでしょうか？」と、ある従業員は会社のスラックに書きこんだ。以前テスラで働いていた経歴を持つ別の従業員も、マスクはツイッターと相容れないと確信していた。「とても心穏やかではいられない。彼が何をするか、じかに体験したからね」と書いている。[44]

　これらのコメントの一部が、ワシントン・ポスト紙にリークされ、アグラワルはマスクがこれらの批判に気を悪くするのではないかと心配した。そこでマスクをオフィスへ招き、従業員と直接話して、質問に答える場を設けることを提案した。ワシントン・ポスト紙の記事を、些末なことだと片づけようとしたのだ。「あなたが取締役会にもたらしてくれるだろう影響に期待している大きなサイレント・マジョリティがいると、私は考えています。ですから、これらの批判は全体の意見を代弁するものではありません」とアグラワルはマスクに書き送った。「喜んで話そう——批判についてはどれも予想の範囲内だ」

　2人のエンジニアはこの週、メッセージを交換してお互いのことを探っていった。技術的なバックグラウンドを誇示するかのようにそれぞれの職歴を披露する場面もあった。[45] マスクが「20年間、ヘビーデューティなソフトウェアを書いてきた」と言えば、アグラワルが「CTOとして長い間コードベースに携わってきました」と返す。このときマスクは、人を管理する仕事は好きではない、一番好きなのは、プロダクトの技術的な問題を解決することだと本心を打ち明けている。4月7日木曜日、「プログラム・マネージャーやMBAタイプの人たちより、本格的なプログラミングができるエンジニアとやり取りする方がずっといい」と、アグラワルに宛てて書いた。「次に話すときは、CEOではなくエンジニアを相手にするように接してください。何ができるか、どこまで到達できるか、一緒に考えましょう」とアグラワルは答えた。

その機会は結局、訪れなかった。マスクは4月9日土曜日にツイッターの取締役会に出席することになっていたが、その週の間ずっと自分の決断を振り返り、考え続けていた。ツイッターの取締役メンバーと過ごす時間が増えるほど、気持ちが冷めていった。弟のキンバルを含む親しい友人や家族の何人かも、マスクに再考を促した。取締役会に正式に指名されるはずだった日の朝、マスクは友人ラリー・エリソン〔訳注：オラクル創業者〕が所有するプライベートアイランド、ハワイのラナイ島にいた。午前3時半だというのに寝ずに起きていたマスクは、ツイッターのアプリを開くと「一緒に働こう」とつい先日同意したばかりの会社に火を放つ決意をした。[46]

マスクは、ツイッター上でもっともフォローされているトップ10アカウントをリストアップしたツイートを見つけた。ジャスティン・ビーバー、ケイティ・ペリー、テイラー・スウィフトなどだ。そしてそのリストをリツイートし、それらのアカウントの多くが「めったに」ツイートしていないことを指摘した。「ツイッターは死にかけているのだろうか？」[47]。自身の8100万人のフォロワーに向けて、臆することなく問いかけた。その後マスクは、ツイッターはその社名

「Twitter」から「w」を外して「Titter」［訳注：クスクス笑い、忍び笑いの意味］と呼ぶべきかを問う投票をツイートした。さらに、ツイッターはサンフランシスコ本社をホームレスシェルターに変えるべきかを問う投票をツイートした[48]。そして最後に、ツイッターは有料ユーザー向けに広告表示をなくすべきではないかと提案した。

アグラワルは失望を隠せなかった。当然である。一部の従業員は、マスクの取締役就任のニュースだけで、すでに動揺していた。それが今、取締役就任が正式に認められるはずだったその日に、マスクは公然と会社を足蹴にしたのである。苛立ちもあらわに、アグラワルはマスクにメッセージを送った。「『ツイッターは死にかけているのだろうか？』といったことをつぶやくのも、ツイッターについて何か言うのもあなたの自由です。しかし、現在の状況において、そのような発言がツイッターの改善に向けた私の努力にまったくプラスにならないことは、どうしてもお伝えしなければなりません」。このように書いて、アグラワルは世界一の富豪を非難した。

「次回話をする機会があれば、今どれほど従業員たちが気もそぞろで仕事に手がつかない状況か、それが事業を遂行する上でどれほど妨げになっているかをお話しします」。「私は、ツイッターのレジリエンスを高めたい、このような事態に直面しても動じない会社にしたいと思っていますが、今はまだそのレベルに至っていないのです」と続けた[49]。アグラワルは従業員がツイートを通してマスクの考えに触れるよりも、対面での質疑応答の時間を設けることで渦巻く不安を和らげることができるのではないかと考え、彼の話を直接聞く機会の提供を望んでいた。

午前5時過ぎ、まだ起きていたマスクは1分も経たないうちに「君は今週、何を成し遂げたんだい？」と嘲笑うかのように、アグラワルに噛みついた。「取締役会には参加しない。時間の無駄だ。ツイッターの非公開化を提案するつもりだ[50]」。アグラワルは、話をしたい、と返信している。マスクはこれを無視した。そのわずか数分後、ツイッターの会長ブレット・テイラーが、電話で話せないかとマスクにメッセージを送っている。マスクは離陸直前のため電話は難しいと伝え、代わりにテイラーに一連のメッセージを送った。


マスク：「非公開化の提案をするのでご了承ください」[51]

「パラグとチャットしたところで、ツイッターが抱える問題の解決にはつながりません」

「抜本的な改革が必要です」

「公開企業では困難です。偽アカウントを一掃したら、目も当てられないような数字になるでしょうから。そのためにも、改革は非公開企業として行うべきです」

「これはジャックの意見でもあります」


受諾してから1週間も経たないうちに、そして正式に指名される直前に、マスクは前言を撤回し、取締役就任を辞退した。翌日、日曜日の夕方にアグラワルは、マスクの翻意という不吉な前兆とも言える最新情報を知らせるメールを全従業員宛に送信した。マスクが会社を買収したがっていることには言及しなかった。全従業員宛のメールに含めるような事柄ではないからだ。しかし、アグラワルからのメールを読んだ従業員たちは、ツイッターとマスクの関係が、これで終わったわけではないことを敏感に感じ取った。「これから先も、我々を動揺させるような状況が起こることだろう」と、アグラワルは従業員に書き送った。「雑音には耳を貸さず、目の前の仕事と我々がつくり上げようとしているものに集中しよう」[52]

第13章　イーロン・マスク（@elonmusk）

南アフリカで育ったイーロン・マスクの子ども時代は、いくつかの点では同世代の少年たちのそれとそれほど変わらなかった。弟といとことダートバイクで競争し、空気銃を撃ち、自作ロケットで何かを爆破させて楽しんだ。レモネード・スタンドの代わりに彼は裕福な隣人たちのドアを叩いて、カラフルに色づけしたイースターエッグを売り歩いた。起業家の道へと分け入る最初の取り組みの一つだった。手に入る本はすべて読み、1日に10時間も読み続けることもあった。彼には愛情深い母親がおり、彼女は多くの母親と同じように自分の息子は間違いなく優秀だと信じていた[1]。

それは正しかった。マスクは類稀な知性の持ち主だった。コンピュータが気に入り、12歳で早くも自分でコードを書いてビデオゲームを開発し、地元の業界紙で取り上げられた。目にしたものを写真を撮ったように記憶できる「フォトグラフィックメモリー（写真記憶）」の持ち主で、周囲で起こっていることに鈍感になるほど、思考に深く没頭する傾向があった。しょっちゅう何かに心を奪われたような、夢うつつの状態に入りこむため、聴覚に問題があるのではと心配した両親がマスクを医者に診せたほどである。もし問題があるとすれば、おそらくマスクが聡明すぎたことだろう。趣味で百科事典を読むような、どんな質問が飛んできても答えられると思われているような怪童は、たびたび、からかいの対象となった[2]。

だがマスクにとって、南アフリカでの子ども時代はけっしてのどかなものではなく、幸せな思い出はほとんどなかった。マスクは1971年の夏、南アフリカで生まれ、ヨハネスブルグ近郊のプレトリアの瀟洒《しょうしゃ》な住宅街で育った。父エロールは、どんな仕事でもこなす手先の器用な機械・電気技師だった。[3] 管理栄養士の母メイは、モデルでもあり、マスクが生まれるわずか2年前にミス南アフリカ・コンテストのファイナリストに残った経歴を持つ。[4] 9歳のときに両親が離婚、マスクは父と暮らすことになるのだが、これは失敗であった。

　エロールは気性が激しく、子どもたちに厳しく接し、ときには何時間もぶっ通しで説教することもあった。マスクと弟妹がそれについて話すことを拒むほど、エロールの行動には一部、問題があったようである。「父は、人生を惨めなものにするのが得意なんです」と、後年マスクが話している。他の家族も、エロールが普段から関わる人たちに例外なく不愉快な思いをさせていたことに、多かれ少なかれ同意している。その結果、マスクは高校時代を通して家庭での生活に苦しみ、父親を軽蔑するようになっていき、自分の子どもたちをエロールにだけは会わせまいと誓うようになる[5]（数年後、エロールは息子に頻繁にメールを送るようになるが、どれも人種差別的な暴言と陰謀論に溢れていた。[6] また衝撃的なことに、40以上も歳の差がある義理の娘との間に、さらに2人の子どももうけている）[7]。

　学校での状況も似たり寄ったりだった。本の虫でオタクだったマスクは、いじめのターゲットとなることが多く何年も苦しんだ。中学生の頃には不良グループに飛びかかられてコンクリート製の階段から突き落とされ、転がり落ちて病院に運ばれたこともある。[8] このような生い立ちのせいで、マスクは人一倍タフになった。だが同時に、人生のさまざまな問題に対して鈍感になったとも言える（感受性に欠ける面があるのも否めない）。「誰かに何か批判されることを心配する人というのは、顔面を殴られた経験がないに違いない」と2022年に発言している。[9]

いかんともし難い惨めな環境の中で、マスクは終わりのない切迫感を絶えず抱きながら行動するようになる。それは今なお彼の人生を支配しており、言動の端々にもそのことを垣間見ることができる。マスクが初めてのコンピュータ、コモドーVIC-20を手に入れたのは10歳前後のことだった。付属のワークブックのページをさっそくめくった。ワークブックには、何ページにもわたってコーディングの基本を学ぶための練習問題が収録されており、全問終えるには通常、数カ月の時間を要する量と内容だった。マスクはそれをたった72時間で攻略した。2015年にイーロン・マスク評伝を刊行したアシュリー・バンスに、マスクは次のように話している。「超OCD（強迫性障害）のような状態になってしまって、3日間寝ずに取り組んだんです。何が何でもやらなければと思って。あれほど強い感情に突き動かされたのは初めてでした」。[10]

10代後半で、南アフリカを離れて米国で暮らしたいという思いを抱いたときも、同じような衝動に駆られた。18歳の誕生日を迎える頃、母［訳注：母メイはカナダ生まれ］を通して市民権を得て、カナダに渡った。住む場所が決まっていないことなど、まったく気にならなかった。

最終的にマスクはまたいとこのところに身を寄せ、1989年秋にオンタリオのクィーンズ大学に入学するまで、さまざまな肉体労働を引き受けた。[11] その後の数年は、大学で過ごした。まずクィーンズ大学で2年間ビジネスを専攻し、パブリック・スピーキングの訓練も積んだ。クィーンズ大学では、やがて妻となるジャスティンにも出会った。そしてついに米国に渡り、ペンシルベニア大学に入学。数年をかけて、経済学と物理学を学んだ。大学での日々が、テクノロジー、宇宙、再生可能エネルギー分野のプロジェクトに取り組むという願望を結晶化させたのだと、マスクは後に述べている。[12] 大学を卒業するとすぐ、その計画を実行に移し始め、その30年後、ツイッターへの投資を開始する頃までに、イーロン・マスクの起業家としてのキャリアはシリコンバレーの伝説の一部となっていた。マスクのキャリアを追っていくと2つの一貫した、支配的なテーマが印象的である。マスクは、誰よりも長く、誰よりもハードに、誰よりも速く働く。もう一つは、個人的なリスクを冒すことに対する途方もない欲求である。

1995年、マスクは弟のキンバルとともにシリコンバレーで最初のスタートアップ、ジップツー（Zip2）を立ち上げた。2人は小さなオフィスを借り、しばらくの間はそこが彼らの居住スペースも兼ねることになった。そして、オンライン・ビジネスディレクトリを構築していく。インターネット上のイエローページのようなものだ。1990年代半ばという時代背景を考えれば、このアイデアは実に斬新であり、あっという間にベンチャーキャピタルから資金調達を受けることができた。

ところが、そのベンチャーキャピタルはビジネスモデルの変更を迫った挙句、マスクをCEOの座から外した。数年後、マスクはZip2を最終的にコンパックコンピュータに3億ドル以上で売却し、大金を手にする。[13]同社の売却で2200万ドルの純利益を得たのだ。[14]その金でマスクが最初に買ったものの一つは、100万ドルのマクラーレンのスポーツカーだった。[15]まるで、トヨタのカムリにでも乗っているかのように、マスクはマクラーレンでサンフランシスコを縦横無尽に走り回った。もう一つ重要なのは、Zip2の経験からマスクが企業支配に関して貴重な学びを得たことだ。同じ教訓を、後にジャック・ドーシーもツイッターで苦汁をなめながら学ぶことになる。

その後マスクは、2200万ドルの半分超を、次の冒険的事業であるオンライン銀行「X.com（エックスドットコム）」の立ち上げに注ぎこんだ。X.comでは、預金口座を開設した新規ユーザー全員に、もれなく20ドルをプレゼントするプロモーション戦略を大々的に展開している。時を同じくして、パルアルトにあるX.comのオフィススペースの一画を借りて、ピーター・ティールとマックス・レヴチンという2人の起業家がX.comのライバルとなる会社を立ち上げ、人々が電子メールを介して送金できる、実によく練られたプロダクトの開発に取り組んでいた。ペイパル（PayPal）である。やがて、双方のビジネスが市場で競合するようになったことから、両社を合併させることとなった。マスクがCEOに就任し、新会社の最大株主となった。[16]

ところが、マスクはまたもやCEOのポジションから追われることになる。今回は、従業員の反乱であった。合併後の会社の従業員たちは、次々訪れるビジネス上の問題にマスクが適切に対応していないと考え、X.comの取締役会に集団で苦情を申し立てた。ジャスティンとの新婚旅行中に、マスクは自分が更迭されたことを知った。ティールがCEOに任命され、間髪入れず社名をペイパルに変更した。ショックを受けたものの、マスクはさらに大金を手にしようとしていた。2002年にイーベイがペイパルを買収したとき、マスクは2億5000万ドルを得た。[17]

お金は、それを手にした人に未来について考えるある種特別な自由を与えてくれる。マスクの場合、解決までに何年あるいは何十年もかかるような問題を考えることにその自由を充てた。ペイパルの売却後、数億ドルの資金で武装したマスクは、真に大きな夢を抱き始める。宇宙を探索し、将来的に人類を火星に送りこむという考えに夢中になっていった。それは、いつか地球に、人類が他の惑星に住むことを余儀なくされることが起こるかもしれないという恐怖に（部分的に）触発されたアイデアだった。そこでマスクはロサンゼルスに移り住み、イーベイによるペイパルの買収と同時期に、自身の資金を投じて「スペースX（SpaceX）」の名で知られるスペース・エクスプロレーション・テクノロジーズ（Space Exploration Technologies）を設立する。マスクは民間宇宙ベンチャーを通してロケットを製造するだけでなく、最終的に火星へコロニーを建設する構想を描いていた。その2年後には、宇宙探査とは異なるが同様に壮大なテーマ、すなわち人類の化石燃料への過度の依存という問題を解決すべく電気自動車の開発に取り組み始め、テスラ（Tesla）に新たに650万ドルを出資。たちどころにテスラの筆頭株主となり会長に就任、2008年にはCEOも兼任するようになった。[18]

マスクは、役員室に座っているだけの単なる金持ちではない。どちらの会社でも事業が軌道に乗るようになるまで、相当な量の時間と個人的な資金を投入している。寝る間を惜しんで働きほとんど休暇も取らず、不可能を可能にしろと従業員に無理難題を突きつける、厄介な上司との評判を得るようになる。スペースXでもテスラでも、大胆で、どう考えても非現実的な目標を設定することを常とした。スペースXでは、創業からわずか15カ月で最初のロケットを打ち上げ、2010年までに火星への初飛行を実現するつもりだった。[19] しかし、初打ち上げは失敗に終わり、4年近く大きな進展は見られず、最初の打ち上げ成功までに6年を要することになった。念のため付け加えると、2023年12月の時点で火星への初飛行はまだ実行されていない。

テスラに目を向ければ、マスクと同社のチームは、2006年初頭までにテスラロードスターと呼ばれる艶やかな赤色のスポーツカーを一般消費者に届けたいと考えていたが、実際に販売が開始されたのは2008年半ばであった。[20] 納期の遅れとタイムラインの延長は、まだ若い会社にとって、日常的に資金繰りに窮することを意味し、マスクは私財の大半を投じて事業継続に必要な資金を工面した。2008年初めには、支払いに充てるため、愛車マクラーレンを売却している。それにもかかわらず2008年末には、テスラ、スペースXともに、あわやというところまでキャッシュ不足に陥った。どうにかこうにかクリスマス・イブにテスラの資金調達を完了させることができたが、あと数時間遅かったら、倒産していたと言われている。[21]

苦痛にもストレスにもドラマにも、それだけの価値があった。スペースXは、2008年に初めてロケットの打ち上げを成功させると、あっという間に宇宙ビジネスの世界的リーダーになった。2022年前半までには、人工衛星やその他のペイロードを載せたロケットを定期的に宇宙空間へ送り出すようになっただけでなく、それらのロケットを完全な形で地球に帰還させて再利用する技術を極め、宇宙産業の常識を覆した。その間テスラは、世界でもっとも成功した電気自動車会社になっただけでなく、議論の余地はあれど、世界でもっとも成功した自動車会社になった。これ以上の説明は不要だろう。2021年10月、テスラの市場価値は1兆ドルを突破し、時価総額世界一の自動車メーカーとなった。一時期、テスラの時価総額が、競合上位5社の合計を上回ったこともある。[22] その1年後の2022年、同社は130万台を超える車両を販売した。[23]

マスクの純資産の拡大にともない、彼の帝国も拡張の一途をたどった。両社の事業をしのぐ、格闘するのに値するような複雑極まりない問題など、どこにも見当たらないように思えた。ところが2016年、脳にチップを埋めこんで、脳の活動を利用してコンピュータやスマートフォンの出力を制御する技術「ブレイン・コンピュータ・インターフェース」を開発するニューラリンク（Neuralink）を設立する。[24] おまけに、高速移動のための地下トンネル掘削に特化した「趣味のようなもの」と呼ぶ会社、ザ・ボーリング・カンパニー（The Boring Company）まで立ち上げた。その後も、機会あるごとに火星でのコロニー建設について語り、大真面目に熱核爆弾（水素爆弾）を一定間隔で爆破させることで人工太陽をつくり出すというアイデアをぶち上げている。

マスクは、もう一つの迫りくる危機から世界を救うために、自分の役割を果たそうともしている。その問題とは、急激な少子化だ。「よく聞いてください、人々がもっと子どもを産まなければ、文明は崩壊します」と、2021年のインタビューで語っている。[25] 2022年4月までに、マスクは3人の女性との間に少なくとも9人の子どもをもうけた[26]。彼の純資産は2700億ドルに達し[27]、世界でもっとも裕福な人物となった。そして今、困難な課題をもう一つ自身のTo-Doリストに加えようとしていた。世界に言論の自由を取り戻そう。ツイッターを買収するときだ。

マスクのお気に入り

イーロン・マスクの最初のツイッター買収提案が理解し難いものだった理由の一つは、巨万の富と名声、そして過去の成功に似つかず、彼が12歳の少年のようなユーモアのセンスの持ち主であるためだ。ザ・ボーリング・カンパニーでは、お気に入りのSFコメディ映画『スペースボール（Spaceballs）』のジョークに触発されて、火炎放射器を生産して一般消費者向けに販売したことがある[28]。サシャ・バロン・コーエン出演の別のコメディ映画『ディクテーター 身元不明でニューヨーク（The Dictator）』のジョークは、スペースXのスターシップ・ロケットを「もっと先の尖った」形にする決断に至るひらめきの源となった［訳注：映画では、独裁者が「先の尖っていない」核ミサイルなんて格好悪い、と言って開発者を追放する］。セックス（69！）とマリファナ（420！）のジョークが大のお気に入りだ［訳注：420はマリファナを指すスラング］。同時に複数の会社を経営しているというのに、連日ツイッターへのミーム投稿に少なからぬ時間を費やしていた。

時折、マスクの悪ふざけがトラブルに発展することもあった。2018年、ポッドキャスト番組の収録中に、ホストを務めるジョー・ローガンと一緒にマリファナを吸引して見せたことがある。スペースXが米連邦政府との契約を結んでいたことから、マスクと同社の従業員の大半が1年間、米国政府による抜き打ち薬物検査を受ける羽目になった。笑えるようで笑えない、実に危うい状況であった。本人が後に、「私にとっても、スペースXにとっても、けっしていい結果ではなかった」と認めているものの、笑いながらそう話すマスクに懲りた様子は見られない[29]。

そのマスクがトラブルに巻きこまれるお気に入りの場所はツイッターのようで、しばしばトイレに座りながら、意識の流れるままにツイートした[30]。2018年のツイートでは、洞窟ダイバーを「ペド」と呼んだかどで訴えられたこともあった。同じ2018年には、テスラ株を1株あたり420ドルで買い取り、会社を非公開化するのに必要な「資金を確保した」とツイートしたことでも訴えられている。これはいつものマリファナ（420）のジョークであると同時に、証券取引委員会（SEC）に言わせれば、虚偽の発言であった。マスクはSECから訴えられた後、和解に際してテスラの会長辞任を余儀なくされた[31]。

マスクとツイッターとの関係も年々複雑になっていたが、それでも厳密に言って、マスクがツイッターのルールに抵触したことは一度たりともなかった。むしろ、その反対である。マスクに心酔していたドーシーは、しばしばマスクのことを自分の「お気に入りのツイーター」と呼んだ。世界的リーダーのアカウントを厳重に保護するためにツイッターが作成した「トップ3」リストが「トップ10」に拡大されたときには、マスクのアカウントがリストに確実に含まれるように取り計らった。マスク側はと言えば、ツイッターにケチをつけるのも大好きで、最初はドーシーに、その後はアグラワルに、何年にもわたり直接クレームをつけていた。

例えば、マスクの自家用ジェットの位置を追跡し、その情報を提供するアカウント「イーロンジェット（@ElonJet）」をツイッターが容認していることに納得できなかった。2022年1月にも、これはちょうど彼がツイッターの株式を購入し始めたのと同じ頃だが、アグラワルに「@ElonJet」について苦情を訴えている。スパムや暗号通貨関連のメッセージを送信してくるボットの多さにも辟易していた。ツイッターが、テスラに攻撃を加え、同社の株価を引き下げることに執念を燃やす、空売り投資家の巣窟のようになっているのも気に入らなかった。

　マスクからの苦情は、しばしばドーシーやアグラワルからツイッターの上級弁護士であるビジャヤ・ガッデに申し送られ、彼女からチームのメンバーへと伝えられた。マスクのフィードから手作業でボットを削除するために、従業員が本来の仕事を後回しにせざるを得なかったことも何度かあった。テスラの株価操作をしていると思われるボットや空売りに対する不満と苛立ちをはっきりと伝えるために、自身の顧問弁護士であるアレックス・スピロに電話でドーシーとガッデと直接話をさせたことも数年の間に何度かあった。

　このような経緯を考えれば、4月13日の夜、マスクが買取価格1株あたり54・20ドルでの正式なツイッター買収提案を提示したとき、取締役会のメンバーの一部が逡巡した理由も容易に理解できる。マスクが取締役就任に同意してから、まだ2週間も経っていなかったのだ。その間、マスクは前言を翻し、ツイッターは道化師のような役回りを演じさせられた。しかも、マスクがSECに提出した書類に基づけば、マスクの出資は「受動的」であるはずだった。買取価格も人々の疑念を呼び起こした。お得意のマリファナジョークか？［訳注：買取価格に「420」が含まれていることから、マスクのいつものジョークかと考える向きも多かった］取引を実行に移すだけの資金を本当に用意しているのか？　新手の炎上マーケティングか？

　買収提案のオファーレターを読めば、真剣であることが確かにうかがえた。マスクはツイッターの取締役会に宛てて、次のように書いている。「私は、世界中の言論の自由のためのプラットフォームになれるとツイッターの可能性を信じて投資を行いました。そして、言論の自由は民主主義が機能するために必要な社会的要件であると信じています。しかしながら、投資をして以来、今のままの形では同社は繁栄することも、この社会的要件を満たすこともできないと実感しました。ツイッターは非公開企業として生まれ変わる必要があります」

脅し文句も忘れなかった。「本提案は、最善かつ最後の申し出であり、これが受け入れられない場合は、株主としての立場を再考する必要があると考えます」

交渉するつもりなど毛頭なかった。もしツイッターがディールを断ってくるようであれば、相当額の利益を得た上で売り抜け、ツイッターの株価が暴落するのを傍観するまでだろう。ツイッターの取締役会には、マスクの提案を真剣に受け止める以外に選択肢はなかった。彼らはただ、マスクもまた真剣であること、真剣であり続けることを願った。

マスク、本気のツイッター買収計画

ツイッターの買収提案を正式に表明して以来、マスクに対する人気と関心はこれまで以上に高まった。マスクを「裏口男」呼ばわりした投資家ジョー・ロンズデールは、今度はフロリダ州知事ロン・デサンティスとの面会の招待状を携えて、マスクの受信トレイに戻ってきた。[32] デサンティス州知事はツイッターの取締役会に「憤慨」しており、猛烈にマスクを応援したいとのことだった。ガイル・キングも再びインタビューの依頼メールを送ってきた。「これは今どきの子どもたちが呼ぶところの『ギャングスタ・ムーブ（予想外の展開）』ですね」と、書かれていた。ライアットゲームズ（Riot Games）の共同創業者マーク・メリルは、マスクは「ゴッサム〔訳注：映画『バットマン』に登場する、犯罪が横行する架空の都市〕が必要としているヒーローだ」と彼に書き送っている。暗号通貨取引所FTXのサム・バンクマン＝フリードCEOまでもが、マスクに会いたいと連絡を取ってきた（それから18カ月のうちにFTXは経営破綻し、バンクマン＝フリードは詐欺、共謀、マネーロンダリングなど7つの容疑で有罪判決を受けることになる）[33]。

マスクの友人、ジェイソン・カラカニスほど興奮した人物はいなかった。2人は、その数年前、カラカニスがテック・ジャーナリストだった頃に知り合い、2012年に最初のテスラモデルSが発売されると、カラカニスはこれをさっそくマスクから購入している[34]。マスクの買収提案から2週間、両者は何十通ものメッセージをやり取りした。カラカニスのアイデアは尽きることがなかった。例えば、ツイッターは、ユーチューブのように動画クリエイターにもっと収益を還元すべきだ、と彼は書いた。ツイッターはテキサスに移転して、在宅勤務をしている従業員に対して60日以内にオフィスに戻るよう求めるべきだ、とも言っている。従業員の半数以上を削減する計画まで示している。マスクに宛てたプライベートメッセージでは、「組織の強制再起動」とも書いている。ついにマスクが、ディールが完了した暁には戦略アドバイザーになってほしいと持ちかけると、カラカニスは1分も経たないうちに快諾した。「取締役会メンバーだろうと、アドバイザーだろうと、何でもいい。君の剣になろう」と返信している。念のため、こうも付け足した。

「ツイッターのCEOが私の理想の仕事だが」[35]

カラカニスの夢を実現させたくとも、まずは残りの91％の株式を購入して、さらに取引を完了させる諸経費や弁護士費用を払うために、約460億ドルの捻出方法を考える必要があった[36]。世界一の富豪なのだから、資金はある。少なくとも紙の上ではそうだ。問題は彼の資産のほとんどが他の会社、具体的にはテスラの株式であり、簡単に現金化できないことであった。400億ドル分のテスラ株を売却することは現実的な選択肢にはならない。そのようなことをすれば、マスクが1兆ドル規模の自動車会社の経営よりもツイッターに関心があるというメッセージを投資家に送ることになり、株価の暴落を招きかねない。より現実的な解決策は資金を借り入れるか、他の投資家を呼びこむことだった。マスクが当局に書類を提出すると、アドバイザーを務めるモルガン・スタンレーの担当者たちは直ちに他の銀行や投資家たちへの声掛けに奔走した。[37]

マスク自身も資金集めに精を出し、銀行パートナー候補との電話会議に参加し、事業計画案の概略を説明した。ディールが成立したら、レイオフを含む抜本的なコスト削減を行うことを約束し、ツイッターのビジネスを、サブスクリプションに焦点を当てて拡大していくアイデアも披露した。[38] 億万長者というのは通常、億万長者の知り合いが多いものである。マスクの電話帳も例外でないことが証明された。オラクルの創業者でテスラの取締役を務めるラリー・エリソンの場合のように、「コーヒーを飲みたいからちょっと5ドル貸してもらえないか」と言わんばかりのノリで、10億ドル出資の約束が難なくまとまったケースもある。ツイッターの取締役会にオファーレターを送ってから1週間後の4月20日、マスクはエリソンにテキストメッセージを送信した。

マスク：ツイッターの買収ディールへの参加に関心はありませんか？[39]
エリソン：あるよ……もちろん👍
マスク：素晴らしい
マスク：ざっとでいいんですけど、どのぐらいの規模感ですか？　言質を取ったりするつもりじゃないんですけど、ディールへの参加希望者が予定以上に集まりそうなので、一部は断るというか、蹴り出さなくてはいけなくて。
エリソン：10億ドルかな……むしろ、そっちから提案してくれないか？
マスク：いいえ、ご都合のいい額でお願いします。でも、そうですね、20億ドルか、それ以上をお勧めします。とても大きな可能性を秘めたディールですから、誰よりも、あなたに加わってほしいんです。

エリソン：非常に大きな可能性があることには同意するよ……面白くなるだろうな

マスク　：それは確実です(^^)

1000億ドルの純資産を持つエリソンは、[40] 10億ドルの投資を決めた。[41] エリソンのような人々が加わってもなお、ディールが果たしてまとまるかは誰にも予言できなかった。ツイッターの取締役会は、マスクが本気で買収しようとしているのかさえ判断がつかなかった。なにしろ、取締役就任に同意しながら、それを覆し、代わりにツイッターに対する批判を繰り広げたことで、マスクに対する信頼はすっかり損なわれていたのだ。買収提案がおおやけになった日に行われたTEDカンファレンスでの公開インタビューでマスクは、ツイッターの財務状況は気にしていないと発言している。「これは金儲けの手段などではないのです。私の強い直感では、最大限に信頼され、広く包括的な公共プラットフォームの存在は、文明の未来にとって極めて重要です。経済的な側面は、まったく気にしていません」。懐疑的な人々は、マスクの動機をどう判断すればいいのかわからなかった。一体どこの誰が、取り戻せなくなるかもしれない可能性を度外視して、460億ドルも支出するというのだろうか？

だが、マスクは本気だった。買収提案が受け入れられなかった場合のバックアップ計画「プランB」も練っていた。TEDカンファレンスでも、ステージ上で質問されているが詳細を語ることは拒んでいる。[42] しかし信頼できる腹心たちとブロックチェーンの公開台帳上でユーザーがメッセージを投稿できる、ブロックチェーンベースのソーシャルネットワークのアイデアについて密かにメッセージをやり取りしていた。買収ディールが実現しなかった場合に備え、エンジニアたちとミーティングの機会を設け、このアイデアに基づく技術開発の可能性を議論していたのだ。

ツイッターの取締役会は、マスクが買収に必要な資金を調達できるかどうか、固唾を飲んで状況を見守っていた。ところがドーシーは、買収がすでに完了したかのようなトーンでツイートをし始める。一般的に、買収提案がなされて交渉や議論を重ねている最中は、プロセスに余計な混乱をもたらしたり、影響を与えたりしないよう関係者全員が沈黙を守るものである。ドーシーは、正式なプロセスなど気にかける様子もなく、ツイッターの取締役会にとって何のメリットももたらさないツイートをいくつか投稿した。ツイッターが上場企業であることが主な問題だといつもの主張を展開し、「上場企業である以上、ツイッターは常に『売り出し中』の状態にある。これが真の問題なのだ」とツイートしている。[43]その上で、同社の取締役会は「絶えず会社の機能不全を引き起こしてきた」と述べて、もう一発パンチをお見舞いした。これはブーメランのような奇妙な批判である。彼は取締役会メンバー全員の人選に直接的に関与してきた。それだけでなくツイッター創業以来、自分自身が取締役会のメンバーだったのである。実際、このときもまだ取締役会に名を連ねていた。敵対的買収の交渉の真っ只中において、このツイートは一部の取締役の不興を買った。すでにひびが入っていた関係だったが、その亀裂はいっそう深まった。数名の取締役は買収交渉の結果を問わず、ドーシーが会社を去ることを望むようになった。

4月20日、マスクのチームは一連のレターと必要書類を証券取引委員会（SEC）に提出した。必要資金の確保に目処が立ったのだ。[44]書類には、複数の資金源から総額465億ドルの資金を調達する計画の概要が示されていた。[45]そのうちの125億ドルは、自身が保有するテスラ株を担保とした個人融資（証券担保融資）が予定されていた。130億ドルは、彼が買おうとしているツイッターが会社として銀行から借り入れる計画となっていた。金利を考えると、この融資を受けることで年間約10億ドルの利払いが生じることになる。残りの210億ドルはマスクが用立てる予定であり、テスラ株を売却するか、エリソンのような投資家からの支援を仰ぐことになる。提出書類にはもう一つ新しい情報が含まれていた。マスクの買収提案は、「もはやビジネス・デューデリジェンスの対象ではない」というのだ。ツイッターという車を車庫から出すにあたり、ボンネットの中を確認しようともしなかったのである。資金の準備は整った。喉から手が出るほどツイッターが欲しかった。

マスクの買収、ツイッターは自由を手に入れた

この段になって取締役会が、マスクの本気度を疑うことはさすがになかった。あとは1株あたり54・20ドルの提示価格が適正かどうかを判断するだけである。取締役会は週末を使って、バンカーや弁護士を交えて議論を重ねた。通常、このような買収提案がなされると他の潜在的な買い手を触発し、オークション方式が取られることになる。だが、そうはならなかった。マスクの動きが早かったからだけでなく、主だった買い手候補は数年前、つまりディズニーとセールスフォースが買収を見送ったときに、ツイッターの経営や事業内容を精査済みだった。米国の規制当局が数年来、テック企業の買収を厳しく監督するようになった側面もある。米連邦取引委員会（FTC）はすでに、反トラスト法（独占禁止法）違反の疑いでフェイスブックを提訴していた[46]。司法省も同様の主張でグーグルを提訴する準備を進めていた[47]。だが、仮に規制当局が買収を認めたとしてもマスク以外にふさわしい買い手は見当たらず、関心を示す候補もいなかった。

ツイッターの財務チームは、社内の分析モデルを使って、マスクによる買収が行われない場合、事業がどのように推移するか予測をしてみた。同チームは複数のシナリオを準備し、取締役会に提示した。ざっくり言えば、業績が低迷した場合、そこそこだった場合、上向いた場合を想定したシナリオだ。どのシナリオを採用したところで、ツイッターが社内の収益目標を達成できそうにないことは一目瞭然であった。ある予測では、ツイッター経営陣は２０２３年の売上高を72億ドルと見積もっている。[48] これでは、ツイッターの社内目標はおろか、社外向けの目標にも届かない。ユーザー数の増加目標が達成される見込みもほとんどなかった。同社の財務アドバイザーを務めるゴールドマン・サックスとＪＰモルガンも独自にツイッターのビジネスに関する財務予測を作成し、両行ともマスクの提示額は「適正」であると結論づけた。

取締役会が必死になってあらゆる選択肢を検討している間、人生のすべてを時速１００万マイルで片づけるマスクはしびれを切らし始めていた。4月24日の日曜日、買収提案が公表されてからわずか10日後、ツイッターの取締役会がなお慎重な検討を継続するところへマスクから新たなレターが届いた。「すでにお伝えしているように、54・20ドルは私の最善かつ最終的なオファーであり、今後も変わることはありません。以上」と書かれていた。さらに、同封されているマスクの弁護士が作成した基本合意契約書案は、「売り手に有利」な内容であると強調した。取締役会が提案を拒否したが最後、マスクがツイッターから完全に手を引くことは明らかだった。マスクの弁護士もこれらはすべて「できる限り早く取引を成立させるために、すべての関係者の決断が容易になるように練られたものだ」と、取締役会に書類を送った際にコメントを添えている。

日曜日の夕方から始まった両サイドの交渉は、月曜日の朝まで続いた（ちなみに、マスクもこの晩、徹夜をしている。ただし、契約交渉に臨んでいたためではなく、友人とパーティを楽しみ、おまけにレッドブルを飲み過ぎたせいである）[49]。ツイッター側の弁護士は、契約書に数点の修正を加えた。例えば、ツイッターは買収取引が正式に完了するまで、マスクの承認なしに従業員を雇用あるいは解雇する権利を維持する、といった内容である。彼らはまた、契約に特定履行と呼ばれる条項を追加した[50]。これにより、たとえ損害賠償金を払っても、マスクは一方的に契約を破棄することができなくなる。ツイッターが契約の一方の当事者としての責任を果たす限り、万が一マスクの気が変わったとしても、裁判所からマスクに契約を履行するよう命じてもらえる。このような条項が加わったところで、当然、何の問題もないだろう。なにしろマスクは、喉から手が出るほどツイッターを欲しがっているのだから。

4月25日月曜日、午後2時48分前後、ニューヨーク証券取引所はツイッター株式の売買を停止した。その2分後、プレスリリースが発表された。「イーロン・マスク、ツイッターを買収」マスクは440億ドルを払い、ツイッターを非公開化することになる。既存株主全員が同年後半の取引完了時に、1株あたり54・20ドルを手にすることになる。ツイッターの取締役会が、マスクへの売却を全会一致で決議したのだ[51]。

この発表により、ほんの数週間前までは誰も想像していなかったことが現実のものになった。マスクがバビロン・ビーの一件に不満を覚えた元妻からのメッセージ、つまりマスクがフォロワーに「この世界はツイッターに代わるものを必要としているだろうか」とたずねるきっかけとなったメッセージを受け取ってから、たった32日間の出来事である。当初はマスクがツイッター株を保有していることさえ知られていなかった。それが今や、おいそれとは信じ難いことに全株を取得してツイッターを丸ごと買うことになったのである。ツイッターは上場してから9年も経っていなかった。そして今、ドーシーの願いが叶おうとしていた。ツイッターはもはや、売上とユーザー数の伸びにしか興味のないウォール街の投資家の意向にびくびくする必要がなくなったのだ。マスクは経済的な側面には関心がないと公言していた。自らの存在意義を正当化するために、ビジネスを大きく成長させねばならないというプレッシャーからツイッターは解放されたのだ。創業以来初めて自分たちがもっとも得意とすること――人々が会話し、議論し、意見を主張できる場をこの世界に提供すること――だけに専念できるようになったのだ。世界の「グローバル意識」としての役割に集中し、それ以外のことを手放せる日がついに来たのかもしれない。

マスクとツイッターの合意が発表されたその晩、ドーシーはツイートした。ツイッターは上場企業であるべきではなかった、と書き出す。「ツイッターはこれまでウォール街と広告モデルの支配下にあった。ウォール街からツイッターを取り戻すことが、正しい最初の1歩だ[52]」。ドーシーはこの結果に忘我の喜びを覚え、自ら立ち上げた会社を、敬愛する人物に譲る心の準備ができたと感じた。ツイッターの問題を解決できる人物がいるとすれば、それはマスクだった。「イーロンは、私が信頼する唯一の解決策だ」とツイートした。「意識の光を広げるという彼の使命を信じている[53]」。その日の午後、プレスリリースが発表されてから4分後、ドーシーは思いのたけを直接伝えようと、マスクにダイレクトメッセージを送っている。

ドーシー：ありがとう🖤[54]
マスク　：基本的に、君のアドバイスに従ったまでだよ！
ドーシー：わかってる、感謝してるよ。これが唯一の正しい道だ。そのためにに必要なことがあれば、これからも何でもするつもりだ。

第14章　予想外のディール保留

パラグ・アグラワルCEOの信任を問う非公式審査は、始まったと思ったとたん終わった。ツイッターとマスクの間での買収合意が発表された翌日、ジャック・ドーシーはイーロン・マスクにメッセージを送り、アグラワルとのオンラインミーティングを提案した。「君が目標に到達するまで、パラグが全力でサポートできるようにしたいんだ。彼は具体的な方向性を示されたとき、物事を成し遂げるスキルが本当に高いから」

ドーシーはミーティングに向けて、ツイッターが取り組んでいる課題、直近で対応が必要な問題、長期的な優先事項など、検討したいポイントを列挙した文書を作成した。確認のため、事前にマスクに送っている。「リストの項目を確実に押さえていくことで、変化の速度を上げることができるはずだ」とコメントを添えて、ミーティングのためのグーグルミート（Google Meet）のリンクも送信した。自分が新たに選んだツイッターの新オーナーが、自分がかつて選んだツイッターCEOを気に入ってくれることを、ドーシーが願っていたことは言うまでもない。

ミーティングは散々な結果に終わった。ツイッターのプロダクトの方向性についてアグラワルが何を言っても、じきにボスになる予定の男からは何の手応えも感じられなかった。話し合いの最中、マスクがアグラワルに、ドナルド・トランプの追放や、ハンター・バイデンのノートパソコン記事の拡散を阻止する最終決定に深く関与した、ツイッターの法律顧問兼ポリシー担当経営幹部のビジャヤ・ガッデの解雇を求めたときには、気まずい空気が流れた。たとえそうしたくとも、買収が完了していない以上、アグラワルがガッデを解雇できたかはわからない。厳密に言って、マスクはまだツイッターのオーナーではなく、そのような要求をできる立場ではなかった。アグラワルはマスクに、ガッデを解雇するつもりはないと答えた。ガッデと10年近く一緒に働いてきたドーシーが、会話に割って入り、ガッデを擁護することはなかった。

ミーティング終了後、マスクはドーシーに「君と僕の意見は、完全に一致している」と書き送った。「だがパラグは、スピードがあまりにも遅すぎる。しかも、何をしたところでけっして満足することのない人たちを喜ばせようとしているだけだ」。「少なくとも、君たちが一緒に仕事をするのは無理だということがはっきりとわかった。明確になったね」とドーシーは答えた。[2]

ガッデを解雇できなかったマスクは、代わりに彼女のことをおおやけの場で批判することにした。ビデオミーティングと同じ日、マスクはハンター・バイデンのノートパソコン記事の件でガッデが果たした役割について次のようにツイートしている。「事実に基づいた記事を掲載した大手報道機関のツイッターアカウントを停止したことは、明らかに、そして非常に不適切だった」と、8400万人のフォロワーに向けて書いたのだ。[3] それから24時間も経たないうちに、ガッデをさらにいたぶる2つ目のツイートを投稿した。今回のツイートは、ツイッターが「左に偏っている」と主張するミームで、ガッデが数年前にジョー・ローガンのポッドキャストに出演したときの動画が面白おかしく編集されていた。[4]

このツイートは、前々からツイッターのポリシーを嫌い、同社が保守派の投稿を検閲していると感じていた人々の耳にだけ届く「犬笛」のように働いた。彼らの不満の矛先はガッデに向かい、彼女のアカウントは瞬く間に非難の声で溢れかえった。[5] 人々は、「カレー」という言葉を使ったり、インドのカースト制度に言及したりして、彼女のルーツや文化的伝統を中傷するメッセージを投稿した。ガッデの解雇を要求するツイートも多かった。一部の投稿は、ツイッターのルールに抵触しているとして、削除された。

同社の元CEO2名を含む、数人のツイッター幹部がガッデの援護に駆けつけた。「個人攻撃はリーダーシップとは呼べない……一体何が起こっているんだ?」とマスクにツイートしたのはディック・コストロだ。「買収したばかりの会社の幹部を、嫌がらせや脅迫の標的にしているんだぞ」[6]。エヴァン・ウィリアムズは、「一つ言っておきたい。コンテンツモデレーションに関しては、正当化できる見方がいくつもある。微妙なニュアンスの違いで見方が異なってくることもある。それから、ビジャヤ(@vijaya)は、私が知っている中でもっとも思慮深く、原則に忠実な人物の1人だ」と書いた[7]。

従業員たちは、1人の元CEOの沈黙にすぐに気づいた。ドーシーはこの件について3日間、一度もツイートしなかった。ようやくツイートしたときも、ガッデの名前に言及せずに、バイデンのノートパソコン記事に関する決断の責任を取った。いや、本人は取ったつもりだった、というのが正確かもしれない。「私たちが下した決断はすべて、最終的には私の責任です」と書き、ツイートの文末に注記のアスタリスクをつけた[8]。そして「*同時に、個人や企業にこの責任を負わせるのは、おかしいし間違っている」と続けた[9]。その後に続くツイートによって、自らの責任を認めようとするドーシーの努力はさらに骨抜きにされた。「私がノートパソコン記事の件の報告を受けた後、ツイッターは直ちに記事の拡散をブロックする措置を取り消しました」[10]。暗に、彼のあずかり知らぬところでガッデが判断を下したのだと言っているようなものだった。

マスクとの合意が成って1週間も経っていなかったが、従業員たちはすでに元ボスに幻滅を感じていた。ドーシーは長いことツイッターの従業員に愛されていたが、それは必ずしも彼が強いリーダーシップの持ち主だったからではなく、ツイッターで働くことを特別で意義あることだと感じさせてくれたからだった。穏やかな人柄で、従業員の問題にも敏感だった。ドーシー直属の経営幹部たちが緊迫した雰囲気にあっても、少なくともドーシーは従業員のことを心から気にかけているようで、どれほど従業員のことを大切に思い、感謝しているか、しばしば口に出して伝えていた。全従業員を対象としたリトリートイベントに両親を出席させるような、勤務時間の一部を使って従業員の子どもたちにドクター・スースの本を読んであげるようなボスだったのだ。

しかし、この1カ月のドーシーはまるで別人だった。ツイッターの取締役会について公然と不満を述べ、営利企業としての会社の存在そのものを否定した。全体的に左寄りのツイッターの組織文化と新オーナーとでは、あまりに組み合わせが悪すぎると考える従業員の中には、ドーシーが表立ってマスクの肩を持ち、マスクによる会社買収を支持したことに失望した者もいた。マスクは低俗なセックスジョークを好み、テスラでは労働組合の結成を妨害し[11]、ツイッターの自己紹介欄に「性別を区別しない」代名詞を使う人々をあからさまに馬鹿にした[12]。ドーシーは、これらすべての事実を積極的に見ないようにしているようだった。マスクのことを「意識の光」と呼んだ。

そしてついには、ツイッターが犯した最大の過ちの一つであった、ハンター・バイデンのノートパソコン記事にまつわる決断の責任を直属の部下に押しつけようとしたのだ。自分が難しい決断をせずに済むように、何年にもわたってこれらの困難な仕事を任せてきた部下に。ドーシーはもうCEOではなかったが、それでもなお、従業員たちは裏切りにあったような気持ちを抱くようになっていた。

アグラワルは日に日に低下していく従業員の士気をなんとか引き上げようと必死だった。買収提案が最初に発表されたとき、マスクの登場に沸き立った従業員も確かにいた。マスクは事実上、できないことは何もないのではないかと思うほど莫大な資産を持っていた。火星に人類を送りこみ、化石燃料を大量に消費する自動車をこの世界からなくそうとしている男なのだ。その彼が今望んでいるのは、ツイッターの変革である。マスクの手にかかった会社がどのような変化を遂げるのか、変化を楽しむ覚悟ができている一部のツイッター従業員にとって、それは刺激的であり、同時に正しい方向だった。

だが大半の従業員は、「総じて心配している」から「総じて激高している」の範囲のどこかに位置していた。何人かの従業員が社内のスラックチャネルでマスクに対する懸念の声を上げ、そのメッセージがマスコミにリークされた[13]。ある従業員が書いた「私たちは、悲しみの5つの段階を周期的に経験しているようなもので、皆、神経をすり減らしています」というメッセージが、ニューヨーク・ポスト紙の記事で引用されている。「ここで言うべきことではないかもしれませんが、買収後もこの会社で働き続けるつもりはありません」と別の従業員も書いている。アグラワルは、なぜ売却に合意したのかと、その理由を問う質問をたくさん受けた。彼は取締役会の一員として、マスクへの会社売却の決断に直接関与していたが、「投資家の儲けにつながるから」という事実以外に、正当な理由を思いつくことができないように見えた。アグラワルはまるで、『ゴッドファーザー』のマイケル・コルレオーネを演じているかのようだった。「個人的な感情じゃない、あくまでもビジネスなんだ」。買収発表以来、数回にわたり全社会議が開催されていたが、アグラワルは、会社の決断を説明するために「フィデューシャリー」［訳注：受託者。「フィデューシャリー・デューティ」は信任を受けた者が履行すべき義務（受託者責任）を指し、取締役と株主の関係では、株式会社の取締役は株主から会社の経営を託された受託者として、株主に対してフィデューシャリー・デューティを負い、取締役は株主利益の最大化のために行動しなければならないとされている」」という言葉を何度も使った。ツイッターの取締役会は、何よりも株主価値を考えなければならなかった、と彼は言った。要するに、マスクの提案は、見送るにはあまりにも条件が良すぎたということだ。

だがそれは、機会あるごとに世界へ向かってパーパスやコアバリューの発信に努めてきた会社で何年も働いてきた従業員たちにとって、満足のいく回答ではなかった。もっと意味のあることに貢献できると考えツイッターで働くことを選んだ従業員たちにとって、ウォール街の投資家のために売却の決断をするなど、受け入れ難かった。さらに悪いことに、アグラワルはツイッターが会社としてもっと業績を上げられていれば、このような事態は避けられたはずだと示唆した。「もっと違うやり方ができたのではないか。何度も考えています」。ディールの合意から数日後、アグラワルはこのように語った。「この10年間、自分がとってきた行動について説明責任を果たす必要があると感じています。このポジションに就いてからはまだ4カ月ですが、この会社では10年間働いてきました。そう、もっとうまくやれたはずでした。もっとうまくやるべきでした」[14]

買収契約に双方が署名してから10日後、ツイッターは、買収提案が発表されてから3度目となる全社会議を開催した。着任後マスクが、会社の解体に着手するに違いないと憶測して、意気消沈し、すっかり士気を喪失していた従業員たちのモチベーションを高めようと、経営幹部たちはプレゼンテーションのスライドを用意していた。タイトルページには、「なぜ悩む必要があるのか？」と書かれていたが、従業員たちが感銘を受けた様子はほとんどなかった[15]。新型コロナウイルスに感染し、自宅で療養していたアグラワルは、オンライン上で短い挨拶をすると、ツイッターのプロダクト担当上級リーダーの1人、ジェイ・サリバンにプレゼンテーションを任せた。

彼は、従業員はお互いに対する責任を負っていること、今なお何億人もの人々に利用されているプロダクトの提供や改善に取り組んでいることを思い出させ、チームを奮い立たせようと試みた。ツイッターは今でも、世界でもっとも重要な会話の一部のために不可欠な手段なのだ、と付け加えた。「団結して、困難に立ち向かおう」

続いて別の幹部が立ち上がり、今は5月、正式に「メンタルヘルス啓発月間」であることに言及し、それぞれが自分自身を大切にするように、と声をかけた。

雲行きの怪しいマスクのお財布事情

イーロン・マスクは、ニューヨークのメトロポリタン美術館のすぐ外にあるレッドカーペットに立ち、何十台ものカメラが彼の周りを囲み、フラッシュをたく中、変顔をして見せた。へーとかホーとか感心するような声を出し、コメディアンのように体を後ろに反らしたかと思えば、深く考えるような、あるいは単に変な匂いを嗅いだかのような、鼻にしわを寄せる表情をつくった。マスクは、同美術館で毎年開催されるモードの祭典メットガラへ、黒いタキシードに白の蝶ネクタイ姿で、母のメイをエスコートして出席した。このイベントは同美術館の資金調達の場であると同時に、世界の富豪や著名人たちが一堂に会し、有名デザイナーの手によるきらびやかなファッションを披露する場でもある。例えば、女優のブレイク・ライブリーがまとうのは、15フィート（約4・5メートル）はありそうなロングトレーンのヴェルサーチのドレスだ。[16]キム・カーダシアンは、1962年にジョン・F・ケネディ大統領へ「ハッピー・バースデー」を歌ったとき、マリリン・モンローが実際に着用したドレスのサイズに合わせるために、わずか3週間で16ポンド（7キロ強）減量して、スリムな姿となって登場した。[17]ちなみに前年のメットガラでは、アレクサンドリア・オカシオ＝コルテス下院議員が背面に真っ赤な文字で「金持ちに課税を」と書かれた白いドレスを着て出席している[18]。

タキシード姿のマスクは、他の出席者と比べて凛々しい印象だったが、本人が「ダウントン・アビーか何かから出てきたみたいだな」と言うように、退屈と言えば退屈な装いだった[19]。しかし、この日、注目度でツイッターの新オーナーになろうとするマスクを凌ぐ出席者は他にいなかった。440億ドルのディールが発表されてからちょうど1週間、レッドカーペット前に集まった騒々しい報道陣を前に、母親と並んで人々の視線を集めていた。「美しいモードが好きなので、母と会場を歩き回って、華やかなファッションを観察しようと思います」とコメントしている[20]。だが、その日のミッションは観察だけではなかった。「会場にいる人たちに聞いて回ろうと思います。『お願いします、頼みます、後生だから、ツイッターの買収に手を貸してください』ってね」と冗談も忘れない[21]。

変顔やのんき気な懇願から読み取るのは難しいが、背後には切実な問題があった。気が遠くなるような額の資金集めである。メットガラの数日前、マスクはテスラ株を85億ドル分売却し、ツイッターと銀行パートナーに自分で準備すると約束した210億ドルの一部を用意した[22]。「これ以降、TSLA〔訳注：テスラの銘柄コード〕の売却予定は一切ありません」とツイートしているが、これはつまり、残りの資金をテスラ株以外から調達する必要があることを意味した[23]。

マスク側の助言役を務めるモルガン・スタンレーの銀行家たちも、このとき投資家探しに飛び回っていた。彼らは当初、プエルトリコの億万長者でプライベートエクイティ業界の大物、オーランド・ブラボーから出資を受けられるだろうと楽観視していたのだが、読みが外れてブラボーが手を引いたため、資金調達を急ぐ必要に迫られていたのだ。モルガン・スタンレーのグローバルテクノロジー投資銀行部門の責任者で、業界でもとりわけ顔の広いバンカー、マイケル・グライムズはマスクにメッセージを送り、FTXを運営するサム・バンクマン＝フリードとの会談を提案している。バンクマン＝フリードは、「超天才であり、実行力もあり、物事の構築にも長けている」と請け合った。バンクマン＝フリードの側も、マスクとの協働に関心を示していた。「1時間のミーティングで50億ドルのエクイティだぞ」とグライムズは言い添えた。マスクはバンクマン＝フリードに会うことに同意した。ただし、「ブロックチェーンの長ったらしい議論に突き合わされない限りはね」と返信している。[24]

その間、マスクも自身の人脈にあたっていた。友人ラリー・エリソンからの支援はすでに取りつけており、次はテック業界の他の大物たちに照準を定めた。ベンチャーキャピタリストでリンクトインの共同設立者であるリード・ホフマンとテキストメッセージを交わし、ホフマンの会社から20億ドル拠出してもらえないか提案した。ペイパルの元幹部で盟友、こちらもベンチャーキャピタルを率いるデイビッド・サックスにも出資を検討する余地があるかたずねている。[25] ジェイソン・カラカニスは、マスクのために周囲に声をかけてみると約束した。[26] マスクはドーシーにも、当時10億ドル弱と評価されていたツイッターの保有株をロールオーバーして持ち続けるよう説得した（マスクはその後ドーシーの不安を和らげるべく、将来現金化を望むならば、そのときの会社の評価額を問わず、いつでも1株あたり54・20ドルで売却できるようにすると約束している[27]）。

5週間前にマスクが初めてツイッターの取締役に接触したとき、買収資金の捻出はそれほど難しい問題には見えなかった。テスラの株価が3月に25％近く上昇していたこともあり、マスクの当時の純資産は約2700億ドルにまで膨らんでいた。ところが、同社の株価はその後すぐに

20％下落し、そのうちの13％はたった1週間での出来事だった。[28] これにともない、マスクの純資産は5週間で約400億ドル減少していた。[29] それでもなお彼がまだ潤沢な資金を保有していることに変わりはないが、経済の先行き不透明感が増していた。ロシアとウクライナの戦争が欧州経済にさまざまな問題をもたらし、世界経済にも影響をおよぼしていた。インフレ率の上昇も顕著だった。米国の物価を幅広く反映する経済指標である消費者物価指数（ＣＰＩ）は5月、前年同月比で1981年以来の高い伸びを記録した。[30]

メットガラの数日後、マスクはツイッターの買収計画を練り直した。当初の提出書類では、テスラ株を裏づけとした125億ドルの個人融資を予定していた。しかし、この間のテスラの株価下落にともない、融資条件を満たすためには、担保に入れる株式の数を増やす必要が生じた。それを回避するために、融資を受ける額を半分に減らすことにしたのだ。残りの62億5000万ドルは自力で調達することを意味する。その結果、彼は今、272億5000万ドルの買収費用を自らの責任で工面しなければならなくなったのである。[31]

朗報は、それまでの協力者探しの努力が実を結んだことだった。融資計画を見直したのと同じ日、マスクは証券取引委員会に出資パートナーのリストを提出している。ラリー・エリソンは、数週間前のマスクとのメッセージのやり取り通り、本当に10億ドルを「カンパ」した。テック業界の著名ベンチャーキャピタルの一つ、セコイア・キャピタルは8億ドルを拠出する。[32] 同社は、エックスドットコムやスペースX、ザ・ボーリング・カンパニーを含む、マスクの他のベンチャー事業にも投資してきた実績がある。そして、こちらも名門ＶＣファームであるアンドリーセン・ホロウィッツは4億ドルでの参加を決めた。自らのツテでコツコツと合計71億ドルの約束を取りつけたのである。[33]

5月6日金曜日の夕方、マスクは初めてツイッターのサンフランシスコ・オフィスを訪れた。[34]経営陣数名と会い、当初は買収を急ぐために放棄すると言っていたデューデリジェンスのプロセスに着手したのだ。時間に遅れて到着したマスクは本社2階にある会議室の大きなテーブルの中央の席に、ツイッターのネッド・シーガルCFOと向かい合う形で座った。パラグ・アグラワルCEOも出席していたが、まだ新型コロナウイルスの療養期間中だったため、オンラインでの参加となった。残りはバンカー、弁護士、経営や財務戦略の専門家たちである。

出席者たちはこの日2時間以上にわたって駆け足で、可能な限りたくさんの論点をカバーしていった。ツイッターがいくつかの財務予測を提示すると、マスクは同社の支出の多さに懸念を示し、コストと人員の削減を促した。[35]マスクはまた、ツイッターのユーザー数についても憂慮していた。同社は以前から四半期ごとに発表する決算報告書で、ユーザー数全体の5％未満がスパムやボットである、つまり実在の人物のアカウントではない可能性があると注記していた。マスクはその数字の算出方法を開示するよう求めた。ツイッターのヘビーユーザーとしての自身の経験から、ボットの数はもっと多いはずだ、こんなものではないと考えていたのだ。ツイッターチームは、追って数字の根拠を知らせると約束した。

その日の会議が散会となったとき、話し合いの成果に対する両サイドの感触には大きな乖離があった。ツイッター側は満足気であった。マスクが同社の広告ビジネスをいまいち理解していないのは明らかだったが、出席者全員が友好的で丁寧な態度だったし、テクニカルな部分は追々学んでもらえれば十分だ。

一方、マスクはまったく異なる感想を抱いて会議室を後にした。ツイッター側が準備不足だったという印象が拭えなかった。特に、ボットについての質問に明確な答えが得られなかったことが腹立たしかった。即答できず、後日連絡するという。マスクはこの後、ツイッターのチームが「クソ馬鹿」集団に見えたと、親しい友人たちに不満を漏らしている。何より重要なのは、会議終了時マスクが、ツイッターの企業価値は過大評価だったとの確信を強めていたことだ。「人生で経験した中で、最悪のデューデリジェンス会議だった」と後に語っている。[36]

ボット関連の問題は、その後数日にわたりマスクの脳裏から離れなかった。5月8日、グライムスはマスクに、ディールを完了させるために暫定CFOを任命してはどうかとメッセージを送った。銀行融資のあれこれを任せられる信頼に足る人物を、マスクは必要としていた。グライムスはマスクが「あり得ないスピード」でディールを進められるよう、銀行パートナーとの折衝を始めるために迅速にCFOを選ぶべきと提案したのだ。グライムスは2人の候補者の名前を挙げた。いずれもマスクが以前に会った人物だが、お気に召さなかったようだ。「どっちも駄目だな。質問内容もいまいちだったし、コメントも大したことなかった」と返信している。

実際、この時期のマスクは何ひとつ満足できずにいた。むしろひと息入れたかった。「数日だけ、ペースを落とそう」と彼はグライムスに書いた。翌日に予定されていた、ロシアのウラジミール・プーチン大統領のウクライナとの戦争に関する演説を待とうと言う。「世界が第三次世界大戦に向かっているなら、ツイッターを買う意味なんかないしな」と付け加えた。

引き延ばすことで、ボットの問題に関するツイッターからの回答を得る時間を稼ぐこともできる。数日前のミーティングで、ツイッターがボットアカウント数の算出方法を説明できなかったことが、なんとも気がかりだった。「金曜日の会議で、彼らは即答することができなかった。まったく話にならない」と、グライムスに書いた。「もし数字が50％とか、それを多少下回る程度ならば、自分のフィード上の経験からそのぐらいではないかと推測しているんだが、彼らは広告主や投資家に対して、ツイッターの価値を根本的に偽って伝えていることになる」。買収取引は継続したいと考えているが、ツイッターが嘘をついていないと確認する必要がある、と話した[37]。

双方の弁護士や銀行家が、取引のクロージングへ向けて作業を継続している間、マスクは数日を熟考に費やした。ツイッターからボットに関する最新の資料が届き、翌週5月13日金曜日に予定されていたフォローアップ会議で、この件について協議することになっていた。

だが、ツイッターチームがマスクの前で、ボット問題の詳細を説明する機会はやってこなかった。億万長者はフォローアップ会議の日の朝、目を覚ますと、弁護士や銀行の担当者たちに事前に断りを入れることもなく、ツイートした。「スパム／フェイクアカウントが本当にユーザーの5％未満であることを裏づける計算の詳細が示されるまで、ツイッターの買収ディールは一時保留する[38]」。マスクはそれまでの数週間、ツイッターをできる限り早く買収しようと、使える手段をすべて使い、関係者を急かしてきた。ツイッターは、何が何でも手に入れなければならない企業だったのだ。けれども、純資産は減少、欧州は戦争状態、そこへツイッターがユーザー数について虚偽の報告をしているのではないかという疑念が突如湧いてきたことで、本当にそこまでしてツイッターを手に入れたいのか、自分でもわからなくなってきていた。

拭いきれないツイッターへの疑念

その日の午後の会議は、目も当てられないものだった。買収を保留するという早朝のツイートから2時間後、フォローアップの形で「まだ買収に向けて尽力している」と、その日2件目のツイートをしたが、いかにも取り繕ったという印象が拭えなかった。実際、弁護士のアレックス・

スピロとマスクのファミリーオフィスを率いるジャレッド・バーチャルに、先のコメントを撤回するよう懇願され、仕方なくツイートしたのだ。[39] マスクは会議に姿も見せず、数名のアドバイザーを代理として出席させた。

　マスクが欠席したのは、結果的に幸いだったかもしれない。ボットアカウントの算出方法に関するツイッターチームの説明は、実に地味なものだった。同社によると、人間のレビュアーが１日に１００アカウント、四半期で約９０００アカウントを抽出し、アクティブユーザーであるか否かを確認しているという。[40] レビュアーは各アカウントのＩＰアドレスや電話番号登録の有無といった内部データを用いて、その持ち主が実在の人物かどうかを判断していると説明した。このプロセスを通して、アクティブユーザーにリストアップされたアカウントのうち５％未満がボットであることが判明したというのだ。マスクのアドバイザーは2時間の会議中、ツイッターが果たして真実を語っているのか端から疑った様子で、ツイッターの幹部を相手にボット算出方法の追及を続けた。この日、楽観的な気分で会議室を後にした者は誰ひとりいなかった。

　会議を欠席したマスクのもとへも終了後すぐに結果報告が届いた。その日の午後、彼はツイッターのボットの測定方法をツイートで公表し、自分でも再現してみるつもりだと述べた。「私のチームに、ツイッター（@Twitter）のフォロワーを１００人、ランダムに抽出させる予定だ」と書いている。[41]「関心のある人がいたら、同じ手順でやってみてほしい、何がわかるか……」。その後、ツイッターの弁護士から、算出方法の公開は秘密保持契約の違反にあたるという苦情の電話を受けたとき、マスクは開いた口が塞がらなかった。「ツイッターの法務担当からクレームの電話があった。ボットの数を算出するためのサンプル数が１００だとばらしたことが、秘密保持契約（ＮＤＡ）の違反にあたるそうだ！」とツイートしている。「これは本当に起こったことだ[42]」

その後数週にわたりマスクは、ボット問題に関連して隙あらばツイッター叩きを繰り返した。ツイッターの幹部が何年も嘘をついてきたとほのめかし、憶測に基づいた非難を口にすることもあった。悲惨な結果に終わったツイッターでのミーティングの翌日には、「もしかしたら［ボットが］デイリーアクティブユーザーの90%を超えている可能性がある」とツイートしたのだ[43]。その数日後、マスクは、人気ポッドキャスト「オールイン（All-In）」の共同ホストを務めるサックスやカラカニスなど、友人たちが運営するマイアミでの会議にオンラインで登場した。「現時点で私が聞いているのは、［ツイッター上の］ボットの数を把握する方法はないということです」と、参加費が1人につき７５００ドルにも上る排他的なイベントで聴衆を前に語っている。「まるで人間の魂と同じように、不可知だと言うのです」と言い、ボットはツイッターの全ユーザー数の90%に達する可能性がある、控えめに見積もっても20%に上るとの主張を繰り返した。可能であれば、買収額を引き下げてツイッターとの契約を再交渉することもやぶさかではない、とマスクが付け加えたのも驚きに値しない。「その可能性がまったくないわけではない」と述べている[44]。

アグラワルは思慮深く、だが曖昧さの残る返信でマスクの攻撃に真っ向から立ち向かうというミスを犯した。ツイッターＣＥＯは15ツイートにもおよぶ公開スレッドを投稿し、社内でしか利用できない内部データを使って最終的な推定値を出しているという事実を含め、ツイッターがどのようにボットの数を測定しているのかについて説明を試みた。その上で、このプロセスを正しく理解するのは困難であると認めた。「厄介な問題は偽アカウントに見える多くのアカウントが、実際は実在の人物のものであることです。そして事実もっとも危険で、ツイッターユーザーにもっとも損害を与えるスパムの中には、表面的には完全に本物に見えるアカウントがあることです」[45]。アグラワルのツイートに対するマスクの返信は、ウンコの絵文字一つだった[46]。

マスクがどのような駆け引きをしようとしているのか、確かなことは誰にもわからなかった。いわゆる衝動買い後の後悔の念に駆られたのか、ディールから手を引きたがっているようにも見えた。「オールイン」カンファレンスでの発言からは、より好条件での取引を望んでいるだけのようにも思えた。マスクの純資産はさらに下がり続け、わずか2週間前のメットガラの時点から数百億ドル目減りし、このタイミングで約2100億ドルとなっていた。マスクが、ツイッター上にボットがいることに本心から驚いていたというのは理解に苦しむ。彼は何年も前からボットについて不満を漏らしていたし、買収提案に際してもボット問題の解決を最優先事項の一つに掲げていた。ツイッターのアクティブユーザーの5％未満がボットであるという情報も、何年も前から規制当局への開示資料を通して公表されていた。そのことを明らかにするために、デューデリジェンスを行う必要はなかった。単に、ツイッターに対するマスクの不信感が高まっていただけのように映った。

最終的な目的が何であれ、マスクの急な変心は、買収提案が最初に発表された直後の熱狂を一気に消し去った。双方の間にいくらか残っていた信頼も雲散霧消した。特にツイッターの幹部は、マスクや彼のアドバイザーと共有した情報が、マスクのツイッターのフィードで公開されてしまうのではないかと突然不安に駆られるようになった。マスクとツイッター、拘束力ある買収契約で結ばれていたはずの2つのグループが、一瞬にして交戦状態に突入したのであった。

皆の知っているジャック・ドーシーは、もういない

急速に高まる緊張にもかかわらず、アグラワルは買収契約など存在しないかのように、淡々と会社経営を続けようと決意を固めているようだった。2022年春、イーロン・マスクがツイッターの買収を検討し始めた頃、アグラワルは、コンテンツ違反に関するツイッターの意思決定の方法を見直すために大規模な社内プロジェクトを立ち上げ、活動を加速させていた。コードネーム、「プロジェクト・サターン」である。この取り組みは、コンテンツを取り締まるというツイッターの役割に満足している人がほぼ皆無であるという現実に突き動かされていた。マスクを含む多くの人が、ツイッターは言論統制の領域に踏みこんでしまっていると考えていた。その一方で、ツイッターはヘイト行為や誤情報の投稿に寛容すぎると考える人々もいた。プロジェクト・サターンは、フィード上での体験をユーザーが自らコントロールできるようにし、ツイッターが介入して罰を与える必要があるケースでも、その透明性を高めるという、システム全体の徹底的な見直しを意図していた。

この計画には、「ホライゾン」と呼ばれる複数のフェーズがあり、数年をかけて段階的に実施される予定となっていた。2022年後半の実施が予定されていた「ホライゾン1」はもっとも緊急性の高い変更で、ほとんどのルール違反者に適用されてきた処罰形式であるアカウントの永久凍結措置を廃止する計画が含まれていた。ツイッターは代わりに、30日、90日、1年といった長期間のアカウント停止処分を科すことを想定していた。ドナルド・トランプのように、すでにツイッターから追放された人々も復帰のチャンスを手にすることになる。プロジェクト・サターンにはポイントシステムの計画も盛りこまれていた。ユーザーが自分の違反履歴を追跡し、より厳しい処罰が間近に迫っていることを事前に把握できる仕組みだ。

そしてホライゾン2および3の段階になるが、ゆくゆくはフィードにどのようなツイートが表示されるかを決定するアルゴリズムをユーザー自身が選択できるようにする。すべて計画通りに進めば、いずれユーザーがアクセスできる機能の種類や、自分のツイートがどの程度広く配信されるかに影響する「評価スコア」を導入するつもりだった。

マスクがツイッターに対する厳しい批判を繰り広げる中、ツイッター社内では、その年の後半の発表を視野に入れて、幹部たちがこれらの大規模な変更をホワイトペーパーの形でまとめようとしていた。このホワイトペーパーの作成には、アグラワルとガッデに加え、信頼と安全、プロダクト、デザインチームの上級幹部も関与していた。永久追放の廃止をはじめ、変更の多くは、マスクが語っていた内容と調和しているように思われた。これで少なくとも、買収取引が完了した暁には、同社はマスクに何らかの有意義なものを示すことができるはずだった。

マスクだけでなく、アグラワルもツイッターの支出に頭を悩ませていた。ツイッターは4月、全社的なレイオフを含む一連の大規模なコストカットを計画しており、1200人以上の人員を削減するはずだったが、マスクが同社の買収提案を行ったことで、その計画は静かに棚上げされていた。経済状況の悪化から影響を受けたのは、マスクの純資産だけではない。ツイッターの3カ年計画の達成も、週を追うごとに見通しが暗くなっていった。5月中旬、アグラワルはできる限りのコスト削減計画を実行に移した。ある木曜日の朝、全従業員宛にメールを送り、即日採用の凍結に入ること、場合によってはすでに内定している採用を取り消す可能性もあることを知らせた。全社的にマーケティング、出張、イベント関連経費の削減に努めるよう指示した。「今後とも会社のリソースは、自分の財産のように大切に使ってください。もっとも重要な事柄を優先し、予算を厳しく管理してください」とアグラワルは書いている。

このときの最大の衝撃は、アグラワルが2人の主要幹部を解雇したことだ。消費者向けプロダクトの責任者を務めるケイボン・ベイクプールと収益プロダクトの責任者を務めるブルース・ファルク、どちらも数カ月前、アグラワルのCEO就任にともない昇進していた。ファルクは、発表の数日前に自分が解雇されることを伝えられ、ベイクプールは、産まれたばかりの娘のために取得した育児休暇の最中に解雇を知らされた。

このタイミングに、従業員の多くが当惑した。何よりも、マスクとの取引がまだ宙に浮いている間に、2人の非常に重要な上級幹部を解雇するのは理解し難く思えたためである。アグラワルのメールに詳しい説明は書かれていなかったが、ビジネス上の未達に言及した部分で解雇理由をほのめかしている。「2020年にパンデミックが発生したばかりの頃、オーディエンス数と収益の急成長を実現するために積極的な投資を行うことを決定しました」とアグラワルは書いている。「会社として、私たちはこれらの目標実現を確信できるような、中間マイルストーンを達成することができませんでした」。これはもちろん、ベイクプールとファルクが策定に貢献した3カ年計画のことを指している。アグラワルが事業戦略全体のリセットを望んでいることがうかがえた。

5月中、ツイッターの従業員たちにとって、事態はますます奇妙な方向へ向かっていった。5月19日、ビジネスおよびテクノロジー情報サイト、ビジネスインサイダー（Business Insider）がマスクのセクハラ疑惑の詳細を伝える記事を掲載した。2018年にスペースXが、社用ジェット機内でマスクからセクハラを受けたと訴える元従業員に示談金25万ドルを支払ったという。訴えによると、個室でマッサージを受ける間マスクが体を露出し、女性を誘い「馬を買ってあげる」代わりにエロティックなマッサージを要求したという[47]。

マスクはすぐにこの疑惑を「まったくのでたらめ」であると否定し、ビジネスインサイダーが

「ツイッター買収を妨害するために」虚偽の暴露記事を書いたに過ぎないと非難した。だがこの記事が人々に悪い心証を与えたことは疑いようもなく、マスクによる会社買収ですでに動揺していたツイッター従業員にとっては、その感情の正しさを裏づけるものとなった。その後、どういうわけか、事態はさらに悪化していった。1週間後に開催されたツイッターの年次株主総会を最後に、ドーシーが取締役を退任した。再任には立候補していなかったため、16年間におよぶ正社員として、または取締役としてのツイッターへの関与に正式に終止符が打たれたことになる。

　マスクは、下ネタジョークでこれをねぎらった。「ジャック・オフ・ザ・ボード！」〔訳注：ジャック・ドーシーが取締役会（ボード）を離れたことと、「マスターベーションをする（jack off）」をかけている〕[49]。これにドーシーが、馬の絵文字で応えた[50]。

　ツイッターの従業員たちは唖然とした。告発内容が事実かどうかは別として、元ＣＥＯと未来のＣＥＯが、マスクのセクハラ疑惑が浮上した直後におおやけの場でこのような軽口を叩いたのだ。マスクが下品なジョークを飛ばすのは珍しくもなんともなかったが、ドーシーの投稿は従業員たちの感情を害した。彼はツイッター社内でも昔から、女性やマイノリティ層の擁護者として認識されていたからだ。今回のツイートは、そんなドーシーのキャラクターから遠くかけ離れていた。ハラスメント疑惑が最初に公表されてから１週間が経過していたが、ツイッターの経営陣から、これに対して何らかのコメントが発表されることもなかった。ドーシーのツイートがきっかけとなり、従業員たちの忍耐も限界に達した。

　「ツイッターで働く女性として、この無言の沈黙には強い失望を覚えます」と、ある従業員はスラックに書きこんだ。別の従業員も「本当に恥ずかしいことだし、当惑しています。沈黙が耳に突き刺さるようです」と続ける。

ツイッター社内でかつて愛され、同社のアットホームな企業文化の形成において大きな役割を担っていたドーシーだったが、古株の従業員たちからの支持に急速に陰りが見えるようになった。ドーシーがマスクに心酔していることは、ツイッター社内では皆が知るところだったが、セクハラをジョークのネタにできるような人物だとは誰も見抜けなかった。

3人目の従業員は、もううんざりだと感じていた。「イーロンとジャック、現時点ではどちらにしても恥さらしだ」と彼は書いている。

不満は爆発寸前、ツイッター従業員とマスクの関係

懐疑的な視線を送る従業員たちを納得させる最初の、そして真のチャンスがマスクに訪れたのは6月16日、オンラインでの全社会議だった。この日はマスクが会議に参加し、Q&Aセッションを通してツイッターに関する自身のビジョンを語ることになっていた。しかしながら、タイミングは最悪だった。マスクは数週間前からツイッターのユーザー数について激しい非難を繰り返し、ツイッターとその幹部を実質的に嘘つき呼ばわりしていた。さらに、セクハラ疑惑のおかげでマスクの人望はますます低下した。加えて、米証券取引委員会（SEC）の調査官が、ツイッター株取得時の不適切な情報開示について調査を開始していた。[51] ツイッターの従業員たちは、マスクにまだ会社買収の意向があるのかどうかさえわからなかった。ディールを「保留」にするというマスクのツイートのおかげで、ツイッターの幹部は全社会議を開催し、マスクには取引を保留にする権利は認められていないのだと、わざわざ説明しなくてはならなかった。[52] ツイッターの従業員の心をつかむのは、厳しい戦いになりそうだった。

そのうえ、マスクは遅刻した。ツイッターの従業員たちはキッチンや寝室、仕事部屋に座り彼がオンライン会議に姿を現すのを待っていた。マスクが言葉を発する前から、皆イライラし始めていた。ツイッターの幹部たちは、買収取引がご破算になりそうな状況は言うまでもなく、従業員たちの間でマスクに対する敵意が高まる様子に、会議を前に胃が痛くなるような思いだった。Q&Aセッションのモデレーター役を任されたのは、普段から全社会議の司会を担当していた最高マーケティング責任者（CMO）のレスリー・バーランドだ。バーランドは、事前準備のためにその週の初めにマスクと話をした。何もかもが危うい均衡の上にあるような緊張感が漂っていた。アグラワルは何か一言反論すれば、マスクがディールからますます遠ざかっていくことを身をもって学んだ。そのため、バーランドには敬意をもって礼儀正しくマスクに接しつつ、従業員たちが「反乱」を起こさない程度に、答えにくい問題にも切りこんでいくという絶妙なハンドル操作が求められていた。襟元を開けた白いボタンダウンシャツ姿のマスクが、ようやくオンライン会議に入ってきた。キッチンからスマートフォンで会議に参加しているようで、徹夜明けなのか、ベッドから起き出したばかりなのか、そんな印象を与えるボサボサ頭であった。

バーランドは、簡単な質問から始めた。「あなたはツイッターが大好きですよね」と、さも当然のことだと言わんばかりに、断定から入った。「なぜツイッターが好きなのですか？　それから、ツイッターを買った理由、買いたいと思った理由を教えてください」

マスクは、ツイッターのユーザーたちから実に多くのことを学んだと述べ、ツイッターは自分の考えや気持ちを一般の人々に伝える、直接的で明快な方法を与えてくれるのだと語った。「ヘアスタイルで自分を表現する人もいる」と冗談交じりに言った。「私はツイッターを使うんだ」

しかし、対話はたちまち本題からずれていく。マスクが8分近く一方的に話し続け、おまけに思考があっちこっちに行き来したためだ。マスクはメディアを批判し（「明らかに否定的なものが大多数を占めている」）、続いてコンテンツモデレーションに関する見解へと移った（「相当に常軌を逸した発言も許されるべきだ」）。さらに、ツイッターを中国のウィーチャット（WeChat）のようなスーパーアプリにし、ユーザー数を増やすことの必要性について語った。その上で、ツイッターからユーチューブに多くのトラフィックが流れていることを嘆いた。

マスクが聴衆の関心を失い始めたのは、セッション開始後15分あたりでリモートワークについての質問を受けたときだった。ツイッター従業員はパンデミックが始まってから2年以上リモートワークを続けており、他の都市や州に転居した従業員も少なくなかった。だがマスクはリモートワークに否定的な考えを持っており、経営する他の会社では問題外とされていた。従業員がリビングルームで仕事をしていては、自動車もロケットもつくれない。「対面で仕事をする方向に、力強く舵を切っていくことが絶対的に必要だ」と述べた上で、オールスター級の能力の持ち主については例外扱いを認めるとした。「並外れた能力の持ち主ならば、リモートワークが認められる可能性もある」

その後、マスクがレイオフの可能性に言及したことで、オンライン会議の出席者たちは、暗澹《あんたん》たる思いになった。「ツイッターには、健全化が必要だ。現時点では、コストが収益を上回っている。とてもいい状況とは言えない」と述べている。「コストを上回る収益を上げるためには、人員と経費の合理化が必要だ。難しい話は何もなく、そうしなければツイッターは生き残ることも、成長することもできない」。ツイッターのビジネスに対するマスクの見解は正しいが、耳心地が良いかと言うとそうではない。またもや、オールスター級人材には例外が適用された。「明らかに著しい貢献を果たしているような人たちは、心配することは何もない」

セッション中、マスクが自身の政治的見解について話し始める場面もあった。本人いわく、「穏健」で「中道寄り」であるという。これまでずっと民主党に投票してきたが、直近のテキサス州の下院補欠選挙では、共和党のメイラ・フローレス候補に票を投じたと説明した。「人類の意識の範囲と規模を拡大し、寿命を延ばす」という生涯をかけた大きな使命について話し、Ｑ＆Ａセッションを終えた。火星へ人類を送りこむことであれ、世界から化石燃料をなくすことであれ、異論に対して不寛容な「ウォーク」文化に夢中なリベラル派から言論の自由を守ることであれ、マスクの目標はいつだって人類を厄災から守ることであった。「文明はいつか終焉を迎えるだろう、だが、可能な限り長く存続させよう」と述べ、宇宙人と別の恒星系への人類の旅に関する最後の考察へと話を展開した（ついでに言えば、マスクは「宇宙人の存在を示す実際の証拠」は目にしたことがないと認めている）。

ツイッターの従業員たちは、ほぼ例外なく落胆した。マスクとの初めての対話は、皆の想像以上に残念なものだった。思いつくままに話をするマスクのスタイルは、いかにも準備不足で、気持ちがこもっていないように受け取られた。リモートワークは廃止されようとしていた。レイオフも近づいていた。政治的穏健派の宣言も腑に落ちない。フローレス候補は、1月6日の連邦議会議事堂襲撃事件は政治的左派が引き起こしたという主張をソーシャルメディアで拡散し、陰謀論を提唱する極右Qアノン（QAnon）のハッシュタグを繰り返し用いたことが報じられていた。[53] ツイッターの社内スラックチャネルは、セッションの始めから終わりまでリアルタイムでの書きこみが絶え間なく続き、爆発寸前だった。フローレス候補に投票したというマスクの判断に気分を害する従業員もいれば、投票に関するマスク個人の選択についてあれこれ言うことは会社の会議の場では不適切だと感じる従業員もいて、議論は二極化していった。だが総じて言えば、従業員たちはスラック上で、マスクのことを冷笑していた。

「この男は天才だと聞いていたんだが」[54]

「会議に臨むにしては、ずいぶん準備不足のように感じるのだが、なぜだろう？」

「これからは、『人並み外れた能力の持ち主』かどうかで、失業する心配をしなければならなくなったというわけか」

「もう飲みたい気分なんだけど、まだ早いかな？」

リモートワークの廃止や膨れ上がった人員の削減が、合理的な経営判断であるかどうかは問題にならなかった。1時間におよぶ会議を通してマスクの考えをフィルターなしに覗きこむ機会を与えられたツイッターの従業員たちは、恐ろしい悪霊、ブギーマン・マスクの印象をいっそう強くした。開発者向けプロダクトの責任者であるアミール・シュバットは、テキサス州オースティンの自宅の仕事部屋からこの日の対話をライブで眺めていた。もう一つの画面上で開いていたツイッターの社内スラックチャネルには、怒りが沸点に達した従業員たちのメッセージが途切れることなく投稿されていた。会議終了後、シュバットのもとへ自身が率いるチームのメンバーから沈んだ声の電話が何本もかかってきた。突如、解雇されるのではないかと心配になった者もいれば、自ら退職しようと考えたスタッフもいた。保留中の会社買収取引について従業員たちの不安を和らげる目的で開催されたマスクのQ&Aセッションは、その大部分が逆効果に終わった。シュバットは後日、この日のことを端的に、そして悲観的に表現している。「私のキャリアの中でおそらく、もっとも後味の悪い経験だった」

第15章　ツイッターVSイーロン・マスク

2時間18分のフライトを経てテキサス州オースティンからアイダホ州サンバレーに到着したイーロン・マスクは、表に陣取る大勢の報道陣を避けて、裏口からサンバレー・ロッジにこっそりと入りこんだ。[1]アレン・アンド・カンパニーが主催する毎年恒例のリトリート、通称「億万長者のサマーキャンプ」での講演に招かれていたのだ。木曜日の午後にプライベートジェット「ガルフストリーム」に乗ってサンバレーへ向かったが、登壇予定はカンファレンスの最終日である7月9日土曜日、皆が待ち望む最後を飾る時間枠である。その週のサンバレーの訪問客は例外なく、富と名声の持ち主だったが、その中でもマスクは群を抜いていた。

カンファレンスは、その通称通り華やかなものだった。ブティック型投資銀行であるアレン・アンド・カンパニーは毎年、世界でもっともパワフルなビジネスリーダーの名が連なる特別招待リストを作成する。マスクが到着する頃には、フェイスブックのマーク・ザッカーバーグ、FOXのルパート・マードック、伝説の投資家ウォーレン・バフェットなどがすでに到着しており、地元の空港にはプライベートジェットがところ狭しと駐機していた。[2]リゾートにはプール、テニスコート、2万平方フィート〔約1860平方メートル〕のスパエリアなど、期待を裏切らない設備が整っていた。[3]ボーリング場や野外円形劇場もある。だがここで何よりも重要なのは、ディールメイキング（取引）であった。サンバレーからは史上最大級のメディアとテクノロジー関連の取引がいくつも生まれている。コムキャストは２００９年、サンバレーのゴルフコースの９番ホール近辺にあるコンドミニアムで、ゼネラル・エレクトリックからＮＢＣユニバーサルを買い取る買収計画を取りまとめた。[4] ディズニーによる１９０億ドルでのＡＢＣ買収の種が蒔かれたのも、この地だった。[5] アマゾンのジェフ・ベゾスは２０１３年、ワシントン・ポスト紙の買収契約を締結する前にサンバレーで同紙のドナルド・グラハムＣＥＯと密会している。[6] ところが２０２２年のサンバレーは、破談になったディールで人々の記憶に残ることになる。

マスクは土曜日を待たず、舞台の中央に立ちスポットライトを浴びることを選んだ。金曜日、自身の顧問弁護士を通してツイッターの法務トップ、ビジャヤ・ガッデに書簡を送り、４４０億ドルのディール撤回を通告したのだ。[7] マスクの弁護団は、同社が度重なる要請にもかかわらず取引に必要な情報の提供に応じなかったと主張した。中でも問題となったのが、同社のユーザーベースに含まれる「虚偽およびスパム」アカウントの実態を把握するためにマスク側が求めたデータだ。「ツイッターはいくつか情報を提供したが、それらには条件や制約が付加され、その他の人為的な書式設定機能が使用されていた」と弁護団は論じた。もったいぶった言い方だが、要は合意されたように取引を成立させる上でツイッターが協力的でない、という言い分だ。

ツイッターの総利用者数の正確な把握は、同社の広告ビジネスにとって重要だ。マスクが疑ったように、ツイッターが実在の人間ではなく大量のボットを相手に広告表示しているのであれば、企業価値に看過できない打撃を与えるだろう。マスクは、このスパム問題が買収契約に定められた「重大な悪影響（ＭＡＥ）」を及ぼす事由に該当する可能性さえあると考えていた。ツイッターがアクティブユーザー数について虚偽の申告を行ったことで、彼が買いたいと考えたビジネスは実態と大きく乖離していたとの主張である。書簡の最後にはおまけのように、トップクラスの幹部2名の解雇など、パラグ・アグラワルＣＥＯが数カ月前に行った経営改革に対する苦言が呈されていた。ツイッターは約束した「通常の業務遂行」を怠った、とマスクは主張した[8]。

　証券取引委員会に提出されたこの書簡は、ツイッターに悪夢のシナリオをもたらした。すなわち、マスクが取引から手を引く。保有しているツイッター株を売却する。株価が暴落する。すっかり弱体化した投資家、従業員、経営陣を背負いながらツイッターは1人で歩いていかなければならない、という筋書きである。マスクの書簡が公開されるやいなや、株価は7％下落した[9]。この頃には1株あたり34ドル前後で取引されており、マスクの提示価格54・20ドルを大幅に下回った。投資家たちが買収取引の成立に強い疑いを持っている証だった。４４０億ドルの買収契約「ドタキャン」ニュースのおかげで、予定されていたサンバレーでのマスクの登壇は、ますます人々の興味をかき立てた。場がさらに盛り上がったのは、その週ツイッターの関係者もサンバレーに滞在していたためだ。アグラワルＣＥＯ、ネッド・シーガルＣＦＯ、そしてブレット・テイラー会長が出席していた。３人とも、たちまち引っ張りだこになった。望んでいた理由ではなかったとは思うが。

　翌日の待望の対談でマスクは、ツイッターについても簡単に触れはしたが、買収取引に関する質問はもっぱら回答をはぐらかした。ツイッターはユーザーデータについてもっと透明性を高める必要があり、ドナルド・トランプのアカウント追放の決定には今なお同意できないと述べた。対談中、マスクが聴衆に、スパムボットが本当にツイッターのユーザーベースの5％以下だと信じるかと問い、挙手を求める場面もあった。ただし、セッションの大半を費やして語られたのは、スペースXと、火星に人類を移住させるというマスクが思い描く未来についてであった。マスクはこれを「人類の生命保険」と呼んだ[10]。マスクが檀上で語る間、アグラワル、シーガル、テイラーの3人は、聴衆の間でそれぞれの妻と座り、この数カ月ツイッターをヨーヨーのように振り回してきた男の姿を静かに観察していた。最初は取締役就任にまつわるごたごた、そして今度は会社売却を巡るこの騒動である。もう一つの世界があったならば、彼らはマスクと買収取引の成立を祝って祝杯を交わしていたかもしれない。現実世界では、誰もマスクに近づこうとしなかった。ここからは弁護士同士の話し合いになるのだ。

ツイッターはその3日後、マスクを相手取り合意内容に沿った買収の実行を求める訴えをデラウェア州の裁判所に起こした。同社は、この取引を破綻させるわけにはいかなかった。体裁の問題とか、従業員の士気に関わるといった理由だけではない。ツイッターの取締役会は、1株あたり54・20ドルを手にしたいと望む株主から、あらゆる種類の集団訴訟にさらされる可能性が高かった。ツイッターが提出した62ページにおよぶ訴訟資料の主張は、どちらかといえばシンプルなものだ。マスクはツイッターの買収に合意しており、これを撤回する正当な理由はない、と述べている。ツイッターの弁護士たちは、経済状況が一変したという理由で自分の財布を守ろうとする不誠実な偽善者として彼を描写した。申し立ての書類には、ツイッター上にスパムやボットアカウントが存在することをマスクは以前から知っていたはずだとも記されている。440億ドルの買収取引を発表した共同プレスリリースの中でも、マスクは最優先事項として「スパムボット駆逐」を挙げているではないか、と。単に、タイミングが悪かったのだ[11]。

「ツイッターを巻きこみ公衆の面前で見世物を演じ売り手に有利な買収契約を提案し、それに署名したというのに、デラウェア州契約法の適用を受ける他のすべての当事者とは異なり、マスクは自分には翻意し、買収予定の会社を悪しざまに言い、株主価値を毀損し、契約を撤回する自由があると考えているようだ」と陳述している[12]。特にマスクがツイッターのユーザー数は偽りだと公然と声高に主張し始めてからというもの、同社のビジネスに与える損害は日を追うごとに大きくなっていると弁護士は主張した。ツイッターはまた、現在進行形で悪化するビジネスに対するダメージを最小限にとどめるため、係争の迅速化を求める申し立てを行い、9月の裁判を望んだ。

アグラワルが最上級幹部の解雇と採用凍結を決めたことに関しては、「当時、マスクの顧問弁護士はこれらの決定について知らされており、何ら異議を唱えなかった」と述べ、さらに「これらの決定はコスト削減というマスクが示した優先事項に沿ったものだった」と付け加えている。[13]

ツイッターは登記上の本社を置くデラウェア州での裁判に向け、代理人としてニューヨークの有名法律事務所ワクテル・リプトン・ローゼン・アンド・カッツ（Wachtell, Lipton, Rosen & Katz）を起用した。同法律事務所の訴訟部門の共同責任者を務め、数十年にわたりM&A案件に携わってきたビル・サヴィット弁護士が、すぐさまツイッターの対マスク法廷闘争の陣頭指揮を執った。彼は業界トップの企業弁護士の1人でありながら、かつてはニューヨークでタクシー運転手をして生活費を稼ぎ、ミュージシャンを夢見たという異色の経歴の持ち主である。[14] だが能力に不足はない。ブラウン大学とコロンビア大学ロースクールで学位を取得し、ロースクール在学中は法学ジャーナル「コロンビア・ロー・レビュー（Columbia Law Review）」の編集長を務めた。卒業後は、最高裁判事ルース・ベイダー・ギンズバーグ付きのロークラークとして法曹界のキャリアをスタートさせた。[15] 長年にわたり、プライベートエクイティ・ファームKKR、不動産大手のサザビーズ、そして2015年のタイム・ワーナー買収後に訴訟に直面したチャーター・コミュニケーションズの代理人を務めてきた。[16] 合併や買収にからむ法的な争いが生じたら、サヴィットの出番である。法律専門メディア「ロードラゴン（Lawdragon）」に掲載された彼のプロフィールには、「ウォール・ストリート・ジャーナル紙の読者は知らぬ間に、ビル・サヴィットの日めくりのカレンダーを目にしているようなものだ」と書かれている。[17]　２０１６年にサヴィット夫妻がニューヨークのアッパー・ウエストサイドに５４０万ドルのマンションを購入した際には、ニューヨーク・タイムズ紙の不動産関連情報のページに特集が組まれるほど波に乗っていた。[18]

訴状が提出されてから数時間後、アグラワルは従業員にこの訴訟について説明するメールを送った。マスクの名前を出すことはせず、「契約上の義務を果たすよう、買い手に責任を求めるつもりだ」と述べた。アグラワルのメールには、仕事の妨げとなる外からの刺激と、高まるメディアからの関心に対する注意喚起も含まれていた。ツイッターに必要なのは雑念を排除する能力と、沈んでなおより強く復活するレジリエンスであった。アグラワルは訴訟の行方を楽観視していた。「法廷で自分たちの見解の正しさを証明するつもりです、勝利できると信じています」[19]

世界中の注目を集めて、裁判は幕を開ける

ツイッターがイーロン・マスクをデラウェア州衡平法裁判所に提訴すると初めて耳にしたとき、ローレン・プリングルは、思わず小躍りした。同裁判所の日々の出来事のみを扱う小規模専門紙ザ・チャンセリー・デイリー（The Chancery Daily）の編集長を務めていたプリングルは、このような耳目を集める訴訟がデラウェア州を席巻する日を何年も待っていた。同紙は10年ほど前に、親しい友人で元同僚のカイル・ワグナー・コンプトンが弁護士や裁判官に向けて書き始めたニュースレターとして生まれた。チャンセリー・デイリーに勤め始めてからまだ数カ月しか経っていなかったが、「古参」購読者の１人だった。プリングルの会社法への熱意が育まれたのは、２０００年半ば、ペンシルベニア大学のロースクールで学んでいた時代のことである。会社

法が日常生活にどれほど大きな影響を与えるか、一般の人々が十分に理解していないことを彼女はもどかしく思っていた。

マスクはその状況を一変させる可能性がある。世界でもっとも裕福な人物が、このデラウェア州の衡平法裁判所に、近年でもっとも注目度の高い法廷闘争をもたらしたのだ。ライターやジャーナリスト、特に衡平法裁判所［訳注：英米法の法体系の一つ。コモンローで解決しきれないケースについて、正義と衡平の観点から個別救済を図る目的で設けられた］の仕組みを深く理解しているプリングルのような人物にとっては突然宝の山が湧いて出たようなものであった。人々の心に共鳴するような形で、会社法を世界に発信するチャンスだとプリングルは考えた。

その前に、一つだけ問題があった。ザ・チャンセリー・デイリーはツイッターアカウントを持っていたのだが、そのパスワードが見つからないのである。フォロワーは400人しかおらず、長い間放置されて（明らかに）埃をかぶっていたが、ツイッターとマスクが関係する係争だけにツイッター上で大きな話題になるだろうことをプリングルは理解していた。彼女が思い描くように、ザ・チャンセリー・デイリーが新しい読者層に情報を届けるためには、ツイッター上で発信することが必須だった。パスワードを探すのを諦めたプリングルは、7月上旬に新しいアカウントをつくり、昔のものにアンダーバーを加えたアカウント名で、裁判に関する分析をツイートし始めた。新たに申し立てが提出されたり、裁判官が意見を述べたりするたびに、プリングルはザ・チャンセリー・デイリー（@chancery_daily）アカウントからツイートを投稿した。3カ月も経たないうちにフォロワーは1万3000人を超え、プリングルはその年最大の裁判をわかりやすく説明する仕事に専念した。友人やツイッターのフォロワーから、新しいニックネームまでもらっている。「チャンセ」だ。

プリングルの予感は的中した。ツイッターVSイーロン・マスクのような訴訟がデラウェア州衡平法裁判所で行われたことはこれまで一度もなかった。この訴訟に関するほぼすべてのことが、これほどの注目を浴びたことのない裁判所システムにとって「見せ場」になる。迫り来る裁判に世界中のメディアの関心が集まり、裁判所の電話は鳴りっぱなしだった。裁判所の報道担当はメディア関係者の取材許可証を200枚以上発行する計画を立て、来る裁判の警備や群衆の誘導整理など運営体制について会議を開いて検討し、準備に何週間も費やした。注目度の高い法廷闘争のおかげで、法律を学ぶ全米の学生たちにとってもデラウェア州で働くことが突然魅力的に思えてきたようで、2022年後半、デラウェア州衡平法裁判所のロークラークのポジションへの応募が急増するというおまけまでついてきた。デラウェア州が一体地図のどこにあるのか知らない人にとってさえ、この訴訟は最初から最後まで興味をそそるものだった。裁判長を務めるキャサリン・マコーミック判事は、デラウェア州育ちで、穏やかな話し方が印象的な、浮ついたところが少しもない人物である。裁判が進行する中、ニューヨーク・タイムズ紙、ウォール・ストリート・ジャーナル紙、オブザーバー紙などにも人物評が掲載された。

対してマスクの顧問弁護士アレックス・スピロは、その実績から彼自身がすでに著名人であることも手伝って訴訟にいっそうのにぎわいを添えていた。スピロは、マスクがツイッターで「ペド」と呼んだ英国の洞窟ダイバーから名誉毀損で訴えられた際に弁護に成功し、マスクの法務担当としての役割を不動のものにしていた。マスクからの仕事の手が空けば、ラッパーのジェイ・ZやNFLチーム、ニューイングランド・ペイトリオッツのオーナーである億万長者ロバート・クラフトのような大物クライアントのために働いた[20]。みなぎる自信とショーマンシップを披露できる、陪審裁判で最高の力を発揮するタイプだったが、衡平法裁判所での地味な裁判においてさえ、その存在でツイッターとマスクの「直接対決」裁判に対する人々の関心を喚起した。

裁判を巡る騒ぎのおかげで注意が向けられずにいたが、そこにはマスクが勝訴する可能性はごくわずか、望み薄であるという厳然たる現実が横たわっていた。署名した買収契約の破棄は、ツイッターがユーザーベースについて虚偽の情報を提供していたことの証明のみならず、その虚偽情報が同社のビジネスに「重大な悪影響」を与えるほど顕著なものであったことを、マスク側が証明できるかどうかにかかっている可能性が高かった。何よりマスクは売り手有利な契約にサインをしており、ツイッターはマスクが単に金銭的なペナルティを支払って買収から手を引くことができないようにする文言を契約書に追加していた。マスクが圧倒的に不利である点で、ほとんどの法律専門家の見解は一致しているようであった[21]。提訴からわずか1週間後、ツイッターは最初の勝利を収めた。早期の裁判を求めるツイッターの要求をマコーミック判事が支持したのだ。マスク側が希望していた2月ではなく、10月中に裁判の期日が設定された。同社には「現実問題として、遅延が続くことにより差し迫った損害が生じる恐れがある」と述べ、ツイッター側の主張に同意した[22]。早期の裁判開始は、実際苦境に立ち始めていたツイッターにとっては朗報だった。7月中旬に発表された四半期決算は期待外れの内容となり、前年同期比で減収、2億7000万ドルの純損益を計上した[23]。その1週間後、同社はコスト削減のために、いくつかの主要市場でオフィススペースを縮小または閉鎖。サンフランシスコとニューヨークのオフィスも対象となった。

先の見通せない状況に、従業員たちのやる気や生産性も日を追うごとに低下していった。訴訟のおかげで、社内は気もそぞろとなり、集中力がすっかり削がれていた。マスクがどうせ解体するかもしれないものの構築に、多くの時間とエネルギーを費やそうなどと考える者はなく、プロジェクトも遅々として進まなかった。長引く裁判の間、上級幹部の一部は、さらに惨めな思いをさせられた。隠しカメラやマイクを使ってターゲットの発言を秘密裏に録音するおとり調査報道で知られる右翼メディア「プロジェクト・ベリタス（Project Veritas）」が早くも、イーストベイにある会長ブレット・テイラーの自宅付近を事前予告なしにうろついていた。最高マーケティング責任者のレスリー・バーランドはもっとひどい目に遭った。プロジェクト・ヴェリタスのメンバーが、花屋の配送サービスを装って電話をしてきたのだ。彼女の帰宅時間を確認するためだった。ニューヨークのマンションの外で待ち伏せをされたという。幹部も従業員も、先が見通せるようになる日が来ることをひたすら待ちながら、2022年の夏を宙ぶらりんの状態で過ごした。8月中旬、採用の完全凍結が継続する中、ツイッター従業員の離職率は18％に達した。[24]

勝つのはツイッターか、イーロン・マスクか

双方の弁護団は、中立書を提出したり、裁判官に相手方弁護士に関する文句を書き連ねた書簡を書き送ったりと、この夏の大半をありとあらゆる「弁護士らしい」仕事をして過ごした。マスクは7月下旬、ツイッターの最初の訴訟に対する反訴状を裁判所に提出した。基本的にツイッターの主張をすべて否定する内容で、ツイッターがボット数を計算するためにマスクが必要とした重要情報を故意に隠し、独自のボット算定方法について「単なるバズワードと高度に複雑な説明」しか提供しなかったと主張した。マスクの弁護団はまた、ツイッターの訴状で申し立てられているように、ミーティングのためにマスクの時間を確保するのは困難であったことを認めたが、それはマスクが「これらのミーティングを、マスク側のチームによるユーザーデータに関す

る重要な要求から目を逸らさせるものであるとみなしていた」からに他ならないと述べた。

両陣営は、この取引に関係すると思われる人物を片っ端から召喚し始めた。ジャック・ドーシーはもちろんのこと、ケイボン・ベイクプールとブルース・ファルクも召喚状を受け取った。ツイッターは、マスクと会話をしたと思われる銀行および投資グループを事実上すべて、さらにマスクの友人やビジネスパートナーも何人か召喚した。ラリー・エリソンに続き、自身のベンチャー・キャピタル・ファームからマスクに4億ドルを拠出したマーク・アンドリーセンも召喚された。同じく召喚状を受け取った、マスクの盟友でペイパルの元幹部デイビッド・サックスは、ブルームバーグTVのインタビュー中、提出を求められた分厚い書類の束をカメラの前に持ちあげて、「必要以上に広範な証人尋問」だと批評し、「私はこれまでツイッターの経営陣を声高に批判してきた。もしかしたら彼らが、私がこうした問題について話すのを望んでいないということかな」と言い足した[25]。マスクの弁護団はサックスの意見に同意し、裁判官宛の書簡でツイッターの召喚状発行の請求は過度に広範であると主張した[26]。

買収取引が最終的に成立するかもしれないという唯一の兆候が見えたのは、マスクが8月上旬に69億ドル相当分のテスラ株を売却したときだった[27]。マスクが以前、テスラの投資家たちへ向けて、これ以上の株式の売却はないと約束していたこともあり、注目に値する出来事であった。彼はこの売却について、急場での売却を避けるための予防措置であると説明し、売却はこれで終わりだと投資家たちに再度約束した。その説明として、次のようにツイートしている。「(可能性が低いことを願うが) ツイッターがこのディールを強制的に成立させ、*かつ*一部のエクイティ・パートナーが約束を果たせなかった場合に備え、テスラ株の緊急売却を避けることが重要だ[28]」

その数週間後、「マッジ」ことツイッターの元幹部ピーター・ザトコが司法省を含む米規制当局に対してツイッターの内部告発をしたことで、念願の大きなチャンスがマスク側に転がりこんできたかに見えた。マッジのツイッター在籍期間は14カ月に過ぎなかったが、同社のセキュリティ対策関連の取り組みの一切を指揮する、ドーシー直属のトップレベルの役職に就いていた。彼はオンライン・ハッキングの世界で伝説的な人物として知られ、米国防総省の研究開発機関である国防高等研究計画局（DARPA）でサイバー・プログラムを率いるなど、テック業界と政府機関の両方で長いキャリアを築いていた。[29] ２０２０年後半、フロリダ州の17歳のハッカーがジョー・バイデンやイーロン・マスクのアカウントを含む、ツイッターのもっとも重要なユーザーアカウントをハッキングし、これらのアカウントを悪用してビットコイン詐欺の宣伝ツイートを投稿するという目も当てられないような事件が発生した。これを受けて、ドーシーがマッジを引き抜いたのだ。[30] ハッカーとしての矜持を持ち続けたドーシーはマッジを尊敬しており、ツイッターのシステム保護のために彼を招聘《しょうへい》したのである。事件後、セキュリティ業界が突如ツイッターをちょっとしたジョークか何かのように見下す中、マッジを採用すること自体が汚名返上につながるのではないかという期待もあった。

　長続きしなかったこの関係は、最初から失敗も同然だった。マッジが着任したが早いか、ドーシーが退任した。ドーシーが熱心に口説いて入社してもらったにもかかわらず、２人が話をすることはほとんどなかった。マッジは、ツイッターに入社してから12カ月でドーシーと言葉を交わしたのは、10回強の電話でわずか50語を数えるぐらいだったと述べている。[31] ツイッターの従業員たちも、特にいい印象を受けなかった。ハッカーとしての実績はともかくとして、必ずしも優れたマネージャーではなかったからだ。ドーシーの後任としてCEOに就任した直後、アグラワルはマッジを解雇した。[32] そして今、マスクとの４４０億ドルの法廷闘争が進行する中、そのマッジがツイッターの内輪の問題をおおやけにさらけ出したのである。

マッジの告発は、ツイッターにとって痛恨の一撃だった。ツイッターのセキュリティシステムは時代遅れで非効率的だと主張したのだ。それ以上に問題なのは、ツイッターは米連邦取引委員会（ＦＴＣ）との和解条件であった２０１１年のプライバシーに関連する約束に違反しているとマッジが考えていることだった。当時ツイッターは、別のハッカーがユーザーの個人情報にアクセスした事件を巡って、ユーザーデータの保護を強化すると誓っていた。ＦＴＣが必要なときにいつでもシステムの検証を目的に同社を訪れ、約束が遵守されていない場合には罰金を科すことができるという条件つきで、セキュリティの改善を約束する「同意判決」に署名していたのである。マッジは同僚からはっきりと「ツイッターは２０１１年のＦＴＣ同意命令を遵守したことはこれまでなく、今後、完全な遵守を実現できる予定も見込みもない」と言われたと告発した。

マスクと彼の弁護士たちは、内部告発書の９ページ目、「イーロン・マスクに対するボットに関する虚偽報告」と題するセクションを目にして舌なめずりした。[33] マッジは、ツイッターのユーザー数の計算に関するアグラワルの説明は誤解を招くものだったと断言していた。さらに悪いことに、ツイッターの幹部たちはサービス上に実際どのぐらいのボットが存在するのか実際わかっていなかった、と述べたのである。[34] この告発状を受けて、関係者全員が行動を急いだ。両陣営ともマッジを召喚した。マスクの弁護団は、マッジの内部告発の内容を反訴に盛りこむため、そしてマッジの持つ情報の精査に時間を要するからという理由で、裁判の延期を求めた。９月初旬の審問でマスクの弁護士スピロがマコーミック判事に次のように述べている。「これは結局のところ、スピードと真実の究明を天秤にかけることに行き着くのです。真実を見つけるには時間が必要です。あと数週間はかかるでしょう[35]」

ツイッターの弁護団は、マッジはツイッターでスパムやボットアカウントに関連する仕事には就いておらず、同社在職中、既存の方法論に不満を述べたり懸念を示したりしたことは一度もなかったと主張した。彼らは、内部告発のタイミングが「非常に、非常に、奇妙である」と指摘し、マッジによるマスクの側面支援の試みであろうと、あからさまな示唆をした。[36]

マッジのツイッター攻撃は、結局のところ、当初思われていたほど大きなインパクトをもたらさなかった。ツイッターがボットの数をまったく把握していなかったという彼の主張はおそらく事実だったのだろう。だが、論点はそこではなかった。たとえツイッター上に10億のボットが存在していたとしても、同社がそれらのボットをアクティブユーザーの数に算入していない限り、マスクが指摘したような、四半期決算報告での虚偽報告にはあたらない。しかも、マッジは、正式に発表されるユーザー数からボットの数を除外する上で、ツイッターはうまく対応していると認めたのだ。「アクティブユーザー数の計算から、スパムボットやその他の無価値なアカウントを除外するにあたり、ツイッターはすでに一定基準を満たす仕事をしている」と訴状で述べている。[37]その一方で、ツイッターのセキュリティ面の欠陥は、確かに懸念点であった。その数カ月前に、ツイッターは実際、マッジが内部告発文書で言及したFTCの同意判決に違反したとして、1億5000万ドルの罰金を科されていた。[38]しかし、マスクは、ツイッターの粗悪なセキュリティを理由に契約から手を引こうとしていたわけではないのだ。

最終的にマコーミック判事は、マスクの反訴にマッジの主張の詳細を加えることを認めたが、審理時期の延期要請については却下した。「たとえ4週間の遅れであっても、ツイッターに正当化できないほど大きな損害がもたらされるリスクがあると私は確信している」と、命令書で述べている。[39]これはツイッターにとって新たな勝利であり、マコーミックがマッジの告発を裁判の形勢を一変させるものとは考えていないことがうかがえた。

9月末までには、この訴訟に関するほぼすべてがツイッターの望む通りに運んだように感じられた。マコーミックは、マスクが裁判に関連する個人的なテキストメッセージの提出に応じなかったことを非難し、そのうちのいくつかのメッセージが他の証人から証拠として示されたと述べ、なぜ自ら提出しなかったのかとたずねた。[40] マッジの内部告発は、少なくともマスクの訴訟に関する限りは空しく終わり、ツイッターの株主は9月中旬、買収に対する賛否を問う臨時株主総会を開き、マスクによる買収計画を承認した。この投票は形式的なものであったが、マスクにとっては最後の逃げ道の一つでもあった。もし株主たちがマスクによる買収に反対票を投じたならば、マスクはペナルティを受けることなく取引から手を引くことができた。しかし、投票総数の98・6%がマスクによる買収を支持した。[41] 皆、1株あたり54・20ドルを手に入れたかったのだ。

そして9月29日、デラウェア州裁判所は、裁判の証拠開示過程で収集および発見された数十に上る文書を公開した。その中には、友人やバンカー、さらには元妻とのものを含む、40ページにわたるマスクの個人的なテキストメッセージが含まれていた。開示された大量データには、ありとあらゆるものが記録されていた。ラリー・エリソンやガイル・キングに宛てたメッセージもあれば、ジョー・ローガン、ジェイソン・カラカニス、銀行家マイケル・グライムズとのやり取りもあった。

これらの証拠文書のおかげで、世界中の人々が、過去に例がないほど注目されたビジネスディールがどのように生まれ、どのように進展したのか、その舞台裏をのぞき見ることができた。440億ドル規模のビジネス上の決断が、衝動的、無計画、行き当たりばったりに下されるさまは、衝撃的であった。これらのメッセージは、マスクが持つ影響力と有力な人脈を世間に見せつけると同時に、ツイッター買収の決断が我々の目にそう映っただけでなく、実際に衝動的なものであったことを印象づけた。メッセージのやり取りが開示されたことで、マスクの友人の一部も恥をさらすことになった。マスクがどのような決断をしようとも、媚びへつらい、追従している様子が見て取れた。「マスクのメッセージを通して明らかになったことは、彼の周囲にいる有力な人物たちが、いかにもつまらなく、想像力に欠け、まるで茶坊主のように見えることだ」とコラムニストのチャーリー・ウォーゼルがアトランティック誌に書いている。「ブレインストーミングの段階ではどのようなアイデアも歓迎されてしかるべきだと箴言《しんげん》するような人物は、イーロン・マスクの連絡先を教えられることさえないのだろう」[42]

だがドーシーほど、これらの証拠文書の開示によって面目を失った人物はいなかった。ツイッターの元CEOは、夏の大半をパリで過ごし、自ら立ち上げ、長く率いてきた会社が、その将来を巡ってマスクと争っているのを遠くから傍観していた。買収契約が交わされて以来、彼はツイッターに関してほぼ沈黙を守った。その代わりに、ビットコインのような自身の関心事についてツイートしたり、お気に入りのラッパー、ケンドリック・ラマーと彼がリリースしたばかりの最新アルバムを延々と聞き続けているといった類のことをつぶやいたりしていた。[43] あたかも、ツイッターをバックミラーに映る過ぎ去りし日々のことと片づけて、人生を謳歌しているようだった。6月のパリ・ファッションウィークでは、ルーブル美術館の中庭を舞台にしたルイ・ヴィトンのショーで、男性モデルが鮮やかな黄色のランウェイを気取った足取りで歩く中、ライブ演奏中のラマーからわずか数席離れた椅子に座った。[44] ドーシーはラマーのミュージック・ビデオにも一瞬だがゲスト出演し、薄暗いラウンジでラマーと一緒にグラスを傾けている。[45]

ドーシーとマスクの間で交わされたテキストメッセージが公開されたことで、ドーシーはたちどころにツイッターの灼熱地獄の中心へと引き戻された。ドーシーが、マスクに取締役就任を促し、方針を転換してツイッターを買収するよう後押しした経緯が詳らかになったのだ。マスクとアグラワルの関係構築に努めたものの、両者との電話会議が不発に終わったことで、後継者の梯子を外したことが明るみになった。ツイッターの売却はもちろんドーシー1人の決断ではなく、ツイッターの取締役会が全会一致で売却を承認していた。しかしながら、これらのメッセージが公表されるまで、ドーシーがツイッターの売却にどのように関与していたのか、誰も完全には理解していなかった。長年ドーシーを敬愛し、支持してきた従業員たちは裏切られたと感じ、怒りを覚えた。ツイッター従業員の間で、元CEOの評判が回復することは二度とないだろう。

　過去の個人的なテキストメッセージがインターネットのあちこちで、あれこれ書き立てられているのを見て、さすがに追いつめられたのかもしれない。あるいは、10月初旬に予定されていた宣誓証言でどのような尋問が待っているか不安になったのかもしれない。マスクの弁護士たちは、審理の期日を可能な限り延期できるよう手を尽くしてきたが、裁判までひと月を切り、マスクの持ち時間は切れた。このままでは、法廷での宣誓と数日にわたる当事者尋問は避けられない。その理由はどうであれ、マスクは再び翻意した。10月3日月曜日、アグラワルが宣誓証言を終えたわずか数時間後、マスクの弁護団はツイッターに書簡を送った。クライアントが、もともとの買収提案、つまり4月に合意されたのと同じ買取価格、同じ条件での取引の復活を望んでいるという[46]。数カ月にわたる、メディアを巻きこんだ争い、そして法廷での争いの末、マスクもついに万策尽きた。半年で2回目となる、買収合意である。

第Ⅳ部

ツイッター2.0

第16章　シンクを抱えて新たなボスはやってきた

2022年10月26日水曜日の朝、マスクがサンフランシスコ本社のロビーに入ってきた。手には白磁製の洗面ボウル（シンク）を抱えている。「ツイッター本社に足を踏み入れます――シンク・イン！」とキャプションを添えて、シンクを両手に持ち、自分のジョークに笑い、その声がロビーの壁に反響する中、満面の笑みを浮かべる自身の動画をツイートしている。[1]風変わりな行動は、インターネットミームにちなんだものだ。オンライン上で誰かが、よく使われる慣用句「let that sink in（じっくり考えよう、じわじわと沁みこむように理解しようの意）」を使うと、それに対して他の誰かが文字通り、開いたドアの前にシンクが置かれたミーム画像で返信するのがお決まりのパターンとなっていた。「シンクを中に入れてくれ」

数々の議論を巻き起こした、数カ月にわたる高額な法廷闘争を経て発せられた、マスクの「おやじギャグ」は、ツイッターVSイーロン・マスクの戦いに非公式ながら終止符を打つ終戦の鐘だった。ただし、多くのツイッター従業員はマスクのユーモアに気づきもしなければ、気づいてもまったく理解できていなかったが。自分たちの解雇を目論んだ男、6カ月もの時間をかけて自分たちのボスを批判し、ツイッターのビジネスに疑義を唱え続けた男、そして買収契約から逃れるためにあらゆる手を尽くしてきた男が、この日突然、正面玄関から踏みこんできたのだ。

今度は会社を内側からひっくり返すために。

新ボスの訪問は、直前に急遽スケジュールされたもので、ほとんどの従業員にとって晴天の霹靂だった。厳密には買収取引はまだ成立しておらず、正式な期限まであと2日残されていた。大半の従業員は出社さえしていなかった。初夏に開催され、徒労に終わった全社会議でマスクへのインタビューを担当した最高マーケティング責任者（CMO）のレスリー・バーランドが、マスクの本社訪問予定を知ったのは前日の午後だった。しかも、ツイッターの警備担当から聞かされるというありさまである。訪問に際して、何の計画もアジェンダも用意されていないことに気づいたバーランドは、マスクがただ漫然とオフィスの廊下を歩き回って1日を終えることだけは避けねばと思い、会議日程の調整に奔走した。そしてその日の朝、ビジネスジェットに乗りこみ、ニューヨークから国を横断してツイッターのサンフランシスコ本社に駆けつけ、マスクの案内役を務めた。合間を縫って従業員たちにメールも送っている。そのメールが受信トレイに届いたとき、多くの従業員はまだ自宅で朝のコーヒーを飲みながら、パソコンを立ち上げているところだった。

件名：イーロンのオフィス訪問
チームの皆さん

きっとすぐに直接会うことに、あるいは耳に入ることになると思いますが、イーロンが今週サンフランシスコ（SF）オフィスに滞在し、皆さんと話をしたり、オフィス内を回ったり、それぞれが取り組んでいる重要な案件について、いろいろ話を聞いたりして過ごす予定です。もしSFオフィスで彼を見かけたら、声をかけてください！　SF以外の皆さんにとっても、これは今後たくさん続くミーティングや対話のほんの始まりに過ぎません。これについては、金曜日にイーロンから直接話があると思います。

私もまもなくSFオフィスに着きます、皆さんに会えるのを楽しみにしています！♥

LB

午前中も半ばになると、ツイッターのゴシップ製造工場はフル稼働状態だった。黒いTシャツに黒いジーンズという出で立ちのマスクは、幼い息子エックス（X）を抱え、自身が連れてきた護衛と伝記作家ウォルター・アイザックソンに左右をはさまれながら、バーランドとともにオフィス内を見て回った。一行がツイッターのカフェテリアを通り抜けると、有名人の突然の来訪に驚いた従業員たちは、当初距離を置いていた。世界一の金持ちであることに加えて、190センチメートル近い身長に、肩幅も広く胸板も厚いマスクは、存在に威圧感がある。

その日オフィスに出勤していた従業員たちは、まるでハリウッドのセレブが現れたかのように、新しいボスをポカンと見つめたり、スマートフォンで写真やビデオを撮ったりしていた。マスクの「位置情報」は従業員の間で即座に共有され、その情報に基づいて、新しいボスを一目見ようと追いかける者もいれば、難を逃れようと遭遇を避ける者もいた。

ソフトウェアエンジニアであり、ペンネーム「マニュ」で知られるツイッター「専属」風刺画家エマニュエル・コルネットは、他の従業員よりもちょっとばかり肝が据わっていた。それまでの6カ月も、混沌とした買収騒動に関連してツイッターの経営陣とマスクを皮肉とユーモアたっぷりに批判する自作の風刺画をたびたびツイートしていた。マスクが本社ビルにいると耳にしたコルネットは、近隣のコワーキングスペースで作品をプリントアウトすると、オフィスへ向かった。そして、新ボスがデスクの近くを通りかかるタイミングを見計らって、それを手渡したのである。風刺画に描かれていたのは、棚にさまざまなテック企業のロゴが並べられた店でマスクが商品を物色している場面だ。マスクがツイッターの青い鳥のロゴを「うっかり」強打して、棚から落ちた鳥は床に叩きつけられバラバラになってしまっている。背面にいる店主が、「あんたが壊したんだから、買い取ってもらうよ！」と叫ぶ。コルネットはこの風刺画にサインを入れて、献辞を書きこんだ。「イーロン・マスク殿、『宮廷の道化師』のことはどうかお気になさらずに。さもないと、私のことを解雇しなければならなくなります」。風刺画を受け取ったマスクはそれを一瞥すると、「まあ、どっちみち買い取ったけどね」と答えて立ち去った。[2] コルネットは解雇されずに済んだ――少なくともこのときは。

一行はさらに進み、社内のコーヒーショップ「ザ・パーチ（The Perch）〔訳注：とまり木、の意味〕」に立ち寄った。マスクがコーヒーショップのカウンターに寄りかかると、我慢しきれなくなった好奇心旺盛な従業員たちがマスクの話を聞きに集まってきた。[3] ツイッターのプロダクトに関する将来計画についてたずねる者もいれば、逆に、新機能のアイデアを提案する者もいた。マスクは自身のツイッター利用経験について語った。真剣な顔つきで、ツイッターで批判的なツイートやリプライを読むと悲しくなることがあると漏らす場面もあった。どうやら、どれほど資産や名声があっても、ツイッター上の嫌がらせ行為からは逃れられないようである。

半年におよんだ混乱にもかかわらず、数日にわたる初の本社訪問の間にマスクと交流した従業員の何人かは、驚くほど楽観的な様子だった。好感など持ってたまるかと心に決めているような人たちまでをも魅了するすべをマスクは持っていた。探求心に溢れ、噂に聞いていたよりもずっと思慮深い。真剣な面持ちで数々の質問を従業員に投げかけた。何より重要なのは、人々が聞きたいと願うことを話して聞かせるスキルを持っていることだ。コーヒーショップのカウンター脇で、不安気な従業員たちに囲まれていたときもそうだった。1人がついにレイオフの話題を持ち出した。従業員たちはマスクによる買収を何カ月も恐れていたが、理由の一つは、それが間違いなく徹底的なコストカットに直結するとわかっていたからだ。ちょうどその数日前、ワシントン・ポスト紙が、マスクはツイッター従業員の75%を解雇するつもりだと報じていた。[4]本当だろうか？

「事実ではない」とマスクは答えた。[5]その数字がどこから出てきたのかさえわからないと言う。もしかしたら、新しいボスもそんなに悪くないのかもしれない。

ごろつきとマスクの作戦指令室

買収が正式に完了した日、マスクは自身のツイッターアカウントのプロフィールを「チーフ・ツイット（Chief Twit）［訳注：「Twit」には「愚か者」の意味もある］」に変更した。マスクとそのアドバイザーたちは、人目を引くマーケット・ストリートの本社ビルのすぐ裏、10番街1番地に建つツイッターの第2ビルの2階に陣営を張った。ツイッターは数年来、本社裏手のビルの数フロアをリース契約しており、従業員がエレベーターに乗らずに行き来できるよう、2つのビルをつなぐガラス張りのスカイブリッジまで設置した。[6]しかし、ここ最近は10番街1番地のオフィススペースはすっかり閑散としていた。ツイッターが導入していた勤務地不問ポリシーのおかげで、サンフランシスコのオフィスに出社する従業員の数はめっきり減り、同社は清掃コストを削減するために、フロアの使用自体をほぼ停止していたのである。

そのおかげで、マスクは十分な駐屯スペースを確保することができた。2階フロア全体をさっさと非公式の作戦指令室につくり変えてしまった。順繰りに使うことのできる会議室がいくつもあり、エレベーター脇には警備員が常駐している。マスクの2歳になる息子エックスが走り回るスペースもたっぷりあった。マスクのスケジュールは予定よりも遅れるのが常だったため、エレベーターそばの広いオープンスペースは、ボスとのミーティングの順番を待つ部下たちの詰所のようになっていた。マスクのぎっしり詰まったスケジュールを考えれば、予定が押すのは避けられない。短時間のオフィスツアーを除いて、マスクはツイッターでの最初の数日を休みなく続く会議に費やし、買収前おろそかにしたデューデリジェンスに力を入れた。

この最初の数日は、信頼できるアドバイザーや「忠臣」たちが作戦指令室に集まった。マスクのサンフランシスコ滞在中のホテル代わりに自宅を提供したデイビッド・サックス、同じく友人でエンジェル投資家のジェイソン・カラカニス、元ツイッターのプロダクト担当幹部で、マスクのツイッター買収に際して4億ドルを出資したVCファーム、アンドリーセン・ホロウィッツに直前に参画したスリラム・クリシュナンなど、複数のベンチャーキャピタリストが同席した。[7]

マスクはまた、自身が率いる他の会社や事業から、信頼できる部下たちを呼び寄せた。マスクのファミリーオフィスの運営を任されているジャレッド・バーチャル、それまでの数カ月間、法廷でツイッターと戦ってきた弁護士アレックス・スピロもいた。過去にはテスラで、そしてスペースXで取締役を務めるベンチャーキャピタリスト、アントニオ・グラシアスもすぐに強い存在感を示すようになった。マスクのいとこであるジェームズとアンドリュー・マスクに率いられる形で、スペースXとテスラのエンジニアも数十人ほど駆り出された。

彼らは、ツイッターのエンジニアと引き合わされた後、ツイッターのコードレビューに着手した。[8]マスクのトンネル会社、ザ・ボーリング・カンパニーの社長であるスティーブ・デイビスにいたっては後に、単に手伝いに来ているのではなく、パートナーと生まれたばかりの子どもと一緒にオフィスをアパートメント代わりにして住みこんでいることが皆の知るところとなり、ツイッター従業員をあきれさせた。[9]従業員たちはやがてマスクが引き連れてきたアドバイザーグループを「ごろつき」呼ばわりするようになる。

マスクのアドバイザーグループはすぐに、ツイッターのさまざまな事業部での包囲戦へ向けて散開していった。スピロは法務とポリシー担当チームのもとへ、バーチャルとグラシアスは営業とマーケティング部門へ向かった。サックスは、プロダクト部門の上級管理職の大半と面談の機会をもった。彼らは皆、ボスであるマスクの「翻訳者」として語り、同時に「手足」となって動いた。マスクの考えを従業員たちに伝え、従業員たちが混乱に陥らないよう取り仕切った。

「マスクは勝つためにここにいる」「彼は勝者だ。どこであっても勝つ」と営業チームのリーダーたちに発破をかけたのはグラシアスだ。[10]スピロは、いぶかしげな視線を向けるツイッターの法務担当者、そして信頼と安全チームの従業員たちを前に、マスクのビジョンの説明を試みた。彼はまた、マスクと彼のアドバイザーがツイッターを突如、トランプを狂信的に支持する右派のためのソーシャルネットワークに変えようとしているのではないかという懸念の鎮静化にも努めた。「私は、皆さんが想像する以上にリベラルです」と話している。

マスクは、アグラワルとの短いミーティングを含め、あらゆる部門の人々と話し合ったようだが、何よりも優先したグループがあった。エンジニアである。マスクのツイッター立て直し計画の一部は、同社の新製品や新機能の開発を加速させることであり、その意味するところはエンジニア主導の開発である。「ソフトウェアエンジニアリング、サーバーオペレーション、それからデザインチームが会社を支配することになる」と、買収完了の数週間前にツイートしている。[11]そのような方針をとるのはマスクに限ったことではない。シリコンバレーでは往々にしてソフトウェアエンジニアが他の職種よりも優先される。それは、その希少なスキルセットのためであり、また営業やマーケティングといった他のグループが売ったり、宣伝したりするプロダクトを実際に構築するのが彼らであるという事実故である。その結果、ソフトウェアエンジニアはテック業界でもっとも高給取りであることが多く、ほぼ途切れることのない雇用の保証という恩恵を受けている。それというのも、ほとんどのテック企業が、たとえ単純なタスクしかこなせない人材であったとしても、常にコードの書き手を必要としているからだ。自身がエンジニアであることも手伝って、マスクの主な関心は自分がもっともよく理解できる相手、すなわちエンジニアたちに向けられ、彼らとの対話にもっとも多くの時間を割いた。

　このような背景から、マスクのオーナー初日の最初のミーティングは、ツイッターのトップエンジニアやプロダクト担当幹部たちとのものとなった。新CEOに少しでもポジティブな印象を持ってもらいたいと願う、バーランドと他の経営陣たちの努力のたまものであった。出席者たちは、このミーティングは「カジュアルな話し合い」の場だとの説明を受けた。マスクからさまざまな質問を受けることになるだろうと聞いていたので、一同は、機械学習について、サービスをよりパーソナライズし、フィードアルゴリズムを改善する計画について話し合う機会になると期待していたが、予想に反してあらゆる方向へと話題が飛んでいった。マスクはさまざまなプログラミング言語について話したがり、ローンチが近づいている同社のサブスクリプション・プロダクト「ブルー（Blue）」に強い関心を示した。彼は、ブルーのコーディングを担当しているエンジニアは誰かとたずね、会わねばならないと伝えた。ちなみに、マスクはミーティングの序盤スマートフォンを取り出して、ツイートしなければならないことがあると断り、議論を一時中断している。90分のミーティングがお開きとなった後、出席者たちは、中断の理由が先の洗面ボウルの動画を投稿するためだったことを知った。

入れ替わり立ち替わり、マスクとのミーティングに出席した従業員たちはほどなく、探求心旺盛な性分ではあるものの、新しいボスがツイッターのプロダクトや広告ビジネスについてほとんど何も知らないことをはっきりと理解するようになった。さらに悪いことに、マスクはツイッターの改善に向けてこれといった具体的な計画を持っていないようであった。プロダクト関連のマスクのアイデアは、同社のエンジニアたちがこれまでに、ものによっては数年前に検討し、その結果、お蔵入りとなったか、棚上げされたものばかりだった。例えば、ツイッターがほぼ6年前にサービスを停止した短編動画アプリ「ヴァイン」の復活に触れた。ツイッター・ブルーの担当グループとのミーティングでも、議論を通してアカウントの種類によって異なるタイプの認証バッジを提供するというアイデアが出されたが、この構想も数年前からすでに検討されていたものだった。

しかし、従業員が気づいた最大の問題の一つは、ツイッターに関するマスクの理解が、ほぼすべてユーザーとしての自身の経験を色濃く反映したものであったことだ。1億1000万人を超えるフォロワーを持つマスクの経験は、「普通」のユーザーのそれとは程遠い。マスクはツイッターを誰よりも使いこなし、ツイッターが持つ威力を誰よりも理解していた。マスク率いる自動車会社テスラが何年にもわたり広告に予算を投じてこなかった理由の一部は、マスク自身が生きた広告塔としての役割を担っていたためである。マスクはツイート一つで（しかも無料で！）、テレビで流れるどのような30秒のスポットCMよりも人々の注意を引きつけることができたのだ。もう1人の有名ツイッター、ドナルド・トランプ大統領と同様、マスクも本音を語ることと、論争を引き起こすこと、この両方がツイッター上で人々の興味を引くための理想的なレシピであることを理解しており、その2つを完璧にミックスするコツを心得ていた。

従業員たちは、マスクが「平均的な」ツイッターユーザーの体験に疎いことにも気づいた。より幅広いユーザー層にとって好ましいかどうかという観点よりも、自分自身の特定のニーズに合うプロダクトや機能にすぐに引き寄せられた。例を挙げよう。マスクとツイッターのデザインチームとのミーティングでのことだ。従業員たちがマスクに、社内でテストしていた一つのツイートに対して、リツイートや「いいね」の数と並んで、閲覧された数（ビュー）を表示する機能のプロトタイプを見せたことがあった。ツイッターは、この閲覧数の指標をツイッター・ブルーの有料会員向けの特典に含めることを検討していたのだが、担当グループ内には、閲覧数の公開に対する慎重論もあった。機能を導入するにしても、閲覧数はツイートを投稿した本人だけが見られるようにすべきだと考えていた。

多くの人にとって、他のユーザーが自分のツイートを読んだにもかかわらず「いいね」を押さなかった事実を知ることは、落胆の要因になりかねない。閲覧数の表示は、初めのうちはツイートがほとんど注目されないだろう新規ユーザーの意欲喪失につながる可能性もある。ツイッターにアカウントを新規作成したユーザーの大半には、フォロワーがいない。メインのタイムラインでは人気のあるツイートを表示することに重点を置いているため、新規ユーザーは投稿するたびに、デジタル上の虚空へ向かって声を張り上げているような気分を味わうことになる。ツイッター社内では、この問題にわざわざ名前を付けていたぐらいである。すなわち「ロンリー・バード（孤独な鳥）」問題だ。閲覧数の表示は、新規ユーザーにとって、自分の投稿など誰も見ていないのだと思い知るだけの辛い仕打ちとなる。

マスクにとって、そんなことはどうでもよかった。閲覧数表示のアイデアに即座に飛びつき、グループとの短いミーティングの時間の大半をこのアイデアの検討に費やした。閲覧数を公開するというアイデアは、ツイッターが特定のアカウントのツイートを陰でこっそりとシャドウバンしているのではないかという疑いを晴らすのに、うってつけの方法だと考えたのである。当然ながら、ツイッター従業員の中には他の動機を勘繰る者もいた。閲覧数が公開されれば、本人を含むすべての人に、マスクのツイートがいかに人気かを可視化することができる。

上級幹部は消え失せろ

マスクが洗面ボウルを抱えて正面玄関から入ってきた日の翌朝、ビジャヤ・ガッデは、自身が率いるポリシーおよび法務チームで働く約300人の従業員とのビデオミーティングに臨んだ。数カ月前にアグラワルとの電話で、マスクがガッデの解雇を試みたことを知る者はほとんどいなかったが、彼女のツイッターでの日々が終わりに近づきつつあるだろうことは、皆うすうす感じていた。夏の間中、買収取引を巡りマスクを相手取った訴訟で前面に立っていたからだけではない。新オーナーは、ハンター・バイデンのラップトップ記事とトランプのアカウント追放に関するガッデの決断を公然と批判していた。マスクはガッデのことがあまり好きではないようだった。

とはいえ、その火曜日の朝のミーティングの時点では、ガッデはまだツイッターにいた。そして、チームに挨拶の言葉をかけるとともに驚きのニュースを伝えた。前日の夜、マスクと初めて

1対1で話し合ったというのである。数カ月にわたり法廷でやり合った同士なのだから、ある程度の緊張感はあったにしても、おまけにマスクが何度も「頭がもうろうとしている」と繰り返したものの、約30分の対話は終始、和やかなものだったという。2人は、アグラワルが進めているコンテンツ・ポリシーの改良計画「プロジェクト・サターン」について話した。ガッデは、ツイッターユーザーのための政府による検閲回避支援策として、スペースXが提供する人工衛星を使ったインターネットサービス「スターリンク（Starlink）」を活用する案についてマスクに質問した。さらに、テスラが上海に工場を持つ中国での利害衝突の可能性についてこれまで検討したことがあるかとたずねた。[12] テスラの中国ビジネスを人質に、中国政府がツイッターオーナーとしてのマスクに圧力をかけてくることがあり得るのではないかと考えられていたのだ。ガッデのチームメンバーの中には、マスクとのミーティングを明るい兆しだと受け止める向きもあった。少なくとも、スムーズな移行をサポートするためにガッデはツイッターに残るつもりなのだろう、と。

その日の午後、太平洋時間4時、マスクは440億ドルでのツイッター買収手続きを正式に完了させた。その瞬間、ガッデは解雇された。パラグ・アグラワルCEOとネッド・シーガルCFOも同様だ。両者ともクビになることを予測して、その日、解雇が発表される前にオフィスを立ち去っていた。訴訟に深く関与していたツイッターの顧問弁護士ショーン・エジェットも任を解かれ、警備員に付き添われて本社オフィスから退去させられた。[13] マスクが経営権を握って、なんと30秒足らずで、ツイッターの上級幹部チームの半数が更迭されたのである。

ツイッターの幹部たちは相応の準備をし、即座に解雇された場合に備え、仕事の引き継ぎの手はずも整えていた。なんと言っても、マスクを訴え、勝訴し、彼にツイッター買収を強いた過去がある。取締役会と交渉していた当初、マスクは会長のブレット・テイラーに買収を考えた理由の一つは、ツイッターの経営陣をまったく信頼できないからだと話している。[14] 買収後もこれまで通り仕事を続けられるとは、誰ひとり思っていなかった。

マスクとの買収契約の一環として、上述の幹部4人全員には、取引完了後1年以内に解雇された場合に効力が生じる「ゴールデンパラシュート」が設定されていた。数百万ドルに相当する株式報酬の一部または全部について、即座に権利が付与される取り決めであった。[15] この種の解職手当は企業の買収や合併に際して一般的に用いられるもので、取引成立に向けて関係者全員の前向きな努力を促すことを目的としたものだ。マスクによる買収で職を失う可能性が高いことを察していたアグラワルとガッデだが、少なくとも、予定よりも早く報酬を受け取ることができることになる。アグラワル1人をとっても、解雇によっておよそ5000万ドルが支払われる予定だった。[16]

少なくとも、そうなるはずだった。ツイッター幹部たちが解雇通知メールを受け取ったとき、もう一つ、「消え失せろ」と言わんばかりの仕打ちが待っていた。マスクは彼らを会社都合で解雇しなかったのだ。その代わり、全員を「正当な事由に基づく」懲戒解雇とすることで、ゴールデンパラシュート条項の適用から除外したのである。権利を得るには、法廷でマスクと争わなければならない。もう一度。

ゴールデンパラシュートの対象外とするだけでは、マスクは満足しなかった。買収取引完了から数日後、ツイッターの法務チームに所属する数名のスタッフは、マスクから彼の弁護士との面談を設定するよう求めるレターを受け取った。それには「会社として、取締役、幹部、アドバイザーの特定の行為について調査を進めている」旨が記載され、従業員は、買収取引、財務報告、さらには内部告発者である「マッジ」こと、ピーター・ザトコへの対応に関連するすべてのやり取りと文書を保全せよとの指示であった。
「電子メール、テキストメッセージ、インスタントメッセージなど、プラットフォームを問わず、ツイッターでの各々の雇用に関連するすべての文書や通信履歴を直ちに保存するようにしてください」。ゴールデンパラシュートを与えなかっただけではない。裁判で争った幹部たちを訴え返すことを視野に入れ、「過失」探しに着手したのだ。復讐のために。

夜9時頃。買収取引の手続きが完了し、会議と解雇に明け暮れた1日を終えたマスクがツイートを投稿した。「鳥は解き放たれた[17]」

マスクとロス、前向きなスタート

上司のガッデが解雇されたことを知ったヨエル・ロスは涙を流したが、嘆き悲しんでいる暇はあまりなかった。ニュースを知らされた直後、面識のないテスラのエンジニアからテキストメッセージが届き、マスクが陣取る2階のオフィスエリアに呼び出されたからだ。正式オーナーとなったマスクが、ユーザーアカウントを取り締まるための内部システムについて、より詳細な情報を知りたがっているという。信頼と安全チームの責任者であるロスは社内の第一人者である。会社のハロウィンパーティの脇を通り抜け、周囲で企業ドラマが繰り広げられていることなど露とも知らず仮装して走り回る子どもたちを横目に、重い足を引きずるようにマスクの作戦指令室へと向かった。

さまざまなレベルのセキュリティチェックを通過して、ロスはマスクのいるオフィスフロアにたどり着いた。フロアには活気がみなぎっており、マスクの息子エックスも、ベビーシッターに見守られながらフロア内で跳ね回っていた。マスクと会うのは初めてだったが、新しいボスがルール違反を取り締まり、ツイートに誤情報ラベルを追加し、違反したユーザーのアカウントを一時凍結するためにツイッターが利用している技術をしきりに理解したがっていることはわかった。ロスは、マスク本人のアカウントを引っ張り出し、どのように機能するのかデモを見せた。マスクのチームからは、「品行方正」なツイッター従業員がマスクのアカウントの停止や改ざんを許可なく試みるのではないかという懸念が示された。数年前、1人の従業員が同社での最終勤務日にドナルド・トランプのアカウントを停止させた顛末を思い出せば、その心配もあながち的外れではなかった。

ロスはその場でいくつかの提案を行った。まず、ツイッターの外部コンテンツモデレーターとの協業の継続だ。ツイッターの取り締まりの大部分を担当し、スパムや不正利用については削除を行うが、それを超えるユーザーアカウントへのアクセスは制限されている外部の請負業者である。ブラジルがちょうど重要な選挙の真っ只中であり、誤情報を流したり、暴力を煽ったりする目的でツイッターが悪用される恐れがある、とロスは説明した。ロスの驚きをよそに、マスクはサードパーティである請負業者との協力は変更しない、継続すべきだと同意を示した。

次の提案は、社内の信頼と安全チームの従業員の大半については、これらのツールにアクセスできないよう制限をかけるべきというものだった。彼らはサードパーティの請負業者よりもはるかに広範なアクセス権を与えられており、例えば、チームメンバーの多くが、ユーザーアカウントを停止させる権限を持っていた。虫の居所の悪い従業員が厄介事を起こすリスクは、最小限に抑えるのが得策だとロスは説明した。マスクはこの点についてもロスの提案を支持し、広範なアクセス権を付与される従業員の数を10名程度まで絞ることになった。

最後は、国家元首や政府の長、ジャック・ドーシー、マスク自身のような著名ユーザーから構成される「トップX（10）」と呼ばれる最重要アカウントへのアクセス権は、社内でもごく一握りの従業員のみに与えるべきというものだった。両者は、社内でこれらのアカウントに変更を加えることのできる権限は、ただ1人、ロスに限定すべきだと決定した。

終わった。終わった。無事に終わった。

マスクとの初仕事を終えたロスは、心地よい驚きと、慎重ながらも楽観的な気分を胸に部屋を後にした。ガッデの解雇を知らされたばかりだったこともあり、マスクが初日からツイッターのコンテンツモデレーションの仕組みを壊しにかかるのではないかと想像していたのだ。ところが予想に反し、マスクは彼の意見に耳を傾けただけでなく、すべての提案に同意を示した。非常に前向きなスタートだった。

幹部の苦悩、基準不明のレイオフ断行

その翌日、つまりマスクが正式にツイッターの新オーナーとなって最初の日は、混乱の極みだった。前日に買収取引の手続きが完了したにもかかわらず、重要な節目に関するマスクから従業員への正式な発表は何もなかった。CEO、CFO、顧問弁護士、そしてポリシーの責任者を解雇したことも知らせなかった。従業員たちは同僚伝いに、あるいはニュース記事を読んで、そのことを知った。

その金曜日の朝、2人のいたずら好きがツイッターのサンフランシスコ・オフィスから段ボールを抱えて出てきて、自分たちは解雇されたばかりだと主張したことが、混乱に拍車をかけた。

CNBCやデイリー・メール（Daily Mail）紙など、ビルの前で手ぐすねを引いて待ち構えていた主要報道機関が、その「従業員」たちをつかまえて、性急にインタビューをし、レイオフが始まったというニュースを流したのだ。[18]「本物」の従業員たちは、一時パニックに陥った。どちらの男にも見覚えがないことに気づくまで。2人は「ラーフル・リグマ（Rahul Ligma）」「ダニエル・ジョンソン（Daniel Johnson）」という仮名を使っていた。組み合わせると「リック・マイ・ジョンソン（チンコなめてよ）」に聞こえるという下ネタジョーク「リグマ・ジョンソン」となり、中学校の校庭で交わされるようなオチであった。メディアも、おちょくられたことを悟ったが時すでに遅し。下品なジョークがマスクの心をつかまないわけがない。後に2人の「従業員」と写真まで撮って、ツイートを投稿している。「自分の間違いを認めることは重要だ&彼らを解雇したことは痛恨の極み[19]」

ツイッター内部の混乱レベルもこれに引けを取らない。マスクと「ごろつき」たちは今なおミーティングを続けており、テスラのエンジニアたちがツイッターのコードレビューのために続々とやってきた。数カ月前に解雇されたばかりの元プロダクト責任者ケイボン・ベイクプールがオフィス内を歩き回り、マスクとミーティングをする姿が目撃され、復帰の可能性がささやかれた。今では誰であれツイッターの新たなプロダクトや機能のアイデアを思いつきで好き勝手言えるような雰囲気が生まれていた。あるプロダクト・ミーティングでは、サックスが後先考えることなく、ペイウォール［訳注：ウェブサイト上の有料ニュース記事などに使われる、料金を支払うとコンテンツ全体を閲覧できる「有料化された壁」を指す］を追加して収益化を図ってはどうかと提案した。ツイッターのサービスの意義を根幹からひっくり返すアイデアであった。

昼頃には、エンジニアたちのもとに、各々のソフトウェアコードのコピーを物理的にプリントアウトせよとの奇妙な指示が届いた。「過去30日の間に書いたコードを50ページ分プリントアウトしてください」と、ある経営幹部のアシスタントが社内のスラックチャネルに書きこんだのだ。「直近のコードであることも重要ですが、私たちのコードの複雑さを示すことのできるコードを含むようにしてください」。場合によっては、マスク自身が直接コードをレビューすることもあると告げられたため、プリンターの周辺は紙の束を持ったエンジニアで混雑した。その直後、彼らはスラック経由で別の指示を受けた。「アップデート：印刷は中止せよ」とのお達しである。[20]どこかの誰かが、ツイッターのコードベースをまるまる物理的に印刷する必要はなく、PCのモニター上でコードをレビューすれば済む話だと気づいたようである。「すでに印刷したコードは、SFオフィス10階でシュレッダーにかけて廃棄してください。よろしくお願いします！」。いずれにせよ、コードのレビューが実施されることは結局なかった。

一方、マスクはその日、1日中ツイートしていた。「楽しい時間を継続させよう」と書いたのは午前5時過ぎのことで、「@catturd2」というユーザー名のアカウント［訳注：2023年10月にメイン州で発生した銃乱射事件の容疑者のアカウントであると報道されている］がシャドウバンされていないか調査すると約束してから30分も経っていなかった。[21,22] 午前11時頃には、ツイッターのコンテンツ・ポリシーのすべての重要な決定を検討し直す目的で、「幅広く多様な視点を持つコンテンツモデレーション評議会」を設置すると約束した。[23] 見直し内容には、トランプのように、過去の経営陣の判断により永久追放されていたアカウントの復活も含まれていた。そのわずか3時間後、マスクはまた別のツイートを投稿し、「軽微あるいは単に疑わしいという理由でアカウントの凍結処分を受けたユーザーに関しては、ツイッター拘置所から解放される」と請け合った。[24] ランチタイム直後、ちょうどエンジニアたちがコードをプリントアウトしている頃、マスクは宣言した。「ツイッターでは今からコメディが合法になります」[25]

誰もがマスクと同じようにこの状況を楽しめたわけではない。同日、新ボスは、ツイッターの経営幹部2人、ジョン・チェンとジュリアナ・ヘイズに、会社全体のレイオフを監督するという気の重い仕事を課した。同社は遡ること4月に大規模なレイオフを予定していたものの、マスクによる買収計画が浮上したことで、実施を延期していた。チェンとヘイズの手元にはまだ当時のレイオフ計画が残っており、両者はそれに微修正を加えて再利用することを提案した。全従業員の約20％を削減する計画である。マスクはその提案を承認、書類にサインし、24時間以内にすべてを完了するように命じた。マスクとのミーティングを終えてオフィスへ戻る途中、ヘイズはチェンと2人今この場で辞任して、その足でオフィスから立ち去るというシナリオを夢想した。だが結局、この仕事をマスクと彼のアドバイザーたちに任せたら、従業員たちにとってさらに凄惨な結果になりかねないと思い直し、ツイッターの人事部門の責任者を務めるキャスリーン・パシーニに連絡を取った。3人は直ちに削減計画の検討を開始し、急ぎツイッターのマネージャーたちに来る人員削減に備えて、各々のチーム内の従業員のランク付けを始めるように、と恐ろしい指示を伝えた。

このプロセスを複雑にしていたのは、彼らのあずかり知らぬところでマスクが、いとこのジェームズとアンドリューが率いるテスラとスペースXのエンジニアたちにも、ツイッターのエンジニアチームを対象に同じようなランク付けをさせていたことだった。彼らは、マスクによる買収の手続きが正式に完了してから24時間、ツイッターのコードベースをくまなく調べ、従業員の貢献度を評価し、パフォーマンスの低い人材を特定しようとしていた。マスクは彼らに、ツイッターのエンジニアリングチームを90％以上縮小するつもりだと告げていた。[26]

マネージャーたちは、その日の夕方までにランク付けされたリストを提出するよう求められた。数百人、数千人の従業員を抱える大規模チームの迷走ぶりは察するにあまりある。マスクが考えるツイッターの「最終形」が明確でなかったことから、どのようなタイプの従業員を残すべきなのか、判断に迷いが生じた。マネージャーたちには留意すべき指針さえ示されなかった。

エンジニアリング部門では、テスラのエンジニアたちがツイッターのマネージャーたちに、過去1カ月の間に少なくとも100行のコードを書いたかどうかを目安にランク付けをするよう勧め始めていた。だが、大半のマネージャーを含むプロダクト部門のほとんどの従業員が実際にはコードを書いていないことを考えれば、そもそも参考にならない基準であった。数十人、あるいは数百人の従業員を抱える大規模なチームでは、プロジェクトの内容や求められる能力といった文脈なしに、従業員をひとまとめにランキングするなど、どだい無理な話である。マネージャーたちは頭を痛めた。勤続年数の長い従業員を優先すべきか？　居住地も考慮する必要があるだろうか？　マスクはツイッターの勤務場所を問わないフルリモートポリシーを撤回するだろうというのが大方の予想であった。ならば、オフィスの近くに住んでいない従業員をリストの上位に並べて、彼らの雇用を守ることに意味があるだろうか？　マスクのアドバイザーたちからも、追加的な指示が届いていた。例えばグラシアスは営業チームのリーダーたちに、「優秀」もしくは「卓越」した人材のみを残せと伝えている。

その結果、一貫性のまったくない数十のリストが集まった。チームの上位30％と下位30％を特定したマネージャーもいれば、営業と広告主対応を担当する約1400人の従業員を抱えるチームのリーダーたちは、レイオフの対象はグループの20％だけだという前提でリストを作成した。オースティンを拠点に開発者向けプロダクトを担当する幹部アミール・シュバットが、明確な基準なくしてランク付けは難しいと、このプロセスを率いる担当チームにどのような要素を勘案すべきなのかたずねたところ、返ってきた答えは、「私たちにもわかりません」だった。しかも、彼がチームのランク付けを行うよう指示を受けたのは午後6時頃である。それでもシュバットは、その4時間後にグーグルドキュメントとしてリストを提出し終えた。提出したばかりのドキュメントへのアクセスは、何の説明もなく即座に遮断された。

怒涛の1日目、正式に終了。

「職場で眠る」ツイッターブルーの改良

イーロン・マスクの下で働くということは通常、一も二もなく迅速に行動することを意味する。仕事以外のこと、例えばシャワーや食事、そして間違いなく睡眠、こういったものは後回しにしていい、あるいはなくてもいいものと考えなければならない。夜も週末も仕事をするのが普通で、徹夜も珍しくない。世界一の富豪になるずっと昔、サンフランシスコの若い起業家の1人に過ぎなかったまだ20代の頃のマスクが、ほとんどオフィスで生活していた話は有名だ。イエローページのインターネット版と言えるディレクトリサービスを提供するZip2を創業した当時、マスクはしょっちゅうデスク脇のビーズクッションの上で眠った[27]。翌朝、他のメンバーが仕事場に姿を現して、起きろとクッションを一蹴りされてようやく目を覚まし、また仕事に取り掛かる。テスラの生産拡大で多忙を極めた2018年は、自宅に戻る時間も、シャワーを浴びる時間も惜しんで、工場のフロアで寝泊まりしていたことが知られている。「あえて、会社の誰よりも劣悪な境遇を望んだのです。言うならば、彼らがどのような苦痛を感じようとも、私の痛みの方が大きい状況を求めたのです」と、彼は後に説明している。[28] 必要とあらば塹壕《ざんごう》の中で生きることもいとわないマスクは、従業員にも同じことを期待する。「彼は、狂信的なまでの戦士たちが、働きやすさや快適さよりも心理的な危険を感じるような、戦闘的で死力を尽くすことが求められる環境を好んだ」と、伝記作家アイザックソンが書いている。[29]

ツイッターではこれまで見られなかったマインドセットだ。それでも一部のエンジニアはすぐにそれに倣った。オーナー就任初日、マスクが丸1日をオフィスのソファで過ごした金曜日、風刺画アーティストのマニュ・コルネットも初めてオフィスのソファで寝る経験をした。新CEOは着任後直ちに、絶対的な最優先プロジェクトを数件特定した。そのうちの一つが、ツイッターのサブスクリプションサービス「ツイッター・ブルー」の改良だった。担当チームは、マスクの切迫感に応えるとともに、いい意味でマスクを驚かせてやろうと発奮した。コルネットは厳密にはツイッター・ブルー担当チームの一員ではなかったが、数日以内にマスクのもとへ製品デモを届けることができなければ、機能改善に取り組む従業員が揃って解雇されるという噂を耳にしたため、ボランティアを買って出たのだ。そうして、ソファで睡眠を取るのがいかにも合理的なアイデアだと感じられるほど、夜遅くまでオフィスに残ることになったわけである。

マスクはツイッター・ブルーに対して、信じられないほど壮大な、非現実的な野望を語った。最初の数日間に行った担当チームとのミーティングでは、当時ほぼゼロに近かったサブスクリプション収入を全事業収入の50%まで伸ばせるはずだとぶち上げた。年間数十億ドルに相当する超急成長である。生き残りを図る上で、ツイッターは広告収入に依存しすぎている、第2の事業分野を育てる必要がある、とマスクは考えていた。その観点から、サブスクリプションは良い選択肢に思えた。ツイッターがすでにサブスクリプションサービスを提供し始めていたこともあるが、ネットフリックスやニューヨーク・タイムズのような伝統的なメディア事業でもサブスクリプションモデルがうまく機能しているように見えたからだ。

そうはいっても、マスク参画以前のツイッターのサブスクリプションサービスの取り組みはまだ黎明期にあった上、ほぼ完全にパワーユーザーに焦点を当てたものだった。サブスクリプションサービスのプロダクト開発は社内であれこれ検討こそされていたものの、エリオット・マネジメントの登場を経て、２０２０年後半にドーシーがようやくプロジェクトにゴーサインを出すまで、何年も放置されていた。プロジェクトチームは、「ツイッターワン」「ツイッタープラス」「ツイッタープレミアム」などいくつかのサービス名を提案したが、ドーシーが「ツイッター・ブルー」を思いつき、マーケティングチームの落胆をよそに、この名前に落ち着いた経緯がある。月額４・99ドルのサブスクリプションサービスに申しこむと、スマートフォンアプリのアイコンの色を変更したり、より長い動画をアップロードしたりできるようになるなど、ちょっとした特典を受けることができる。担当チームは、サブスクリプションサービスの一環として、いずれ広告を非表示にしてツイッターを利用できるプランも展開したいと考えていたが、まだ実現には至っていなかった。

このように、マスクが着任したとき、ツイッター・ブルーは同社のビジネスとしてさほど重視されていなかったのだ。マスクはその状況を「愚かなクズ判断」と吐き捨て、サブスクリプション契約をしたユーザーに提供される一連の機能の全面的な見直しを求めた[30]。一気に稼ぎ頭に育てるためには、パワーユーザーだけでなく、日常的にツイッターを利用する一般ユーザーをも魅了し、クレジットカード番号を登録してもらわなければならない。

これを実現する一つの方法として、ツイッターの「ブルーチェック」認証バッジをサブスクリプション・パッケージに含めてはどうかとマスクは考えた。ツイッターは何年もの間、セレブや政治家、ジャーナリストなどの注目に値するアカウントを識別できるよう、ユーザーのプロフィールページに、青い円の中に白いチェックマークを入れたバッジを追加してきた。このチェックマークは実質的に、公式あるいは本物のアカウントと、なりすましのアカウントを区別する上で役立っていた。ツイッター上では、誰でも適当なメールアドレスを使って、偽のなりすましアカウントをつくることができるからだ。その一方で、チェックマークには一種の社会的な信用もあった。それほど名前が知られていないユーザーであっても、青いチェックマークがついているならばきっと「重要人物」に違いないと思わせる、名誉バッジのような働きをしていた。

　マスクはブルーの認証バッジには価値があること、その一方でツイッターがバッジを何年も無料で配布してきたことを知っていた。マスクは当初、認証バッジを含めたツイッター・ブルーのサブスクリプションサービスを月額20ドルにしようと考えていたのだが、その価格設定がマスコミに漏れるとユーザーはいきり立った[31]。「ブルーチェックを維持するのに月20ドル？　ふざけるな。むしろ20ドル払ってもらいたいぐらいだ」とツイートしたのは、700万人のフォロワーを持つ作家スティーブン・キングだ。「そんな制度が始まったら、エンロンのように消えてやる」[32]。キングのツイートに注目したマスクは、「こっちも支払いが大変なんだ！　8ドルならどうかな？」と返信している[33]。こんな風にして、ツイッター・ブルーの新料金は月7・99ドルで落ち着いた。

　この施策を進めたのは、青いチェックマークの認証バッジに価値があるという理由だけではない。マスクは、認証バッジを課金サービスに含めることは、数カ月にわたって散々不満を述べてきたボット問題の解決策にもなると考えていた。ボットアカウントが毎月8ドルの支払いをするわけがないだろう、というのがマスクの見立てだった。つまり、認証バッジに値段をつけることで、実在の人物のアカウントとボットとを区別することができると考えたのだ（このロジックはもちろん、すべての「人間」ユーザーが毎月8ドルを支払うことを前提としており、マスクと平均的なツイッターユーザーとの感覚のずれを示すもう一つの例である）。マスクはまた、これまでのバッジの付与方法についても異論を唱えた。実際に注目に値する人物かどうかよりも、ツイッターで働いている従業員と知り合いかどうかで、認証バッジをもらえるケースが実に多かったのだ。加えて、多くのジャーナリストが認証バッジを付与されている事実にも注目した。認証バッジによって、マスクが適切であると考える範囲を超えて、報道関係者にツイッター上で高いステータスと権威が与えられている状況を問題視したと見られる。マスクはツイッターの認証プログラムを「領主と小作人制度」と呼んだ。[34]これらすべての理由から、マスクは一刻も早くツイッター・ブルーの変更を実現しようと躍起になっていたのだ。

このツイッター・ブルーを軌道に乗せるための責任者として、マスクが任命したのがプロダクトチームのマネージャー、エスター・クロフォードである。コンテンツクリエイターをアプリに呼びこむための新機能など、ツイッターのより実験的なプロダクトのアイデアに多く携わっていた人物だが、最高プロダクト責任者でもなければ、それに続く2番手、3番手の上級管理職でもなかった。だが彼女はもともと、ソーシャルメディア・アプリ、スクワッド（Squad）の創業者であり、ツイッターによる買収にともない数年前から同社で働き始めたばかりだったこともあり、マスクが期待する身を削って仕事を優先するハッスル・カルチャーに免疫があった。何より重要なのは、彼女自身がマスクの下で働きたいと熱望していたことだ。ツイッターの大半の同僚の間で、少しばかり異端児のような存在だったと言える。さて、ツイッター・ブルーを刷新して、ローンチさせるのにマスクがクロフォードに与えた時間は1週間強であった。有料サービス加入者向けの認証バッジの提供も込みである。平時であってもとんでもない無茶ぶりだが、買収にともなうありとあらゆる混乱のおかげで、切迫感も倍増である。テック系ニュースメディアのザ・ヴァージ（The Verge）は、米中間選挙の前日にあたる11月7日の期限に間に合わせることができなければ、担当チームのメンバー全員が解雇されることになると報じていた。[35]

期限を言い渡されてから数日後、クロフォードもオフィスで寝るようになっていた。黒いアイマスクで目を覆い、銀色の寝袋に入って会議室の床に横たわる彼女の写真を同僚がツイートしている。クロフォードはその画像をリツイートし、「締め切りに間に合わせようとチームが24時間ぶっ通しで戦っているとき、私たちは『職場で寝る（#SleepWhereYouWork）』こともある」と、ハッシュタグ付きのキャプションを添えた。[36]

クロフォードの同僚の多くは、これを冷めた目で見ていた。かつてのツイッターは、どれほど緊迫した状況下にあっても、職場に寝泊まりすることを従業員に求めたりしなかった。むしろ正反対である。ツイッターのようなテック企業にとって、ワークライフバランスはいつだって重要な採用ツールだったのだ。パンデミックの最中には、精神的に燃え尽きることのないようにと、全従業員に特別休暇を月1日余分に付与していたぐらいだ。クロフォードの投稿は、マスクの不健全な職場文化に対する支持の表明のみならず、ごますりのためのパフォーマンスのようにも映った。しかし、そのような批判に怯むクロフォードではなかった。「一部の人たちが分別を失っているようなので、説明したいと思います。難しいことをやる遂げるには犠牲が必要です」と、数時間後、彼女は一連のツイートで書いている。[37]「私は家族を愛していますし、課された業務を遂行する上で、私が時に身を粉にして、ひたすら走り続ける過活動状態に入らなければならないことを理解してくれている家族に感謝しています」。数カ月後、クロフォードはツイッター上でこのときのことをもう少し詳しく述べている。「人生はゲームのようなものだと思っているのですが、買収後のツイッターでの日々は、ハードモードのレベル10で人生をプレイしているような感覚でした」[38]。同僚たちがどのように感じていたかは別にして、寝袋にくるまれたクロフォードの姿は少なくとも一つのことを裏づけていた。居心地の良い、従業員に優しいツイッターの企業文化は、もはや過去のものとなったのだ。

人員整理は、マスクのコスト削減計画の一部にしか過ぎなかった。ツイッターを買収してから数日のうちに、ザ・ボーリング・カンパニーの社長であるスティーブ・デイビスを呼び、経費削減のさらなる方策を検討するよう命じている。その最初の週末に行われたツイッターのリーダー数人との会議でデイビスは、年5億ドル分の節約を実現しなければならないと宣言した。至極単純な経費節減のアイデアは、オフィススペースの縮小であった。なにしろ、レイオフ計画がすでに走っているのだから、その分のオフィススペースが不要になるのは自明だ。

会議に出席していた幹部の1人が、ツイッターでバイスプレジデントとして不動産や施設管理を担当していたトレイシー・ホーキンスである。彼女は急いで、全部で50件ほどに上る、さまざまなリース契約の詳細をスプレッドシートにまとめた。そのリストには、会社が解約を試みることができると思われる契約がいくつか含まれていた。当然のことながら、期限前の契約解除には、手数料や違約金が発生する。数日後、ホーキンスがリース物件のリストと契約解除にともなう費用を提示すると、デイビスはにべもなかった。後に元従業員がツイッターを相手取って起こした訴訟の申し立てによれば、ホーキンスにこう言い放ったとされている。「そんなものは払わない。賃料を払わないまでだ」[39]

第17章　マスクの暴走は止まらない

イーロン・マスクのガルフストリームは、ハロウィンの日の午前2時頃、マンハッタンからそう遠くないニュージャージー州のテターボロ空港に着陸した。[1] ツイッターのオーナーとなった最初の週末の大半をサンフランシスコ本社で過ごしたマスクは、カリフォルニアから4時間半のフライトで移動し、週明けからツイッターのニューヨーク・オフィスで仕事を開始する予定だった。ニューヨークへ来たのは、自分が買収したばかりの会社は今でも広告を出稿するのに安全な空間なのだと、世界有数の広告主たちに納得してもらうためだった。

ツイッターの営業担当幹部は、週末を使って、同社の最重要広告パートナー数社とマスクとのミーティングの日程調整にいそしんだ。新ボスが、それまでの72時間で雨後の筍のように湧いてきた問題の数々を解消してくれることを期待して。困ったことに、懸念材料はごまんとあった。マスクによる買収取引が完了するが早いか、人種差別的な中傷や新型コロナウイルス関連の誤情報を含むツイートが待っていましたとばかりに噴出したのだ。黒人に対する差別用語「Nワード」を含むツイートを投稿するユーザー数が、複数の言語にわたり1300%増加した。[2] ピーク時には、Nワードが5分間に170回もツイートされた。参考までに、マスクによる買収前は5分間に12回未満だった。米国で最大規模のユダヤ系団体として知られる名誉毀損防止同盟（ADL）は、買収成立後24時間で、反ユダヤ主義的なミームのツイートやリツイートを1200件確認している。ADLは、人々が「イーロン・マスク（@elonmusk）による会社買収からインスピレーションを得ていることは明らか」だと断じている。[3] ジョージア州選出の共和党所属下院議員マージョリー・テイラー・グリーンのような、何かと物議を醸すツイッターユーザーのアカウントはフォロワーが急増した。[4] 問題のあるツイートの一部は自動アカウントによって投稿されたものだが、すべてがそうだったわけではない。おそらく、ツイッターのルール適用にマスクはより寛容な姿勢を示すと考えた人々が、さっそく様子を見にやってきたのだろう。

最悪だったのは、マスク自身が陰謀論をツイートしたことだ。新CEO本人がその週末、数日前にナンシー・ペロシ下院議長の夫であるポール・ペロシが襲われた事件に関して、陰謀説を吹聴する記事へのリンクをツイートしたのである。その記事は、「殴打は報道されていたような右翼の偏執狂によるものではなく、ポール・ペロシが自宅に連れこんだエスコートガールならぬ男娼との痴話喧嘩の結果だ」と主張していた。[5] マスクはこのツイートを後に削除したが、そのときまでにすでに数多のリツイートと「いいね」、それからツイートを有害かつ不快なものと感じた人々からの厳しい批判が集まっていた。

このヘイトツイートの急増を広告主たちは看過できなかった。多大な広告費をかけて、人種差別的な投稿で溢れたツイッターのフィードに自社の広告を表示させるなど、ペプシやアップルのような大手ブランドが何よりも避けねばならないことだ。主要メディアが人種差別的なツイートの増殖について報じ始めると、ツイッターの営業部門のリーダーたちは不安に駆られる広告主をなだめようと奔走した。ケロッグ、アディダス、アップル、マイクロソフトといった大手ブランドの担当者と電話会議を行い、なんとか彼らの心配を和らげようとした。マスクはツイッターのルールが厳しすぎると感じていたかもしれないが、広告主にとっては譲れない一線だったのだ。

マスクもさすがに彼らの不安を認識するようになっていた。「ツイッターを、ルールのない無秩序な地獄絵図のようにしてはならないのは明らかです」と、買収取引が完了した日に広告主へ宛てたメッセージで書いている。「私たちのプラットフォームは、すべての人を温かく迎え入れなければなりません」[6]。しかしながら、人種差別的なコンテンツの急増を考えれば、マスクが手綱を緩めて、ツイッターを野放しにしてしまうのではないかという懸念が生じるのも無理からぬことだった。たちまち、ツイッターの年間収益の90％を占める広告事業に暗雲が垂れこめてきた[7]。うやむやにすることはできない。ニューヨークでのミーティングは何としても成功させなければならない。

良いニュースは、マスクが時間に遅れなかったことだ。際どいタイミングではあったが。月曜日の朝マスクは、世界最大手の広告会社ＷＰＰのマーク・リードＣＥＯとの最初のミーティングの10分前にニューヨークのオフィスに到着した。ツイッターの幹部たちは、マスクが時間通りに到着したことに安堵のため息をついたが、その取り巻きに目を剥いた[8]。2歳の息子エックスのみならず、母親のメイ・マスクまでオフィスに連れてきたのである。従業員たちは、彼女がエックスのベビーシッター役として同行したのだと思いたかったが、その願いも空しく、メイは会議に参加する気まんまんだった。マスクの友人でもあるベンチャーキャピタリストのジェイソン・カラカニスも出席するという。

リードはロンドンを拠点としているため、モニター越しでの話し合いとなった。ＷＰＰはユニリーバ、マース、ＩＢＭといった大手クライアントの何十億ドルもの広告予算を握っており、最初のミーティングからこの日一番の山場を迎えたようなものだった[9]。ところが、リードとマスクは意気投合した。リードは、ＷＰＰのいくつかのクライアントに会って、質問に直接答えてもらえないかとマスクにたずねた。マスクはもちろん快諾した。もしいつかテスラがマーケティング活動を本格的に開始することになったら、ぜひWPPに手伝わせてくれと、リードは売りこみにも余念がなかった。長年モデルとして活動しているメイは人当たりも良く、自発的に洞察に満ちた質問をいくつか投げかけた。ミーティングの終了時間が近づくと、リードとマスクは電話番号を交換し、両者の協働は相互の利益につながることを再度確認した。ツイッターがWPPを必要としているのは言うまでもない。しかし、WPPの側もツイッターと一緒に働き続けることを望んでいた。ツイッターが、フェイスブックやグーグルのような大規模プラットフォームに代わるものを提供してくれるからだ。広告主というのは、単一のサービスに予算を過剰に振り分けることを好まない。WPPとのミーティングは、良い滑り出しだった。

次の相手は、ホライゾン・メディアのビル・ケーニヒスベルクCEOだ。同社は、金融サービスを提供するキャピタル・ワンやバーガーキングなどのブランドの指定代理店を務めている。今回もマスクは話し上手で、人を惹きつける才を発揮した。しかしこのときの彼は同時に、その後数週間から数カ月の間、自分とツイッターを何度もトラブルに巻きこむことになる、ある種の自己破壊的な傾向も垣間見せている。マスクはしばしば、広告パートナーたちの耳に心地よい発言をした後、そのパートナーたちがあっけにとられ、首をひねるような行動を取るのだ。このような破壊的行為はたいがいツイッター上で、多くの人々の目の前で繰り広げられた。ツイッターの新オーナーは、破天荒なツイートをしては驚くほど巧みに自分を窮地に陥れる名人だった。

ケーニヒスベルクは会談中、彼の顧客の多くが、ツイッターがドナルド・トランプ前大統領のアカウントを復活させるつもりかどうかを知りたがっていることに言及した。マスクは、自分のところにも同じ質問が届いていると話した。マスクはすでにトランプのアカウント凍結を解除すると約束していたものの、前大統領がツイッター史上もっとも世論を二分する、物議を醸すユーザーの１人であったことを踏まえれば、彼のアカウントを回復させる計画は慎重に進められると考えるのが常識である。率先してライバルを攻撃し、民主主義の形骸化を図った人物の不適切な発言をツイッターが今後どのように監視し、管理していくつもりなのか、広告主と十分にコミュニケーションを取り、丁寧に説明していくことが欠かせない。広告業界全体に漂っていたツイッターに対する不安感を考えれば、計算された思慮深い対応が求められる瞬間だった。

　そのように対応する代わりにマスクは、スマートフォンを取り出しツイートのアプリを開いたかと思うと、「トランプがこのプラットフォームに戻ってくるのかと聞かれるたびに、１ドルを徴収したら、ツイッターは大儲けできる！」と書いた。会議参加者の面前で下書きを読み上げ、１億１２００万人のフォロワーに向けて投稿すべきかと意見をたずねた。このアイデアに反対意見を述べたのは、ツイッターの広告営業部門の責任者であるジャン＝フィリップ・マヒューだけだった。[10] 弁解の余地なく、苦情と問い合わせが殺到するのが目に見えていた。マスクは一笑して、お構いなしに下書きをそのまま投稿した。[11] 広告主の不安がさらに大きくなることは必然だった。マスクが反論されるのを好まない人物であると、マヒューはすぐに身をもって学ぶことになる。

　広告主たちのご機嫌うかがいに努めた後、マスクはＮＦＬコミッショナーのロジャー・グッデルを含む、ひときわ注目度の高いツイッターのコンテンツ・パートナーたちとも面会した。ＮＦＬは、専門家が制作した価値ある動画のいくつかをツイッター上に投稿する契約を結んでいた。契約に基づきＮＦＬは、ツイッターにハイライトを大量に投稿する。ＮＢＡも同様だ。そのハイライトが流れる直前に、ツイッターは広告主からの短い広告動画を流し、得られる広告収入をＮＦＬやＮＢＡと分け合う仕組みだ。ツイッターは通常、こうしたパートナーに一定のリターンを保証していた。つまり、広告主に出稿枠を売ろうが売れまいが、NFLには報酬が支払われることになる。グッデルはツイッターのニューヨーク・オフィスにマスクをたずねた。マスクにとっては、リードやケーニヒスバーグに行ったのと同じような説得を試みるチャンスだった。すなわち、ツイッターは安全であることを証明し、そして広告主の懸念を解消するためにもパートナーとの協力を切に願う、と。ツイッターに広告コンテンツを掲載する広告主と同様、NFLもタッチダウンの歓喜の瞬間が、ナチスを礼賛するツイートと一緒に表示されることを望んでいなかった。

マスクの顧問弁護士アレックス・スピロもこの日ニューヨークにおり、ボスのいくつかの会議に同席し、握手を交わし、パートナーをなだめる上で一役買った。スピロの顧客リストには各界の大物や大手企業の名前がずらりと並んでおり、過去のクライアントには主要スポーツリーグやメディア企業も含まれる。ツイッターは、スピロという見知った顔が同席することで、広告主の安心につながるのではないかと期待したのだ。

その晩、招待されていなかったマヒューを除き、ツイッターの営業部門の上級幹部たちはマスクとの電話会議と結果報告を、首を長くして待っていた。ミーティングはどれもうまく運んだが、ツイッターに対する疑念がすっかり払拭されたとは言い難い。多くの広告主はなお、マスクの今後の計画に不信感を抱いていた。悪いニュースはまだ続く。ツイッターの最高顧客責任者（CCO）であり、広告営業の責任者を務めていたサラ・ペルソネットが辞任し、正式にツイッターを去った。[12]彼女は数年来、ツイッターの広告主にとって顔の見える、安心を与えるカウンターパートであった。その退任が伝われば、広告主の間に動揺が広がることは目に見えていた。マヒューが正式な広告営業部門のトップ経営幹部として残された。

翌朝、ペルソネットの退社がおおやけに発表された。ツイッターの米国市場の広告販売事業の責任者であるロビン・ウィーラーは、チームの動揺を抑えようとビデオ会議を行った。「深呼吸をして、すべてうまくいくはずだから」。その会議の真っ只中、ある従業員がウィーラーをさえぎった。マヒューが警備員に付き添われ、ニューヨーク・オフィスから連れ出されている、との報告だった。前週、サンフランシスコ本社でマスクのアテンド役を買って出た、最高マーケティング責任者であり、組織カルチャーの責任者でもあるレスリー・バーランドも同日オフィスから退出を促された。思わぬ展開に完全に不意を突かれたウィーラーは、言葉を失った。一体何が起こっているのか誰も納得のいく答えを見つけられないまま、会議はその時点でお開きとなった。

マスクのツイートに反論してから24時間も経たぬうちに、マヒューは解雇されたのだった。

マスクのニューヨーク訪問のそもそもの目的は、買収後もツイッターのプラットフォームはすべて適切にコントロールされている、ツイッターは今なお安全かつ安定した空間であり、広告費を落とすに値するのだと広告主に納得してもらうことであった。それなのに、ツイッターの営業部門のトップリーダーたちが立て続けに2人も去ってしまった。広告主は、予測不能性を嫌う。一夜にして、ツイッターは広告主からもっとも敬遠される広告プラットフォームになった。

見切りをつける広告主、マスク怒りのツイート

ツイッターの人員整理は、マスクが当初想定していたよりも実施に時間がかかっていた。さまざまな部門と連携しながら24時間以内に数千人規模の人員整理を実行するなど、現実問題として実行不可能であることが明らかになっていた。複数のグループがプロセスを動かしているのだか

ら、なおさら困難である。遅延の要因はそれだけではなかった。マスクとアドバイザーの一部は、ツイッターが実際に働いていない人々に給与を支払っているのではないかと疑っていた。どうやらこれは、何万人ものグローバルワーカーを擁する他の大手テック企業も抱える問題らしかった。おかげで、最高会計責任者（CAO）のロバート・カイデンは週末を費やして、会社のすべての従業員が実在する人間であるかどうかを確認するという大変な作業に取り組む羽目になった。マスクはさらに、マネージャーたちに対して作成した残留者リストの正当性を説明せよ、と主張して譲らない。一部のマネージャーたちは、こちらも週末を使って、残すべき従業員が「卓越」した人材である理由を説明するメモをリストに追記しなければならなくなった。

当初、マネージャーたちが金曜の夜遅くに従業員リストを提出したとき、大半はレイオフが週末の間、遅くとも月曜の朝には実行されると考えていた。タイミングが重要だったのは、翌11月1日火曜日は、約7500人に上るツイッター従業員の多くに株式報酬の一部が付与される期日だったからだ。ツイッターの幹部たちは、マスクが株式報酬の支払い前に従業員の解雇に踏み切るだろうと読んでいた。会社にとって大幅な節約になるからだ。雇用契約の条件によっては、年に4回付与される株式報酬が給与の大半を占める従業員もいた。会社が非公開化された今、権利が確定した株式は1株あたり54・20ドルの現金で従業員に支払われることになる。11月1日に株式報酬が付与されれば、ツイッターとマスクに2億ドル強のコストが発生する計算だった。

しかし月曜日になっても、そして月曜日が終わる頃になっても大規模な人員整理の通知はなく、従業員たちは揃って安堵のため息をついた。マスクはハロウィンのこの日、株式報酬の付与を正式に承認した。ただし、夜遅くまで決断を引き延ばしたため、待たされた財務チームのメンバーはストレスに押し潰されそうになっていた。だが、少なくとも、解雇が予定されていた従業員も最後のボーナスを受け取ることができた。レイオフの実施の遅れに比例するように、対象人数が当初の計画よりも増えていった。その週、レイオフの実行を任されたツイッター側の担当者がデイビッド・サックスとアントニオ・グラシアスと話し合いの機会を持つたびに、マスクのアドバイザーたちが人員整理の対象を広げるよう要求してきたのだ。全従業員の20%を対象とした削減計画は、わずか数日の間に、半減計画へと姿を変えていた。

マスクは、別の方法でもなんとか経費を削減しようと必死だった。人件費以外で5億ドルの経費削減を求められていたスティーブ・デイビスは、会社が結んでいるすべての契約について再交渉してくるよう従業員たちに命じた。従業員向けに発行していた法人カードの利用が、即時中止された。デイビスが予告していた通り、オフィス賃貸料の支払いも止められた。

マスクはこの週、ツイッターに懐疑的な視線を送る人々を説得すべく懸命に働いた。約束通り、彼はマーク・リードと一緒にWPPのクライアント数社とミーティングの機会を持った。ソーシャルネットワーク企業とそのコンテンツ・ポリシーを声高に批判する公民権擁護団体とも面会した。保守派の政治家とは異なり、全米黒人地位向上協会（NAACP）、人種間の不平等の是正を訴えるカラー・オブ・チェンジ（Color of Change）、名誉毀損防止同盟（ADL）といった団体は、ソーシャルネットワークの取り締まりが不十分だと考えていた。これらの団体は実質的にSNS業界の監視機関のようになっており、各社にヘイトスピーチに関するポリシーの改善を求め、改善が見られない場合は広告主に支出を控えるよう圧力をかけていた。その数年前には、公民権擁護団体がアディダス、コカ・コーラ、フォードなど数十のブランドを巻きこみ、フェイスブック広告のボイコット運動を組織した。マスクは彼らの影響力をはっきりと理解しており、いくつかのグループと電話会談を行い、次の選挙に向けてツイッターの誤情報ポリシーを堅持することを約束した。また、トランプのような永久追放されたアカウントを復活させるべきかを検討する「コンテンツモデレーション評議会」の設置計画についても繰り返し説明した。[13]

だが、マスクの懸命の努力にもかかわらず、広告主の不安を払拭することはできなかった。マスクの周りに渦巻く竜巻を考えれば、彼の発言はほとんど意味を持たなかった。広告主たちは、ヘイトスピーチの急増を見逃すことはできなかったし、広告営業部門の複数の幹部が買収からわずか数日の間に辞任したり解雇されたりした事実も無視できなかった。そして今、広告主たちは、トランプ復帰の可能性についても考慮しなければならなくなっていた。大手広告主は、回答を求めてツイッターに電話をかけたが、営業チームはその答えを持ち合わせていない。マスクによる買収後、最初の1週間だけで何百ものトップ広告主がツイッターの広告枠の購入を見合わせた。世界最大級の広告代理店であるIPGは、任天堂や米ヘルスケア大手CVSといったブランドを含むすべてのクライアントに対して、ツイッターでの広告キャンペーンを一時停止するよう助言した。[14]マスクはたちどころに、広告主に対する説得と約束が徒労に終わったことに苛立ち、その苛立ちをツイッターから離れていく広告主たちにぶつけ始めた。フォロワーに向けて投票を投稿し、ツイッターの広告主はどちらの選択肢を支持するべきかと問うた。「言論の自由」か？それとも「ポリティカル・コレクトネス」か？[15]

マヒューとバーランドがオフィスから追い出された後、ウィーラーがグローバル・セールス＆マーケティング部門の新たな責任者に任命された。10年以上前にツイッターの小規模なアトランタ支社で営業の仕事を始め、社内で頭角を現し、出世の階段を上ってきたベテラン従業員である。オファーを受けるにあたり、ウィーラーは一つ条件をつけた。メディアや広告業界の重役から構成され、ツイッターに助言と外部の視点を提供するグループである、インフルエンス評議会と話をするようマスクに求めたのだ。これまでのところ、広告主と1対1のミーティングでは堅実な対応をしてきた新CEOだったが、これは業界でも影響力ある複数の企業の幹部たちを一堂に集め、マスクの話を聞いてもらうチャンスだった。

インフルエンス評議会との会談は、ツイッターの買収取引のクロージングから1週間後にあたる11月3日木曜日に設定された。マスクとウィーラーは、サンフランシスコ・オフィスの2階会議室から、隣り合わせに座ってビデオ会議に参加した。会議中にポリシーに関する質問が出た場合に備え、信頼と安全グループの責任者であるヨエル・ロスも同じオフィスのすぐ隣の会議室から出席した。画面の向こうに並ぶのは、ゼネラル・エレクトリック、マスターカード、NBC、フォードなど、誰もがよく知る世界最大手ブランド、言い換えれば、リスクをもっとも回避したがるブランドを率いる幹部たちである。

マスクは、型でも見つけたかのように、まっとうなことを言った。ツイッターは「言論の自由」のためのサービスであって、「無節操な情報拡散の自由」のためのサービスではない、と述べた。たとえツイッターがルールの一部を緩和したとしても、疑わしい内容のツイートは大多数の人のフィードには表示されないことを意味する。ここでも、創設を計画しているコンテンツモデレーション評議会に触れ、トランプやその他の人物のアカウントを復活させるか否かを決定する上で同評議会が果たす役割について語った。参加者からの難しい質問も、マスクはうまくさばいた。

例えば、フォード幹部が、ツイッターでの立場を利用して、マスクはテスラに他の自動車メーカーに対して競争上の優位性を与えることができるのではないか、と質問した。おそらくマスクは、フォードや他の自動車メーカーがマーケティングに関連して、また製品発表時に何を行っているか、データあるいはデータから得られる洞察を手に入れられるようになるだろう。すべてではないとしても、ほとんどの自動車メーカーが、マスクのツイッター買収後、彼がオーナーとしての立場を乱用するのではないかと懸念し、ツイッターへの広告出稿を一時停止していた。当然のことながら、マスクはフォード幹部に対して、心配にはおよばないと請け合った。

約90分間のミーティングは、ツイッターにとって前向きな1歩であると社内外から評価された。おそらくこれは、長い長い1週間の終わりに訪れたターニングポイントだった。イメージに敏感なブランドと、ツイッターのエキセントリックな新オーナー間の、束の間の「お互いに都合のいい誤解」だったのかもしれない。ミーティングを終えたウィーラーとマスクはハイタッチで喜び合った。マスクがウィーラーに言う。「わかっただろう？　僕は広告も売れるんだ」

それなのに、マスクはやはりツイートしてしまった。まさにインフルエンス評議会との話し合いの翌日、公民権団体との面会からも48時間と経っていないのに、ツイッターで起こっている「収益の大幅な減少」の責任を「活動家グループ」に着せたのだ。[16]「コンテンツモデレーションに関しては何の変更も加えていないし、活動家をなだめるためにできることはすべてやっている」のに、これらのグループが広告主に広告キャンペーンを中止するよう圧力をかけている、と書いた。「とにかく滅茶苦茶だ！」マスクは続けた。「彼らは、アメリカの言論の自由を破壊しようとしている」

マスクのツイートに対して誰かが、広告支出を減らしている広告主を「名指しで辱める」べきだと返信した。マスクはこの誘惑に抗えなかった。「このまま続けるようならば、熱核爆弾を放つことになるだろう。名前を挙げてさらし者にする」と書いている。[17]

ツイッターの営業幹部は我が目を疑わずにはいられなかった。リードやグッデルとの会議からインフルエンス評議会とのミーティングにいたるまで、この1週間の努力が新CEOの自己破壊的ツイートによって、あっけなく水泡に帰したのである。マスクの脅迫ツイートの意図を問う電話が、ひっきりなしにかかってきた。熱核爆発の危険があるとすれば、それは今やツイッターの広告ビジネスであった。

とうとう始まった人員整理

ついにレイオフの実施を発表するメールが発信されたとき、エリック・バーリンは同僚数名と、ツイッターのオフィス5階にあるラウンジスペースに座っていて、すでにアルコールを手にしている仲間もいた。件名に「人員に関する最新情報」と書かれた人事チームからのメッセージには、今後15時間以内にもう1通メールが届くので確認するように、と記されていた。そのメールが会社のメールアドレス宛だった場合は雇用が守られたこと、プライベートメールの受信トレイに届いた場合は解雇されたことを意味した。レイオフの告知メールには、従業員の貢献と忍耐に感謝する定型的な文章が添えられていたが、従業員たちはすぐに実在の責任者の署名が入っておらず、単に「ツイッター」とだけ書かれていることに気づいた[18]。

自身が立ち上げたポッドキャスト関連のスタートアップがツイッターに買収されたのをきっかけに、数年前からツイッターでエンジニアリング・マネージャーとして働いていたバーリンは、同じタイミングで「最新情報」を受け取った同僚たちと一緒にメールを読んだ。サンフランシスコでは午後5時過ぎ、買収ディールが完了し、マスクがツイッターの新オーナーに就任した時間から、ほぼきっかり1週間であった。そこへ警備員がやってきて、バーリンたちにオフィスからの退出を促した。安全上の理由からツイッターは本社ビルを閉鎖し、レイオフが終わるまで全従業員のアクセスカードを無効にするという。レイオフされた従業員をオフィスビル内に入れないための措置である。一行はオフィスの向かいにあるビアホールという名のカジュアルなバーに移動し、飲みながら、残留となるか解雇となるか連絡を待つことにした。

イーロン・マスクの下での最初の1週間は、マスクの着任後の変化を早くから不安に思っていた大勢の従業員たちの動揺を鎮めるのに、ほとんど何の効果もなかった。彼らの多くは、新CEOの言葉を聞くことも読むこともなかった。マスクが全従業員宛のメールを書くことも、従業員からの質問に答えるための全社会議を開くこともなかったからだ。従業員たちは新しいボスの動静をマスコミの報道やマスクのツイッターのアカウントから追っていた。どちらを追っていたにせよ、ツイッターのビジネスが危機に瀕していることは、紛うかたなき事実だった。マネージャーたちがレイオフ対象者リストを作成する間、リスト入りを密かに狙っていた従業員もいたぐらいだ。イーロン・マスクの下で働くよりも、解雇される方がいい選択肢であるように思えたのだ。

夜が深まるにつれ、対象となった従業員たちは自分が解雇されたことに気づき始めたが、約束されていたようにプライベートのメールアカウント宛に通知が届いたためではなかった。ほとんどの従業員は、仕事用のメールボックスや会社のスラックチャネルに突然アクセスできなくなったことで、自分が職を失ったことを知った。ツイッターはこれまで、これほどの人数を一度に解雇した経験がなかった。そのため、レイオフの実行チームは、電子メールが送信された直後に、当該従業員のアクセスを遮断する特別なツールを構築した。ところが、あまりに急な展開だったため、このツールを本稼働前にテストする余裕はなく、2通目のメールが配信される前に誤ってツイッターの社内システムから従業員たちをはじき出してしまったのである。

バーリンは、自分が解雇されたことを知る前にバーを出て帰途に就いていた。前週に解雇リストを提出しなければならなかった開発者向けのプロダクト担当幹部のアミール・シュバットは、どうやら他の誰かが提出したリストに名前が載っていたようだ。テキサス時間午前0時過ぎ、デスクに座りパソコンの画面を見ていたところ、アクセスが遮断された。ある従業員は、ツイッターのサブスクリプションサービスの改良をなんとかやり遂げようと奮闘しているプロダクトチームのマネージャー、エスター・クロフォードとの深夜のミーティングの真っ只中に、アクセス権を取り消された。何の警告もなしに、オンライン会議から閉め出されたのだ[19]。夜が更けるにつれて、会社のメインのスラックチャネルには、青いハートの絵文字がとめどなく流れた。ツイッター従業員流の別れの挨拶だった。

切りすぎた人員、従業員たちの告別式

レイオフというのは通常ひっそりと行われるものだが、ツイッターの従業員たちは少しもはばかることなく悲しみの感情を表に出した。ツイッターには、オープンに投稿することをためらわない人たちが集まっているのだ。元従業員たちが、解雇されたことをツイートすると、そのフィードは青いハートや敬礼の絵文字でたちまちいっぱいになった。シグナル（Signal）やアイメッセージ（iMessage）のプライベートメッセージ・グループでも、最新ニュースに反応したり、情報をシェアしたり、誰がまだ雇用されていて、誰が解雇されたのかといったゴシップが流れたりして、アプリの通知音がひっきりなしに鳴った。ツイッターのソーシャルメディアチームを率いていたアルフォンゾ・テレルは、その夜、状況が刻々と変化する中、チームメンバーとビ

デオ会議を行った。そして、従業員、元従業員が対話し、ツイッター時代のストーリーを共有できるように、ツイッター・スペース（Twitter Spaces）を使って、ライブオーディオルームをホストすることにしたのだ。テレルが「ツイープ・セラピー」と名づけたスペースは真夜中過ぎまで続き、数千に上る人々が参加し、語り、耳を傾けた。それはまるで告別式のようだった。

マスクは最終的に、約７５００人のツイッター従業員のうち半数を解雇した。金曜日の朝、疲労でかすんだ目をこすりながら不安な気持ちで目を覚まし、まだツイッターに籍があることを知った従業員たちは、他に誰が残っているのかを探るため、シグナルやスラックでメッセージを送り始めた。残留となった従業員の多くはまもなく、自分の上司が姿を消していると気づくことになる。しかし、性急なプロセスと行き当たりばったりの計画性のない展開のおかげで、今日から誰の下で仕事をすることになるのかは、わからずじまいだった。

人員削減は、あらゆる部門におよんだ。それまで約４００人が働いていたマーケティングチームは、破壊的な打撃を受けた。残った従業員の数はわずか数十人だったのだ。１００人ほどいた広報チームは２人に減らされ、その２人も翌週に退職することになる（マスクはもちろん、テスラ同様、ツイッターのマーケティングとＰＲはすべて自分でやればいいと考えていた）。人事と採用、そして多様性の取り組みを担当する「ピープル・チーム」は、全体の60%にあたる２００人以上のスタッフを失った。プロダクトとエンジニアリング・グループが受けた衝撃は特に大きかった。両グループあわせて、50%以上の人員が整理された。その中には、サービスを継続稼働させる上で重要な役割を果たすインフラ・プロジェクトを担当していた多数のエンジニアたちも含まれていた[20]。急な人員削減により、残った従業員へのプロジェクトや重要な情報の引き継ぎもままならなかった。そのため、この後さまざまな問題が生じることになる。

ツイッターのエンジニアリングチームが削減されたことで、ウェブサイト全体がいつクラッシュするかわからないという憶測が飛び交うようになった。一部のユーザーは、ツイッターの消滅に備えて、過去のツイートや自分のアカウントに関連するデータをダウンロードするよう、他のユーザーに呼びかけ始めた。ツイッターはレイオフの数日前に「コードの凍結」を実施していたが、これはサイトを安定した状態に保つためであると同時に、解雇された従業員が退社間際に腹いせに不正な変更を加えることを防ぐ対策でもあった。突如、社内のあちこちに穴が生じたことで、残された従業員たちは、もしも誰ひとり修正方法を知らないような機能が壊れたらどうすればいいのだろうかと、冷や冷やしていた。おまけに、中間選挙まで1週間を切っている。残された人員で誤情報に対応しきれるのか、その能力を危ぶむ者もいた。

いくつかのチームは、比較的軽傷で済んだ。ウィーラーの営業チームは、広告主を取り戻し、収益を上げるという差し迫った課題のおかげで、大部分の雇用が守られた。彼女は組織の約25％を失っただけで、広告営業と広告主の対応を担う従業員の1000人以上を手元に残すことができた。マスクは、信頼と安全グループの大半も残留させた。ツイッターのポリシーの決定に関する過去の発言から、当初驚きを持って受け止められたが、ツイッターがなおサイトの安全性の維持を重視していると広告主を納得させるための明確な意思表示であった。解雇を免れたロスも、彼のグループの削減は15％にとどまったとツイートしている。[21]

金曜日の午後、マスクはようやくツイートでレイオフに触れたが、その際も思いやりらしき言葉を添えることはなかった。[22]「ツイッターの労働力の削減についてだが、残念ながら、会社が1日あたり400万ドルを超える損失を出している以上、選択の余地はなかった」と書き、解雇された従業員全員に「3カ月分の給与に相当する解雇手当」が支給されると付け加えた。厳密に言えば、これは事実ではなかった。米労働省は、100人以上の従業員を擁する雇用主に対し、「大量解雇」を行う場合は、60日前に従業員たちに通知することを義務づけている。これに基づけば、レイオフされたツイッター従業員は、その後も2カ月にわたり雇用関係が維持され、給与が支払われることになる。仕事をする必要はないが、この2カ月は通知予告期間としてカウントされ、60日が経過した時点で従業員は正式に解雇され、給料1カ月分の解雇手当が支給される。つまり、3カ月分の給与が支給されるのは事実だが、解雇手当は1カ月分しか支給されなかったのだ。この違いは重要だった。レイオフ後、ツイッターとマスクは、契約で定められた退職金を従業員に支払わなかったとして、元従業員から複数の集団訴訟に直面することになる。[23]

レイオフが行われた翌日、ドーシーがついに投稿した。「ツイッターの皆は昔も今も強く、困難から立ち直る力を持っている。どれほど大変なときでも、彼らは必ず道を見つけるだろう」と書いた。「多くの人が、私を恨んでいることは承知している。なぜ皆がこのような状況に置かれてしまったのか、その責任は私にある。会社の成長を急ぎすぎた。そのことを謝りたい[24]」

多くの従業員が元ボスに腹を立てていた。言うまでもなく、それは事実だった。彼らは数カ月間、新オーナーが会社とその幹部たちを攻撃する間、ドーシーがツイッターの真の「意識の光」であると言ってマスクを支持し続けるのを、ショックと苛立ちが交錯する感情を抱きながら観察してきた。社会におけるツイッターの役割について、そしてツイッターは株主の金儲けのためにつくられた企業以上のものであることを従業員たちに何年も説いてきたドーシーが、彼らの多くがけっして軌を一にすることのないような人物の手にツイッターを委ねる買収取引の画策を後押ししたのだ。パンデミック下でのブームに乗って、会社を大きくし、拡大を急いだことは許されることだ。しかし、ドーシーが執拗なまでにマスクの側に立ち続けたことについては、多くの人々が異なる感情を抱いていた。

かつて、ハッシュタグ「私たちはジャックを支持する（#WeBackJack）」でドーシーを擁護し、ドーシーが描くツイッターのミッションに賛同していた従業員たちは、突如、ドーシーに対する敵意をあらわにするようになった。「あんたは、ツイッターの投資家、従業員、ユーザーを一時的な感情に流されて裏切ったんだ。消え失せろ」と、ある元従業員はドーシーに返信した[25]。別の元従業員は、これに輪をかけて無遠慮だった。「くたばれ、スニーカー狂い。ビットコインのクソ野郎[26]」。ドーシーは反論することなく、悲しみをにじませながらメッセージを締めくくった。「これまでツイッターで働いてくれたすべての人に感謝しているし、愛している。今この瞬間……この思いが双方向であるとは思わないけれど……あるいは今後も……それは理解している🩶」

マスクが見せた暴君の片鱗

「状況はどれくらい悪いんだ？」。金曜日の夕方、つまりツイッターのレイオフが行われた日であり、おまけにマスクが「核熱攻撃」を仕掛けるとツイッターの広告主を脅してからわずか数時間後のことである。マスクは営業責任者のロビン・ウィーラーと電話で話し、ツイッターのビジネスに一体何が起きているのか把握しようとしていた。ツイッターへの出稿を一時停止した広告主のリストは、ユナイテッド航空、REI、フォルクスワーゲンなどの名前も加わり、ますます長くなっていた[27]。何が問題なのか理解できないマスクは、苛立ちを募らせていた。ツイッターの言論ポリシーはまだ何も変更されておらず、人種差別的なツイートが急増したことは問題だったが、チームは迅速に事態を収拾し、問題のあるアカウントの多くを削除していた。マスクは、自身の言動こそが問題の根源なのだということをまだ自覚していないようだった。

ウィーラーはまずわかりやすい問題から始めることにし、例の「熱核」ツイートがまずかったとマスクに説明した。「広告主と戦争したいわけではありませんよね」と忠告した。

「いや、戦争を始めるよ」とマスクが返す。「そして、私が勝つ」

ウィーラーが示したもう一つの理由は、ツイッターに今も広告を掲載している一部の広告主が、そのことに対してユーザーからのしつこい攻撃にさらされていることだった。マスクのツイッター買収に腹を立てていたのは、従業員だけではなかったようだ。一般ユーザーまでもが、ツイッターに広告費を投じているブランドに嫌がらせを始め、広告を取り下げろと圧力をかけ始めていたのだ。マスクは怒り心頭、ウィーラーとツイッターの信頼と安全部門の責任者であるヨエル・ロスの2人宛にテキストメッセージを送った。「ヨエル、ツイッター上での宣伝広告活動を止めさせようとして、広告主に嫌がらせをしているツイッターアカウントをすべて停止しろ。そんなことは許されない」

ロスは途方に暮れた。ブランドに対して金を使うなと圧力をかけることは、たとえ広告主のアカウントを荒らす行為であったとしても、ツイッターのルールに反してはいない。ツイッター上であれ、外の世界であれ、人々は絶えずブランドの予算の使い道を監視し圧力をかけている。ブランドに対して嫌がらせ行為をしたユーザーアカウントの停止をツイッターのルールで正当化することは不可能だろう。おまけに、言論の自由を守るというマスクの公約に沿わないことも明らかだった。しかし、マスクが憤慨したのは、無軌道なツイッター荒らしがビジネスの妨げになるかもしれないからという理由だけではなかった。もっと深い考えもあったのだ。マスクは、ツイッターが社会にとって良いものであると信じていた。だからこそ、ツイッターの成功への道を邪魔する者は、ある意味道義にもとる行いを働いているに等しいと考えた。もしツイッターにこの種の行為をブロックするルールがないのであれば、単につくればいいだけの話だ。マスクはそう考え、ロスに電話をかけ短い会話の間、ツイッターの広告主のアカウントを荒らすことはツイッターを「強迫」しているのと同じだ、とわめき散らした。「今このときをもって、脅迫は我が社のルールに反するものとする」とマスクは宣言した。

電話を終えたロスは、その瞬間その場で辞任を申し出ようかと真剣に考えた。だが辞表を書く代わりにウィーラーに電話し、マスクと話して、なだめてくれと頼んだ。このときまでロスは、マスクによるツイッター買収を、慎重ながらも楽観的に捉えていた。初日からツイッターのルールブックを破り捨てるに違いないという予想とは裏腹に、マスクはおおむねロスが思うようにポリシーの運用を任せていた。だが買収後初めて、ユーザーの言論を巡るあらゆる種類の境界線を一足飛びに超えるような要求をしたのだ。

ウィーラーはマスクの説得に成功したものの、この出来事は、マスクの「言論の自由」の公約が、いつ何時、思いつきで打ち捨てられてもおかしくないことを関係者の脳裏に焼きつけた。ツイッターの新たなボスとして、何か問題を引き起こした人々を、強権をもって黙らせようとしたのはこれが初めてだった。だが、これが最後ではないだろう。

第18章　ツイッター・ブルース《憂鬱》

金曜日に行われたレイオフの余波は週末にもおよんだ。残されたツイッターの従業員たちは自らを奮い立たせ、なんとか会社の操業を継続させていた。あきれることに、ツイッターのマネージャーたちは、会社がうっかり従業員を解雇しすぎてしまったこと、自分たちがマンパワー不足に陥っていることを実感せずにはいられなかった。あるマネージャーが、「解雇の対象となった人々に、戻る意思があるかたずねる機会」があるとスラックにメッセージを書きこんだ。主要インフラチームと、それからおそらくiOSとAndroidアプリ担当者のヘルプが必要だとも書かれていた。指名の期限は24時間以内。「戻ってくる可能性のありそうな人たち、私たちを助けてくれそうな人たちと連絡を取っていたら、明日の4時までに名前を挙げてほしい」

経営幹部が一瞬にして不在となったことで、新しいリーダーの役割も固めていかなければならなかった。ロビン・ウィーラーは営業とマーケティングを担当する。ロスは変わらず信頼と安全部門を率いており、その仕事には、言論に関連するルールの執行が含まれる。シニアエンジニアリングマネージャーのベーナム・レザイーが、会社全体のエンジニアリングを統括することになった[1]。社内でもっとも重要な従業員はエンジニアだというマスクの信念を考えれば、極めて重要なポジションである。「エンジニアを非エンジニアの下に就けてはいけない」。これがマスクの原則だった。

週末の間、さすがのマスクも会社の混迷に自らが果たした役割を反省したに違いないと期待したツイッター従業員だったが、その願いは、月曜日の朝、あっさり打ち砕かれた。目を覚ましたマスクは、マスターベーションのジョークを2つ飛ばしたのだ。[2]「ベイティング〔訳注：baitは誘惑する、おびき寄せる、罠にかけるといった意味。例えば、わざと炎上させてバズらせる手法をレイジ・ベイティングと呼ぶ〕の達人（マスター）をなんと呼ぶか？」と投稿した。マスクをフォローしている10代の少年たちならば忍び笑いをしたかもしれない。別のツイートでは、技術的な問題を抱えているが、ツイッターの新たな競合となるソーシャルネットワーク、マストドン（Mastodon）のスクリーンショットを投稿し、「ツイッターに嫌気がさしたなら、マスターベーテドン（Masterbatedon）という素晴らしいサイトがある」と書いた。

自身の言動が、ツイッターの広告ビジネスの低迷に直接的な影響をおよぼしているという発想はまったくなかったのか、あるいは単にどうでもよかったのか。マスクが1億1500万人のフォロワー（その数は日に日に増えていた）に向けて衝撃的なツイートをして、物議を醸すことは、すっかり常態化していたが、ここへきて、自分のツイートがツイッターに対する注目にもつながっていることに気づいたようだった。ドナルド・トランプが不在の今、ツイートでニュースの種をつくり出す腕前は世界トップクラスだった。そう考えたなら、マスターベーションのジョークツイートもきっとショーの一環で、人々にツイッターへのログインを促し、ツイッターの新ボスの活動を見物させるためにつくられた見世物だったのかもしれない。

マスクはその月曜日、来る中間選挙について投稿し、民主党のジョー・バイデン大統領とのバランスを取るために共和党の候補者に投票するよう人々に呼びかけた。マスクは、一時は民主党支持者だったが、今は違うと発言していた。それから、彼は、鳥は実在しないという馬鹿げた陰謀論についてのジョークを投稿した。その日の夜、自身のツイッター買収を巡る混乱にもかかわらず、ツイッターの利用自体は活発であることに気づいた。「ツイッターのユーザー数は過去最高だ（笑）」とツイートした。[3]「サーバーが溶けないことを祈るばかりだ！」[4]。目の前で繰り広げられる大惨事ほど、人々を夢中にさせるものはない。

ツイッターのような広告ビジネスにとって、「史上最高」の利用者数は通常、朗報である。利用者が増えれば注目度も上がり、広告費の増加につながる。それにもかかわらず、広告主がツイッターから距離を置いている事実に、マスクは歯ぎしりせずにはいられなかった。ツイッターのインフルエンス評議会とのミーティングは、マスクの「熱核」の脅しによって大コケした。そして、何十社もの広告主が、サービスの取り締まりに関するマスクの計画について問い合わせ、首を長くして詳細情報を待っていた。そこでツイッターの幹部は、マスクを再びあちこち連れまわすことにした。ただし今回は、公開の場で行うことにした。対話の内容の多くはいずれマスコミに漏れるのだが、マスクと広告主のミーティングはそれまですべて非公開で行われていた。オープンに話すことで情報の仲介者を排除して、マスクのメッセージを広く届けることができる。

11月9日水曜日、マスクはツイッター・スペース上で「広告主タウンホール」と題する公開ライブを行った。今回もウィーラーがモデレーター役を務め、ポリシー関連の質問に答えるためにロスも出席した。11万４０００人以上が、マスクの話を聞こうとツイッター・スペースに参加した。この参加人数はツイッター・スペースで過去最大規模と言われており、マスクとツイッター買収のストーリーがいかに人々の注目を引きつけて止まないかを示す証拠だった。ＣＥＯは、大手広告代理店や広告主を相手にこの１週間何度も繰り返してきた主張をここでも語った。ツイッターは、永久追放されたアカウントを見直すためのコンテンツモデレーション評議会を設置する、適切ではない内容のコンテンツを可能な限り迅速に削除している、と。ルールは変わっておらず、「言論の自由」を手にすることは、「無節操な情報拡散の自由」を手にすることとは異なる、と参加者を前に断言した。「私はツイッターのチーフ・ツイット（Chief Twit）であり、最終的な責任は私にある。物事がうまくいかないとすれば、それは私の落ち度だ」と付け足した。

　マスクは、ユーザーが将来的に銀行口座をツイッターに接続し、ユーザーの現金残高に対して「極めて高い利回り」を提供することができるようになる、いずれはデビットカードや小切手などの他の銀行サービスも追加するという大仰なアイデアまで披露した。[5] これらはすべて、ツイッターを「可能な限り便利なものにする」という、より広範な計画の一部だと語った。ライブの最後には、フィードバックや質問がある場合は、どれでも構わないので彼のツイッターの投稿に返信してくれればいい、と真顔で呼びかけた。膨大なフォロワーの数を考えたら、実に非現実的な顧客サービス手法である。どうやらマスクは、単なる「チーフ・ツイット」ではなく、ツイッターのカスタマーサービスのトップエージェントも兼任するつもりだったらしい。

　ツイッター・スペースでのライブ中、マスクは何度かツイッター・ブルーのことも話題にしている。ツイッターのプロダクトチームがローンチへ向けて獅子奮迅の戦いを繰り広げた、改良版サブスクリプションサービスである。サブスクリプションに申しこむことで青いチェックマークを入手できるツイッター・ブルーの新バージョンは、まさにその日の朝に発表されたところだった。マスクにとってツイッター・ブルーは、広告主がツイッターに広告費を落とすべきもう一つの理由だった。青い認証バッジに8ドルを課金することで、ツイッター上に蔓延するボットの排除につなげることができ、広告主であるブランドも実在する人々のアカウントにリーチできているかどうかを容易に識別できるようになる、とマスクは主張した。ブルーバッジを手に入れるためのサブスクリプションの支払いには、それぞれのアカウントに紐づけられたクレジットカード番号が必要になるため、論理上は大量のボットやスパムを展開するのはコストが嵩む上、面倒になる。「たくさんのクレジットカード番号と電話番号が必要になる。そのうち、ボットアカウントの作成を諦めるようになるだろう」。マスクは、ツイッターを利用している本物の人間は喜んで月額8ドルを支払う、認証チェックを受けずに残るのはボットアカウントだけだ、と完全に確信している様子だった。「これは非常にうまくいくと思う」と締めくくった。

マスク一押しのサブスクリプション・システムの大きな欠陥は、誰もが喜んで毎月ツイッターにお金を払うに違いないという思いこみに基づく誤った前提だけではなかった。認証バッジの支払いに本人確認が必要ないことも問題だった。一般ユーザーが、クレジットカードを登録するだけで、自分のアカウントを好きな有名人やブランドのものであるかのように設定することができたのだ。ツイッターの青いチェックマークは、それまで真正性の証として用いられていた。その印象が強いだけに、これらのなりすましアカウントは、サブウェイのサンドイッチ程度の支払いで誰かの名前を騙り、他のユーザーをだませるということになる。

このような事態を避けるため、ツイッターは当初、青いチェックマークに加えて、一部の重要アカウントに「公式」バッジを付与する計画を練っていた。8ドルを払えば誰でも認証バッジをもらえるが、「公式」バッジを手に入れられるのは大手ブランドや著名人のみとなる。サービス改良前の、もともとの認証バッジシステムと同じ仕組みだ。だがそれは、マスクがこの案を嫌うだろうことを意味した。そしてその通りになった。まさにその日の朝、「2つの階級システム」を設けることは「美的感覚上の悪夢」であるとして、マスクは「公式」バッジを葬り去った。

ウィーラーはマスクに、なりすましのリスクについて念押しして、「これは間違いなく広告パートナーが懸念する点です」と伝えている。しかし、マスクにとっては懸念事項でなかったことは明らかだ。「誰かがブランドになりすまそうとしたら、そのアカウントは凍結される。我々は8ドルをいただく。繰り返されるかもしれないが、また8ドルを預かるだけだ」

マスクは戦いを選択した。「ずっとやっていれば諦めるだろう」

週40時間以上のオフィス勤務

真夜中、ほとんどのツイッター従業員が眠りに就いている間、マスクはＣＥＯに就任して以来、初めて全従業員宛にメールを送った。洗面ボウルを抱えてサンフランシスコのオフィスに足を踏み入れてから2週間が経ったが、ほとんどの従業員はこの間、マスクから直接話しかけられることも、電話やメールを受け取ることもなかった。全従業員に宛てた最初の正式なコミュニケーションは不吉な兆候であった。

件名：困難な時期の到来

申し訳ないことに、これが最初の全社宛のメールとなるわけだが、メッセージのうわべだけを飾るという選択肢はない。

率直に言って、経済情勢の先行きは暗い。厳しい経済環境の中で、広告ビジネスに依存している我々のような会社にとってはなおさらである。加えて、当社の広告の70％が、特定のパフォーマンスに基づくものではなく、ブランドからのものであること、これが我々を二重に脆弱にしていると言える！

だからこそ、この10日間、ツイッター・ブルーの認証サブスクリプションサービスを開発し、ローンチさせることを優先してきたのだ（担当チームを大いに称賛したい！）。サブスクリプションサービスからの相応の収入がなければ、ツイッターは待ち受ける景気低迷期を乗り切れない可能性が高い。我々は、収入のおよそ半分をサブスクリプションから稼ぐようにしなければならない。

当然のことながら、それでも当社は広告に大きく依存し続けることになる。そのため、ツイッターが広告主にとって今後も魅力的であるよう、セールス＆パートナーシップチームとの仕事に時間を割いていくつもりだ。以下に、ロビン、ヨエル、そして私が今日ホストしたツイッター・スペースでのディスカッションのリンクを張っておく。［リンク］

前途は険しく、成功のためにはハードワークが必要だ。そのため、会社の方針を変更し、特別な例外的ケースを除き、今後リモートワークは認めないものとする。例外扱いを求める場合は、レビューおよび承認を行うので、マネージャー経由で私まで申請を行うこと。

明日（木曜日）より、全従業員が最低でも週40時間、オフィスにいることを義務づけられる。言うまでもないが、身体的理由でオフィスへの移動が難しい場合や、プライベートで重要な用事がある場合は、この限りではない。

ツイッターをまったく新しいレベルへと引き上げていこう、皆と一緒に仕事ができることを楽しみにしている。とてつもない可能性が待っている！

よろしく

イーロン

メールを読んだ従業員たちは、頭を殴られたような衝撃を受けた。マスクのメッセージは、ツイッターがまるで余命幾ばくもないかのような言いようだった。それのみならず、メールが届いたまさにその日の朝いきなり「全員オフィスに出勤しろ」という。ツイッターではそれまでほぼ3年間、完全リモートワークが認められており、柔軟な働き方が許される環境を大いに活用して引っ越しをした従業員も少なくなかった。ツイッターのオフィスが置かれた州にさえ住んでいない従業員もいた。無邪気にも、従業員に優しいツイッターの企業文化がマスクの下でも継続されると思っていた人々は、その考えをすぐさま改めなければならなくなった。

マスクはすでに、ツイッター・ブルーに問題が起こりつつあることを察知していたのかもしれない。あるいは、広告主との約束を守ろうとしただけかもしれない。どちらであったにせよ、マスクは立て続けに2通目の全社宛メールを送信した。こちらはずっと短い。

件名：最優先事項

今後数日間の絶対的な最優先事項は、認証済みのボット／トロール／スパムを見つけ、アカウントを停止することだ。

よろしく

イーロン

大失敗のツイッター・ブルー改良

ウィーラーがブランドのなりすましに神経質になっていたのには、それなりの理由があったことが証明された。面白半分に8ドルで青いチェックマークを購入することは、ネット荒らしを生業や趣味にしているような人々にとっては安い買い物であり、ツイッター・ブルーのリニューアル版がローンチされた翌日には、なりすましが大挙してツイッターに押し寄せてきた。マスクと彼が率いる会社や事業を含め、あらゆる主要ブランドがターゲットになったようである。中には、下品なユーモアを投稿して笑いを取るだけのものもあった。テスラも標的となっている。テスラの本物のアカウント（@Tesla）と同じプロフィール写真に青いチェックマークを持つ偽アカウント（@TeslaReal）は、すべてのテスラ車両がカーナビゲーションシステムの問題により、「即時、操作不能になる」と投稿した。ほとんどの人はすぐに、このアカウントがなりすましであると気づいたが、最終的に同アカウントが停止されるまで、他にもいくつかのツイートが投稿されている。そのうちの一つは、未成年者の売春斡旋で有罪判決を受けたギレーヌ・マクスウェルとマスクが並んで写っている写真で、「我々の驚くべき創業者への感謝の投稿」というキャプションが添えられていた。もう一つの投稿「速報：2台目のテスラが世界貿易センターに激突」

は、2万2000件以上の「いいね」を獲得して拡散していった。[6]

立つ瀬がない状況であるが、少なくともマスクは、ツイッターのオーナーとして何かしら手を打つことができた。他のブランドや有名人たちは、どこの誰だか知れない者が8ドルを支払い、ネット上で彼らの名前を騙り、悪ふざけをするさまに、ただ凍りつくばかりだった。本物のアカウントと同じプロフィール画像に青い認証バッジが付与された、任天堂の米国法人を装ったユーザーは、中指を立てたマリオの画像を投稿した。いかにも公式然としたブルーチェックマークを付けたジョージ・W・ブッシュ元大統領のパロディ・アカウントは「イラク人を殺したのが懐かしい」と投稿、これに対して英国のトニー・ブレア元首相の認証済みパロディ・アカウントが「正直言って、同感だ」と応じるありさまだった。[7]

ツイッターの広告主は激高した。特に被害が大きかったのは、製薬大手イーライリリーになりすましたユーザーによるツイートだ。青い認証バッジをつけ、イーライリリーの本物のアカウントと同じプロフィール写真を載せたそのアカウントは、「このたび、インスリンを無償で提供する運びとなりましたことを発表いたします」と投稿した。このツイートはツイッターがアカウントを停止するまで6時間以上放置され、イーライリリーの経営陣はツイートがとめどなく拡散していくのを見てパニックに陥った。同社はその日のうちに、本物のアカウントからお詫びのツイートを投稿している。「リリーの偽アカウントから誤解を招くメッセージを受け取った方々に、お詫び申し上げます」。そして最終的に、ツイッターへの広告出稿をすべて停止すると決定した。[8]このフェイク・ツイートが投資家心理にどれだけの影響を与えたかは不明だが、イーライリリーの株価は翌日4%近く下落した。

ツイッター社内でも、従業員たちが必死の形相だった。それまでの数日間、中間選挙関連のツイートの監視に張りついていた信頼と安全チームは突如、あらゆるブランドのなりすましアカウントの停止にリソースを割くことになった。偽アカウントのあまりの多さに、注目度の高いユーザーを優先し、それ以外については目をつぶらざるを得なかった。ツイッター上には何年も前からなりすましのアカウントが多く存在し、なかなか面白い、人気のあるアカウントもあったが、それらが認証されることは一度たりともなかったため、人々が真剣に取り合う可能性は低かった。マスクはすぐさまツイッターのポリシーの微調整を試み、なりすましアカウントは青い認証マークを維持したければ、ユーザー名とプロフィールの両方に「パロディ」という言葉を含む必要があるとツイートした。[9]

ツイッター・ブルーのリニューアルは、大失敗だった。ボットを排除し、広告主に感銘を与え、もっとも重要なことにツイッターの収益増につながると期待していた。ところが、壮大なお披露目は、ツイッターの運用がいかにもずさんであるような印象を与え、むしろ広告主をさらに遠ざける結果となった。マクドナルドやアップルなどのブランドをクライアントに持つ大手広告代理店オムニコム・グループは翌日、ツイッターへの広告支出の一時停止を推奨するレターを自社の顧客に送付した。[10]ツイッター・ブルーの運用開始にともなうマスクの失策に、特に腹立たしい思いをしていたのが、ヨエル・ロスとツイッターの信頼と安全グループだった。偽アカウントとの「モグラ叩き戦」を強いられただけでなく、彼らは、こうしたなりすましの問題が発生することを事前に予測し、マスクに警告していたのだ。その前週、信頼と安全チームは報告書を取りまとめ、ツイッター・ブルーの本格運用にともない生じ得る一連のリスクをリストアップしていた。その一つが、「世界的リーダー、広告主、ブランドパートナー、選挙関係者、その他著名人のなりすまし」だった。リストには、一般ユーザーがなりすましをツイッターに報告する手段が存在しないことも懸念事項として挙げられていた。「レガシー認証（従来のブルー認証）は、なりすましに関するルールの適用において重要なシグナルを提供するものであり、それが失われれば、ツイッター上での知名度の高いアカウントのなりすましの増加につながる可能性が高い」とも書かれている。この報告書が顧みられることはなかった。

この一連の出来事にユーモアを見出せる人物が、ツイッター社内に少なくとも1人いた。「まったくなんて日だ！」その晩、もう深夜になろうかというタイミングでマスクはこうツイートした。「壮絶面白いツイートがいくつかあった🤣🤣[11]」。ツイッターは翌朝、追って通知するまでサブスクリプションサービスの提供は停止する、と発表した[12]。

パラノイアだけが生き残る

ブランドのなりすましがツイッター上で猛威を振るっていたまさにその日、「チーフ・ツイット」ことイーロン・マスクが初めて全社会議を開いた。従業員たちに会議開催の通知が届いたとき、開始予定時刻まですでに1時間を切っていた。マスクは従業員にサンフランシスコ・オフィスの10階にあるカンファレンス・スペース「エイビアリー（Aviary）〔訳注：大きな鳥小屋、の意味〕」に集合するよう求めた。急遽、Q&Aセッションを行うというのである。ほぼ2週間の沈黙が破られてから、12時間のうちに3度目となるマスクから従業員への情報発信であった。

直前の告知だったこと、また出社の義務化を知らされたのがその日の朝だったこともあり、マスクの話を聞きに実際にカンファレンス・スペースへ足を運べた従業員は数十人にとどまり、大半はビデオでの視聴となった。例のごとく、15分遅れて到着したマスクが、定番の黒いズボンに黒いTシャツ姿で壁一面に観葉植物があしらわれた「リビング・ウォール」を背に立つ。左右にはプロジェクター用のスクリーンが配置されていた。

「ハロー、皆さんに会えて嬉しいです」。そして、挨拶もそこそこに本題に入る。ツイッターが世界にとって重要なサービスである理由を説明し、人々が理性的で品位ある議論を交わすことのできる「公共の広場」と呼んだ。「多くのケースにおいて、願わくは暴力に代わる、思考の戦いの場」になるだろうと述べ、「人々は暴力に訴える代わりに、ただ話し合うことができるのだ」と続けた。「ツイッターが人類のために達成できることはとてつもなく大きいと考えている」[13]

マスクが長時間語るときはたいていそうだが、彼の思考はあちこちに飛び、さまよっているような印象を与える。1時間におよんだこの日の会議でも、まだ形になっていないプロダクトのアイデアと高邁な野望に満ち満ちた、果てしなく続く意識の流れに突き動かされているようだった。決済に「変革のチャンス」があるとして決済分野への参入について話し、ユーザーに高金利の銀行口座を提供するという前日のライブディスカッションでも言及した目標を繰り返した。現状と目標の間には大きな隔たりがあることを認めつつ、ユーチューブのように、ツイッターでも動画クリエイターがお金を稼げるようにしたいと述べた。ツイッターでは、長い動画を投稿することもできなければ、短い動画の投稿から収益を得ることもできなかった。これはティックトックが得意としているようなことだが、ユーザーが最高のコンテンツを見つけられるようにしなければならない、と付け加えた。それはもしかしたら、ツイッターが数年前にサービスの提供を中止した短編動画サービス「ヴァイン」の復活を意味するのかもしれない。もしかしたら、他の何かかもしれない。基本的に、過去に却下されたアイデアであろうと、どこかで見たようなアイデアであろうと、まったく新しいアイデアであろうと、マスクの前では議論の俎上から外されるものは何もなかった。従業員との個別ミーティングの場でもマスクは、ツイッターは競合他社のプロダクトのコピーや、新製品のコストを心配すべきではない、それが会社の儲けにつながるかもしれないのならば挑戦する価値がある、と話した。

マスクの製品アイデアのほとんどは非現実的だった。少なくとも、すぐに実現できるものはなかった。銀行業に厳しい規制が課されているのには、相応の理由がある。ただ高金利の普通預金口座サービスを構築するだけでも、決済サービスを提供するだけでも、何年もかかるのが通例だった。ユーチューブが世界最大の動画サービスであるのにも、それなりの理由がいくつもあった。テキスト情報とリンクの投稿を前提として構築されたツイッターは、インターネット上で大成功を収めている動画ビジネスの足元にもおよばなかった。

だがその半面、ユーチューブに戦いを挑もうとしたり、人々に普通預金口座を提供しようとしたりするマスクのこの姿勢こそが、一部の人々が当初マスクによる買収を楽観し、期待を抱いていた理由でもあったのだ。マスクはどこまでも大胆で野心的だった。自動運転車両を開発し、火星でのコロニー建設を繰り返し約束してきた男なのだ。ツイッターの具体的な計画が存在しないことは明々白々だったが、マスクがまことしやかにぶち上げた構想は、何年もの間動きが鈍く、小さな変化しか起こせない環境に身を置いていた従業員の耳に確かに新鮮で刺激的に聞こえた。その日、彼は従業員たちに説いた。「とにかく、奇想天外なことに挑戦してみよう。リスクを冒さなければ、何も得られない。慎重に慎重を重ねて、革命的な改善ができると思うか？　用心して革命が成し遂げられることはない」

特定のタイプの従業員にとって、ツイッターのプロダクトが持つ可能性に対するマスクの豪胆とも言える楽観主義は、ターニングポイントになったかもしれない。もしマスクが、ツイッターのビジネスが置かれた状況についてそれほど悲観的でなかったら。マスクは従業員に、世界は猛スピードで景気後退局面に向かっており、景気低迷期には厳しい決断が求められると何度も警告した[14]。コスト削減を急ぐマスクの不安の一部には、2000年のペイパル、2009年のテスラなど、綱渡りをしながら複数回にわたり不況を乗り越えてきた経験があるからだ。「不況がトラウマになっている」ことを認めている。もし支出をコントロールできなければ、ツイッターが生き残れない可能性があった。「とにかく、支出を上回るだけのキャッシュを獲得しなければならない。それができず、キャッシュフローが大幅にマイナスとなれば、倒産だってあり得ない話ではない」と、従業員を前に力説した。

倒産の可能性と言われ、ツイッターの従業員は驚愕したかもしれないが、マスクにとっては何も新しいことではない。それまでも、テスラそしてスペースXで倒産の瀬戸際まで追いこまれてきた。それでもなんとか踏ん張り、がむしゃらに働いて従業員の給与を稼ぎ、会社を存続させてきた。倒産の可能性についてオープンに語ることは、マスクの経営スタイルの一部となっていた。おそらく、従業員のやる気を引き出し、危機感を煽り、鼓舞するための戦略なのだろう。その数日前、マスクは40億ドル相当のテスラ株を売却していたが、これも主に「ツイッターを救う」ためなのだと従業員に伝えている[15]。

テスラを例に挙げ、「2009年、テスラを存続させることはこのうえなく困難だった」と語った。別の会社での経験を引き合いに出すのは、マスクの常套手段だ。「テスラが生き延びることができた理由の一つは、我々がとにかくパラノイア（病的なまでの心配性）だったからだ。アンディ・グロスの有名な言葉『パラノイアだけが生き残る』を地で行ったようなものだ。さあ、我々もパラノイアになり、生き残ろうじゃないか[16]」

そしてついに、先のメールで全従業員にオフィス勤務に切り替えるよう求めた件についての質問が出た。リモートワークを中心としたライフスタイルにすっかり慣れていた従業員たちにとって、これは大きな論点であった。この質問が必ず出ることを予測していたマスクは、断固とした態度で言った。「基本的に、オフィスに来ることができるのに出てこないようであれば、辞表を受理する。これ以上述べることはない」[17]

マスクがその日の朝すでに何通もの辞表を受け取っていたことを、出席者たちは知らなかった。マスクが10階で従業員たちと話している間にも、ロスとウィーラーが9階にあるロスのオフィスで、準備した退職願のメールの送信ボタンを同時に押そうとしていた。消火器を抱えてマスクの後ろを走るのは、もううんざりだったのだ。そう思っていたのは彼らだけではなかった。

マスクのクレイジーな1日

数人の経営幹部たちが、マスクによる買収から数週間も経たないうちに、新しいボスの下で働くことで法律上の厄介な問題が生じ得るのではないかと案じ始めていた。遡ること2011年、ツイッターは、ハッカーによるユーザーの個人情報へのアクセスを許したプライバシー設定を巡る一連の不祥事を理由に、連邦取引委員会（FTC）から処分を受けた。[18] FTCとの和解の一環として、ツイッターは向こう20年にわたりFTCからの査察を受け入れること、今後ユーザーのプライバシー保護に努めなければ、さらなる罰金や罰則を科されるリスクがあることを定める「同意判決」に署名した。ところがその数年後、ツイッターはこの同意判決の内容に違反した。二要素認証などのプライバシー保護のためにユーザーが送信した電話番号を、広告ターゲティング目的で利用していたのだ。2022年、FTCはツイッターに1億5000万ドルの制裁金を科した。またもや規制当局の批判の矢面に立たされるという、恥ずべき失態だった。このときの和解の一環として、ツイッターはプライバシープログラムを強化すること、そして第三者による監査プログラムへの参加を義務づけられた。[19]ツイッターは、社内に5名の上級幹部からなる、コンプライアンス遵守をミッションとするデータガバナンス委員会を設置した。[20]それ以来、新たなプロダクトや機能を構築する際には、法規制に違反していないかを確認するため、何段階かの手順を踏むことを社内でルール化していた。

人員整理の規模に加え、突然マスクが全従業員に時速100万マイルで仕事をするよう駆り立てたことが、一部の幹部を不安な気持ちにさせた。定員5名であったコンプライアンス遵守のための委員会は、幹部の辞職にともない、すぐに3名に縮小された。マスクがトップに立ったことで、ツイッターがFTCのルールに従えない、あるいは従わない可能性が現実味を帯びてきた。さらに、マスクの就任後、ツイッターは会社役員賠償責任保険の支払いを停止したと考えられていた。これは、職務を遂行するにあたって下した判断を理由に訴訟を起こされた場合に役員を守る目的で、多くの企業が加入している保険である。それもあって、ツイッターにとどまることは、個人的な法的リスクを負うことを意味するのではないかという懸念が生じていたのだ。

このような背景から、この頃、ロスとウィーラーを含む複数の上級幹部の間で、ツイッターのFTCコンプライアンスの件が議論の俎上に上がっており、彼らは、プライベートメッセージングアプリ、シグナルを使って意見交換をしていた。このチャット・グループはもともと、レイオフについて話し合うために立ち上げられたのだが、マスクを取り巻く混乱が続く中、メンバーの頭上にFTCに関する懸念が嵐雲のように漂い始めた。何人かのメンバーは、辞任の意向をチャットで共有していた。マスクがレイオフを担当させた2人の経営幹部、ジョン・チェンとジュリアナ・ヘイズはすでに船を降りていた。2人は、レイオフが完了した直後に辞表を提出したのだ。

　そして警鐘が大きく鳴り響いた。マスク初の全社会議の数時間前、コンプライアンス遵守のための委員会の残り3名、最高プライバシー責任者（CPO）ダミアン・キーラン、最高情報セキュリティ責任者（CISO）リア・キスナー、最高コンプライアンス責任者（CCO）マリアンヌ・フォガティが揃って辞表を出したのである。フォガティは数日前に、「『ゲーム・オブ・スローンズ』は見ない。もちろん、職場で『ゲーム・オブ・スローンズ』をプレイしたいとも思わない［訳注：『ゲーム・オブ・スローンズ』はマスクのお勧めの1冊としてよく紹介されるタイトル。マスクは戦略ゲーム好きとしても有名］」とツイートしていた。[21] これをもって、FTCとの和解の条件であった同意判決遵守を担当する5名のツイッター幹部が全員、正式に辞任した。

　この事態を受けてツイッターのある顧問弁護士が、会社のスラックの全従業員向けチャネルに、警戒心を抱かせるようなメッセージを投稿したことで、不安の火種が燃え上がった。その弁護士は、マスクの顧問弁護士を務めるアレックス・スピロが「『ロケットを宇宙に打ち上げるイーロンが、FTCを恐れるわけがない』のだから、彼はこの会社とそのユーザーに関してかなり大きなリスクを冒すことをいとわない、と発言した」のを聞いた、と書きこんだ（スピロは後にこの発言を否定している）[22]。その上で彼女は、データガバナンス委員会のメンバーが辞任した今、従業員たちは自分たちがつくっているプロダクトがFTCのルールに準拠していることを「自ら証明」する必要がありそうだと付け加えた。「このことは、エンジニアに個人的、職業的、法的に大きなリスクを負わせることになるでしょう。経営陣から圧力を受け、重大な違反につながる可能性の高い変更を強要されることになりかねないと予想しています」と続けた。そして投稿の最後に、ツイッターの倫理ヘルプラインと外部の内部告発グループの連絡先を記載した。レイオフを巡る混乱と、マスクの本質的なコミュニケーション不足が相まって、従業員の間にパニックが生じた。

辞表メールを送った後、ロスは静かにオフィスを去った。しかし、ベイブリッジを渡ってバークレーにも着かないうちに、スマートフォンに次々と電話がかかってきた。スピロは、一体何が起こっているのか知りたがった。マスクのフィクサー、ジャレッド・バーチャルも状況の説明を求めた。その日の夜には、マスクもロスに電話をかけて考え直すよう説得を試みたが、ロスの決意は固かった。信頼と安全チームの警告を無視してツイッター・ブルーの稼働開始が断行されたことで、言いようのない失望を覚えていた。加えて、マスクの下で働く上で避けて通れない、乱気流に巻きこまれたかのような日々の中で、チームを率いねばならないことに頭を悩ませていた。部下たちを尋常ではないレベルのハードワークに追いこみながら、同時にコストカットと方向転換を強いねばならないのだ。わかった、とマスクは言った。後にロスは、「元」上司からの理解を得て、円満退社できたと思っていた、と友人たちに語っている。

ウィーラーの状況も似たり寄ったりで、バーチャルとエンジニアリング部門のリーダー、レザイーから電話がかかってきた。しかし、ロスとは違い、ウィーラーは実は辞職に迷いがあった。バーチャルは特に再考を強く勧め、会社に残り、マスクともっと話をしてみてはどうかと促した。ウィーラーとロスの辞任のニュースがマスコミに漏れ始めると、クライアントやパートナーからも本当に退職するのかと問い合わせの連絡が続々と届いた。結局、ウィーラーはもう一度だけマスクとの仕事を頑張ってみようと決意し、辞意を撤回した。社内スラックチャネルに「チームの皆さんへ、私はまだここにいます」と投稿している（ウィーラーは結局、その1週間後、マスクに解雇されることになる）。

　その日は、マスクの基準からしてもクレイジーな1日だった。ツイッターのおかげで、メディアがニュースのネタに窮することはほぼないに等しく、記者たちは次々とヘッドラインを更新していった。深夜のうちに出された、リモートワークを取りやめるという不吉なお達しメールで従業員たちが目を覚ますところから始まり、ツイッター・ブルーのなりすまし騒ぎ、FTCの個人情報保護規制にまつわる懸念、マスクがツイッターの破綻に言及した全社会議、そして新任の経営幹部メンバーの離脱など実に盛りだくさんだった。長く、世界でもっとも先進的な企業の一つであったツイッター社内の混乱は、つい瞬きを忘れてしまうほど新たな高みへ達しようとしていた。

社員VSマスク、ツイッター上の泥仕合

　11月13日、日曜日の朝、マスクはツイッターアプリを開き、唐突に謝罪ツイートを投稿した。[23]「ところで、多くの国々で、ツイッターの動作が超遅いことをお詫びしたいと思います」と書き、この問題はツイッターアプリのソフトウェアコードの一部のせいだと書いた。

　この批判に、エリック・フローンホーファーは、カチンときた。フローンホーファーは、ツイッターで8年の経験を持つエンジニアだ。ツイッターは確かに遅い、だがそれはマスクが主張するような原因によるものではないと考えていた。[24] ツイッターでは長く、従業員が社内で幹部を批判することはまったく問題のない行為だと認識されており、多くの従業員が大らかな組織文化に乗じて、必要なときには声を上げてきた。ツイッターのリーダーたちが下した決定に対して、従業

員がスラックチャネルや、時には公開ツイートで不満を述べるのはよくあることだった。それは批判の相手がジャック・ドーシー元CEOであっても同じだった。そのため、フローンホーファーはその帰結を深く考えることなく、マスクのツイートに返信したのだ。「私はアンドロイド向けのツイッターアプリに6年近く携わってきましたが、この発言は間違っていると思います」と投稿し、新ボスに公然と異議を唱えたのである。[25]

数時間後、フローンホーファーのツイートを読んだマスクは、「ならば訂正してくれ」と返信する。「アンドロイドのツイッターアプリは動きが非常に遅い。それを修正するために、これまで何をしてきたんだ?」フローンホーファーは技術的な内容に踏みこんだ一連のツイートで、この問題に関する見解を説明したが、知らぬ間に窮地に立たされていた。マスクはその後すぐ、別のユーザーからのツイートに対して、フローンホーファーは解雇されたと返信した。フローンホーファー自身は、友人がマスクのこのツイートを転送してくるまで、自分が解雇されたことに気づいていなかった。彼はその後、ツイッターのメールとスラックシステムから閉め出された。同日、ツイッターのソフトウェアエンジニアであるベン・リーブも、ツイッターアプリが超低速であることを謝罪するマスクのツイートをリツイートし、「自信を持って言えます、この男は自分が何を話しているのかこれっぽっちも理解していない」と書いた。リーブも解雇された。[26]「最悪の経験でした」と、フローンホーファーは後にニューズウィーク誌への寄稿に書いている。「ツイッターのコアバリューの一つは、『信頼を築くために、恐れずにコミュニケーションをとろう』だったのです。何かがおかしいと感じたり、あるいはプロダクトに関連する決定が間違いだと思ったら、意思決定者にその考えを伝えることが奨励されていました。かつてのツイッターであれば、私が仕事を失うことはなかったと思います[27]」

その週、フローンホーファーたちが思い知ることになったのは、古き良き時代のツイッターはもう存在しないということだった。フローンホーファーとリーブの解雇は序章に過ぎなかった。その後数日の間にマスクは、おおやけの場で彼を批判したり、社内のスラックチャネルで彼に反論を試みた数十人のツイッターの従業員を解雇した。マスクのいとこを含む少人数の「忠臣」エンジニアたちは、新オーナーに献身的ではない従業員を信頼できない人物と決めつけ、不満分子を洗い出そうと、社内システムに残された過去の会話の記録を徹底的に調べた。[28]人事部からこれらの従業員たちに宛てられた解雇通知メールには、「最近の行動が会社のポリシーに違反したことにより」と書かれていた。

　オレゴン州ポートランドからリモートで働いていたもう1人のエンジニア、サーシャ・ソロモンは、数週間前からツイッター上でマスクにチクりとトゲのある苦言を呈していた。例えば、マスクの初の全社会議の後、「従業員のやる気を高めるために全社会議をするなら、毎日のように何度も開催しないとね」とからかうようなツイートを投稿している。[29]マスクがツイッターのアンドロイド向けアプリの動作が遅いとツイートしたときも、彼女とそのチームが担当している仕事に関連していたこともあって、見過ごせなかった。ツイッター上ではマスクの名前があちこちでメンションされているし、本人が目にすることなどないだろうと思い、ツイッター上でその怒りをぶちまけた。「ツイッターのインフラがどのように機能するかも知らないくせに、しかも自分で解雇したばかりの従業員を呼び戻すために必死になっているくせに、ツイッターのインフラ担当者にケチをつけないでほしい」と書きこんだのだ。[30]ソロモンがその後、業務上の連絡のためにパソコンにログインしようとしたところ、すでにアクセス権が抹消されていた。解雇されたのだ。同じくツイッターで働いていた夫も翌日、何ひとつ投稿していなかったにもかかわらず、一切の説明なく解雇された。「前にも書いたけど、もう一度書くわ」。ソロモンは後日もう一度ツイートした。「イーロン、くそくらえ[31]」

自社のスタッフに対して露骨に対決姿勢を示すマスクの姿を目の当たりにした従業員たちの多くは、一体ツイッターはどうなってしまったのかと首をかしげずにはいられなかった。ツイッターの企業文化は、たった数週間のうちに根底から崩壊してしまったのだ。「ツイッターでは常に、オープンな対話を大切にしていました。私たちはいつだって社内で何か言いたいことがあれば、どのような波紋があるかなど気にすることなく、声を大にしてきたのです」と後日ソロモンが語っている。マスクの下では、そうはいかなかった。従業員たちが突如、新しいボスに意見を述べることを恐れるようになっただけでなく、あちらでもこちらでも幹部が続々と辞任していった。残った者の多くも、いつまでもツイッターで働きたいとは思えなくなっていた。従業員たちがCEOを揶揄し、CEOが従業員を愚弄し返す。不幸としか言いようのない状況であった。

それでも希望を捨てなかった人物が1人いた。ジャック・ドーシーだ。元CEOはこのときもまだ、マスクの実験が最終的にはうまくいくと確信していた。「ツイッターは生き残り、時間がかかるかもしれないが、繁栄するだろう」と、ドーシーがツイートしたのは、マスクが解雇した上記の従業員たちを「天才たち」と呼んで嘲笑した翌日のことだった[32]。別のユーザーが、なぜツイッターを救わなかったのかとたずねると、ドーシーは即座に答えた。「救ったよ[33]」

「残留」か「離脱」か、ワンクリックでの決断を迫られる従業員たち

11月16日水曜日、ツイッターの従業員たちはイーロン・マスクから新たなメールを受け取った。

件名：分かれ道

今後、画期的なツイッター2・0を構築し、競争がますます激化する世界で成功するために、我々はハードコアを極める必要がある。これは、長時間かつ高強度で働くことを意味する。合格点を手にできるのは、卓越したパフォーマンスを出す者のみだ。

また、これよりツイッターを、よりエンジニアリング主導の会社にしていくつもりだ。デザインおよびプロダクト・マネジメントはこれからも非常に重要であり、私に直接報告してもらうことになるが、優れたコードを書くエンジニアたちがチームの大部分を占め、もっとも大きな影響力を持つことになる。ツイッターは本質的にソフトウェアとサーバーの会社であることから、これは理にかなっていると考えている。

新生ツイッターの一員でありたいと思う者は、下記のリンクから「イエス」をクリックしてほしい。明日（木曜日）東部標準時の午後5時までにクリックしなかった者は、給与3カ月分の退職金を受け取ることになる。
どのような決断を下すにせよ、ツイッターを成功させるための皆の貢献に感謝している。

イーロン

50％の従業員を解雇してなお、ツイッターは大きすぎたのだ。特に営業部門が顕著だった。広告出稿を停止する広告主が増加の一途をたどったことで、数週間前とは打って変わって、営業グループは突如肥大化したように、まるで無用の長物になってしまったかのように映った。加えて、最初の人員整理で生き残った従業員の多くが、どの道、マスクの下で働くことを望んでいないことは言うまでもなかった。マスクはすでにスラックのメッセージ履歴をしらみ潰しに調べ、一部の従業員を解雇していたが、もっと抜本的な削減が必要だった。そのためのもっとも簡単な方法が、今後もツイッターで働き続けたいのか、従業員本人に決めさせることだったのだ。

従業員たちはこのメールに困惑した。ある者はいたずらだと思い、リンクをクリックしなかった。忠誠心が試されていると思い、すぐにイエスボタンを押した者もいた。雇用問題を専門とする弁護士に連絡を取った従業員もいた。回答を拒否しても、退職金を受給する権利を失うことはないか確認したかったのだ。誰ひとりとして、新しいボスを信用していなかった。SF映画『マトリックス』になぞらえて、この決断は「赤いピルか、青いピル［訳注：薬の選択を通して、主人公が現実世界へ戻るか、仮想世界「マトリックス」にとどまるかの決断を迫られた］」だな、などと冗談めかして言う者もいた。従業員たちの前に2つの道があった。ハードコアか？　それともツイッターの問題は他の誰かに任せて去るべきか？

多くの従業員は後者に傾いていた。回答期限が迫る中、マスク、そしてテスラとスペースXのエンジニア集団は、特に能力の高い一部のツイッターのエンジニアに接触し、ツイッター2・0のために会社にとどまるよう説得にあたった（テスラのエンジニアたちは、マスクの下で働けば大金持ちになれると主張したという）。午後5時の締め切りの数時間前、マスクは、リモートワークに関する強硬姿勢を若干軟化させた内容のメールを送った。「リモートワークについてだが、承認に必要なのは、当該従業員が優れた貢献を果たしていると上司にあたるマネージャーが責任をもって保証することだけだ」と書いている。合計で１２００人近くの従業員が早期退職に応じた。[34] その中には、サイトの運用に不可欠なチームも丸ごと含まれていた。マスクが洗面ボウルを持って正面玄関から入ってきた日にツイッターで働いていた約７５００人の従業員のうち、これで3分の2が会社を離れた計算である。

　同社はメールで、セキュリティチームが引き続き雇用される従業員の情報を整理する時間を確保するため、回答期限の翌日金曜日はオフィスを閉鎖すると従業員たちに通知した。ところがマスクはさっそくこの計画を無視し、コードレビューのためのミーティングを開催すると言い、エンジニアたちにその日の午後2時にサンフランシスコ・オフィスの10階に集まるよう要請するメールを送った。「欠席が許されるのは、ツイッター本社への出社が物理的に不可能であるか、やむを得ぬ家庭の事情がある場合のみとする」

　ハードコア・バージョンのツイッターがどのようなものになるのだろうかと思っていた者は、ほどなくして、その一端を垣間見ることになる。マスクは、オフィスのソファで睡眠を取り始めるようになった。[35] 彼が率いる他の会社でやるように、マスクはツイッターの従業員に対する献身を示し、それと引き換えに、従業員たちが同じレベルで献身を見せることを期待した。ミーティング開始予定時刻まで4時間半となったタイミングで、マスクはエンジニアたちにもう1通メールを送った。「可能であれば、サンフランシスコまで飛び、ミーティングに対面で参加してもらえるとありがたい」

第19章　民の声は神の声

並みいる億万長者たちと比べても、マスクがプライベートジェット上で過ごす時間の多さは際立っている。日常的にガルフストリームに乗り、会議に出て、ロケットの発射施設へ向かい、時にはローマ法王を訪問したり、スーパーボウルを観戦したりといった金持ちならではのイベントにも出かける。ロサンゼルス近郊のスペースX本社とテキサス州にあるテスラのギガファクトリーを週の間に数往復することも珍しくなかった。テスラはオークランドの南、フリーモントに主要製造施設を持っていたため、サンフランシスコのベイエリアにも定期的に足を延ばしていた。２０２０年、フロリダ在住のティーンエイジャーがマスクのプライベートジェットの位置を追跡し、ひたすらその情報をシェアするツイッターアカウント「イーロンジェット（@ElonJet）」を立ち上げた。買収後、ツイッター従業員の多くもこのアカウントをフォローし始めた。新ボスがオフィスに来るか、オフィスにいるかを確認するのにもってこいの手段だったのだ。

移動ローテーションにツイッターが組みこまれたことで、マスクはそれまでにも増して頻繁にプライベートジェットを利用するようになった。12月初旬には、フランスのエマニュエル・マクロン大統領との突然の会談のために、オークランドから3時間かけてニューオーリンズに飛んだ。両者は、ニューオーリンズ美術館内の個室でツイッターのコンテンツ・ポリシーと欧州の規制について協議した[1]。マクロン大統領はこのときの会談について後に「明快かつ率直な議論」

だったと述べている。[2] 会談終了後、マスクはすぐに飛行機に飛び乗り、ベイエリアに戻った。[3] 翌日の12月３日は、西海岸から東海岸への横断フライトのため、再びガルフストリームに乗りこんだ。マスクにはたっぷり時間があった。本を読んだり昼寝をしたりする代わりに、スマートフォンのツイッターアプリを開き、すでにスタートしていたツイッター・スペース上のライブ音声チャットに参加した。このチャットルームは、起業家で暗号通貨マニアのマリオ・ナウファルや、インターネット犯罪の容疑での米国への送還を避けるためにニュージーランドに住んでいる初期のインターネットハッカー、キム・ドットコムなど、とりわけ熱狂的なマスク支持者たちが主催したものだ。[4] マスクはライブ音声チャットに加わり、飛行機が離陸して米国西部上空を飛行する間、たまに声が途切れ途切れになることもあったが、２時間以上にわたって対話を続けた。マスクの話を聞こうと、10万人近くがライブチャットを視聴した。マクロンとの会談を受けて、ツイッターのポリシーとインターネット上の言論を取り締まる同社の役割が、マスクの心に重くのしかかっていることがうかがえた。

　議論のテーマは山ほどあった。就任後最初の数週間を、人員削減、広告主のつなぎ止め、ツイッター・ブルーの改良とローンチに費やしてきたマスクは、ここへきてようやくツイッターのコンテンツモデレーションのルールに目を向ける余裕が出てきたところだった。感謝祭の前の週末、マスクは即興で行った投票結果に基づき、ドナルド・トランプのアカウントを復活させるという思いきった決断を下した。チーフ・ツイットは、１億１７００万人のフォロワーに、トランプを復活させるべきかを問い、イエスかノーのどちらかに投票するよう呼びかけたのだ。[5] １５００万を超える票が投じられ、そのうち52%が復活を支持した。投票の多くがボットによるものだった可能性にも触れている。マスクが長年にわたりツイッターのボット排除を訴えてきたことを考えれば矛盾を感じずにはいられないが、トランプに関することならばボットの存在も大した問題ではなかったらしい。翌日、マスクはトランプのアカウントを復活させた。「民は声を上げた」とツイートし、ラテン語のフレーズ「民の声は神の声（Vox Populi, Vox Dei）」と書き添えた。[6]

マスクは数週間かけて広告主に、今後設置される予定のコンテンツモデレーション評議会による議論を経ずに、永久追放や停止されたアカウントを復活させることはないと約束してきたところだった。その約束は反故にされた。そして、トランプのアカウント復活はすべての始まりに過ぎなかった。マスクはすぐにツイッターのオーナーとして、また最終決定者として権力を行使し始めた。トランプを復活させてから数日後、今度は、新型コロナウイルスに関連する誤情報の拡散を禁止してきたツイッターのルールを撤廃した。続いて、ツイッターが停止中のアカウントに対し「大赦」を実施すべきかを問う投票を呼びかけた。これも賛成票が反対票を上回った。マスクは再び「民の声は神の声」とツイート。その後、事態は複雑化していく。マスクは、イエことラッパーのカニエ・ウェストにツイッターへの復帰を歓迎するツイートを送った。[7]

ウェストは、反ユダヤ主義的なツイートをシェアした後、以前のツイッター経営陣にアカウントをブロックされ、だいぶ長い間ツイートしていなかった。マスクがオーナーとなった今、ウェストは何のためらいもなく再び投稿できるようになった、と感じていた。そして数日のうちに、ユダヤ人とユダヤ教の象徴であるダビデの星の中にナチスの鉤十字を描いた画像をツイートしたのである。さすがのマスクも、この悪質さを正当化することはできなかった。「最善を尽くしたのだが」とツイートし、カニエ・ウェストのアカウントを再び凍結した。[8]

さて、ガルフストリームの機内からツイッター・スペースでのライブチャットに参加したマスクが最初に語った話題の一つが、このウェストのアカウント凍結についてだった。「これが私の決断だったと、皆に知ってもらうことが重要だ」とマスクは述べている。「明らかに適切ではない形で鍵十字を投稿することは、暴力行為の扇動にあたる」と付け加え、「個人的にカニエを殴りたいと思ったよ。私の暴力的な衝動を煽ったことは間違いないね。とても容認できない」

その上で、「最終的には、我々は皆、抑圧されることなく、言論の自由を奪われることなく、報復を恐れることなく言いたいことを言える未来を望んでいると思う」とマスクは語った。マスクは数カ月前から、自身の考えるコンテンツモデレーションのアプローチをシンプルな言葉で説明してきた。合法的なものである限り、投稿は許される。これがマスクのアプローチだった。「誰かに危害を加えるようなことがない限り、言いたいことを言えなければならない」

コンテンツの取り締まりに関するマスクの見解は、ツイッターが慣れ親しんできたものとは異なっていた。そしてマスクは、前任者とはまったく比べ物にならないほど、介入的なアプローチを取った。言い換えれば、現場へ出て細かく口を出したのだ。ジャック・ドーシー元CEOは、特定のアカウントを追放あるいは停止すべきかどうかの決断を自ら下すことはめったになく、直属の担当グループにその判断を任せていた。このようなプロセスは、ポリシーの決定が長引き、厄介な問題になり得ることを意味した。ツイッターの幹部が言論の自由の微妙なニュアンスを巡って会議を開き、神経をすり減らしながら議論を重ねることになったからだ。アカウントの追放や停止にまつわる決定と責任を誰か特定の1人に負わせることはまずないと言ってよく、あくまでも会社あるいはチームによる決定だと位置づけていた。

これとは対照的に、マスクは重大な決断を自ら下すことにまったく抵抗がないように見えた。チーフ・ツイットは即断即決で物事を進め、しかもその決断を下したのが自分であることを隠そうとしなかった。責任の所在を、誰の目にも明らかにした。

これらの変化の理由をすべてマスクの性格に帰すことはできない。ツイッターのためのセールスピッチの一環でもあった。マスクはツイッター2・0では、前体制を思い起こさせるものを葬り去り、イメージも使い勝手も刷新させたいと考えていた。マスク同様、ツイッターがネット上の言論の検閲に踏みこんでいると考える保守派ユーザーを呼び戻すのも、その戦略の一部だった。トランプのアカウント復活は楽勝だった。ウェストの復帰を支持することも（少なくとも当初は）同様だ。だが、物事を前に進める変化だけでは、物足りなかったようである。マスクは、ツイッター1・0を跡形もなく破壊すること、そして法廷でマスクと争い、買収を強要した元幹部全員に復讐を果たすことにも執念を燃やしているようだった。

そのためにマスクは、ツイッターの内輪の恥を公開することにした。数人のジャーナリストを招き、メールやスラック、グーグルのメッセージなど、従業員同士のやり取りを含む、ツイッター社内でのコミュニケーションを片っ端から調べ上げ、ツイッターの過去の主要なコンテンツモデレーションに関する意思決定について記事を書かせたのである。長年リベラルに偏っていると考えられてきたツイッターの偏向を暴く計画の一環だった。「殺菌には太陽の光が一番だ」とマスクは説明した。呼び寄せたジャーナリストたちに、彼らが望む内部文書への「制限のないアクセス」を許可した。「北朝鮮のガイド付きツアーのような状況にはならない」と、機上から冗談を言っている。ジャーナリストたちは、「どこでも好きなところへ、好きなときに、好きなように行ける」のだ。このプロジェクトはその後「ツイッターファイル」として知られるようになり、マスクはこれを恥さらしではあるが、ツイッターが信頼を取り戻すための重要な方法なのだと喧伝した。他のソーシャルネットワークよりも「正直」であることが、ツイッターが長期的にユーザーベースを拡大するための差別化要因になると考えていた。

マスクがガルフストリームの機内で人々の注目を一身に浴びていたとき、最初のツイッターファイルが公表されてからまだ24時間も経っていなかった。マスクがフォロワーに大々的に吹聴し、さらにジャーナリストのマット・タイービがシェアした最新情報をリツイートしていたこともあり、広く期待が高まっていた。マスクは報道関係者をツイッターのオフィスに招待し、ファイルの内容を確認させた。[9]単に招待状を送るだけでなく、自らもっと多くのことに関与していたことがうかがえた。「我々は今、いくつかの事実をダブルチェックしているところだ」と、マスクはツイッターファイルの公開前にツイートしている。[10]

ツイッターファイルの第1弾では、2020年の米大統領選直前のハンター・バイデンのノートパソコン事件に関するツイッターの対応が調査対象となった。[11]続編のファイルでは、トランプのアカウント凍結に関連して社内で交わされたメッセージ、アカウントの停止とツイートの削除に関するツイッターと司法当局とのやり取りなど、他のトピックがカバーされている。この調査の目的は、ツイッターが腐敗し反保守に偏向しているように見せることであり、それは大部分において奏功した。ツイッターファイルは同社幹部がしばしば政府機関と裏ルートで交渉したり、FBIや大統領選挙の選対本部から指摘されたアカウントを削除したりしていたことが暴かれた。また、ツイッターが物議を醸す一部のユーザーのツイートの拡散を抑制し、それらのアカウントがトレンド入りしないよう操作していたことも明るみに出た。[12]厳密にはシャドウバンではなかったが、一部のユーザーのツイートの配信に本人が気づかぬうちに影響をおよぼしていたのだ。

とはいえ、大半の主流メディアにとっては、ツイッターファイルにはさほど目新しい情報は含まれておらず、当初発表を待ち望んでいた人々も、第3弾が公表される頃までにはほとんど関心を失った。ツイッターのポリシーに関する意思決定を丹念に追っていた人々にとって、これらのファイルは、すでに知られていることの多くを追認するだけのものに過ぎなかった。すなわち、コンテンツモデレーションにまつわる判断は、厄介で、複雑で、しばしば不完全なものであるということだ。メールの履歴からは、取るべき対応について従業員たちの意見が対立している様子や、アカウントの一時凍結が本当に所与のルールの範囲内に収まるのか疑義を呈する声などを読み取ることができた。ハンター・バイデンのノートパソコン記事の検閲が、ツイッターの判断ミスであったことに異論を唱える人はほとんどいないだろう。ツイッターの幹部が、この出来事の直後に公式に謝罪しているぐらいだ。世界のために言論を取り締まるのは一筋縄ではいかない大変な仕事であり、ツイッターの幹部たちが折あるごとにその責任を重く受け止め、苦悩していたのは紛うかたなき事実だ。

しかしマスクは、ツイッターの旧経営陣と彼らが犯した過ちがおおやけに、そして確実に罰せられるように、情熱を注いでいるように見えた。多くのメディアがツイッターファイルの破壊力を軽んじる姿勢を取るやいなや、マスクは怒りをあらわにした。「自分たちもアメリカ国民を欺くことに加担してきたものだから、ツイッターファイルを取るに足らないものと言って片づけようとしている。恥を知れ」とメディアを罵倒した。

新オーナーに就任してから最初の数週間のツイッター関連ニュースの大半は、マスクのビジネス上の決断に焦点が当てられていたが、彼が他の何よりも、ツイッターのコンテンツにまつわる意思決定に与えたインパクトを通して人々に記憶されたいと思っていることが徐々に明らかになった。ガルフストリームから参加したライブチャット中に、そもそもなぜツイッターを買ったのか、と質問を受ける場面があった。マスクは、バビロン・ビーの件に限ったことではなく、以前から高まっていた感情故だった、と述べた。「私たちは言論の自由を抑圧する道を進んでいる。

私はそのことが心配でならない」と答えている。意外なことではないのかもしれないが、その動機は、彼が火星にコロニーの建設が必要だと考える理由と重なり合う。「私の生物学的ニューラルネットワークがツイッターを買収することが重要だと、そしてもしツイッターが買収されず良い方向に導かれないようであれば、文明の未来にとって危険であると結論づけたんだ」

マスクは、何の軋轢も生まずに、大衆の間に言論の自由を取り戻すことはできないという認識を示し、その過程で自分が殺される可能性さえなきにしもあらずであると示唆した。「私に何か悪いことが起こったり、文字通り撃たれたりするリスクはかなり大きい」と語っている。「こう言えばいいかな。オープンカーでのパレードは絶対にやらない。誰かがそうしようと思えば、私を殺すことはそんなに難しくないからね。そうならないことを願うよ」

マスクの悪意に満ちたツイート

マスクが実際に危険な目に遭っているかどうかは定かではない。しかし皮肉なことに、マスクによるツイートが、他の人々の安全に深刻な問題をもたらすようになっていった。12月10日、ツイッターのあるユーザーが、信頼と安全担当の元幹部ヨエル・ロスの古いツイートを掘り起こした。新たに見つかった2010年のツイートで、ロスが「高校生は教師とのセックスに意味のある同意をできるのだろうか？」と問いかけていたのだ[13]。彼のツイートには、同じ質問を投げかけていたオンラインニュースサイト、サロン（Salon）の記事へのリンクが張られていた。

ところがマスクは、この古いツイートを文脈を無視して切り出した。続いて、ロスが大学院在籍中に執筆した論文の抜粋をツイートした。ロスは同論文で年齢制限をかいくぐってすでにサービスを利用しているティーンエイジャーのために、グラインダー（Grindr）のようなゲイの出会い系アプリは安全ポリシーを採用すべきだと論じている。しかしマスクは1億2100万人のフォロワーに向けて、こう触れ回ったのだ。「どうやらヨエルは博士論文で、子どもたちが成人向けインターネット・サービスにアクセスできることに賛成の議論をしているようだ」[14]。確実な証拠もなく、ロス・ヨエルが小児性愛者であるかのようにほのめかしたのである。

ヨエルは、マスクのフォロワーたちからの激しい嫌がらせと罵倒のターゲットになった。それは、ツイッターがドナルド・トランプのツイートに誤情報ラベルを貼った後に、ケリーアン・コンウェイがFOXニュースの朝番組でヨエルの名前の綴りを丁寧に読み上げたときと、不気味なほど酷似していた。だが、状況はより深刻だった。ヨエルはもはやツイッターの従業員ではなく、会社からの保護を受けられなかったためだ。彼の友人や家族までもが嫌がらせを受けるようになった。ロスとその夫〔訳注：ロスは自身がゲイであることを公言している〕が安全のために自宅を離れて身を隠さなければならないほど、脅迫はエスカレートしていった[15]。数カ月後、ロスは自宅を売却した。

ツイッターファイルはジャック・ドーシーの目にもとまった。彼は、ツイッターファイルが詳らかに報告している、ほとんどすべての決定の最終責任者であったのだ。ツイッターファイルの第1弾が公表されてから数日後、ドーシーは自身のブログサイトを更新した。ブログ記事でドーシーは、ツイッターが広告への依存を含む外部からの圧力に屈し、特定のコンテンツに関して彼が必ずしも賛成できない決断を下さざるを得なかった現実など、同社の失敗に触れている。広告ビジネスであるということは、お金を払ってくれる顧客のために安全な場所を構築することを意味した（もちろんマスクも、痛い目を見ながらこのことを学んだ）。それはまた、どのようなコンテンツを削除するかについて、時に対応が過剰になり得ることを意味した。「私は総じて、ソーシャルメディア企業があまりにも強大になりすぎていると考えており、それはトランプのアカウントを凍結した際に完全に明らかになりました」とドーシーは書いている。「以前にも述べたように、私たちのあのときの対応は、公開企業のビジネスとしては正しいものでしたが、インターネットや社会にとっては誤りでした」。ドーシーがツイッターのトップに立っていた間、特定の政党に有利になるような行動を取ったという見方については反論を展開している。「悪意や隠された思惑はなかった」と書く一方で、「間違いはあった」とも認めている。彼はここで再び、分散型ソーシャルネットワークのアイデアを強く推した。次のように記している。

政府とは、世論を特定の方向へもっていきたい、コントロールしたいと願うものです。そしてそのために、メディアを含め、あらゆる手段を用います。同じ目的で企業が行使する力も増すばかりです。国民がこれに抵抗する手段を持つこと、その手段を最終的に国民に帰属させることが重要です。政府や少数の企業が大衆の会話を支配することは、中央集権的な管理への道に他なりません。

ドーシーはまた、彼の近くで働いていた誰もがすでに感じていたことを認めた。辞任のほぼ12カ月前に、エリオット・マネジメントがツイッターの玄関先に姿を現してからというもの、ツイッターでの仕事にほとんど見切りをつけていたことだ。ドーシーは、自分が信じていた多くの信念のために戦うことを止めたのだ。「2022年にアクティビストが私たちの株主になったとき、私はそれらを推し進めることを完全に諦めた」と書き、コンテンツモデレーションに関する彼のビジョンは、公開企業では機能しないと述べている。「そのとき、私はもうこの会社にはふさわしくないと思い、退任を計画したのです」

マスク、最悪の1週間のはじまり

世界でも人気のコメディアン、デイヴ・シャペルは、12月11日日曜日、サプライズ・ゲストを檀上に招いてショーを締めくくろうとしていた。「紳士淑女の皆様」。ドリンクを片手に、シャペルは言った。「世界一の金持ちのために、大喝采をお願いします」。イーロン・マスクがステージに上がり、両手を広げて満席のアリーナに挨拶したときには、すでにブーイングの嵐が吹き荒れていた。ツイッターのサンフランシスコ本社から2マイルほどの距離にある、NBAゴールデンステート・ウォリアーズの本拠地《ホーム》であるチェイス・センターが会場だったが、「ホーム」ならではの歓迎とは正反対だった。多くの億万長者がそうであるように、マスクも人前に姿を見せると通常は英雄のような扱いを受ける。シャペルと登壇した今回も、同じような反応を期待していたのではないだろうか。だが、このときの観客の受け止め方はまるで違い、マスクにとってプロフェッショナルキャリアの中でも、もっとも居心地の悪い5分間であっただろうことは想像に難くない。

ブーイングが止む気配はまったくなかった。シャペルは、会場の雰囲気を和らげようと、ブーイングは安い席の方から聞こえるな、と茶化してみたり、「君がクビにした人たちが客の中にいるに違いないぞ」と軽口を叩いてみたりした。だが、2分経ち、3分経っても、ブーイングは終わらなかった。シャペルは、自分こそが火星に最初のコメディ・クラブをオープンする、とジョークを飛ばし、もう一度気まずい空気を破ろうとした。3分半が経ったあたりで、それまで発言を控えていたマスクが口を開き、何を話せばいいかとシャペルにたずねた。すると、ブーイングの声がさらに大きくなる。シャペルは突っこみ役を買って出た。「何も言ってくれるな、ろくなことにならない」。結局、マスクをなだめすかしてシャペルの有名な締めフレーズ「俺は金持ちだ、ビッチ！」を叫ばせた。[16]だが、あまりに真実すぎて何の笑いにもオチにもならなかった。スターゲスト登場の演出は、大失敗に終わった。あるツイッターユーザーがマスクの恥さらしな姿を投稿し、聴衆の80％がブーイングをしていたと主張すると、マスクはこれに反論を試みた。[17]「厳密には、90％の歓声と10％のブーイングだった」。このツイートは、後に削除された。「だがまあ、ここまでのブーイングを受けたのは、現実世界では初めてのことだ（ツイッターではよくあることだが）。どうやら、サンフランシスコの常軌を逸した左派を怒らせたみたいだな……うわー」

マスクにとって最悪の1週間の始まりだった。その2日後、ロサンゼルス近郊のサウス・パサデナのガソリンスタンドで、マスクの護衛の1人が、マスクと彼の元妻で歌手のグライムスの両方を追いかけるストーカーらしき人物と言い争いになった。マスクは後に、この「狂ったストーカー」が、マスクが乗っていると思って彼のテスラを尾けていたこと、だが実際に乗っていたのは、マスクではなく2歳になる息子エックスだったことをツイートした。[18]そのストーカーは「車の行く手を阻み、ボンネットの上に乗ってきた」とも書いている。ただし、正式な被害届は出していない。ストーカーとされる人物は後にワシントン・ポスト紙に、自分はウーバーイーツ（Uber Eats）の運転手だと主張した。しかし、グライムスが彼にインスタグラムの投稿から暗号化されたメッセージを送ってきた、マスクが彼の位置情報を追跡しているなど、つじつまの合わないことを言い出し、ウーバーイーツの運転手はつくり話であることが判明した。[19]

この一件がマスクの危機感を煽っただろうことは間違いない。この出来事の翌日、マスクはツイッターのポリシーを出し抜けに変更し、「誰かのリアルタイムの位置情報をドキシングするアカウント」を禁止し、これを「身体的な安全性に関する違反」と呼んだ。[20] マスクは続くツイートで、これには彼のプライベートジェットの位置情報を追跡していたアカウント、イーロンジェット（@ElonJet）も含まれることにあえて言及している。ストーカーらしき人物が車の所在地を知ることができたのは、プライベートジェットの位置情報をドキシングするアカウントのせいだと考えていた節がある。実際のところガソリンスタンドでの悶着は、@ElonJetがマスクのロサンゼルス着陸を投稿してから、24時間近く経って起こっている。しかも、ガソリンスタンドは空港から26マイル［約42キロメートル］も離れている。[21] だが、そんなことはどうでもいいのだ。マスクは、@ElonJetアカウントを凍結し、同アカウントを運営する20歳のジャック・スウィーニーに対して法的措置を取るつもりだと述べた。

この件はマスコミに大きく取り上げられ、マスクを追っていた複数のジャーナリストが、億長者のプライベートジェット機に関する情報はインスタグラムやマストドンといった他のサービスからも得ることができると指摘した。これにいきり立ったマスクは、ついに超えてはならない一線を越えてしまった。@ElonJetが情報提供している他のソーシャルメディアのページへのリンクをツイートしたジャーナリストのツイッターアカウントを凍結していったのである。ニューヨーク・タイムズ紙、ワシントン・ポスト紙、CNNの記者たちのアカウントが凍結された。スポーツコメンテーターのキース・オルバーマンのアカウントも同様だ。[22]「彼らは私の正確なリアルタイムの位置情報、つまり、暗殺座標を投稿した」とアカウント凍結の措置を強弁するツイートを投稿した。[23] ツイッター上でなくても自分のプライベートジェットの位置情報へのリンクを張るだけで、前日に決定した新ポリシーの下ではアカウント凍結の理由になると言い張った。

この矛盾を見なかったことにはできない。マスクは何カ月にもわたり、ツイッターを買収した理由はすべて言論の自由を守るためだと主張していた。違法でない限り、ツイッター上では言いたいことを言って問題ないと何度も繰り返していた。自分がいかに言論の自由に忠実であるかを説明するのに、スウィーニーのアカウントを例に挙げていたぐらいだ。「言論の自由に対する私のコミットメントは、私の飛行機を追跡するアカウントを禁止しないレベルにまでおよんでいる。たとえそれが直接的な安全上のリスクであったとしても」と、わずかひと月ほど前、11月6日に書いている。[24] @ElonJetのアカウントを停止し、それにとどまらず、まっとうなジャーナリスト数人のアカウントを停止したマスクは、今や偽善者に見えた。買収前、ポリシーを厳格に適用し、アカウント停止や追放の措置をとるツイッターを散々批判してきたマスクが、自身のプライベートジェットに関する誰にでも入手可能な情報を投稿したアカウントを停止したのだ。ルールは万人に適用される。ただし、ツイッターの新オーナーは除く。人々の目には、そのように映った。

マスク、再びの失策

数日後、マスクはプライベートジェットで大西洋を越えて東に向かった。給油のためにロンドンで小休止した後、今度は南東の方角へ向きを変え、カタールの首都ドーハに向かった。サンノゼを離陸してから約17時間後、ドーハに着陸。サッカーワールドカップ決勝戦のキックオフまであと数時間だ。ワールドカップはツイッターにとって常に重要なイベントだった。オリンピックと並んで数少ない真に世界的なイベントであり、試合のハイライトを見たり、解説を読んだりするために多くの人々がツイッターに集まるため、ワールドカップ開催中はツイッターのユーザー数と広告収入が押し上げられるのだ。マスクはその重要性を認識しており、大会が始まる1カ月前には、従業員たちにもそのことを意識してもらおうと全従業員宛にメールを送っていた。

件名：今週末の最優先事項

……は、ワールドカップをサポートし、ツイッターが最高の仕事をすることだ。ユーザーにとって可能な限り最高の体験となるよう、必要なことは何でもしてほしい。

よろしく

イーロン

マスクは、ワールドカップ決勝、アルゼンチン対フランス戦を観戦するためにドーハに飛んだ。マスクのツイッター買収ディールに3億7500万ドルを拠出したカタール投資庁のマンスール・ビン・エブラヒム・アル・マフムードCEOを含む、他の著名投資家やビジネス仲間と一緒に（この試合の観戦は、出資条件の一つであり、マスクはそれに合意していた）ゴール近くのプライベートボックス席に座った。[25,26] ボックス席には、トランプ前大統領の娘婿ジャレッド・クシュナーもいた。マスクは、トルコのレジェップ・タイイップ・エルドアン大統領とも短い会話を交わし、「ソルト・ベイ（塩振りおじさん）」の愛称で知られるトルコの有名シェフとセルフィー写真を撮った。[27] 試合の最初から最後までツイートを続けることで、決勝戦を宣伝し、できる限り人々の目をツイッターへ引きつけようとベストを尽くした。サッカー界のスター、リオネル・メッシのゴールシーンの動画を投稿しては「アルゼンチンのゴール！」と書き添え、フランス代表フォワードのキリアン・エムバペの動画には「大接戦!!」とコメントした。[28,29] キム・ドットコムやコンピュータ・サイエンティストで人気ポッドキャスターのレックス・フリードマンなど、この試合につぶやいている他のユーザーのツイートに返信し、今この瞬間にどれほど多くのツイートが飛び交っているかに言及した。ユーザーたちはスタジアムからのツイートは、自身の「暗殺座標」を不注意にシェアすることになるのでは？　とからかうように指摘した。

延長戦でも決着がつかず、試合が最後PK戦にもつれ込んだ頃、ツイッターのメインアカウントから新しいポリシーの概要を示す一連のツイートが投稿された。フェイスブック、インスタグラム、マストドン、さらにはトランプのトゥルース・ソーシャルを含む他のソーシャルメディア・サイトへのリンクを投稿することは、ツイッターのルール違反となった。[30] 後に削除されたツイートの一つには、次のように書かれていた。「ユーザーの多くが複数のソーシャルメディア・プラットフォームで活動していることは認識しています。しかし、ツイッター上で特定のソーシャルメディア・プラットフォームを自由に宣伝することは、今後は認められません」

ツイッターユーザーたちは、即座に大騒ぎを始め、ツイッターに対して不信の日を向けた。企業向けコラボレーションプラットフォームを提供しているボックス（Box）社のCEOで、熱心なツイーターとして知られるアーロン・レヴィは、「これはなんとも悲しいことだ」と書いた。[31] シリコンバレーの有名な投資家で、マスクに対してもたびたびツイートしてきた、ポール・グレアムは、このポリシー変更を「最後の藁［訳注：「ラクダの背骨を折るのは最後の藁だ」のことわざから。最後の決定的な一撃、我慢の限界を指す］」と呼び、フォロワーたちに彼のマストドンのアカウントへ誘導するリンクを投稿した（なお、この投稿により、グレアムのツイッターアカウントは一時的に凍結された）。エドワード・スノーデンも議論に加わり、「ポリシーの改悪だ、撤回すべきだ」と書いている[32]。

マスクにとって、この方針は当然のことのように思えたようで、当初は「伝統的」なメディアが、競合に無料で広告を出させるなど聞いたことがないと述べ、このポリシーを守り抜こうとした[33]。言うまでもなく、ツイッターは伝統的なメディア会社ではないし、他のウェブサイトへの誘導リンクを禁止することは言論の自由からもかけ離れているように感じられた。ジャーナリストのアカウント停止の衝撃もまだ静まらないうちに、マスクはまたもや失策を犯した。まるで自分だけの王国を統治しているかのような、ルールの制定ぶりであった。数時間後、マスクは完全な撤回ではないが、方針を一部修正した。「ポリシーは、そのアカウントの「主要な」目的が競合他社の宣伝である場合にのみアカウントを停止するように調整する。これは本質的にスパム禁止ルールに該当する」とツイッターに書いた[34]。

改悪ポリシーの撤回は正しい対応だったが、依然として、暴君マスクに弱々しいツイッターが振り回される構図を思い浮かべずにはいられない。インスタグラムのアカウントへのリンクを投稿することは、突然ツイッターのビジネス上の深刻な脅威となったようだった。ワールドカップ決勝とリンクポリシーの失策の間、マスクは1日のかなりの時間をツイッターに費やした。マスクがこの日、24時間に投稿した数は30回を超えている。

ドーハ時間の午前2時20分、決勝戦が終わった後もマスクはずっと起きていて、先のポリシー変更について考えていた。「今後は大きなポリシー変更については投票を行う」とツイートした。「申し訳なかった、このようなことは二度と起こらないようにする[35]」。その3分後、マスクはお得意の行動に出た。ツイートによる論争の惹起だ。「私はツイッターのトップから退くべきだろうか？」と、フォロワーに自身の進退を問う投票をツイートした[36]。前月のトランプのアカウント復活の是非を問う投票と同様に、マスクが用意したのは「イエス」か「ノー」の2択だった。そして投票ツイートの後に「投票の結果に従うつもりだ」と付け加えた。しばらく間を開けて、もう一度。「ことわざにもあるように、何かを望むときは慎重に、実現するかもしれないのだから」[37]

マスクがいずれツイッターの手綱を誰かに渡すだろうことは、前々から想定されていたことだ。何だかんだ言ってもテスラとスペースXの経営者なのだ。両社とも、ますます企業価値を高めており、ツイッターなど足元にもおよばない。だが、マスクがこれほど早く、しかも気まぐれなツイッターユーザーの言いなりになって身を引くことになろうとは、誰も想像していなかった。続々と票が投じられる間、マスクは早朝までツイートを続け、そのツイートからは徐々にやる気が失われていくさまが感じられた。

マスクは、あるフォロワーに「問題はCEOを見つけることではなく、ツイッターを存続させることができるCEOを見つけることだ」、別のフォロワーに「実際にツイッターを存続させる能力を持つ人たちは、こんな仕事を望まない。だから、後任がいない」と書いている[38,39]。ポッドキャスターのレックス・フリードマンがマスクに返信し、その仕事に名乗りを上げた。マスクはこれに、「苦痛を求めるタイプなんだな」と答えている。「先に一つ言っておく。ツイッターに自分の蓄えを注ぎこまなければならなくなる。ツイッターは、5月よりこの方、倒産への道をひた走っている。それでもやりたいか？[40]」

ドーハの午前4時頃、マスクは別のメッセージを送った。「権力が欲しいというタイプは、もっともふさわしくない[41]」。それから6時間後、投票はまだ続いており、勢いが衰える気配もなかったが、マスクのジェット機は米国へ向かって飛び立った。[42]

下がり続けるツイッターの価値

1750万人以上のユーザーが投票し、マスクの退任を支持する回答が57・7％で過半数を占めた。[43] その後丸2日、マスクが投票結果に触れることはなかったが、最後には退任を約束した。「この仕事を引き受けてくれる怖いもの知らずを見つけ次第、CEOを辞任しよう！」とついにツイートした。「しかる後は、ソフトウェアとサーバーチームの運営に専念する」[44]

この結果にマスクはショックを受けただろうか。たとえそうだとしても、彼はそれを公言しなかったし、落ちこんでいる暇などなかった。ツイッターの財務状況は悪化の一途をたどっていた。2022年12月、同社の売上高は40％減少した。[45] 不安な兆候だった。しかも、その月には通常であれば大手の広告主が参集するイベントであるサッカーのワールドカップが開催され、本来ならばその恩恵を受けられたことを考えると、失意はさらに大きかった。広告ビジネスの不振は、ツイッターがより多くの資金注入を必要とすることを意味する。おまけに3億ドルと推定される買収時の借入金の最初の利払い期日が1月末に迫っていた。[46] マスクは12月中旬にも36億ドル相当のテスラ株を売却した。[47] 4月に今後テスラ株を売却することはもうないと約束して以来、3度目になる数十億ドル規模の売却であった。数カ月前にツイッターを買収するために支払ったのと同じ1株あたり54・20ドルの価格で、ツイッター株を引き受けてくれる新たな投資家探しも開始した。しかし、おいそれと見つかるはずがない。12月30日、資産運用大手のフィデリティは、同社のファンドが保有するツイッター株の価値を半分に引き下げたことを明らかにした。[48]ツイッターの価値は、マスクがわずか2カ月前に支払った金額よりも、ずっと低いと判断したのだ。

そのためマスクは、支出を絞り続けた。クリスマスの2日前、マスクは経費削減の努力の一環として、ツイッターの3つあるデータセンターのうちの一つから数百のサーバーラックを撤去する作業を自ら監督するために飛行機で北上し、サクラメントへ向かった（後にマスクは、この場当たり的な決断を後悔していると語っている。[49,50]同社が数カ月にわたり悩まされることになる、サービスの大規模な機能停止につながったためだ）。サンフランシスコでは、ツイッター本社の8階を間に合わせの簡易ホテルに改装した。従業員の数が大幅に減り、余剰スペースが生まれたため、いくつかの会議室をベッドルームにつくり変えたのだ。[51]マスクの他の会社から応援を呼ぶ際に、オフィスに寝泊まりできれば、高額なホテルの部屋を予約せずに済む。

だが、もっとも大きな支出の引き締め策は、請求書の支払い停止だった。マスクは請求書を無視して、臆面もなくビジネスパートナーや家主に、支払ってほしければ回収しに来いと言い放った。こうしてツイッターは、世界中で年間1億3000万ドルに上ると推定されるオフィスの賃貸料の支払いを停止したのだ。[52]ツイッターは12月、13万6000ドルの家賃を滞納したとして、サンフランシスコのある不動産所有者から訴えを起こされた。その後、サンフランシスコ本社の家主からも約700万ドルの家賃滞納で訴えられている。[53]マスクとの訴訟中にツイッターが雇っていたコンサルティング会社2社も、それぞれ220万ドルと190万ドルに上るコンサルタント料の支払いが滞っていると主張した。マスクが洗面ボウルを持ってツイッターのオフィスに足を踏み入れたその日、CMOのレスリー・バーランドがサンフランシスコ本社に向かうために利用したビジネスジェット会社への支払いも無視された。

さて、マスクがオフィスをホテルに改造したと耳にした規制当局が動き始めた。サンフランシスコ市は、オフィス8階のベッドルームの詳細を求める書簡を送付した。どうやら、オフィススペースを許可なく「ホテル」ルームにすることは法律違反らしい。規制当局が知らなかったのは、マスクがさらに上を行く計画を立てていたことだ。夜中に小用を足すために、護衛チームを起こしてフロア内を横断する必要がないように、自分のオフィスの隣に独立したトイレを設けるなど、自家製「ホテル」の部屋にバスルームまで増設しようとしたのだ。ツイッターのオフィスのデザインと建設を担当したジョセフ・キリアンとその同僚が後にツイッターを相手取って起こした訴訟によると、キリアンがサンフランシスコの建築基準法に抵触するとたしなめたところ、電子メールで懸念を文章に残したことを戒められたという。申し立てによると、マスクがコスト削減のために起用したボーリング・カンパニーの社長スティーブ・デイビスはキリアンに、ツイッターはその規則に従う必要はないと伝えたとされている。[54]

訴状によると、マスクと彼のチームはさらに、建築基準法に準じないドアの鍵や暖房器具を新たに設置するようキリアンに求めたとされている。[55] キリアンはこれに抗議して、辞任した。

ツイッターはまた、連邦取引委員会（FTC）からも再び目をつけられるようになっていた。FTCは、ツイッターが数カ月前に同意した個人情報保護に関連する規制遵守の徹底を担当していた幹部が全員同社を去ったことにすぐに気づいた。そのうちの少なくとも2人、最高プライバシー責任者（CPO）ダミアン・キーラン、最高情報セキュリティ責任者（CISO）リア・キスナーは、辞任直後にFTCから召喚状を受け取り、事情の説明を求められている。[56]

山積みの問題を前に、ツイッターが再び巨額の罰金、あるいは倒産にさえ直面する可能性を排除することはできなかった。最悪なのは、これらのほとんどすべてが自ら招いた問題だったことだ。マスクの置かれた状況はまるで、自分の患者を銃で撃った後で、手術台に載せて必死に蘇生させようとしているようなものだった。ツイッターにまつわるマスクの道化ぶりはあまりに甚だしく、テスラの取締役会までもが12月に開催された会議の場で、ツイッターでの失態が自動車メーカーのブランドイメージの低下につながっているとマスクに苦言を呈したほどであった。マスクの弟であり、兄の忠実な支持者であるキンバルは、この状況を見るに忍びない、ツイッターCEOのツイートを読むたびに神経が参ってしまうからと、ツイッターでマスクをフォローするのを止めてしまった。「皆、見て見ぬふりをしていますけどね、本当に愚かな振る舞いばかりでしたから」とキンバルはマスクの伝記を執筆中の作家ウォルター・アイザックソンに語った。[57]

普通の状況でこのような不手際が重なれば、会社とそのCEOの破滅につながりかねない。しかし、ツイッターはもちろん「普通」とはかけ離れていた。CEOに説明責任を求める取締役会もなければ、一般株主もいなかった。加えて、マスクには必要とあらば、事業を継続させる資金が無尽蔵と思えるほどあった。心臓も強い。彼はスペースXとテスラの両方で倒産寸前まで追いこまれ、一歩先は破綻の崖っぷちをさまよったのちに蘇らせた実績がある。マスクはかつてスペースXもテスラも、生き残りの可能性は10％以下だと考えていた時期があったと語っている。[58]それなのに両社は、ただ生き残っただけでなく、人々の期待をはるかに超える結果を出した。2022年が終わりを迎えようとする中、今度はツイッターが崖っぷちに立たされていた。

クリスマスまであと数日となった12月下旬、マスクは、デイビッド・サックスやジェイソン・カラカニスら数人のアドバイザーとともに、彼らの人気ポッドキャスト「オールイン」の収録に特別出演した。サックスはツイッターのオフィスにいて、コーヒーショップ「ザ・パーチ」の近くに座りビデオ通話で参加した。2カ月前、マスクが洗面ボウルを抱えて初めてオフィスを訪れた日、従業員たちに囲まれて話をした一画だ。サックスがカメラを回し、ほぼ空っぽになったオフィスを皆に見せると、ポッドキャストのホストの1人、投資家で起業家のデイビッド・フリードバーグが冗談めかして言った。「そこで働いている人たちの姿が見えないが？」[59]。一同は声を上げて笑った。「『仕事を終えるには』早すぎるよな」とカラカニスがコメントした。

マスクはポッドキャストに1時間参加した。疲れているように見えたが、周囲に立ちはだかる障壁を感じさせないほど、落ち着きを保っていた。「ツイッターのカスタマーサポートです。ご要望を承ります」。カラカニスの横に座ったマスクが、カメラに向かってふざけて見せた。マスクは、ツイッターの経営がここまで実に困難な経験であったことを認めた。「いやもう、ジェットコースターのようだよ。エキサイティングだけどね、控えめに言っても山あり谷ありの連続だ」と話した。ツイッターの経費はコントロールできている、と続けた。「倒産一直線の状況からは、もう抜け出した」

それまでの2カ月間、驚くほど自覚がなかったマスクだが、多くの人がすでに知っていたことをついに認めた。ツイッターの成功、あるいは失敗は、今や、マスクの双肩にかかっているということを。マスクはまだ、ツイッターに取締役会を設置していない。一般株主もいない。何年もツイッターに関わってきた上級幹部をほぼ全員クビ、あるいは出ていくように仕向けた。ツイッターが次に何になるにしても――ユーチューブの競合であれ、銀行であれ、あるいはエブリシング・アプリであれ――それは、イーロン・マスク次第なのである。

「あとはもう思いきった行動に出るだけだ」と彼は言う。「もちろん、私が何度も間違いを繰り返すようなら、ツイッターの成功はおぼつかないだろう。それはとても無様だし、悲しいことだ[60]」

おわりに

2023年7月下旬、イーロン・マスクは正式にツイッターにとどめを刺した。ツイッターを象徴する鳥のロゴはアプリストアから削除され、サンフランシスコのオフィス内の壁からも取り除かれた。鳥が姿を消した穴を埋めるのにマスクが必要としたのは、たった1文字「X」だった。マスクは昔からXという文字を好んだ。息子の名前でもあり、初期に立ち上げたスタートアップの一つにもX.comという社名をつけている。Xは今や、彼のお気に入りのソーシャルネットワークの名前にもなった。このようにして、買収完了から約9カ月後の7月23日、17年以上存続してきたツイッターのブランドを根絶やしにしていった。ツイッターのアプリは誕生以来ずっと青く、真ん中に白い鳥が描かれていたが、突然黒地に白いXの文字デザインになった。マスクはサンフランシスコのダウンタウン、マーケット・ストリートのツイッター本社の外壁にXの文字を投影させ、屋上に巨大な金属製のXのロゴ看板の設置を手配した（毎度のことながら適切な許可を取得しておらず、何十件もの苦情を受けた市当局が、同社に安全規定への違反を通知してからわずか3日後、Xの巨大看板は撤去されるに至った[1]）。

世界的に認知され、ニュース速報の代名詞でもあったブランドを捨てるというマスクの決断は、疑問の残るものだった。多くの人は、それは表面的な変化に過ぎないと受け取った。しかし、マスクは、洗面ボウルを持ってオフィスの正面玄関をくぐった瞬間から、ツイッターの企業文化、従業員、ニュースバリュー、すなわちツイッターをツイッターたらしめていたものを解体してきた。ツイッターを何か新しいものに変えるというビジョンを持つマスクは、古い鳥が飛び去っていくのを満足気に眺めた。

その新しいものが何であるかは、就任から9カ月経った今でもはっきりとは見えてこない。多くの点で、プロダクト自体はツイッター1・0の頃とほとんど変わらないように見える。その一方でマスクは、表からは見えにくい部分で変化を起こしている。例えば、Xが決済事業に参入できるよう、送金業者としてのライセンスを申請した。[2] Xを「エブリシング・アプリ」に変えるという野望達成へ向けた取り組みの一環である。また、一部の人気ユーザーと広告収入を分け合うことで、サービスのさらなる利用を促した。[3] もっとも注目すべきは、Xをより言論の自由が守られた空間にするという約束の実現へ向けて乗り出したことだ。ツイッターが提供してきた新型コロナウイルス関連誤情報ポリシーを撤廃し、複数の保守派ユーザーのアカウント停止処分を取り消した。[4] 1月6日の「選挙を盗むのを止めろ（Stop the Steal）」運動の組織化で中心的役割を果たしたとされるトランプ支持者のアリ・アレクサンダーも復帰した。白人至上主義として知られるニック・フエンテスも同様だ（ただし両者のアカウントは、すぐに再凍結された）。[5] 看板キャスターのタッカー・カールソンが、驚いたことにFOXニュースと「別々の道を行く」ことで合意したと発表すると、マスクはテレビの代わりにXで人気トークショーを再現できるようカールソンを支援した。[6] ドナルド・トランプ大統領も、短期間ではあるが戻ってきた。トランプは2023年8月、米大統領選でジョージア州の選挙結果を覆そうとした容疑で、同州フルトン郡の拘置所に収監された後、自身のマグショット〔訳注：出頭後に撮影される顔写真〕を投稿している。[7] トランプはこのツイートで選挙資金を集めようとしたのだ。マスクは自身の全フォロワーにトランプの投稿をリツイートし、「次のステップ」とコメントした。[8]

マスクが「ツイッター」と別れを告げたかった理由はおおむね理解できる。Xは、マスクが怒りと苛立ちを覚えてきたツイッターにまつわるすべてのことからの決別であり、再出発の象徴であった。また、就任してからの9カ月間が、紛れもなくビジネス上の大失敗だったという現実から皆の目を逸らすチャンスでもあった。買収後の最初の数週間に、マスクの行動に怯え、脱兎のごとく逃げていった広告主の大半は、いまだに戻ってきていないか、戻ってきたとしても広告費は以前に比べてずっと少ない。マスクは自分で自分の首を絞め続けた。２０２３年11月、あるユーザーが「ユダヤ人コミュニティは、自分たちに向けるのはやめてくれと主張してきた憎悪とまさに同じ種類の弁証法的な憎悪を白人に突きつけてきた」と書いたのに対して、これを支持するツイートを投稿した。「あなたは事実に基づいた真実を語っている」と返信し、ユーザーや広告主から幅広く反発を招いたのだ。[9] アップル、ＩＢＭ、ディズニー、その他いくつかの大手ブランドがこれに抗議して、Xへの広告掲載を一時中止した。[10] その直後、マスクはニューヨーク・タイムズが主催するカンファレンス「ディールブック・サミット（DealBook Summit）」に登壇し、広告主がXのサービスをボイコットしてもまったく気にしないと述べた。「もし誰かが広告を引き上げるといって私を脅そうとするなら、金で私を脅迫しようとするなら――とっとと出ていけ」と堂々と宣言した。

マスクの大人げない態度はどれも、Xのビジネスにとっての厄災を意味した。マスクは２０２３年7月に、広告収入が50％減少したことを明らかにしている。[11] 同年9月までに、米国市場の広告収入は60％減少した。[12] Xのキャッシュフローは依然マイナスであり、買収取引のために調達した借入金からは多額の利払いが発生している。それだけにとどまらず、本命のサブスクリプションビジネスを構築することでXの収益源を多様化するというマスクの目論見は実現しなかった。青いチェックマークのために毎月8ドルを払おうという殊勝なユーザーはほとんどいないことが明らかになったのだ。

ツイッターからXへのリブランディングを断行した頃までに、会社の価値評価はわずか200億ドルとなっていた。[13]前年の秋にマスクが支払った440億ドルの半分にも満たない。だが、マスクには少なくともユーモアのセンスが残されている。「私のことをなんと呼ぼうと皆さんの勝手ですが、私は、世界最大の非営利団体を440億ドルで買収したのです（笑）」とフォロワーにジョークを飛ばした。[14]

ツイッターの信頼を損ねる、マスクの突拍子もない言動

Xの問題の大半は、マスク自身に起因するものなのだが、マスクはまるで自分の言動が何の影響ももたらさないかのように会社の運営を続けた。4月にはとうとう、本社ビルのツイッターの看板の「w」を塗りつぶし、「Twitter」を「Titter」に変えた。翌日には、自身のツイッターのユーザー名を「ハリー・ボルツ」に変更している。マスクが広報チームの従業員をすべて解雇したため、報道関係者が同社の広報担当者のメールアドレスに問い合わせメールを送ると、ウンコの絵文字が自動返信されるようになった。マスクのキャリアを追ってきた人にとっては、いつもの悪ふざけである。Xが、ブランドイメージを大事にする広告主に収益のほとんどを依存しているという事実さえなければ、無害なジョークで済んだかもしれない。

ずっと大きな波紋を呼んだ決断もあった。マスクは、ツイッター・ブルーのサブスクリプショ

ンサービスに登録していないすべてのユーザーのアカウントから青いチェックマークを削除した。これにより、何千人ものジャーナリスト、セレブ、そして報道機関が「認証されていない」アカウントとなった。その結果、世界的なニュースソースとしてのツイッターの評判は、瞬く間に失墜した。この施策により、長い間マスクが不満を抱いていた「二重階級」制度は確かに解消された。8ドルを払えば誰でもブルーチェックの認証を受けられるようになったのだ。しかし、この決定は、ツイッターのもっとも価値あるユースケースをむしばんでいった。それは、速報性の高いニュースのための、おおむね信頼できる情報源としての役割である。

ブルーチェックはもはや本人であることを証明するものではなく、誰がどのアカウントからツイートしているのか、なりすましでないのかを知ることは事実上不可能となった。プロのジャーナリストや報道機関のアカウントが一般アカウントと区別されなくなり、信頼性の高い情報を素早く見つけることが難しくなった。ニューヨーク・タイムズ、ポリティコ、ワシントン・ポストなどの大手メディアは、会社のアカウントはもとより、認証を希望する所属ジャーナリストに対してもチェックマークのためのコストの負担を拒否した。「認証済みのチェックマークが、もはや権威や専門性を表すものでないことは明白です」とワシントン・ポスト紙は声明で述べている[15]。世界で何が起きているかをいち早く知るための場としてのツイッターの評判は、ほぼ露と消えてしまった。数カ月後、イスラエルがテロリスト集団ハマスとの戦闘を開始すると、Xは虚偽や誤解を招くような投稿で溢れかえった。マスク自身が、虚偽の情報を流すことで知られるアカウントのフォローを推奨している（このツイートは後に削除された）[16]。

マスクは他の角度からも、ツイッターに対する信頼を損ねていった。2023年2月、フェニックスで開催されたスーパーボウルを観戦したマスクは、自分が投稿したフィラデルフィア・

イーグルスに関するツイートが、ジョー・バイデン大統領のイーグルスに触れたツイートよりも閲覧数が少なかったことに腹を立てながらカリフォルニアに戻った。その後に何が起こったか。ツイッター従業員による、アルゴリズムの微調整である。マスクのツイートに有利に働くように従業員が奮闘したのである。微調整のはずが、担当グループが張り切りすぎたのか、あらゆるツイッターユーザーのフィードが、マスクの投稿で埋め尽くされる始末となった。[17] マスクはそれを笑い飛ばし、問題をソフトウェアのバグのせいにしたが、マスクはいつでも自分の都合のいいようにサービスを調整することができるし、そうするつもりなのだと、皆が知るところになる出来事だった。

このようなツイッターの惨状に、水中で血の匂いを嗅ぎつけるサメのように、好機を見出す会社が現れる。2023年前半、いくつかの企業がツイッターの「クローン」プロダクトの構築に取り組み始めた。ツイッターの凋落により生じた空白を埋め、不満を抱いてツイッターから離脱するユーザーを拾いあげようとしたのだ。新たな対抗サービスの一つが、マーク・ザッカーバーグとインスタグラムによる、ツイッターにうりふたつの「スレッズ（Threads）」だ。スレッズのローンチに際してザッカーバーグは「10億人を超える人々が利用する、おおやけの場での会話のためのアプリがあるべきだと考えている」と書いている。「ツイッターにはそれを実現する機会があった。だが成功していない」

ザッカーバーグとマスクの間には、スレッズ誕生以前から、何年にもわたる確執があった。人工知能（AI）の将来的なリスクに関する、両者の意見の対立は周知の事実だ。AIは本質的に危険なものであると捉えるマスクに対して、ザッカーバーグはマスクがAIの脅威を過大評価していると言う。[18] その一方で、マスクはザッカーバーグのSNSプロダクトを侮蔑しており、インスタグラムは人々を憂鬱にさせ、人々の悲しみを深めると考えていた。[19] スレッズ以前は、競合として直接ぶつかることはなかったが、単なるビジネス上のライバルとして片づけられない関係であることもまもなく表面化した。マスクがザッカーバーグにケージファイトでの対決を挑み、総合格闘技（MMA）に熱中しているザッカーバーグはマスクの申し出を受け入れた。その後、数日にわたりオンライン劇場でのパフォーマンスが続いた。だがそれも、マスクお得意の攻撃で終止符が打たれることになった。例のごとく、常識外れのツイートを投稿したのである。スレッズのローンチ直後、「ザックはクーク（寝取られ男、間抜け）」とXに書きこみ、「文字通りの意味で、陰茎測定コンテストを提案したい」と続けたのだ。ザッカーバーグは数日後、対戦の中止を宣言した。「イーロンはふざけている、そのことに異論のある者はないと思う。かかずらっている場合ではない」と書いている。[20]

マスクとドーシー、翻弄され続けたツイッター

ツイッターを買収した当初、マスクはこのアプリを「最大限に信頼され、広く受け入れられる」ものにするという目標を掲げていた。ツイッター2・0が始動して1年、マスクはそのどちらも達成できていない。今やXとなったツイッターは、ニュースのためのもっとも重要なソーシャルネットワークとしての地位を失った。その代わりに、マスクがハーメルンの笛吹き役を務める「衝撃と畏怖［訳注：圧倒的戦力を見せつけることで、敵の戦意をくじく戦略。米軍がイラク戦争で採用した軍事ドクトリンとして知られる］」のサービスとしての役割が拡大した。マスクがどこまで本気なのか、自分の影響力の大きさを理解しているのか、ときに判断が難しく感じられることがある。今に

なっても、膨大な数のフォロワーを危険な形で利用することがある。ツイッターの元従業員ヨエル・ロスを小児性愛者だと示唆し、自宅の売却に追いこんでからほぼ10カ月、あるテック・カンファレンスにロスがスピーカーとして姿を見せるや、マスクが再び口撃を開始した。「ヨエル・ロスほど純粋な形の悪は、まず見たことがない」と、約1億6000万人のフォロワーに向けて書いたのである。[21] だが今回は、自分に向けられた罵詈雑言の嵐をロスが目にすることはなかった。ロスはもうツイッターを利用していない。

マスクがすべてを好転させる可能性はまだある。テスラでも、スペースXでも実際にやり遂げてきた。Xで再びそれをやってのけるのに必要な資金も確実に持っている。1年目は惨劇続きで終わったが、マスクは1年という短い時間軸で行動する人物ではない。もしかしたら、すべてが次の大逆転ストーリーの始まりに過ぎないのかもしれない。だが、ほとんどの日は、そのような成功物語へとつながる道を阻んでいる唯一の障害が、マスク自身であるように感じられるのだ。

「イーロンを間近で見て、良いところも悪いところも、醜いところも含めて、たくさんのことを学んだ」と書いたのはエスター・クロフォードだ。マスクが求めたプロダクト改良の締め切りに間に合わせようと、オフィスの床上で寝袋にくるまって眠った当時のプロダクト担当幹部である（ちなみに彼女はその数カ月後、コスト削減の一環として実施された人員整理で解雇の対象となった）。「彼の豪胆さ、情熱、そしてストーリーテリングには感動を覚えます。でも、プロセスと共感の欠如は見ていて痛々しいほどです」

「イーロンは、物理学をベースにした難しい問題と格闘する上では、優れた才能を有しています」と彼女は続ける。「ですが、人と人のつながりやコミュニケーションを促すプロダクトには、それとは異なるタイプの社会的知性や感情的知性が必要なのです[22]」

ツイッターの今まで、そしてこれから

ジャック・ドーシーがツイッターの凋落をどう感じているのか、正確に読み取るのは難しい。ドーシーがツイートすることはもうめったにない。2022年半ばにツイッターの取締役を退任してからというもの、スポットライトを浴びることもほとんどなかった。しかしながら、ツイッターの現状が、自分が創業した会社を買い取って救ってほしいとマスクに働きかけたときに、彼が思い描いた姿だったとはとても思えない。グローバル規模で言論を統べる権力を持つことは、多くの人が思っているよりもはるかに大きな重荷であることを、マスクは痛い思いをしながらまさに学んでいる最中であるように見える。

この間に起こったことは、皮肉としか言いようがない。ドーシーにとってツイッターにまつわる最大の問題の一つは、ツイッターが世界的な言論に対して過大な影響力と支配力を持ってしまったことだった。Xがその力を継承したが、今や、そのコントロールはたった1人の人物の手に委ねられている。取締役会も置かれていなければ、一般株主もいない。世界一の富豪ただ1人、しかも世界中に影響を与える言論ポリシーを思いつきで策定することに、何の呵責も感じないように見える人物だ。ドーシーがあれほど憂慮した言論に対する権力は、マスクの手に渡ったことでむしろ、中央集権化がいっそう強化されたと言える。

これまでのすべての展開に、ドーシーは、少なくとも部分的には落胆した様子を見せている。2023年4月、マスクが買収ディールを完了してから6カ月が経った頃、ブルースカイで、ツイッターに関する内省的なメッセージをいくつか投稿した。CEOを辞任するまで何年もかけて

構想を温めていた分散型のソーシャルネットワークであるブルースカイは、2023年初頭、ついに一般公開にこぎつけた。そして奇しくもあっという間に、マスクのしくじりの結果として次々に出現したツイッターにそっくりな代替サービスの一つに数えられるようになったのである。ドーシーの投稿に、ツイッターで起こったことに対する謝罪や弁解の言葉はない。それどころか、ツイッターの企業構造とウォール街からの要求のおかげで売却は避けられなかったと主張し、公開企業としてのツイッターの存在を改めて憂いている。

「アクティビストに対する防衛策は一切講じられておらず、さらに多くのアクティビストが舞台袖に控えていた」と、エリオット・マネジメントのような投資家の存在についても言及している。「市場［の低迷］と、広告ビジネスの崩壊は彼らに絶好の機会を与えることになったでしょうし、ツイッターが次の攻撃にも耐えられたとはとても思えません」

「イーロン、あるいはツイッターの買収を希望する他の誰かがやらなければならなかったことは、取締役会が、独立運営よりも良い選択だと思う価格を提示することだけでした。これはどの公開企業でも起こり得ることです」と彼は続けた。

初期のツイッターで取締役を務めたジェイソン・ゴールドマンは、ドーシーの投稿の一つに、シンプルだが含みのある質問を投げかけた。「君はイーロンが、このプラットフォームにとって最良のスチュワード（財産を預かり管理する者）であることを証明してきたと思うのかい？」

ドーシーはいつものように、真摯に答えた。

「そうは思わない」がその答えだ。「タイミングが悪かったと気づいた後の、彼の行動が正しかったとも思いません。取締役会が売却を強行すべきだったとも思いません。何もかもが、間違った方向に進んでしまいました」

「でも、すべては起こってしまったことです」と続けた。「今、私たちにできることは、そのようなことが二度と起こらないようにするために、何かをつくり出すことです」

謝辞

本書を執筆し、ツイッターにまつわるストーリーを語る機会を得られたことを、本当に光栄に思う。実は、最初はまったく異なる構想を描いていた。2021年後半の段階では、ツイッターと当時のCEO、ジャック・ドーシーに焦点を当てた本を書くつもりだったのだ。その年の暮れ、ドーシーが突然辞意を表明したとき、本の「結び」部分が決まったと思った。その数カ月後、本書の企画書を提出し、出版社との打ち合わせに入った矢先、イーロン・マスクが舞台に上がってきた。

その先は、まさに「The rest is history」のことわざのように、我々が目の当たりにしてきた通りの歴史である。私はかねがね、何事もタイミングがすべてだと考えてきたが、この本がまさにその証明となった。

本書の執筆にあたり、私を信頼し、情報を提供してくれたすべての人々とツイッター従業員に深甚なる感謝を申し上げたい。ジャーナリストというのは、時間を取ってくれ、これを見てくれ、誰それを紹介してくれ、情報を提供してくれと、しつこい依頼を繰り返しては人々を困らせる能力にとりわけ長けた人種である。私もこの2年間、事あるごとに協力を求めてきた。無理な依頼にも快く応えてくれた人々には、感謝してもしきれない。彼らの多くは、ツイッターを巡り一体何が起こったのか理解を試みる私に、何時間も、ときには複数回にわたり時間を割いて話を聞かせてくれた。これらの人々がいなければ、本書、そしてこのバージョンのツイッター史は、存在し得なかった。

本書執筆のアイデアを最初に思いついたときに、真っ先に相談したのが、ブルームバーグの編集者、ブラッド・ストーンとサラ・フリアーだった。雑談に毛の生えたような初期の相談の段階から少しのためらいも見せることなく、プロジェクトを進めるよう私の背中を押してくれた。どちらも優れたジャーナリストであり、作家であるのみならず、素晴らしいメンターであり、リーダーである。2人から受けたサポートは生涯忘れない。彼らと同じ職場で仕事をできる私は、幸運だとしか言いようがない。

出版エージェントを務めてくれたUTAのピラー・クィーンは、当初から本書の成功を信じ、偉大なエージェントがそうであるように、私が正気を失わないようフォローし、一番重要なことに集中し続けるよう励ましてくれた。彼女がチームの一員で本当に良かった。

ルーキー作家に出版のチャンスを与えてくれた出版社アトリア・ブックスのアマール・デオルと、同社の最高のチームの皆さんにもお礼を述べたい。アマールは、プロジェクトのスタート時点から本書の可能性、そして作家としての私の可能性を認めてくれた。チャンスを与えてくれてありがとう。修羅場がそのピークに達したところでプロジェクトに加わり、事態の収拾に手を貸し、ゴールラインまで導いてくれたステファニー・ヒッチコックは救世主である。冷静で、決断力と機知に富み、パズルのピースが収まるべきところにぴったりとはまるまで、深夜のメールや執拗な質問攻撃にも忍耐強く対応してくれた。この場をお借りして、深い感謝の気持ちを伝えたい。ハンナ・フランケルとエリカ・シウジンスキーは、ともに信頼できる頼れる盟友だ。すべての列車を予定通りに走らせる2人の能力には敬服するばかりであった。

ブルームバーグで働く喜びの一つは、最高の仕事をする同僚に囲まれていることだ。マスクがツイッターの買収を提案したと思ったら、その舌の根も乾かぬうちに買収を保留し、その後改めて買収を決断した2022年の夏、ニュースルームは総力戦を戦っているかのようだった。事態が刻々と変化する中で、そしてその後も数週間、数カ月にわたって、私がツイッター関連の取材と執筆に成功できたとしたら、それは優秀な同僚たちのおかげである。エド・ラドローは間違いなく、ブルームバーグ一の働き者で、彼のバイタリティとコラボレーションに対する意欲には、いつもいい刺激をもらっている。ダナ・ハルとマックス・チャフキンは、マスクと彼の活動領域をより深く理解するために必要な知識と知見を授けてくれた。ジェフ・フィーリーは、デラウェア州衡平法裁判所について、何時間もかけて説明してくれた。衡平法裁判所が、これほど興味深いトピックであるとは思いも寄らなかった。優れたインタビューと取材力をもって本書のストーリーに命を吹きこんでくれたエミリー・チャンは、どんなときでも協力的で、たくさんの助言をもらった。ただでさえ紆余曲折に満ちたストーリーが、ときに1日の間に何度も急展開を見せる中、私たち記者が集中を切らさず、モチベーションを維持しながら仕事を推し進めることができたのは、エグゼクティブ・エディターのトム・ジャイルズ、ジリアン・ワードのおかげである。

ソーシャルメディア分野の取材パートナーである、アレックス・バリンカとアイシャ・カウンツにも感謝の気持ちを伝えたい。2人は、取材と執筆に際してサポートしてくれただけでなく、本書執筆のために、常に目が回るような忙しさのニュースサイクルから私が離れている間、そのカバーにも入ってくれた。カクテルを何杯もおごらなければならない。マーク・バーゲン、ブロディ・フォード、デイビー・アルバ、マックス・アドラーをはじめ、同僚たち全員の取材力と仲間意識のおかげで、ツイッターの取材が容易に、そして楽しいものになった。

本書の執筆にあたり何冊もの文献を読んだが、特に参考にさせてもらったのが次の3冊だ。アシュリー・バンスの『イーロン・マスク　未来を創る男』（講談社）は私にとってバイブルのような存在の1冊で、マスクの取材を開始するに際して、膨大な量の基礎情報を与えてくれた。アシュリーは、準備から執筆にいたるまで、信頼できる相談相手であり、励ましの源であった。彼がブルームバーグにいてくれて本当に助かった。ニック・ビルトンの『ツイッター創業物語　金と権力、友情、そして裏切り』（日本経済新聞出版）からも同様にたくさんの有益な情報をもらった。この1年だけでも3回は読み返したと思うが、ツイッターの混乱に満ちた、それでいて非常に重要な創業初期の時代を整理して理解する上で、同書とニックの良質な記事を繰り返し参照した。最後に、ウォルター・アイザックソンによるマスクの伝記『イーロン・マスク』（文藝春秋）は、ツイッターの買収ディールの展開におけるマスクの視点が色鮮やかに描かれており、数々の洞察をもたらしてくれた。ウォルターの記事からも多くの学びを得ることができ、そのおかげで、本書『世界から青い鳥が消えた日』の物語に深みを与えることができた。

ソーシャルメディアの取材は、やりがいのある仕事であると同時に、フラストレーションのたまる仕事でもある。やりがいがあるのは、世界でもっとも重要なストーリーやビジネスを取材できるから。そして苛立ちを覚えずにいられないのは、この分野には、才能があり、豊富な情報源を持つジャーナリストがひしめいており、彼らが絶えず、スクープ記事でライバルたちの1日を台無しにしてやろうと虎視眈々と狙っているからだ。参考文献リストからも見て取れるように、本書の執筆にあたり、多くの偉大なジャーナリストの仕事に大いに頼ってきた。ライバルたちがもっと休暇を取ってくれればいいのにと密かに願いつつ、私のやる気を高めてくれる彼らの存在に感謝するとともに、これらの企業に対して説明責任を求める彼らの弛まぬ取材努力に敬意を表したい。

職場の外にも、私には強固なサポートシステムがある。友人や家族も原稿に目を通し、編集や校正の工程で有益なアドバイスやフィードバックを提供してくれた。デレク、タイ、リジー、ケイシー、スペンサー、そしてジェイソン、貴重な時間と意見をありがとう。それから、読者の皆さんの想像をはるかに凌ぐだろう「最強」の応援団である両親。私には、私と私のキャリアを気にかけてくれる両親が幸運なことに6人もいて、執筆プロジェクトの間も無条件の愛とサポートを与えてくれた。

そして最後に、最愛の妻ジェシカ。君なしでは、このストーリーを書き上げることはできなかった。家族にとって、なくてはならない支柱のような存在だ。君をパートナーに持てたことを、とてもありがたく思っている。本の執筆中は、感情がジェットコースターのように目まぐるしく変化するものである——世界最高の職業だと思った次の瞬間に、あらゆる決断が間違いであったように感じるのだ（子ども2人の子育ての真っ最中に本を書くなんて、無謀なアイデアだったな！）。私がこのプロジェクトを優先し、全力を尽くせるよう、犠牲を払いながらも常にそばにいてくれて、サポートしてくれて本当にありがとう。愛してるよ。

付属データのご案内

付属データの「原注」は、以下のサイトからダウンロードして入手いただけます。

https://www.shoeisha.co.jp/book/download/9784798178660

●注意

※付属データに関する権利は著者および株式会社翔泳社が所有しています。許可なく配布したり、Webサイトに転載することはできません。

※付属データの提供は予告なく終了することがあります。あらかじめご了承ください。

※図書館利用者の方もダウンロード可能です。

本書内容に関するお問い合わせについて

このたびは翔泳社の書籍をお買い上げいただき、誠にありがとうございます。弊社では、読者の皆様からのお問い合わせに適切に対応させていただくため、以下のガイドラインへのご協力をお願い致しております。下記項目をお読みいただき、手順に従ってお問い合わせください。

●ご質問される前に

弊社Webサイトの「正誤表」をご参照ください。これまでに判明した正誤や追加情報を掲載しています。

正誤表　https://www.shoeisha.co.jp/book/errata/

●ご質問方法

弊社Webサイトの「書籍に関するお問い合わせ」をご利用ください。

書籍に関するお問い合わせ　https://www.shoeisha.co.jp/book/qa/

インターネットをご利用でない場合は、FAXまたは郵便にて、下記“翔泳社 愛読者サービスセンター”までお問い合わせください。電話でのご質問は、お受けしておりません。

●回答について

回答は、ご質問いただいた手段によってご返事申し上げます。ご質問の内容によっては、回答に数日ないしはそれ以上の期間を要する場合があります。

●ご質問に際してのご注意

本書の対象を超えるもの、記述個所を特定されないもの、また読者固有の環境に起因するご質問等にはお答えできませんので、予めご了承ください。

●郵便物送付先およびFAX番号

送付先住所　〒160-0006　東京都新宿区舟町5

FAX番号　03-5362-3818

宛先　（株）翔泳社 愛読者サービスセンター

※本書に記載されたURL等は予告なく変更される場合があります。

※本書の出版にあたっては正確な記述につとめましたが、著者や出版社などのいずれも、本書の内容に対してなんらかの保証をするものではなく、内容やサンプルに基づくいかなる運用結果に関してもいっさいの責任を負いません。

※本書に記載されている会社名、製品名はそれぞれ各社の商標および登録商標です。

【著者略歴】

カート・ワグナー　Kurt Wagner
ビジネスおよびテクノロジー・ジャーナリスト。シアトル近郊で育ち、サンタクララ大学を卒業。妻と２人の子どもとともにコロラド州デンバーに暮らす。

テック系ニュースサイト、レコード（Recode）、ソーシャルメディア関連情報サイト、マッシャブル（Mashable）、フォーチュン誌（Fortune）などで記事を執筆。

2013年からソーシャルメディアの動向を追っている。2019年よりブルームバーグ（Bloomberg）のジャーナリストとして、ビジネス、テクノロジー、ソーシャルメディアを担当。受賞歴多数。X（旧ツイッター）アカウントは@KurtWagner8。

【訳者略歴】
鈴木ファストアーベント理恵　Rie Suzuki-Fastabend
学習院大学法学部政治学科卒業、ロンドン・スクール・オブ・エコノミクス（LSE）国際関係学修士課程修了。外資系企業、在ドイツ経済振興組織などでの勤務を経て、英日・独日翻訳に従事。
訳書に『熟睡者』（サンマーク出版）、『Amazon創業者ジェフ・ベゾスのお金を生み出す伝え方』（文響社）などがある。

装丁・本文デザイン　國枝達也
DTP　有限会社エヴリ・シンク

Twitter《ツイッター》からX《エックス》へ 世界から青い鳥が消えた日
ジャック・ドーシーからイーロン・マスクへ、炎上投稿、黒字化、買収をめぐる成功と失敗のすべて

2024年11月18日　初版第１刷発行

著者　カート・ワグナー
訳者　鈴木《すずき》ファストアーベント理恵《りえ》
発行人　佐々木 幹夫
発行所　株式会社 翔泳社（https://www.shoeisha.co.jp）
印刷・製本　日経印刷 株式会社

本書へのお問い合わせについては、407ページに記載の内容をお読みください。

造本には細心の注意を払っておりますが、万一、乱丁（ページの順序違い）や落丁（ページの抜け）がございましたら、お取り替えいたします。03-5362-3705 までご連絡ください。


ISBN978-4-7981-7866-0　　Printed in Japan